IOVRNAL
CONTENANT
TOVT CE QVI S'EST FAIT ET PASSÉ EN LA COVR DE PARLEMENT DE PARIS, TOVTES les Chambres Assemblées, sur le suiet des affaires du temps present.

A PARIS,
Chez GERVAIS ALLIOT, Marchand Libraire proche la Chappelle S. Michel, dans la Cour du Palais.
ET
IACQVES LANGLOIS, Imprimeur ordinaire du Roy, au Mont Sainte Geneviefve, vis à vis la Fonteine, A LA REYNE DE PAIX.

M. DC. XXXXVIII.

les honnestes gens n'auoient point esté d'aduis de l'Arrest d'Vnion, & qu'il y auoit vne douzaine de Conseillers dont elle sçauoit les noms, & desquels elle sçauroit bien se vanger; repetant qu'on ne manquast pas d'apporter le lendemain le registre.

Ce mesme iour sur les deux heures de releuée, toutes les Cours Souueraines s'assemblerent par Deputez en la Chambre de Saint Louys: il n'y fut rien resolu sinon d'attendre ce que le Parlement, qui estoit assemblé en la grande Chambre, arresteroit sur les deffenses qui auoient esté faites de s'assembler, & ainsi les Deputez se separerent.

Noms des Conseillers deputez des Compagnies Souueraines, pour les assemblées qui se doiuent faire en la Salle de Saint Louys.

Conseillers du Parlement.

MESSIEVRS,

Menardeau.
Le Preuost.
Gilbert.
De Machault.
Pitou.
Aubier.
De Saueuse.
Benard.
Ferrand.
Palluau.
Le Bret.

Cōseillers des Requestes.

MESSIEVRS,

De Grieux.
Fiobet.

Grand Conseil.

MESSIEVRS,

De Bouqueual.
De Masparault.
Chenart.
De Creil.
De Lesseuille.
Ioly.

Chambre des Comptes.

MESSIEVRS,

Le Bailly.
De la Grange.
Lescuyer.
De Longueil.
Falconi.
Le Fevre.

Cour des Aydes.

MESSIEVRS,

De Bragelone.
Du Mez.
Le Fevre.
Le Bel.
Esmery.
Baussan.

Du Mercredy dix-septiesme Iuin.

CE iour toutes les Chambres assemblées la Cour auroit deliberé sur les deffenses à elles faites le iour precedét de s'assembler. Il y auroit eu 3. aduis, premieremét de passer outre, & s'assembler incessamment nonobstant lesdites deffenses. Le deuxiesme qui fut ouuert par monsieur Viole, President aux Enquestes, estoit bien de passer outre ausdites deffenses, mais d'attédre encor trois iours, pendant lesquels on feroit parler à la Reyne pour venir à quelque accommodement. Le troisiesme aduis fut d'enregistrer l'Arrest du Conseil, & faire des remonstrances. La Deliberation n'ayant pû estre acheuée, l'assemblée fut remise au Samedy suiuant, attendu que le Ieudy estoit Feste de l'Octaue du S. Sacrement, & le Vendredy le Parlement auoit donné le Landy.

Le Samedy vingtiesme Iuin.

CE iour toutes les Chambres assemblées ainsi qu'il auoit esté arresté le Mercredy precedent pour continuer la Deliberation commencée, mōsieur le premier President auroit dit d'abord qu'il se faisoit quelques propositions d'accommodement, ce que Messieurs les autres Presidents auroient certifié: Quelques-vns de Messieurs les Conseillers auroiét dit qu'il falloit sçauoir quelles estoient ces propositions, & deliberer sur icelle; monsieur le premier President respondit qu'elles n'estoient pas encore données, & qu'il n'y auoit qu'vne entremise (c'estoit monsieur l'Abbé de la Riuiere lequel s'entremettoit de la part de monsieur le Duc d'Orleans, mais personne ne fut nommé) vingt-cinq de Messieurs les Conseillers furent d'aduis de passer outre nonobstant ce discours, & continuer la deliberation commencée, le reste ayant dit qu'il n'y auoit pas beaucoup de temps iusques à Lundy, que rien ne deperiroit si l'on remettoit la deliberation à ce iour-là: à quoy il auroit passé, & la Cour se seroit leuée.

Le Dimanche vingt-vniesme Iuin.

CE iour se seroit fait vne assemblée chez monsieur le Duc d'Orleans, où se seroient trouuez Messieurs le Cardinal, le Chancelier, les Presidens au Mortier, vn President, & vn Conseiller de chaque des Enquestes & Requestes, en laquelle assemblée on auroit offert à Messieurs du Parlement de remettre leurs gages, leur donner le droict annuel, sans payer aucun prest ny aduance; Que mesme les Maistres des Requestes seroient compris, tant à la remise des gages, qu'à l'octroy du droit annuel: mais qu'à l'egard du restablissement desdits Maistres des Requestes, interdits de l'entrée du Conseil, & de la suppression des charges nouuellement creées par la Declaration, cela deuoit venir de la bonté de la Reyne; à quoy Messieurs du Parlement respondirent qu'ils en feroient rapport le lendemain à l'Assemblée.

Le Lundy vingt-deuxiesme Iuin.

CE iour toutes les Chambres assemblées, monsieur le premier President ayant fait relation de ce qui s'estoit passé le iour precedent au Palais d'Orleans & les offres qui auoient esté faites, & sur ce deliberé, il auroit passé tout d'vne voix de ne les point accepter, disant que la Cour ny les autres Compagnies n'agissoient point pour leurs interests particuliers, mais pour le soulagement du peuple, à quoy il falloit s'employer & trauailler puissamment: il passa aussi à remercier mōsieur le Duc d'Orleans de la bonté qu'il auoit pour la Compagnie, puis executer incessamment l'Arrest de jonction: il y eut plusieurs d'aduis de faire connoistre à la Reyne qu'elle est mal seruie, que les deniers de France sont dissipez & pillez sans qu'il en soit employé que fort peu aux necessitez de l'Estat, qu'il se fait des leuées

sur

sur des Arrests du Conseil qui ne viennent à sa connoissance, contre l'ordre & les Declarations verifiées au Parlement, que dans des villages on faisoit payer les entrées pour le vin comme dans Paris: on fit mesme lecture de l'Arrest du Conseil, qui ordonnoit telles leuées, qui auroit fort estonné toute l'Assemblée, laquelle se separa sans acheuer la deliberation remise au lendemain.

Le Mardy vingt-troisiesme & Ieudy vingt-cinquiesme Iuin.

CEs iours toutes les Chambres assemblées la Cour auroit continué la deliberation, laquelle n'ayant peû estre acheuée fut encor remise au lendemain.

Le Vendredy vingt-sixiesme Iuin 1648.

CE iour toutes les Chambres assemblées, & enuiron vne vingtaine de Messieurs qui restoient à opiner sur la deliberation commencée, ayant dit leur aduis il passa à celuy de monsieur Maynardeau; qui estoit que l'Arrest de jonction seroit executé, mais auparauant que l'on deputeroit vers la Reyne pour sçauoir les intentions de sa Majesté: Cet aduis fut suiui de cent quatre Conseillers, n'y en ayant eu que quatre vingt-six de celuy d'executer purement & simplement l'Arrest de jonction; si bien que la Cour auroit arresté qu'on deputeroit presentement vers la Reyne pour luy faire entendre la justice de l'Arrest du treiziesme May & du procedé de la Cour; asseurer sa Majesté que rien ne se passera en la Conference auec les Compagnies Souueraines contre le seruice du Roy, & la supplier tres-humblement de retirer & reuoquer les Arrests du Conseil: qu'on deputera aussi vers monsieur le Duc d'Orleans pour le remercier de ses bons offices, & le supplier de les continuer à la Compagnie, laquelle demeurera assemblée; & qu'il sera enuoyé presentement vn Secretaire de la Cour aux Deputez des autres Compagnies pour les aduertir de l'arresté en cette deliberation: & à l'instant Messieurs les Gens du Roy auroient esté mandez pour demander audience à la Reyne, laquelle elle auroit promise au lendemain: comme aussi vn Secretaire de la Cour auroit esté enuoyé aux Compagnies leur donner aduis dudit arresté, apres quoy la Cour se seroit leuée.

La Reyne auoit fait dire à plusieurs qu'elle desiroit cette deputation.

Du Samedy vingt-septiesme Iuin 1648.

CE iour suiuant l'arresté du iour precedent, monsieur le premier President & cinq autres de Messieurs les Presidens, auec trente Conseillers seroient allez vers la Reyne, à laquelle monsieur le premier President au nom du Parlement auroit dit & representé ce qui suit.

Harangue de Monsieur le premier President à la Reyne Regente, au Palais Cardinal.

MADAME,

Les Souuerains doiuent plustost se faire obeyr par amour & douceur, que par crainte & violence: la clemence doit estre la principale de leurs vertus, & le but de toutes leurs actions: les Magistrats sont les Mediateurs entre les Edicts des Princes & les supplications des peuples; & comme vne barriere entre cette independante Authorité, & cette extréme foiblesse, la Iustice doit estre le lien & l'adoucissement de ces deux extremitez. Neantmoins, MADAME, l'on void aujourd'huy cette Iustice & ses Magistrats priuez de la puissance & de la liberté de leurs fonctions & de leur ministere, par des mouuements de puissance absoluë, & par des Edicts forcez, qui causent des vexations extraordinaires & si generales, qu'il n'y a aucune partie de la France qui n'en ressente la rigueur: si bien que l'on peut dire auec verité, que tous les Iuges priuez de l'honneur & de la liberté de leurs fonctions, n'en ont plus que le tiltre honteux, & dans l'impuissance, l'on a tousiours estimé que le temps, qui est le remede des maux les plus grands, le seroit encores de ceux-cy: mais au lieu de les changer & de les adoucir, il les a augmentez, & presque rendu incurables: de sorte qu'il est mesme à craindre, que l'authorité du Roy & le bien de l'Estat ne s'en ressentent, si le Parlement, dont les pensées ne tendent qu'à sa conseruation, ne s'oppose genereusement à tous les desordres. Et c'est la raison pourquoy les autheurs de tous ces conseils auoient entrepris de ruiner son Authorité, parce qu'il estoit le seul obstacle opposé aux desordres dans lesquels l'Authorité Royale alloit tomber. L'on a voulu renuerser leurs desseins & leurs bonnes intentions, en faisant croire à vostre Majesté, qu'il entreprenoit au delà de sa puissance, & qu'il en passoit les limites; Que leurs assemblées estoient illicites & extraordinaires; & qu'en ce mot d'Vnion, dont on les qualifioit, estoit vn terme criminel; Que l'Authorité Royale ne pouuoit souffrir sans atteinte & sans degradation. Ceux qui ont donné à vostre Majesté ces pernicieux conseils & ces fausses impressions, sçauent bien le contraire de ce qu'ils ont persuadé: mais ils l'ont fait non pour le bien de l'Estat, mais pour leur conseruation particuliere, preuoyans bien le mal qui leur en pouuoit arriuer. L'on les a voulu faire passer pour seditieux, & sous ce faux pretexte on a exercé des violences extraordinaires, l'exil & la prison. Malheureuse preuoyance, qui punit les innocens pour les coulpables, sans autre raison que celle de leur deffense & de leurs iniustes soupçons: mais leurs accusations meritent mieux cette qualité que les autres, puisqu'ils n'ont iamais eu que du respect & de l'obeyssance pour le Roy, & vne inuiolable fidelité pour l'Estat, qu'ils ont perpetuellement tesmoigné dans toutes les occasions. Il est à craindre que ce coup qui porte contre l'Authorité du Parlement, ne porte son contre-coup contre l'Authorité Royale. Ils sont obligez de faire entendre à vostre Majesté, que ce sont les mesmes personnes qui luy ont celé l'exemple de mil six cens dix-huit, en laquelle année ils s'estoient assemblez pour le mesme dessein, pour les rentes des Aydes, & pour les deniers de leur police. D'ailleurs, tous les Registres sont chargez d'exemples pareils, d'Assemblées des Compagnies par l'ordre du Parlement: le Roy voulut alors les empescher, & apres auoir esprouué leurs Assemblées, & tout ce qui s'y estoit passé, & mesme recompensé ceux qui en auoient la meilleure partie, ayant bien reconnu qu'il ne s'y estoit rien passé, que pour le bien de son seruice & le repos de son Estat, il est bien estrange, qu'vne mesme cause, qui a produit autrefois des reconnoissances, ne produise à present que menaces, injures & soupçons, quoy que ceux qui veulent faire cette Assemblée ayent le mesme respect, le mesme zele, & la mesme affection au bien de l'Estat: Veritablement quand ils pensent à cette eleuation, dont ils ne se peuuent ressouuenir sans douleur, à ce Theatre, à ce Throsne, & à cette Pompe preparée pour le triomphe de leur innocence, deuant laquelle en la presence de vostre Majesté, des Princes, & des plus grands de ce Royaume, le premier Parlement de France a fait vne espece d'amende honorable; leur zele & leur innocence a esté accusée, leurs Arrests des treiziesme May, & quinziesme Iuin y ayant esté cassez par celuy du Conseil, apres y auoir esté publiquement diffamé par des termes injurieux, & comment apres cela la Iustice pourroit estre maintenant considerée? Car comme vne paille qui se rencontre dans le diamant fait qu'on en diminuë le prix, puis qu'elle en oste toute la lumiere esclatante: ainsi le peuple ne fera plus de cas du premier Parlement de France, apres tous les desplaisirs qu'il a receus aux yeux des Princes & Grands du Royaume, qu'ils s'estoient obligez pour l'honneur de la Regence, seule consideration pour laquelle ils l'auoient souffert, de faire entendre à vostre Majesté, qu'ils sçauoient bien que cette injure ne procedoit point de vostre part, vostre vertu, pieté, vos inclinations & vn sentiment, sont absolument éloignez de ces violences, ils tiennent pour tout asseuré que vostre Majesté sera bien-tost des-abusée à l'auantage du Parlement, & qu'elle cognoistra la fausseté de ces mauuais conseils, & le mystere de ces impressions dans la fidelité de leurs seruices, à la honte & à la confusion de ceux qui vous les ont donnez. I'ay charge du Parlement, MADAME, de faire entendre à vostre Majesté la iustice de son amitié, & la supplier tres-humblement de faire supprimer l'Arrest du Conseil du 15. Iuin dernier donné contr'eux; & trouuer bon que leur Arrest subsiste de leurs Registres, & en donner vne Declaration à l'innocence du Parlement, iniustement accusé & injurié, & vous asseurer qu'ils ne feront rien dans l'Assemblée qui ne soit pour le bien & seruice du Roy, & le repos de son Estat; & le conjurer tres-ardemment de leur conseruer l'honneur de sa bien-veillance, auec protestation qu'ils sont vos tres-humbles, tres-obeyssans & fidelles seruiteurs.

La Reyne ne leur dit autre chose, sinon que le Mardy suiuant elle enuoyroit à la Cour sa volonté.

Du Mardy dernier Iuin 1648.

CE iour toutes les Chambres assemblées seroient entrez Messieurs les Gens du Roy, lesquels auroient dit à la Cour que l'intention de la Reyne estoit que l'Assemblée de la Chambre sainct Louys se fist incessamment, & que les affaires s'y expediassent en peu de temps pour le bien de l'Estat, mais sur tout qu'il y fust aduisé aux moyens d'auoir de l'argent promptement pour la necessité des affaires de la guerre.

Dudit iour.

Les Assemblées en la Salle sainct Louys auroient commencé ce iour de releuée: il y eut d'abord contestation pour les rangs & ordre de sceance entre le grand Conseil & la Chambre des Comptes; il fut proposé que les Deputez de ces deux Compagnies seroient à la droicte du Parlement, chacun à leur iour alternatiuement; à quoy monsieur de Bouqueual ayant consenti, il fut desaduoüé le lendemain par la Compagnie, & arresté que les Deputez d'icelle prendroient vne sceance au Bureau hors de rang, comme elle a pratiqué en d'autres rencontres, apres cette commance des rangs l'Assemblee commença à faire & examiner quelques propositions qui suiuent.

Deliberations arrestées en l'assemblée des Cours Souueraines tenuës & commencées en la Chambre de Sainct Louis le 30. Juin 1648.

PREMIERE SEANCE.

Article premier.

LEs Intendans de Iustice, & toutes autres commissions extraordinaires non verifiées és Cours Souueraines seront reuoquées dès à present.

Article second.

Les Traittez des tailles, taillon, subsistances & toutes autres leuées seront dés à present reuoquées, & lesdites tailles assises & imposées en la forme ancienne & comme auparauant; lesdits Traittez à la diminution du quart au profit du peuple, attendu que ladite diminution du quart est beaucoup moindre, que ce qu'en profitent les traittans, auec remise de tout ce qui reste deub iusques & compris l'année 1646. pour raison dequoy tous prisonniers detenus és prisons seront eslargis.

Ce faisant les deniers portez en la maniere accoustumée és receptes particulieres, & d'icelles és receptes Generalles, & de là à l'Espargne, les charges ordinaires prealablement payées & acquittées; & seront employez à l'entretenement des Maisons Royales & affaires de la guerre, sans pouuoir estre diuerties pour quelque pretexte que ce soit, nonobstant toutes assignations, traittez, prests & autres empeschemens quelconques, à peine de repetition contre les ordonnateurs & parties prenantes, leurs vefues heritiers & biens tenans; deffences aux traittans desdits deniers, de faire aucunes contraintes pour l'execution de leurs traittez, tant pour les années precedentes 1646. que suiuantes, lesquels traittez, ensemble toutes les assignations données sur lesdits deniers demeureront nulles.

Deuxiesme seance tenuë en la Chambre sainct Louis, le Mercredy premier iour de Iuillet 1648.

Article troisiesme.

NE seront faites acuunes impositions & taxes qu'en vertu d'Edicts & Declarations, bien & deuëment verifiées és Cours Souueraines, ausquels la cõnoissance en appartient auec liberté de Suffrages, & que l'execution desdits Edicts & Declarations sera reseruée ausdites Cours, sans qu'aucun des particuliers Habitans des Villes & Communautez puisse estre contraint solidairement pour le payement des taxes & droicts imposez sur lesdites Villes & Communautez.

Deffences à toutes personnes de faire & continuer aucunes leuées de deniers & impositions de taxes qu'en vertu d'Edicts & Declarations verifiees esdites Cours à peine de la vie.

Article quatriesme.

Ne sera fait aucun retranchement de gages, rentes, reuenus des Domaines, Greffes, ny autres droicts alienez & attribuez par Edicts ny aucunes heredítez & suruiuances reuoquées qu'en vertu d'Edicts & Declarations bien & deuëment verifiees par lesdites Cours auec liberté de suffrage.

Article cinquiesme.

Qu'aucun rachapt de rente sur le Roy, remboursement de finances d'offices & droicts, ne sera fait qu'apres la paix publiée; & que toutes rentes constituées par le Preuost des Marchands & Escheuins de cette Ville de Paris sans Edicts verifiez, seront declarez nuls: deffences ausdits Preuost des Marchands & Escheuins, d'en ordonner le payement, & aux Receueurs & Payeurs desdites rentes de les payer, à peine de radiation en leur propres & priuez noms, sauf leurs recours contre les parties prenantes.

Et d'autant que cy-deuant plusieurs remboursemens ont esté faits au preiudice des finances du Roy, destinées pour l'entretenement des armées, ce qui a donné lieu à plusieurs prests & aduances qui ont consommé les finances du Roy iusques en l'année 1651. que tous ceux de quelque qualité & condition qu'ils soient qui ont esté Proprietaires desdites rẽtes, droicts & offices nouueaux, & ausquels lesdites rentes, droicts & offices, ont esté racheptez & remboursez par le Roy, depuis le commencement de la guerre, montant à plus de trente millions, seront contraints de remettre aux coffres du Roy les deniers par eux receus pour lesdits rachapts & remboursement, desquels leur sera passé par lesdits Preuosts des Marchands & Eschevins de cette Ville de Paris, nouueaux Contracts de constitutions de rente, à raison du denier quatorze sur le mesme fonds qu'estoient assignées lesdites rentes, offices & droicts, pour estre les deniers prouenans desdites restitutions employez aux frais de la guerre: & dautant que par mauuaise foy aucuns se sont fait rembourser au denier dix-huict au lieu du denier quatorze, qui estoit leur premiere finance, seront tenus à la restitution du quadruple de ce qu'ils auront receu, & aux interests du simple, suiuant les Ordonnances.

Article six.

Qu'aucun des suiets du Roy, de quelque qualité & condition qu'il soit ne pourra estre detenu prisonnier passé vingt-quatre heures, sans estre interrogé, suiuant les Ordonnances, & rendu à son Iuge naturel, à peine d'en respõdre par les Geolliers, Capitaines, & tous autres qui les detiẽdront en leurs propres & priuez nõs, & que ceux qui sont de present detenus sans forme ny figure de procez, seront mis en liberté, & remis en l'exercice de leurs charges, & possessiõs de leurs biẽs; & qu'aucun Officier ne pourra estre troublé en la fonction & exercice de sa charge par lettres de cachet, portant deffenses d'entrer en leurs Compagnies, relegation en leurs maisons ou és Villes & Chasteaux du Royaume, arrest & detention de leurs personnes, ou autrement, mais seulement en informant contre les Officiers, & faisant leur procez suiuant les ordonnances.

Troisiesme seance tenuë en la Chambre sainct Louis le Ieudy deuxiesme Iuillet.

Article sept.

QV'il sera estably vne Chambre de Iustice, composée des Officiers des quatre Cours Souueraines par icelle nommez, pour connoistre & iuger des abus & maluersations commises en l'administration & maniement des Finances du Roy, & exaction des deniers sur les suiets du Roy, mesme des prests vsuraires & simulez, sans que ladite Chambre puisse estre reuoquée par aucune composition, ny que don puisse estre fait des confiscations & condamnations qui seront ordonnees en icelle; & les deniers en prouenans portez à l'Espargne, pour estre employez sans aucun diuertissement aux affaires du Roy.

Quatriesme Seance tenuë en la Chambre sainct Louis le Vendredy troisiesme Iuillet.

Article huictiesme.

SEront tous adiudicataires, Fermiers de Gabelles, Aydes des cinq grosses Fermes, & de toutes autres Fermes du Roy, sans exception, contraints de porter à l'Espargne toutes charges prealablement payees & acquittées, les deniers du pris de leurs Fermes du quartier d'Auril dernier 1648. & de ceux qui escherront cy apres, suiuant leurs baux; comme aussi seront tous traittez, prests & aduances faits par les Tresoriers de l'Espargne, parties casuelles, ordinaire & extraordinaire de la guerre, sur les gages, & droicts retranchez à tous les Officiers de Finances, & sur les rentes de quelque nature & condition qu'elles soient, mesmes sur les ventes des bois, tant ordinaires qu'extraordinaires, declarez nuls quant à present, nonobstant toutes pretenduës aduances, prests & assignations sur iceux, sans qu'aucune Quittance, Mandemens, Rescriptions, ou Recepissez de l'Espargne cy deuāt expediez sur les deniers dudit quartier d'Auril, & suiuās, puissent valider en quelque sorte & maniere que ce soit, ains dés à present sont declarez nuls, & de nul effet, sauf leur estre pourueu pour leur remboursement & interests legitimes, en temps & lieu, & connoissance de cause.

Article 9.

Attendant que par le restablissement de la paix generale les affaires du Roy puissent permettre que les rentes soient bien payées des quatre quartiers de l'annee suiuant leurs constitutions, qu'il sera laissé fonds chacun an dans les Estats des deux quartiers & demy pour les rentes sur le sel, Aydes, huitiesme & vingtiesme de Paris & Clergé, de deux quartiers, sur les huict millions des tailles, receptes generales & prouinciales & petites tailles, rentes des Aydes, gabelles de Lyonnois, & cinq grosses Fermes, dont le payement sera fait par preference à toutes charges, mesmes à la partie de l'Espargne. Et pour remedier aux abus que commettent ordinairement les payeurs desdites rentes, au grand prejudice des particuliers rentiers; que doresnauant les deniers destinez pour le payement desdites rentes, seront par chacune semaine des Bureaux des Fermiers & comptables sur lesquelles elles ont esté assignées, portés par les Receueurs & payeurs desdites rentes en presence d'vn notable Bourgeois qui sera commis pour veiller au recouurement & payement desdites rentes, suiuant la nature d'icelles, par deux Conseillers des quatre Compagnies Souueraines de ceste ville de Paris, auec le Preuost des Marchands & Escheuins en l'Hostel de ladite Ville, & mis dans les coffres d'icelle, auec les bordereaux des especes paraphez des Commis des Fermes & receptes, lesquels coffres fermeront à deux clefs, dont l'vne sera gardee par le Receueur, l'autre par le notable Bourgeois nommé, pour estre lesdits deniers distribuez chacun iour du bureau par lesdits Receueurs & payeurs en presence de leurs Controlleurs, d'vn des Escheuins, & dudit notable Bourgeois aux particuliers rentiers, aux mesmes especes qu'ils aurōt esté receus; & assistera ledit notable Bourgeois: & lors que desdits payeurs feront leurs fueilles pour empescher que lesdits payeurs ne mettent sur la fueille du quartier courant les vieux arrerages des quartiers passez, & prendront vn iour extraordinaire pour payer lesdits vieux arrerages des quartiers passez, sans que lesdits Receueurs & payeurs desdites rentes, & Controlleurs puissent receuoir leurs gages & droits, sinon par concurrence & proportion, pour autant de temps que les rentiers & non plus; & compteront lesdits Receueurs & Payeurs par chaque année suiuant le fonds qui sera laissé comme est cy-deuant dit par l'estat du Roy & d'icelle année conformement à l'Arrest de la Chambre des Comptes du premier Aoust mil six cens quarante six, & submission desdits Receueurs portées par leur Requeste presentée à ladite Chambre le dix-huictiesme Septembre mil six cens quarante sept, nonobstant la Declaration du Roy du 28. Feurier 1648. qui sera reuoquée; & pourra ledit notable Bourgeois estre changé tous les trois mois par les Commissaires deputez desdites quatre Cours Souueraines, lesquels s'assembleront pour cét effet aux premiers iours de chacun quartier en la salle Sainct Louys, pour y trauailler & faire que lesdites rentes soient entierement payées ausdits rentiers, & seront tous dons des debets des quitances, declarez nuls, & toutes commissions pour ce expediées, mesme celle de Besson reuoquées, pour les deniers prouenans desdits debets estre portez esdits coffres de ladite ville, & distribuez aux rentiers selon qu'il sera ordonné par lesdits Commissaires.

Cinquiesme sceance du Samedy quatriesme Iuillet tenuë en la salle sainct Louys.

Article 10.

QVe toutes les commissions extraordinaires demeureront reuoquées, toutes les Ordonnances ou jugemens rendus par les Intendans de Iustice cassez & annullez. Deffenses aux sujets du Roy de les connoistre pour Iuges, ny se pouruoir deuant eux, à peine de dix mille liures d'amande; qu'à la diligence du Procureur General du Roy il sera informé des distractions, & diuertissemens des deniers de sa Majesté par des Conseillers de la Cour, qui à cét effet se transporteront dans les Prouinces, monitoires publiez dans toutes les Parroisses; que l'Arrest sera leu dans toutes les Mareschaussées ou Seneschaussées, & que tous les Thresoriers de France & Esleus feront leurs charges.

Article vnziesme.

Sera l'Edit du mois de Septembre 1645. concernant l'abonnement du domaine reuocqué, & main leuée de toutes saisies faites en consequence, auec deffenses de faire aucunes poursuittes pour raison d'icelles.

Attendu la notorieté du refus des encheres, & que l'on a obligé les adjudicataires à faire des auances immenses pour destourner les encherisseurs, sera de nouueau procedé à la publication desdites Fermes du Roy, à la maniere accoustumée, au plus offrant & dernier encherisseur.

Et

Et pour faire connoistre que si les Finances auoient esté administrées, auec ordre sans diuertissement, le reuenu du Roy seroit suffisant pour supporter toutes les despenses ordinaires de l'Estat & de la guerre; il se voit par le compte de l'Espargne de l'année 1643. que la recepte monte à six vingts quatre millions deux cens soixante seize mil huict cens sept liures, quoy que les impositions pour la taille, Subsistance & Espargne, ne monte qu'à cinquante huict millions trois cens mil vnze liures, les Fermes dix-huict millions de liures, l'ordinaire des parties casuelles, vente des bois, dons gratuits des pays, d'estats, trois millions sept cens mil liures, reuenant lesdites trois sommes à quatre vingt millions: si bien que lesdits quarante quatre millions soixante dix mil sept cens liures restans, ont esté payez par anticipation, pour auoir esté auparauant employez au rachapt des rentes, remboursement de nouueaux Officiers, cy-deuant faicts; sur laquelle somme de quatre vingt-millions, ne se trouue en despense effectiue, sans y comprendre les remises faictes à l'Espargne, montant à vnze millions 647872. liures: & pour la somme de soixante quatre millions, cinq mil quarante liures; & y adioustant cinq millions dix-neuf mil cent quarante liures; ainsi resteroit de bon desdits quatre vingt millions, cent quatre mil huict cens cinquante neuf liures remis à l'Espargne: ce qui fait voir que lesdites aduances ne sont necessaires, & que c'est mauuais ménage de faire des remises, payer de grands interests, puis que mesme partie de ladite recepte a esté portée és mains des anciens Thresoriers de l'Espargne; & ce qui a donné lieu à cette grande recepte est la remise faite du quart de ladite recepte de quinze pour cent, que l'on fait monter suiuant les certifications des comptans employez ausdits Comptes quarante huict millions deux cens soixante vnze mil cent vingt-cinq liures neuf sols, quoy que toute la recepte dudit compte, la remise du quart & de quinze pour cent de tout autre quart à quoy ont monté les promesses qui ont esté faites de presté, ne reuient qu'à quarante-huict millions vingt-cinq mil cinq cens soixante & quatorze liures; partant on peut dire qu'il a esté diuerty cinq millions quatre cens quarante cinq mil cinq cens cinquante mille liures douze sols six deniers sur toutes les sommes dont est fait recepte, sur lesquelles n'a esté fait prest ny remise qui y soient comprises.

Article douziesme.

Qu'attendu la notorieté du refus des encheres sur les Fermes du Roy, il sera de nouueau procedé à la publication desdites Fermes en la maniere accoustumée suiuant les Ordonnances.

Article treiziesme.

Les Arrests du Conseil concernant le Thoisé des maisons, seront reuoquez, & en consequence main leuée de toutes les saisies faites, auec deffences de faire aucunes poursuittes pour raison d'icelle.

Sixiesme sceance tenuë en la Salle sainct Louys, le Lundy sixiesme Iuillet.

Article quatorziesme.

LE Roy sera supplié de faire fonds pour le payement de l'Infanterie de huict monstres, les gens d'armes & Cavaliers de dix, & faire payer les soldats par prest de dix iours en dix iours, auec leur pain de monition; & lors qu'ils marcheront faire fournir les Estapes: auec deffence sur peine de la vie de quitter leur route, & seront conduits par les Officiers ordinaires; & demeureront les Chefs & Officiers responsables des desordres: & en cas de plainte, les Iuges des Preuosts des Mareschaux en connoistront suiuant les Ordonnances.

Article quinziesme.

Seront les Officiers des Bureaux des Finances, Secretaires du Roy, Presidiaux, Commissaires, & Controlleurs des Guerres, Tresoriers & Payeurs de la gendarmerie, Tresoriers Prouinciaux, Officiers des Mareschaussées, Bailliages, Preuostez, Eauës & Forests, Traictes Forraines, Traictes d'Anjou, Elections, Greniers à sel, & autres Officiers tant de Iudicature que de Finance restablis en la fonction & exercice de leurs charges, & en la iouyssance de leurs gages & droicts, nonobstant tous Traictez, Prests, aduances & assignations faites sur iceux, lesquels demeureront nuls dés à present.

Article seiziesme.

Que toutes creations d'Offices, augmentation des taxes & droicts qui se leuent sur tous les Sceaux des grandes & petites Chancelleries, que pour le controolle general de toutes expeditions de finance & garde-rolles qui ne seront verifiez és Cours Souueraines, seront dés à present reuocquez; & deffences aux grands Audianciers, Controlleurs & tous autres Officiers du Sceau & leurs Commis, d'en faire aucune leuée à peine de concussion, & d'en respondre en leurs propres & priuez noms, & que des Arrests & Commissions donnez pour les Collecteurs & Communautez pour le faict des tailles, ne sera payé qu'vn sceau.

Septiesme sceance tenuë en la Salle sainct Louys, le Mardy septiesme Iuillet 1648.

Article 17.

Seront les articles 91. 92. 97. 98. & 99. de l'Ordonnance de Blois executez, ce faisant toutes affaires qui gisent en matiere contentieuse seront renuoyées au Parlement & autres Cours Souueraines, ausquelles la connoissance en appartient par les Ordonnances, sans que par commissions particulieres elles leur puissent estre ostées, toutes Commissions contraires

& extraordinaires, mesmes euocations generales & particulieres, accordées aux Fermiers ou traittans par leurs Baux ou Contracts dés à present reuocquées, & les procez pendans és Conseils du Roy, de la connoissance desdites Cours, dés à present renuoyez en icelles : deffenses aux Parties de se pouruoir au Conseil, pour raison de ce, à peine de nullité, & demeureront les Parties y assignées deschargées des assignations qui leur seront données ; & que les Arrests qui seront donnez esdites Cours, ne pourront estre cassez, reuoquez ny surcis, sinon par les voyes de droict permises par les Ordonnances : & les Maistres des Requestes ne pourront iuger en dernier ressort, quelque attribution qui leur en puisse estre faite par Lettres, Arrests ou autrement : & ou les Parties voudroient faire plainte des Lettres d'Estat, comme subreptices, la connoissance en appartiendra aux Iuges, pardeuant lesquels les Procez seront pendans.

Huittiesme sceance tenuë en la Salle sainct Louys, le Mercredy huictiesme Iuillet 1648.

Article 18.

QVe le Sur-Intendant general des Postes & Relais de France, Messagers ou Maistre des Postes & Coches, apporteront au Greffe de la Cour, les reglemens concernant les ports de lettres & pacquets, & cependant deffences au Fermiers, Commis, & Distributeurs, de rayer, ny augmenter la taxe desdits ports, à peine de six mil liures d'amende, & de punition corporelle ; & en cas de contrauention permis d'en informer : & que les Messageries non supprimées par l'Edict de 1610. demeureront en leur ancienne liberté, sans qu'ils puissent rehausser leurs taxes.

Article 19.

Qu'il ne pourra à l'aduenir estre faite aucune creation d'Office, tant de Iudicature que de Finance, que par Edicts verifiez és Cours Souueraines, auec la liberté entiere des suffrages pour quelque cause, occasion, & sous quelque pretexte que ce soit ; & que l'establissement ancien desdites Compagnies Souueraines ne pourra estre changé ny alteré, soit par augmentation d'Officiers & des Chambres, establissement de Semestre, ou par démembrement du ressort desdites Compagnies, pour en créer & establir de nouuelles.

Que le mesme ordre sera gardé pour les Tresoriers de France, Presidiaux, & autres Iuges subalternes : deffences à toutes personnes de faire & aduancer telles propositions pernicieuses, tendantes à la ruine desdites Compagnies, à l'aneantissement de la Iustice & subuersion du Royaume, à peine d'estre punis exemplairement, comme perturbateurs du repos public.

Sera la Reyne suppliée de reuoquer le Parlement d'Aix, la Cour des Aydes de Xainctes, & l'Edict portant creation de douze offices de Maistres des Requestes.

Article 20.

Afin que la Iustice soit administrée auec l'honneur & l'integrité requise, qu'à l'aduenir il ne pourra plus estre receu dans les Cours Souueraines aucuns Traictans, Partisans, Cautions, Associez, & Interessez auec eux, ny leurs enfans & gendres; & que ceux qui sont à present receus en aucunes desdites Compagnies ne pourront estre admis en d'autres, quelques dispenses qui pourroient estre par eux obtenuës.

Neufuiesme sceance du Ieudy neufuiesme Iuillet.

Article 21.

LEs Officiers des quatre Cours Souueraines, Payeurs des corps & amandes d'icelles, seront payez par chacun an des gages à eux attribuez, & augmentation d'iceux, sans aucun retardement; & que d'oresnauant le fonds n'en sera plus employé dans les Estats du Roy, ains receu dans les greniers qui leur ont esté ou seront assignez des mains du peuple par les Commis qui seront par eux proposez à chaque ouuerture des greniers suiuant les Edicts & Declarations des années 1594. 97. 99. & 38.

Article 22.

Afin que sa Majesté & les creanciers des Fermiers, Traictans & Partisans, leurs cautions, associez & interessez, ne puissent estre frustrez de leur deub, comme il est souuent aduenu; tous les biens de quelque nature que ce soit, donnez à leurs enfans en faueur du mariage, ou autrement, mesme les Offices qui se trouueront leur appartenir, mis sous noms empruntez & donnez à leurs enfans, depuis qu'ils sont entrez dans les Traittez, Fermes, & Partis de sadite Majesté, & à leurs creanciers, & toutes separations de biens entr'eux & leurs femmes, depuis ledit temps, demeureront nuls; & que les acquisitions qui seront faictes par eux soubs le nom de leurs femmes, demeureront affectées à sadite Majesté & à leurs creanciers, derogeans à cet effet à toutes coustumes à ce contraires.

Neufuiesme sceance tenuë en la Salle S. Louys le Ieudy neufuiesme Iuillet.

Article 23.

ENcores que le Domaine de la Couronne ne puisse estre alienè que par l'appanage des enfans de France pour le dot & doüaire des Reynes, & pour les vrgentes affaires de la guerre, neantmoins par vn abus insupportable, on a depuis quelques années employé toutes sortes de moyens pour en oster au Roy la possession à perpetuité, soit par des eschanges abusifs & frauduleux, par ventes nouuelles de certaines terres & Seigneuries, & par dons excessifs; soit par augmentation des anciennes finances aux Domaines desia engagez, sous pretexte des encheres doublement & tiercement: ce qui est arriué à tel exceds, que la recepte faite dans les comptes depuis l'année 1630. pour vente & reuente des Domaines en fonds de terre monte à plus de quinze millions de liures, dont il se peut verifier que la sixiesme partie n'est point entrée actuellement aux coffres du Roy, le surplus ayant esté payé en mauuaises & faulces debtes & arrerages de pensions, en dons, gratifications & recompenses, & autres choses feintes & supposées contre les Ordonnances : & dautant que la preuue de cet abus ne peut estre tirée que du menu des comptans, la Reyne est tres-humblement suppliée de les faire representer pardeuant tels Conseillers qu'il luy plaira choisir, & ladite verification ordonnée, ou que les engagistes payeront en deniers comptans à l'Espargne lesdites sommes qui s'y trouueront employées sous leur nom, ou pour eux; & que pour la fraude commise lesdits domaines serōt reunis à la Couronne; ce qui sera pareillement executé pour les domaines vendus sans Edits verifiez, & pour les bois, esquels le Roy auoit droict de tiers, d'auger, gruyrie, grayrie, parage ou autre part & portion.

Article 24.

Pour restablir & faciliter la liberté du commerce, tous dons & concessions accordées à toutes personnes de quelque qualité & condition qu'ils soient à tiltre onereux ou autrement pour achepter & vendre seuls à l'exclusion des sujets du Roy, quelque sorte de marchandise que ce puisse estre, seront dés à present declarez nuls & reuoquez; deffenses à toutes personnes qui voudront s'opposer à cét article de troubler ceux qui voudront s'entremettre au commerce desdites marchandises.

Article 25.

D'autant que les Draperies de laine & de soye de toutes sortes de fabriques ne se façonnent plus en ce Royaume comme elles souloient, à cause de celles que les Marchands Holandois & Anglois y apportent, ce qui a reduit vn nombre infiny de petit peuple qui estoit employé à la manufacture desdites draperies à mendicité, ou obligez de transporter leurs domiciles aux païs estrāgers, outre le transport de sommes immenses; Sa Maiesté sera tres-humblemēt suppliee d'ordonner que deffences seront faites à tous negotians, d'apporter ou faire apporter en ce Royaume desdites draperies de laine & de soye manufacturées desdits païs d'Angleterre & de Hollande, à peine de confiscation & d'amande arbitraire. Cōme aussi deffenses seront faites à tous negotians d'apporter en France des passemens de Flandre & poincts d'Espagne, de Gennes, Rome & Venise, & à tous les sujets du Roy d'en achepter, & d'en porter à peine pareillement de confiscation, & de quinze cens liures d'amande contre les contreuenans.

Article 26.

Pour remedier aux abus qui se commettent à la vente & distribution des denrées qui se debitent sur l'eau, & sur les estappes de la ville de Paris, mesme regler les nouueaux droits qui se leuent sur lesdites denrées & marchandises, les vns par Edits non verifiez, où il appartient, les autres sans Edits: il se tiendra trois ou quatre iours aprés, chacune promotion d'vn Preuost des Marchands, vne assemblée de police generale en la chambre S. Louys, en laquelle assisteront les Officiers des Cours Souueraines, les Preuost des Marchands & Escheuins, le Lieutenant Ciuil, & aucuns des principaux Bourgeois, Marchands de la ville, pour connoistre les abus & regler le prix desdites denrées.

Article 27.

Seront les Officiers créez, & taxes faites sur les maisons pour le netoyement de la ville de Paris, suprimez & reuoquez, & le nettoyement de ladite ville tenu entre les mains des Bourgeois, & pour cét effet l'ancien droit restably, deffenses de le diuertir à l'aduenir; & à cét effect pour le departement des quartiers, assemblée de ville sera faicte.

Fin des articles proposez & arrestez és Assemblees de quatre Cours Souueraines tenuës en la salle sainct Louys.

Du Mercredy premier Iuillet 1648.

CE iour toutes les Chambres assemblées, la Cour delibera sur la premiere des propositions faites en la salle de sainct Louis, qui estoit de reuoquer les Intendans de Iustice & autres commissions extraordinaires, &c. Il y eut des aduis à informer contre les Intendans de iustice qui ont entré dans les partis, & qui ont donné des Ordonnances à la foule du peuple, & maluersé en leurs Commissions, la deliberatiō ne fut point acheuée.

Monsieur Pitou Conseiller en la Cour fut cōmis pour informer cōtre le Sieur Picard Conseiller des parties casuelles, qui auoit dit en quelques cōpagnies que tous les Conseillers du Parlement estoient pensionnaires du Roy d'Espagne, & tenu d'autres discours au desaduantage du Parlement.

Du Ieudy 2. Iuillet.

CE iour toutes les Chambres assemblées, la Cour continua la deliberation commencée du iour precedent, où il ne se passa rien de considerable.

Du vendredi troisiesme Iuillet.

CE iour toutes les Chambres assemblées à l'ordinaire, la susdite delibcration fut continuée, & la conclusion d'icelle remise au lendemain. Ce mesme iour furent restablis au Conseil, Messieurs les Maistres des Requestes: ce fut Monsieur le Duc d'Orleans qui les ayant mandez en son Palais, leur annonça cette bonne nouuelle, ce restablissement auoit esté pratiqué, & fait en la maniere qui ensuit.

Reſtabliſſement de Meſsieurs les Maiſtres des Requeſtes.

LE Mardy trentieſme du paſſé, Monſieur Fouquet Maiſtre des Requeſtes ayant propoſé en la Compagnie, que ſi elle vouloit deputer vers Mõſieur le Chancelier, pour demander leur reſtabliſſement, il auoit quelque parole de l'obtenir, & qu'il y pouuoit quaſi engager ſon honneur. Cette propoſition fut rejettée d'vn commun conſentement par cette ſeule raiſon, que le Parlement à leur priere en ayant fait inſtance aupres de la Reyne, la Compagnie ne pouuoit s'adreſſer ailleurs: mais qu'en cas que ſa Majeſté commandaſt de ſeruir dans les Conſeils, on obeïroit. Cette reſponce fut cauſe que Monſieur le Tellier meſnageaſt par ſon beau frere Monſieur du Gay Maiſtre des Requeſtes, d'en gagner cinq autres de ſon quartier, qui eſt celuy de Iuillet, pour aller en la maniere accouſtumée, au commencement de chaque quartier ſaluer Monſeigneur le Duc d'Orleans, ce qu'ils firent; ſçauoir, Meſſieurs Courtin, la Bereliere, Chomel, Champigny, du Gué & Voiſin, leſquels allerent le Ieudy ſans en parler à la Cõpagnie au Palais d'Orleans; où eſtans, ils dirent à ſon Alteſſe, qu'encores qu'ils fuſſent interdits de l'entrée des Conſeils, neantmoins ils ne le croyoient pas eſtre de luy, aller rendre leurs deuoirs, & luy demander la continuation de ſa protection; & adjouſterent ainſi qu'il auoit eſté concerté auec Monſieur le Tellier, qu'ils le prioient de procurer leur reſtabliſſement auprez de la Reyne, ce que M. leur promiſt de faire: adjouſtant que ſi pluſtoſt on ſe fuſt addreſſé à luy, il auroit eſté obtenu, & qu'il leur feroit ſçauoir ſa réponce. Et de fait, le lendemain Vendredy, Meſſieurs les Maiſtres des Requeſtes eſtans aſſemblez tous les quartiers, vn Gentil-homme vint prier Monſieur le Doyen d'aller à midy chez ſon Alteſſe, auec quatre deputez, vn de chaque quartier, ce qui fuſt arreſté; & que la Compagnie s'aſſembleroit l'apreſdinée, pour entendre la relation, ce qui fut fait; & la Compagnie eſtant aſſemblée, Monſieur de Chaillou dit, que Monſieur le Duc d'Orleans leur auoit dit, qu'il l'auoit demandé à la Reyne, & obtenu le reſtabliſſement de la Compagnie, comme leurs confreres l'auoient demandé; & adjouſta quelques ciuilitez, auſquelles Monſieur de Chaillou auoit reſpondu, auec le reſpect qu'il deuoit à ſon Alteſſe Royalle: il fut arreſté que le lendemain le Parlement en ſeroit informé par les deputez. Monſieur Foulé portant la parole de la verité de ce qui s'eſtoit paſſé touchant le reſtabliſſement, & qu'il inſinuëroit au Parlement comme il auoit eſté deſiré de la part des Miniſtres, & negocié ſans aucun concert ny conſentement de la Compagnie, ce qui fut fait; & en ſuitte Meſſieurs les Maiſtres des Requeſtes deputerent vers la Reyne Monſieur le Duc d'Orleans, Monſieur le Cardinal & Monſieur le Chancelier: ils commencerent par ſon Alteſſe, & ont finy hier leurs compliments par la Reyne, qui les receut auec beaucoup de ciuilité, & leur donna de bonnes paroles, qu'ils appliquerent à la reuocation de la derniere creation, ainſi que Monſieur le Duc d'Orleans leur a fait eſperer apres les deux premiers Conſeils.

Du Samedy quatriesme Iuillet 1648.

CE iour toutes les Chambres assemblées, la Deliberation fut acheuée; & de l'aduis de Monsieur de Broussel suiuy de la plus grande partie des autres Conseillers, fut dressé vn Arrest en la forme suiuante.

Ce iour la Cour toutes les Chambres assemblées, deliberant sur le rapport fait par les Deputez par elle commis du contenu au premier article des propositions faites par les Deputez des Compagnies assemblées en la salle sainct Louys, suiuant l'Arrest du 13. May dernier, a fait & fait deffences suiuant l'Ordonnance aux Intendans de Iustice, Police & Finances du ressort de la Cour, de proceder à leurs commissions, & de faire aucun acte en vertu d'icelles, à peine de concussion de faux, & de nullité, & dautres peines portées par les Ordonnances & iugemens desdits Intendans, & y deferer aucunement sous mesmes peines, & aux sujets du Roy de les connoistre & leur obeyr: deffenses à toutes personnes de quelque qualité & condition qu'elles soient, de se charger cy-apres d'aucunes commissions extraordinaires, si elles ne sont deuëment verifiées en ladite Cour, suiuant les Ordonnances, & en consequence de ce, les Tresoriers de France, Esleus, & autres Officiers qui ont esté troublez par lesdits Intendans, exerceront leurs charges comme auparauant: Ordonne ladite Cour que commissions seront faites au Procureur General du Roy, addressantes à deux Conseillers d'icelle Cour, pour informer de la mauuaise administration des deniers Royaux; & à cette fin aura monitoire en forme de droit, laquelle sera publiée, tant aux Paroisses de cette ville de Paris, que hors d'icelle ou besoin sera, pour le tout fait rapporté & communiqué au Procureur General du Roy estre ordonné ce qu'il appartiendra; & sera le present Arrest executé à la diligence dudit Procureur General, enuoyé à tous les Baillages, Seneschaussées du ressort de ladite Cour, pour y estre publié & registré: & enjoinct aux Substituds de tenir la main à l'execution d'iceluy, & en certifier la Cour dans le mois, à peine d'en répondre en leurs propres & priuez noms.

Du Lundy sixiesme Iuillet.

CE iour le Parlement, toutes les Chambres assemblées, sur les huict heures du matin, a esté aduerty par Monsieur le premier President, que Monsieur le Duc d'Orleans y deuoit venir prendre la seance; & de fait, en mesme temps les Huissiers ont rapporté qu'il estoit dans la Saincte Chappelle: Surquoy sans en rien deliberer, monsieur le premier President a fait signe aux deux derniers de Messieurs les Presidens, sçauoir, de Longueil & Nonion, & à Messieurs le Meusnier & Preuost Conseillers de la Grand' Chambre, de l'aller receuoir: & pour cét effet ils se sont leuez, & sont allez iusques à la saincte Chappelle au deuant de luy, d'où ils l'ont accompagné iusques dans la Grand' Chambre, son Altesse Royale au milieu des deux Presidens,

&

& les Conseillers en suite parmy les quatre Ducs & Pairs qui l'accompagnoient, qui estoient Messieurs les Ducs de Ioyeuse, d'Elbeuf, Brissac, & de Rets: au deuant de Monsieur, ont marché iusques au parquet des Huissiers, les Suisses auec la hallebarde, & en suitte les Gardes, partie auec la carabine, partie auec la pertuisanne. Monsieur est allé à sa place, & a coupé les bureaux: mais on a fait aduertir Messieurs les Ducs & Pairs de passer par la lanterne, & descendre par le petit degré pour se mettre en leur place, qui a esté ioignante, & en suitte de monsieur le Duc d'Orleans, qui a marché pour gagner sa place enuiron quatre pas deuant Messieurs les deux Presidens. Les choses estant calmes, Monsieur a pris la parole, & dit, qu'il croyoit que Messieurs les Gens du Roy auoient eu ordre de la Reyne de representer quelque chose à la Cour; surquoy monsieur le premier President a commandé au Greffier, qu'il les allast querir, ce qui a esté fait, & peu apres ils sont entrez tous trois; & estans à leurs places, ils ont dit par la bouche de monsieur Talon, qu'hier sur les deux heures de releuée monsieur le Chancelier les manda, & l'estant allé trouuer, il leur dit, qu'il auoit eu ordre de leur dire, que la Reyne leur vouloit parler sur les sept heures du soir au Palais Royal, & que s'y estans rendus on les auroit fait entrer dans le petit cabinet de la Reyne, où estoient sa Majesté, monsieur le Duc d'Orleans, monsieur le Cardinal, monsieur le Chancelier, & monsieur de Chauigny; Que là monsieur le Chancelier leur dit, que la Reyne les auoit mandez, pour leur dire qu'elle auoit sceu l'Arrest du Parlement du iour precedent quatriesme; qu'elle leur apprenoit, qu'elle estoit bien informée du desordre des affaires & déreglement des finances; qu'elle desiroit trauailler incessamment à vne bonne reformation, qu'elle connoissoit que le dernier Arrest de la Cour estoit vn des bons moyens pour y paruenir, mais qu'elle prioit la Compagnie de considerer l'Estat present des affaires, & de iuger si ce remede estoit de saison; & que pour cela elle les auoit chargez, de representer à la Cour les despences necessaires & ineuitables pour sauuer l'Estat, & les moyens d'y pouuoir paruenir: Premierement, que l'armée commandée par monsieur le Prince, estoit retranchée sur la frontiere pour faire teste à celle des ennemis, qu'il falloit aux Soldats du pain pour leurs vies, & quelques deniers pour leurs vestemens, & autres menuës necessitez, que sans cela tout s'acheuoit de se débander par la faim, n'y ayant rien qui soit plus à craindre que *seditio ventris*, c'est le terme: qu'il falloit souldoyer l'armée de monsieur de Turenne, & payer aux Suedois leur quartier escheu d'Auril, May & Iuin, sans quoy il estoit à craindre qu'ils ne renoüassent leur traité auec l'Empereur, & que sans leur secours l'armée de monsieur de Turenne n'estoit pas suffisante pour s'opposer aux Imperiaux & Bauarois; Que l'armée d'Herlac estoit encores à soustenir, qu'il falloit aussi maintenir l'armée de Catalogne, à laquelle les Catalans ne fournissoient pas vn sol, pas mesmes les vstanciles qu'en payant; qu'ainsi faute d'argent, cette armée qui est de dix mil hommes effectifs periroit; & que le Roy d'Espagne n'y trouuant plus d'obstacle pourroit facilement porter les armes dedans le Languedoc: Que les armées d'Italie deperissoient aussi faute d'argent, Qu'il en falloit pour la Marine & pour l'Artillerie; & qu'en vn mot il manquoit par tout, parce que les moyens qui auoient esté projettez au commencement de l'année manquoient tout à coup; Que les fonds de cette dépense estoient dans les promesses des gens d'affaires mises à l'Espargne, pour estre payées de mois en mois, & dedans leur credit; Que leurs promesses demeureroient inutiles & sans execution, ne pouuant plus receuoir les deniers des receptes ou des fermes, qui leur auoient esté affectées: Que ce cas estoit indubitable sur le seul bruit de la reuocation presente des Intendans, qui sont les preposez à faciliter ces recouuremens; Que la Cour estoit priée de considerer, qu'en la forme qu'ils se font 35. personnes suffisent; qu'en changeant en vn moment cet ordre, & le remettant aux Thresoriers de France & aux Eleus, il faudroit passer par les mains de plus de trois mil Officiers, sçauoir 483. Thresoriers de France, le surplus Eleus, qui en prenant leurs gages & droicts absorberoient, s'ils en auoient la liberté, sur les premiers & plus clairs deniers plus de neuf millions six cens mil liu. Que par ces raisons la Reyne prioit la Compagnie d'examiner s'il estoit à propos d'executer dés à present l'Arrest, ou d'en differer pour quelque temps l'execution; Qu'il estoit à craindre que le peuple n'induisit vne descharge entiere des Tailles par les deux clauses de l'Arrest, la reuocation & la recherche des Intendans; Qu'elle ne reseruoit neantmoins rien à la Cour de ce qu'elle iugeroit estre vtile au seruice du Roy & au bien de l'Estat; qu'en leur particulier, ils croyoient que monsieur le Duc d'Orleans auoit ordre d'informer plus precisement la Cour des expediens, qu'ainsi ils ne pourroient que balbutier en sa presence en estant beaucoup mieux instruit, & que la seule priere qu'ils auoient à faire estoit, que, *videat Senatus ne quid detrimenti, capiat Respublica*, & se sont retirez.

Cela fait, monsieur le Duc d'Orleans a pris la parole, & a dit: Messieurs, apres la discretion de Messieurs les Gens du Roy ie n'en ay point à vous faire; seulement ie vous diray que vostre Compagnie m'ayant tesmoigné par vos Deputez, que vous auiez trouué bonne la derniere negotiation; i'ay creu pouuoir venir icy, comme ie fais, pour deux choses: l'vne, pour vous proposer vn expedient sur les affaires presentes, l'autre pour vous faire vne priere: l'expedient est vne conference des Deputez de vostre part auec quelques-vns des Messieurs du Conseil chez moy, où ie seray present, afin d'aduiser aux moyens de soulager le peuple, suiuant l'intention de la Reyne & de la vostre, & empescher la perte & la ruine de l'Estat. La priere est de surseoir pour deux iours vostre dernier arresté, pendant lesquels la conference sera acheuée, & ie vous donne ma foy & ma parole que cela se fera auec sincerité. Ie n'ay iamais manqué au moindre du monde à luy tenir parole, ie ne commenceray pas par vostre Compagnie, que i'estime: & ie vous demande cela de grace, & vous promets que vous aurez toutes sortes de satisfactions pour le public, & pour vous, & que i'auray beaucoup de ioye de seruir la Compagnie.

A cela monsieur le premier President respondit: Monsieur, La Compagnie a tousjours receu des preuues de vostre affection, elle vous prie de les vouloir continuer, & vous asseurer qu'elle vous honore autant qu'elle le peut; & en suitte luy dit: Monsieur, vous proposez donc vne conference & vne surseance pour deux iours. Ouy, Messieurs, respondit monsieur le Duc d'Orleans, ie ne vous demande que cela, & vous donne ma parole que vous ne serez point trompez. Sur cela monsieur le President de Mesmes dit en ces termes: mais Monsieur, demandez vous pour cette Conference des Deputez des autres Compagnies ou seulement du Parlement. Monsieur leur respondit; Messieurs, ie ne parle qu'à cette Compagnie. En suitte monsieur le premier President a demandé à monsieur le Duc d'Orleans, s'il n'auoit plus rien à proposer auant qu'on commençast à deliberer; Monsieur respondit que non, & que Messieurs auoient toute liberté d'opiner. Surquoy monsieur le premier President a pris les voix, & a commencé par monsieur Crespin Doyen de la Cour, qui a esté d'aduis d'accorder la Conference, & surseoir l'arresté pour trois iours; monsieur Cheualier de mesme aduis, monsieur de Broussel autheur de l'aduis de l'Arrest a esté d'aduis d'accorder la surseance, mais ne point surseoir l'execution de l'Arrest: tous Messieurs de la Grand' Chambre furent de l'aduis du Doyen, auec cette difference, que les vns sont d'aduis, que la surseance soit par escrit, les autres seulement mentales: monsieur Laisné de l'aduis de monsieur de Broussel, Messieurs de Bocquemarre & Perrot Presidens, surceanse mentale.

Du Mardy septiesme Iuillet.

CE iour toutes les Chambres du Parlement estans assemblées, les mesmes aux mesmes seances du iour precedent; monsieur le Duc d'Orleans a dit, qu'ayant fait reflexion sur les principales difficultez faictes hier par quelques-vns de Messieurs qui procedoient de la crainte de l'inexecution de l'Arrest, si la surseance estoit accordée, il reïteroit la parole que la Conference s'acheueroit en deux iours, & que tout ce qui seroit promis seroit executé, & que la Compagnie auroit toute sorte de satisfaction de son entremise; que iamais il n'auoit trompé ny manqué de foy à personne, & qu'il ne commenceroit pas par cette Compagnie, qu'il estimoit, cherissoit & honoroit extremement. Sur cela monsieur le premier President a commandé au Greffier de lire les aduis, sçauoir celuy de monsieur le Doyen, qui estoit d'accorder la surseance, & la Conference demandée par Monsieur, sans en rien escrire sur le Registre, toutes les Chambres demeurant assemblées. Apres cet aduis on a éleu monsieur de Broussel, qui s'y est laissé compter, & tous Messieurs qui auoient opiné hier, & ont esté nommez, lesquels en sont demeurez d'accord, excepté monsieur Laisné, qui a persisté en son Aduis; monsieur le Clerc, de la grand' Chambre, dit qu'il auoit esté de l'aduis du Doyen; & adjousta que pour la Conference il seroit arresté que deux Deputez de chaque Compagnie y seroient mandez. L'affaire a passé par cét Aduis: Monsieur Laisné n'a esté suiuy que de dix, & à chacun desquels monsieur le Duc d'Orleans a renouuellé sa promesse de terminer dans deux iours la Conference au contentement de la Cour; & la principale contestation a esté, si on arresteroit auoir des Deputez des autres Compagnies. Enfin la Cour ayant connu que le refus de les y appeller pourroit causer quelque des-vnion, a ordonné qu'ils y seroient appellez.

Du *Mercredy huictiesme Iuillet.*

CE iour toutes les Chambres assemblées, on deputa des Conseillers pour se trouuer au Palais d'Orleans sur les quatre heures de releuée. De la grande Chambre furent choisis Messieurs Crespin, Broussel, Hennequin, Ferrand; tous les Presidens au Mortier qui s'y voudroient trouuer, vn President & vn Conseiller de chaque Chambre des Enquestes & Requestes : ayant fait sçauoir aux Compagnies Souueraines de deputer deux de chacune, ainsi qu'il auoit esté arresté le iour precedent, tous se rendirẽt au Palais d'Orleans à l'heure donnée ; Messieurs le Cardinal & Chancelier y arriuerent les premiers, le Parlement le dernier. Monsieur le premier President ayant veu des Conseillers d'Estat en place, dit, qu'ils se deuoient retirer, n'ayant point de seance où est le Parlement; Eux au contraire, soustenant auoir place au Conseil du Roy: mais on les fit retirer, puis chacun se plaça: Messieurs le Cardinal & le Chancelier aux deux costez de son Altesse Royale, les Presidens aussi aux deux costez, tous y estans, horsmis monsieur de Mesme, le reste prit place selon son rang. Monsieur le Chancelier fit l'ouuerture par vn discours de trois quarts d'heure à la loüange du Parlement, de sa fidelité & de son zele au seruice du Roy : il dit, que la Reyne approuuoit toutes leurs assemblées & deliberations, & que ce qu'ils y font alloit au bien de l'Estat, auquel elle voyoit bien qu'il y auoit du desordre, & qu'il y falloit remedier, mais qu'elle n'auoit pas crû cela se pouuoir faire à present : Que l'Arrest donné pour la reuocation des Intendans estoit iuste; Que c'est vn mal qui ne luy peut estre imputé, les ayant trouuez establis par le feu Roy en 1635. elle n'auoit osé les reuoquer en l'estat present des affaires; & puisque le Parlement auoit donné Arrest elle consentoit à l'execution, pourueu que ce fust par vne Declaration verifiée, afin que l'authorité du Roy ne fust lezée, & que les peuples connussent que c'est sa Majesté qui agit, dequoy ces Messieurs demeurerent d'accord. Puis mondit sieur le Chancelier dit, qu'il y auoit des termes en leur Arrest lesquels estoient vn peu rudes, comme (à peine de concussion:) ces Messieurs ayant monstré qu'ils sont au terme de l'Ordonnance, il passa qu'ils demeureroient. Monsieur le Cardinal prenant la parole dist, qu'il estimoit estre bien fascheux d'informer contre des personnes de qualité qui ont exercé des commissions de cette nature, que cela feroit murmurer, & peut-estre souleuer le peuple, lequel auroit sujet de se plaindre, & dire qu'on auroit enuoyé des gens pour le piller & ruïner. A cela monsieur le premier President respondit, que le Roy par ce moyen ostera aux peuples tout sujet de soupçon & de plainte, faisant punir ceux qui auront mal-versé en leurs commissions, & que les gens de bien tireront auantage de telles informations, puisque leur probité sera connuë de tous: cela passa encor, & fut arresté que la Declaration seroit conceuë aux mesmes termes de l'Arrest. Monsieur le Chancelier qui ne demandoit qu'à temporiser & empescher l'execution dudit Arrest de reuocation des Intendans, dit que cette Declaration ne pouuoit pas estre si tost dressée & seellée. Monsieur le President de Nouion dit, qu'il falloit qu'elle fust enuoyée au Parlement auant Samedy, auquel iour ledit Arrest deuoit estre publié & enuoyé aux Prouinces. M. le Chancelier respondit, que le temps estoit bref, joint que tout le monde seroit surpris d'vn si prompt changement: que les tailles ne se leueroient pas, si auparauant on ne donnoit ordre à ce qu'il falloit faire. Monsieur de Nouion repliqua, qu'il le falloit auant Samedy, ou que ce iour l'Arrest seroit publié, & insista si fort sur ce chef, qu'il fut arresté qu'on enuoyeroit le Samedy vne Declaration, & que Vendredy à pareille heure la Conference seroit continuée pour aduiser aux autres chefs d'icelle Declaration. On demanda le rappel des Conseillers du grand Conseil, & Cour des Aydes exilez : Monsieur le Cardinal promit que dés ce iour les lettres en seroient expediées & enuoyées. Il pria en consequence ces Messieurs de haster leurs deliberations, & qu'elles fussent toutes expediées dans Mardy prochain, si faire le pouuoient.

Les Tresoriers de France venus pour estre ouys, furent remis au Vendredy. Ils offroient de faire payer la taille si exactement, que tous les mois le Roy auroit en ses coffres quatre millions, ne demandant point la restitution de leurs gages passez, ny la jouïssance d'iceux pour la presente année.

Du Ieudy 9. Iuillet.

CE iour toutes les Chambres assemblées, il fut fait relation de ce qui auoit esté fait & arresté au Palais d'Orleans le iour precedent. Apres quoy tous ayant dit qu'il n'y auoit rien à faire, qu'apres l'assemblée de Vendredy, & la Declaration apportée au Parlement, on se separa.

Ce iour le sieur d'Emery Sur-Intendant des Finances eut commandement de se retirer en sa maison de Tanlay, & y attendre les ordres du Roy: le Mareschal de la Meilleraye fut fait Sur-Intendant, & en presta le serment à l'heure mesme. On luy donna pour Adjoints & conseil Messieurs de Morangis, & d'Haligre Conseillers d'Estat. Ce fut monsieur le Tellier Secretaire d'Estat qui porta cette parole au sieur d'Emery qui en fut fort surpris. Il demanda à parler à la Reyne & à M. le Cardinal, ce qui luy fut refusé. Il partit deux heures apres l'ordre receu, & emmena auec luy son fils le President de Toré.

Du Vendredy 10. Iuillet.

CE iour toutes les Châbres assemblées, on entendit les Tresoriers de France sur la proposition susdite. On delibera sur la proposition de ne rien leuer qu'il ne soit verifié aux Cours Souueraines. Le President de Mesme estoit d'auis que les Declarations seroient seulement verifiées au Parlement, & non aux autres Cours, contre le pouuoir qu'elles ont de verifier ce qui est de leur Iurisdiction. Cet aduis fut rejetté, comme tendant à des-vnir les Compagnies. Il passa presque d'vne voix, que les Declarations seront verifiées premierement au Parlement, en apres aux autres Compagnies où elles doiuent l'estre.

La Conference se fist de releuée au Palais d'Orleans, ainsi qu'il auoit esté arresté le Mercredy; Monsieur de la Meilleraye nouueau Sur-Intendant y eut séance en cette qualité, & Messieurs de Morangis & d'Haligre ses Adjoints. On examina la Declaration, laquelle monsieur le Chancelier apporta, & il ne passa rien de considerable, sinon qu'il y eut quelque contestation à cause que les Intendans de Iustice és Prouinces de Lyonnois, Champagne & Picardie, n'estoient exceptez de la reuocation; ce qui se passa, sur ce qu'il fut remonstré qu'ils estoient necessaires en ces Prouinces, à cause du passage des gens de guerre.

Du Samedy 11. Juillet.

CE iour toutes les Chambres du Parlement estans assemblées sur les huict heures du matin; Monsieur le Duc d'Orleans y estant arriué auec les ceremonies accoustumées, accompagné des mesmes Ducs & Pairs, de Ioyeuse, d'Elbeuf, de Brissac & de Rets; si tost qu'il a eu pris sa place, les Gens du Roy sont entrez qui ont dit par la bouche de monsieur Talon, que l'on leur auoit mis és mains vne Declaration du Roy, portant reuocation des Intendans de Iustice, Police & Finances dans les Prouinces du ressort de la Cour, à la reserue des Prouinces de Champagne, Picardie & Lyon, où le Roy auoit jugé necessaire d'y en laisser, à cause des frequens logemens & passages des gens de guerre, ausquels il estoit necessaire de pouruoir promptement par la voye desdits Intendans, lesquels neantmoins n'auroient aucune Iurisdiction contentieuse, sinon de soldats à Bourgeois, & qu'ils n'auroient point aussi connoissance ny direction des Finances: ils ont aussi adjousté que par la mesme Declaration le Roy faisoit remise au peuple des Tailles, Taillon & subsistances des années 1644. 1645. & 1646. & d'vn demy quartier des années 48. & 49: qu'ils auoient pris leurs conclusions par escrit, ausquelles ils persistoient, & n'auoient rien à y adjouster, sinon de faire recit à la Cour de la Conference qu'ils auoient eu auec monsieur de la Meilleraye, nouuellement pourueu de la Sur-Intendance: qu'il leur auoit dit à la leuée de la seance de Messieurs au Palais d'Orleans, qu'il les prioit d'asseurer la Compagnie qu'il tiendroit l'occasion à honneur de receuoir ses bons aduis & de les suiure, & qu'il auoit cette double satisfaction: L'vne, qu'il n'auoit aucun parent ny allié engagé dans les affaires. L'autre, qu'il croyoit que personne ne le pourroit tromper pour les despenses de la guerre, & qu'il sousmettoit tousiours tres-volontiers la conduite au iugement de la Compagnie, & qu'il auoit desia fait fonds d'vn quartier & demy, pour les gages & droicts des Tresoriers de France & Eleus: Et ce discours finy, les Gens du Roy se sont retirez, mettans la Declaration & leurs conclusions sur le bureau: A quoy M. le Duc d'Orleans a dit, qu'il n'auoit rien à adjouster à ce qui venoit d'estre representé par Messieurs les Gens du Roy, sinon que ladite Declaration seroit executée de bonne foy & promptement, comme toutes les choses qu'il promettoit à la Compagnie. Et sur ce, M. le premier President a pris les aduis, & M. le Doyen a opiné à l'entegistrement de la Declaration; M. Cheualier de mesme aduis, M. de Broussel a esté d'aduis d'executer le dernier Arrest, qui va à la reuocation generale des Intendans, sans reserue d'aucun, à la remise d'vn quartier entier des Tailles, & à informer dés à present de tous les abus commis aux Finances. Messieurs de la Grand'Chambre ont adjousté chacun quelque differente clause à leurs aduis ; les vns, que les conclusions seroient apportées pour estre registrées ; d'autres, qu'il seroit informé ; les autres, de surseoir à informer iusques à ce qu'il y eust des plaintes particulieres ; & à chaque fois qu'il y auoit quelque opinion contre ladite Declaration, Monsieur prenoit le mesme discours qu'il auoit fait à l'entrée, pour en insinuer la verification. Enfin l'aduis est demeuré à monsieur Tellier Maistre des Requestes, & l'Assemblée continuée à Lundy.

Dudit iour Samedy au Conseil.

CE iour sur les huit heures du matin, Messieurs du Conseil estans en grand nombre, monsieur le Chancelier y est arriué, & demeura quelque temps à causer debout ; & monsieur le Mareschal de la Meilleraye y estant arriué, ils entrerent eux deux dans le petit cabinet ; où ayant demeuré enuiron vn demy quart d'heure, ils rentrerent au Conseil, où monsieur le Chancelier dist tout haut, que la Reyne auoit ordonné que Messieurs d'Haligre & Barillon auroiét les cinq & sixiesme chaires de son costé, dont monsieur de Moricq & quelques autres ayans grondé, & dit que deux de Messieurs du Conseil ayant esté mis autrefois dans l'administration des Finances, ils s'estoient tenus en leurs places de Conseillers d'Estat ; M. le Chancelier repliqua, que la Reyne auoit commandé que ces Messieurs prissent cette seance : Ce qui a esté fait à l'instant ; & apres le rapport de quelques Requestes, monsieur le Chancelier prit la parole, & a dit, qu'il estoit bon que le Conseil sceust en quel estat M. de la Meilleraye trouuoit les affaires, qui estoient telles par la supputation qui en auoit esté faite le iour precedent, que le Roy deuoit plus de 150. millions, & qu'il n'y auoit pas vn quart d'escu à l'Espargne, ny assignations ordonnées ; que neantmoins les descharges resoluës à la Conference de chez M. le Duc d'Orleans, tant des Restes, que du demy quartier des années 48. & 49. y compris le restablissement de partie des gages & droits des Officiers, montoient à soixante & douze millions de liures ; & que neantmoins il y auoit lieu d'esperer beaucoup de soulagement de l'administration de monsieur le Mareschal de la Meilleraye, lequel ne dist autre chose, sinon qu'il estoit fort nouueau dans les affaires, qu'il n'y auoit ny argent ny assignations à l'Espargne, que neantmoins il feroit du mieux qu'il pourroit pour le seruice du Roy, & contenter vn chacun, & en suitte le Conseil a continué iusqu'à dix heures.

Du Lundy 13. Iuillet.

CE iour toutes les Chambres du Parlement estans assemblées, sur les huict heures du matin ; monsieur le Duc d'Orleans y est arriué, auec les mesmes ceremonies, & accompagné comme deuant, excepté que monsieur le Duc de Brissac ne s'y est point trouué : & incontinent apres que monsieur le Duc d'Orleans a esté en sa place, monsieur le Procureur General & monsieur Bignon sont entrez, qui ont dit, qu'ils auoient receu de la part du Roy & de la Reyne vne Declaration pour l'establissement d'vne Chambre de Iustice, pour la recherche des abus, exceds, & violences commises en la leuée des Tailles, Taillon, & Subsistances, & generalement des maluersations commises aux Finances du Roy, contre toutes sortes de personnes, de quelque qualité & condition qu'elles puissent estre. Laquelle Chambre seroit composée d'Officiers, tant des Cours Souueraines, que des autres Parlemens du Royaume; & qu'ils auoient pris leurs conclusions par escrit, ausquelles ils persistoient, & ont mis la Declaration auec leurs conclusions sur le bureau, & se sont retirez. Ce fait, Monsieur Doujat Conseiller en la Grand'Chambre en a fait lecture, & en suite Monsieur le Premier President a demandé l'aduis à Monsieur Crespin Doyen de la Cour; Surquoy s'est eleué vn murmure des Enquestes, plusieurs d'entr'eux disans qu'il falloit terminer la deliberation commencée auant qu'opiner sur cette nouuelle Declaration. A quoy Monsieur le Duc d'Orleans a dit, puis que cette nouuelle Declaration pouruoyoit aux principaux chefs des aduis ouuerts, touchant la commission d'informer contre les Intendans, & touchant les maluersations commises aux Finances, qu'il croyoit qu'il falloit redemander de nouueau l'aduis à ceux de Messieurs qui auoient opiné Samedy dernier, afin qu'ils opinassent sur les deux Declarations, ce qui a esté fait: & ledit sieur Crespin a esté d'aduis, conformément aux conclusions des Gens du Roy, d'enregistrer les deux Declarations, & que les trois Intendans de Champagne, Picardie & Lionnois seroient enregistrez au Parlement; Monsieur Cheualier a esté de mesme aduis. Monsieur de Broussel a esté d'aduis de n'excepter aucuns Intendans, mais au contraire, deprier la Reyne de reformer ladite Declaration, en ce qu'elle ne reuoquoit que les Intendans du ressort de la Cour, & d'en enuoyer vne generale qui reuoquast tous les Intendans de toutes les Generalitez de France; & à l'esgard de la derniere Declaration, il a esté d'aduis de l'enregistrer, & neantmoins ordonné, conformément au dernier Arrest, qu'il seroit incessamment informé contre les Intendans, & autres, des abus commis au faict des Finances; & que la Reyne seroit suppliée d'accorder les descharges du quart des Tailles, au lieu du demy quartier, puis que les Traitans auoient pareille remise: apres cet aduis Monsieur le Duc d'Orleãs a dit, que la Reyne auoit accordé plus que le Parlemẽt sembloit ne pouuoir esperer, qu'ainsi il ne croyoit pas qu'il fallut cõtester auec elle pour si peu de chose; Que les trois Intendãs reseruez estoiẽt necessaires à cause des frequẽts passages & logemẽs des gẽs de guerre, Que les Intendans qui y estoient n'auroient point de Iurisdiction contentieuse, ny aucune direction des Finãces; Que le Conseil auoit eu la pensée de les reuoquer comme les autres, sauf d'en enuoyer cy-apres, où Messieurs iugeroient necessaire. Mais qu'en la derniere conference faite chez luy, Messieurs les Deputez auoient iugé plus à propos de limiter dés à present le nombre, ce qui leur auoit esté accordé: pour ce qui estoit de la commission d'informer, il y estoit pourueu amplement par l'establissement de la Chambre de Iustice, laquelle il dõnoit parole de faire establir incessamment; & que par ce moyen on pourroit donner les memoires au Procureur General,

General, pour faire informer; mais de le faire sans plainte ny denonciation, il n'y auoit pas d'apparence apres cela: la pluspart de Messieurs de la Grād' Chambre ont esté de l'aduis du Doyē, Monsieur Maynardeau y a adiousté la descharge generale des Restes iusques en l'année 1646. inclusiuement: la raison de son aduis, a esté, que la Declaration n'accordoit les restes, sinon des années 1644. 1645. 1646. & qu'ainsi l'on pourroit vexer le peuple pour les restes des années precedentes. Messieurs les quatre Maistres des Requestes, sçauoir, Tillier, du Tremblay, Tallement & Marescot ont esté d'aduis de reuoquer tous les Intendans, & d'en abolir le nom comme estant contraire à l'Ordonānce & Arrest; Que s'il plaisoit au Roy enuoyer quelqu'vn dans les Prouinces, ce seroit Messieurs les Maistres des Requestes, qui dans les visites, ausquelles ils sont destinez par les Ordonnances, pourroient y faire ce que l'on propose d'attribuer à ces Intendans: au surplus ils ont esté d'aduis d'enregistrer la commission de la Chābre de Iustice. Monsieur Laisné a esté d'aduis de reuoquer tous les Intēdans de Iustice, & d'informer dés à present. Monsieur le Duc d'Orleans a encore pris la parole, pour insinuer ce qu'il auoit desia dit sur ce sujet. Messieurs Bocquemare, Perrot, d'Hodicq, & la Barre, Presidés, ont esté d'aduis des cōclusions. M. Charton a dit, que cette Declaration de la Chambre de Iustice estoit vn moyen pour eluder l'execution de l'Arrest notamment touchant la Commission pour informer. Monsieur le Duc d'Orleans l'a interrōpu, & a dit, qu'il promettoit que sans remise l'on expedieroit la commission, & que l'on y pourroit trauailler au premier iour, & continuer sans relasche: Et sur ce que ledit Charton a dit, que cette Chambre se termineroit en taxe comme les precedentes; Monsieur a dit, qu'il asseuroit du contraire, & que la Reyne, & ceux qui luy donnoient conseil, estoient resolus de faire punir non seulement les Financiers & Partisans, mais aussi ceux qui auoient commis des exceds, desordres & violences pour faire les leuées, & ceux qui auoient mal vsé des Finances. Apres quoy ledit Charton a dit, que sur la parole de Monsieur il estoit d'aduis commun. Monsieur Viole President a adjousté, qu'il faloit pouruoir à la seureté de la liberté de la vie des Sujets du Roy: Et pour cét effet, qu'il falloit preuenir contre toutes les commissions extraordinaires generalement quelconques. Monsieur a pris la parole, & a dit, que c'estoit l'intention de la Reyne, & que sans doute c'estoit vne obmission, & qu'il trouuoit fort à propos de prier la Reyne d'adjouster cela dans la Declaration. Apres cela, Messieurs des Enquestes ont pris differents aduis, comme aussi Messieurs les Ducs & Pairs: Monsieur le Duc d'Orleans a esté d'aduis des Conclusions des Gens du Roy, & de faire remonstrances sur toutes les autres ouuertures: Monsieur de Nouion a esté d'auis de reuoquer tous les Intendans, & d'enuoyer dans les Prouinces Messieurs les Maistres des Requestes, conformément aux Ordonnances, & d'enregistrer la Declaration de la Chambre de Iustice, pour estre remplie d'Officiers du Parlement, Chambre des Comptes & Cour des Aydes de Paris seulement. Monsieur de Maison a opiné du Bonnet à l'aduis de Monsieur de Nouion. Monsieur de Bellievre s'est estendu, & a conclud de mesme. Monsieur de Nesmond s'est expliqué assez long temps sur les loüanges de Monsieur le Duc d'Orleans, & a conclud aux conclusions. Monsieur le Coigneux a fait aussi vn Panegyrique assez sommaire à la gloire de Monsieur, & a conclud de mesme. Messieurs le Bailleul, de Mesmes, & Monsieur le premier President ont conclud comme Messieurs. Cela fait, quand il a esté question de lire les Aduis, comme il y en auoit plusieurs singuliers qui auoient assez de rapport, Monsieur le premier President en a formé vn de tous, auquel a esté adjousté quelques mots par plusieurs de Messieurs. Et enfin il a esté arresté que la Reyne seroit tres-humblement suppliée de reuoquer tous les Intendans des Generalitez du Royaume, & d'en enuoyer à cét effet les Declarations generales au Parlement, sauf d'en enuoyer des supplicatiõs aux autres Parlements, à la reserue des trois Intendances reseruées par la Declaration, dõt les cõmissions seront prensentées à la Cour, pour y estre registrées les Châbres assemblées cette premiere fois seulement; Que les peuples demeureront deschargez des Tailles, Taillon & Subsistãces du passé iusques au dernier Decembre mil six cens quarante-six, inclusiuement: La Reyne suppliée de les descharger d'vn quartier pour les années mil six cens quarante-sept, mil six cens quarante-huict, & mil six cens quarante-neuf. Enregistrement de la derniere Declaration, à la charge que la Reyne seroit aussi suppliée de composer la Chambre d'Officiers du Parlement, Chambre des Comptes & Cour des Aydes de Paris, & de ne point conuertir lesdites Chambres en taxes ny compositions, & que les amandes & confiscatiõs qui seront adiugées, ne pourront estre données à qui que ce soit, ains les deniers en prouenans portez à l'Espargne pour estre employez aux despenses & affaires de l'Estat, sans estre diuertis ailleurs. Cét aduis ayant esté ainsi formé, plusieurs de Messieurs ont eleué leurs voix, disans, que tous estoient de cét Aduis. Monsieur le Duc d'Orleans s'est leué, & Messieurs les Presidents & son Altesse estans desia au Parquet des Huissiers, les Cõseillers ont dit qu'il n'y auoit point d'Arrest, dautant que l'on n'auoit point leu les aduis; ce qui a donné sujet à Monsieur le premier President d'enuoyer apres son Altesse Royalle, iusques à estre obligée de retourner à sa place pour entendre la lecture des aduis, suiuant lesquels l'affaire a passé comme Monsieur le premier President l'auoit redigé.

L'on a remarqué dans la Relation de ce qui estoit passé Samedy au Conseil, qu'incontinant apres le discours de Monsieur le Chancellier au sujet de l'Estat present des Finances, Monsieur d'Orgeual Maistre des Requestes, rapporta vne Requeste pour Madame d'Aiguillon, pour faire casser vn Arrest rendu le iour precedent au Conseil des parties, au raport de Monsieur de Bordeaux; par lequel Monsieur d'Oroy auoit obtenu main leuée de la saisie faite des biens de Madame d'Oroy à la Requeste de madite Dame d'Aiguillon; & sur la Requeste de madite Dame d'Aiguillon, il fust dit que dans quinzaine elle remettroit son procez, qui est vn Reglement de Iuges en estat de iuger la saisie des biens, cependant tenant: & neantmoins on a donné à madite Dame d'Oroy vne prouision de douze mil liures. Monsieur le Chancellier alla souuent à la Chambre pour faire passer l'affaire à ce point,

Monsieur de la Melleraye present à la deliberation. Il est vray qu'il offrit de se retirer, mais Monsieur le Chancelier ne luy respondit rien.

Du quatorziesme Iuillet.

CE iour le Parlemēt estāt assemblé sur les sept à huict heures du matin, M. le Duc d'Orleās y est arriué, accōpagné auec les mémes ceremonies du iour precedēt; & incontinēt apres Messieurs les Gēs du Roy y sont entrez, qui ont dit qu'on leur auoit apporté vne Declaratiō du Roy, par laquelle deffenses estoiēt faites de leuer aucuns droicts aux portes & aux entrees, & autres Bureaux de cette ville, sinō en vertu des Edicts ou Declaratiōs biē & deuëmēt verifiez; sur laquelle Declaratiō ils auoiēt pris leurs cōclusiōs par escrit, qu'ils ont mis sur le Bureau auec ladite Declaration: & en suitte leurs cōclusions ont esté leuës, qui se sont trouuées beaucoup plus estenduës, en ce que par icelles il est porté que deffenses seront faictes de leuer aucuns autres droicts que ceux qui se trouueront auoir esté ordonnez par Edicts ou Declarations bien & deuëment verifiez en la Cour, au lieu que la Declaration semble ne pouruoir que pour l'aduenir: surquoy plusieurs voix se sont esleuées, disans que les droicts non verifiez qui se leuent, montent quasi autant que ceux qui le sont; & que pour cette raison il falloit les restraindre: à cela Monsieur le premier President a dit, que Messieurs les Deputez de la Chambre Sainct Louys deuoient s'estre fait instruire du détail, afin d'en pouuoir informer la Compagnie; Et sur ce Monsieur le Duc d'Orleans a dit qu'il croyoit qu'il seroit fort à propos de faire encore vne Conference chez luy auiourd'huy ou demain, pour examiner tous les droicts qui se leuent; & que pour cét effect il s'en feroit donner vn memoire par tous les Fermiers. Sur ces expediens Monsieur le premier President a pris les aduis, & a passé d'vn commun consentement à la Conference proposée par son Altesse pour demain; mais cependant tous Messieurs estoient d'aduis de mander sur le champ les Gens du Roy, pour aller prendre l'heure de la Reyne pour apres midy, afin de faire les remonstrances ordonnées hyer au sujet des deux Declarations; mais Monsieur le Duc d'Orleans a prié la Compagnie de luy laisser cette conduite, & que demain il donneroit la response de la Reyne à la Conference; le sujet de cette remise est, qu'il n'a pas encore esté resolu au Conseil d'enhaut si on changera lesdites Declarations sur les Remonstrances du Parlement, ou si on les preuiendra, & l'on croit plustost le dernier que le premier.

Du Mercredy quinziesme Iuillet.

CE iour le Parlement estant assemblé, Monsieur Maynardeau, l'ancien des Deputez de la Chambre Sainct Louys, a fait rapport des propositions faictes hyer de releuée en la Chambre Sainct Louys, dont la premiere a esté vne plainte du grand Conseil, de n'estre pas admis dans la Chambre de Iustice,& la proposition d'y estre adjoustez : Surquoy Monsieur le premier President a dit,que iamais Messieurs du grand Conseil n'y auoient esté admis;& que l'affaire ayant esté deliberée amplement le iour precedent,la Compagnie n'auoit rien à y adjouster. Monsieur le President de Mesmes l'a soustenu dans sa propositiō,& plusieurs autres des Messieurs ont adjousté qu'il falloit s'adresser à la Reyne: & l'on n'a point deliberé sur cette proposition,en suitte de laquelle Monsieur Maynardeau en a leu vne autre,qui est,qu'il ne sera fait aucun retranchement des gages, droicts,rentes,reuenus,domaines,reuocation d'hereditez & suruiuances, attribuez par Edicts ou Declarations,bien & deuëment verifiez, sinon en vertu d'Edicts & Declarations aussi bien & deuëment verifiez dans les Cours souueraines,surquoy il s'est meu contestation;sçauoir si on deliberera sur ledit article dés à present,ou si l'on attendroit l'euenement de la Conference qui doit se faire de releuée chez Monsieur le Duc d'Orleans, en laquelle on pourroit aussi parler de cet Article auec les autres.Surquoy en deliberation il a passé que l'on diroit à Monsieur le Duc d'Orleans que cet Article auoit esté trouué bon dans la Compagnie, afin qu'il soit compris dans la Declaration qui y doit estre enuoyee pour d'autres Chefs : Faute dequoy la Cour en donnera Arrest suiuant ledit Article.

Pendant ladite Sceance,Monsieur Pitou Conseiller a dit qu'il estoit aduerty que Monsieur d'Orgeual Maistre des Requestes auoit commencé son quartier par casser vn Arrest de la Cour: il vouloit parler de l'Arrest donné Samedy au Conseil des Finances sur la Requeste de Madame la Duchesse d'Aiguillon contre Monsieur & Monsieur d'Oroy,sur quoy il s'est esleué vn grand murmure des Enquestes,qu'ils se doutoient bien que si tost que Messieurs les Maistres des Requestes seroient rétablis qu'ils recommenceroient leurs Cassations.A cela Monsieur Ricoüard qui s'est trouué l'Ancien des quatre,a dit qu'il croyoit que Monsieur d'Orgeual rendroit bon compte à la Compagnie dudit Arrest,& que sans doute il ne l'auoit donné qu'aux termes de l'Ordonnance . A cela Messieurs les Presidens ont dit qu'il n'appartient point à Messieurs du Conseil de casser les Arrests de la Cour,& qu'il n'y auoit que deux moyens de se pouruoir à l'encontre,sçauoir la Requeste Ciuille,& la proposition d'erreur; & que s'il en estoit vsé autrement,ils sçauroient bien le maintenir, & vser des moyens & des remedes qu'ils auoient en main.

Le mesme iour au Conseil a esté donné Arrest en execution de la Declaration de la descharge des restes des Tailles, par lequel le ROY a ordonné que par les Thresoriers de France & les Esleuz,il seroit procedé à la verification des restes,tant par les Registres des Receueurs que sur les roolles des Collecteurs,afin d'empescher qu'ils n'en profitent en leur particulier, & pour faire porter les deniers qui sont entre leurs mains à l'Espargne.

Du Ieudy seiziesme Iuillet.

CE iour le Parlement estant assemblé, Monsieur le Duc d'Orleans y estant arriué aux mesmes ceremonies, & accompagné de Monsieur de Montbason, outre les quatre Ducs & Pairs qui l'ont cy-deuant accompagné, & estant assis en sa place il a dit: Messieurs suiuant ce que vous auez souhaitté de moy, i'ay proposé à la Reyne ce que vous desirez estre adiousté aux deux dernieres Declarations touchant les Intendans de Iustice: à l'égard de la premiere, la Reyne n'a point iugé à propos de vous enuoyer vne autre Declaration portant la reuocation generalle des Intendans par toute l'estenduë du Royaume; dautant que comme vostre ressort n'en compose que le tiers, il est iuste de laisser aux autres Parlements, ce qui les concerne, & dés à present on a donné ordre aux Intendans de reuenir; mesme on a enuoyé au Parlement de Roüen vne pareille Declaration à celle sur laquelle vous auez deliberé. La Reyne n'a pas aussi trouué bon, ny qu'il fust necessaire que les trois Intendances reseruées par ladite Declaration dans vostre ressort fussent verifiées; parce qu'ils ne deuoient point auoir aucune iurisdiction contentieuse ny cognoissance des Finances, mais seulement des gens de guerre: il n'est point besoin de verification à l'égard de la remise du quartier entier des Tailles. La Reyne n'a pas iugé aussi à propos, & n'est pas en pouuoir de l'accorder, mais seulement demy quartier. A l'égard de la Declaration touchant l'establissement de la Chambre de Iustice, la Reyne croit qu'il est absolument necessaire d'y appeller auec vous des Officiers des autres Parlements, parce que ayant resolu de chastier tous ceux qui ont commis des exceds, violences, abus, & maluersations dans les leuées par tout le Royaume, il faut que la Chambre soit composée d'Officiers de tous les Parlements, afin d'auoir les memoires de toutes les Prouinces: & il a adiousté qu'il croyoit que la Compagnie estoit satisfaite, & de la Reyne & de son entremise, puis que toutes les choses qu'il auoit promises estoient executées; & qu'aussi il croyoit qu'il ne se trouuoit point de difficulté à verifier presentement lesdites Declarations, & que le temps pressoit extremement; dautant que pendant toutes lesdites Assemblées les peuples ne payoient rien, & qu'ils se portoient à la sedition; qu'ils auoient receu au Conseil nouuelle des Emotions d'Orleans, Forest & Moulins, & qu'à toute heure on attendoit de pareilles nouuelles; & que pour faire cesser ces desordres, il falloit faire publier promptement lesdites Declarations, & les enuoyer dans les Prouinces, & qu'on les enuoyeroit au premier iour à la Compagnie, laquelle il prioit de les agreer en la forme qu'il les proposoit; Surquoy il s'est eleué vn grand bruit de Messieurs, qui ont dit qu'il les falloit voir & les lire pour y deliberer: & sur ce Monsieur a dit, que l'on y pouuoit deliberer sous ces conditions; ce qui a esté rejetté, disant que la Cour ne deliberoit pas sur ce qu'elle ne voit point. Surquoy Monsieur le premier President a dit, qu'en attendant qu'elles fussent rapportées, on pouuoit deliberer sur la Declaration qui regarde les impositions de Paris, à ces fins a commandé au Greffier de l'aller querir au Greffe, & cependant il a dit à Monsieur Mesnardeau de lire l'article de la Chambre sainct Louys concernant cette matiere pour voir s'il estoit conforme, ce qu'il a fait; & en suitte, Monsieur a dit, qu'il auoit iustifié dans la Conference du iour precedent faite chez luy, que tous les droits qui se leuent dans Paris, s'y leuoient en vertu d'Edits ou Declarations verifiées ou peu s'en falloit, & que ainsi cette Declaration ne pouuoit regarder que l'auenir: sur quoy Monsieur le premier President a pris les Aduis, & a commencé par Monsieur le Doyen, qui a esté de l'aduis des conclusions, dans la difference d'auec la Declaration qui fut remarquée dans la Relation du iour d'hier; Monsieur Cheuallier a esté de mesme aduis: Monsieur de Brussel a adiousté qu'il falloit distinguer les Declarations verifiées dans les Compagnies Souueraines, d'auec celles publiées au sceau; qu'à l'égard des premieres, il estoit d'aduis d'en continuer la leuée pour vn an ou deux, si tant la guerre dure: à l'égard des derniers, qu'il en falloit dés à present arrester le cours, parce que telles publications n'auoient aucune vigueur; qu'autrement Monsieur le Chancellier seroit plus que le Roy, s'il auoit pouuoir de seeller & s'adresser les Edicts & Declarations; que ce desordre estoit si grand que l'on iustifieroit qu'il auoit esté leué deux cens millions en vertu de cette sorte de publications; Qu'il n'estoit point iuste de le dissimuler ny souffrir dauantage, parce qu'il seroit à craindre que si l'on continuoit à se dispenser des regles & des formes du commandement, que les peuples ne prinssent la liberté de se dispenser de l'obeyssance qu'ils ne rendoient volontairement, qu'autant que le commandement estoit conforme aux reigles de l'Estat; Que si l'on vouloit se dispenser des formes, comme le sceau du Roy n'estoit qu'vne forme pour sçauoir sa volonté aux peuples, on pourroit luy faire sçauoir par d'autres voyes, & a finy. Monsieur Meusnier a esté de mesme aduis, Monsieur Boulanger s'est fort estendu sur les verifications, & a soustenu que toutes les impositions doiuent estre verifiées au Parlement, & l'execution portée à la Cour des Aydes: sa principale raison estoit pour éuiter la facilité des verifications, soit par l'enuoy de Messieurs les Princes, soit par le moindre nombre des Officiers des autres Compagnies. Sur quoy Monsieur de Nouion l'a interrompu, disant qu'il n'estoit pas temps de former aucune contestation auec la Cour des Aydes, & que le iour precedent il auoit esté arresté à la Conference de chez Monsieur le Duc d'Orleans, que les Gens du Roy de la Cour des Aydes descendroient au Parquet des Gens du Roy de la Cour, pour terminer ensemble les difficultez qui se pourroient presenter: A cela Monsieur le premier President a dit, qu'il n'auoit pas garde d'interrompre Monsieur Boullanger dans sa proposition, laquelle il croyoit de iustice: & pour la dignité & authorité de la Compagnie, Monsieur de Nouion a repliqué qu'il croyoit son interruption fort raisonnable, puisque la proposition de Monsieur Boullanger alloit à refroidir l'Vnion & l'intelligence des Compagnies: Monsieur Boullanger a repris son mesme discours, qu'il a rebatu plusieurs fois auec chaleur; & dans cette emotion, il dist qu'il falloit songer à la patrie, laquelle il falloit parer; c'est à dire qu'il falloit employer pour le Roy & son pays, sa robbe, son bien & sa vie; & qu'il se souuenoit qu'vn Ancien disoit autrefois que parer le Temple, c'estoit parer l'Italie, qu'il disoit la mesme chose, & qu'il falloit parer l'Italie; à ce mot vn grand ris s'est émeu: il s'est rescrié plus haut, & a dit que parer l'Italie, c'estoit à dire parer la France; parce que cet Ancien, qui estoit Ciceron, en parlant de l'Italie, il vouloit parler de sa patrie, que c'estoit son explication: Sur cela en vn moment les yeux luy tournerent en la teste, & la palleur s'est espanduë sur son visage, & est mort à sa place, & toute la Compagnie s'est retirée apres l'auoir fait emporter dans la quatriesme Chambre des Enquestes, où on luy fit venir vn Chirurgien qui le trouua mort: Monsieur Hilerin luy donna l'Absolution.

Du Vendredy dix-septiesme Iuillet.

CE iour le Parlement estant assemblé à l'heure & à la maniere accoustumée, Monsieur le Duc d'Orleans y est arriué, accompagné comme le iour precedent, & auec les mesmes ceremonies; & si tost qu'il a esté en sa place, Messieurs les Gens du Roy y sont entrez, qui ont dit par la bouche de Monsieur Tallon, qu'ils auoient les deux Declarations du Roy depuis le dernier Arrest de la Cour, qui estoient beaucoup plus estenduës que celles sur lesquelles il est interuenu Arrest, & qu'ils n'auoient point pris de nouuelles Conclusions, dautant qu'ils persistoient aux premieres, & se sont retirez, ayant mis lesdites Declarations sur le Bureau, & aussi-tost lecture en a esté faite par Monsieur Mesnardeau.

Pour cette Declaration, le Roy premierement reuoquoit toutes les Commissions extraordinaires qui pourroient auoir esté expediées pour quelque cause que ce soit, mesmes les Commissions d'Intendans de Iustice dans toutes les generalitez du Royaume, excepté és Prouinces de Languedoc, Bourgogne, Prouence, Lionnois, Picardie & Champagne, à la charge que les Intendans esdites Prouinces ne se mesleront d'imposition ny leuée de deniers, ny faire aucune fonction de jurisdiction contentieuse, estant seulement pour assister les Gouuerneurs en l'execution de leurs pouuoirs.

Secondement, que les deniers seront cy-apres imposez & leuez par les Officiers pour ce establis, hormis pour cette année, que les impositions des deniers demeureront telles qu'elles ont esté faites par les Intendans, & qu'ils seront neantmoins leuez par les Officiers, & voiturez à l'Espargne à l'exception des gages & droits des Officiers.

Troisiesmement, les peuples déchargés de ce qui est deu par eux, pour les Tailles, Taillon & Subsistance des années precedentes, iusques & compris l'année 1646. & ceux qui se trouueront emprisonnez pour ce, estre élargis. Et pour les Tailles, Taillon & Subsistance de 1647. & 1648. qu'elles seront payées sur le pied de l'imposition à la reserue d'vn demy quartier de l'an 1648. dont le peuple sera déchargé; à condition que toute la Taille sera payée dans le mois de Ianuier prochain, autrement décheus de ce benefice ceux qui se trouueront n'auoir pas payé dans ledit temps, & pour ce les Tresoriers de France iront dans les Eslections tenir la main à l'execution de ce que dessus, à peine d'en respondre en leur propre & priué nom.

Quartò, Que les Receueurs Generaux feront leurs charges, excepté ceux qui se trouueront insoluables.

Enfin que les peuples seront déchargez d'vn quartier de la Taille, Taillon & Subsistance en l'année 1649. sur le pied qu'elles se montent à present, à la charge qu'ils payeront de quartier en quartier, & que le tout sera payé à la fin de Feburier 1650.

Il y auoit vne autre Declaration de laquelle lecture fut pareillement faite, c'estoit pour l'establissement d'vne Chambre de justice que le Roy vouloit estre composée de nombre d'Officiers des Cours Souueraines, auec pouuoir de proceder à la recherche des exactions, violence, & extorsions qui ont esté commises dans les Prouinces de ce Royaume, tant en l'imposition qu'en la leuée des deniers, Tailles, Taillon, Subsistances & autres; comme aussi des abus, maluersations & dissipations commises aux Finances. Qu'il sera fait incessamment recherche des coupables sans faire aucune composition, ny don des Confiscations qui seront ordonnées; Que les derniers en prouenans seront portez directement à l'Espargne, pour estre employez aux despenses plus necessaires de l'Estat.

La lecture faite de ces deux Lettres Patentes & Declarations, Monsieur le Duc d'Orleans ayant repris la parole a dit, qu'il auoit fait entendre à la Reyne, ainsi que Messieurs l'auoient souhaitté, les modifications qu'ils auoient estimées raisonnables sur les deux dernieres Declarations, sur lesquelles la Reyne a fait toutes les considerations que la Compagnie pouuoit desirer, & qui estoient au pouuoir de la Reyne dans l'estat present des affaires, comme il paroissoit par les nouuelles Declarations; dautant qu'elle auoit reuoqué generalement tous les Intendans du Royaume, à l'exception de ceux du Lãguedoc, Prouence & Bourgongne, outre les trois premieres reseruées; Qu'elle auoit accordé la décharge de tous les restes des Tailles, iusques & compris l'année mil six cens quarante six, & vn demy-quart des années 1648. & 1649. & qu'elle auoit ordonné le restablissement de la fonction des Thresoriers de France & des Esleus, & liberté de leurs charges, & d'vne partie de leurs gages & droicts; Qu'à l'égard de la Declaration pour l'establissement de la Chambre de Iustice, la Reyne auoit iugé necessaire d'y mettre quelques Officiers des autres Parlemens auec Messieurs des Compagnies de Paris, afin d'auoir plus facilement les memoires des abus arriuez dans les autres ressorts; & qu'il estoit bien aise d'auoir témoigné à Messieurs les soins qu'il prenoit & qu'il prendroit tousiours de faire executer les paroles qu'il leur auroit donné: cela faict, Monsieur le premier President luy a faict vn remerciement au nom de la Compagnie, & l'a prié de luy vouloir continuer l'honneur de son affection: Apres

quoy

quoy Monsieur a dit qu'il auoit vne priere à faire à la Compagnie, & de la part de la Reyne, & en son nom, qui estoit de faire cesser la Chambre de Saint Louys; dautant qu'encores que les intentions en fussent bonnes, neantmoins les ennemis s'en preualoient, supposant dans tout le monde que le Royaume estoit diuisé, & qu'il penchoit à vn soulleuement general : mais cependant qu'il ne croyoit pas que personne fit difficulté à la verification desdites deux Declarations, & qu'il importoit qu'elles fussent publiées deuant les remonstrances: Surquoy plusieurs voix se sont esleuées, qui ont dit qu'elles n'estoient pas conformes à l'Arresté; qu'il n'estoit point fait mention que les Commissions d'Intendances reseruées seroient verifiées en la Compagnie, & qu'aussi la remise dudit demy quartier des Tailles, n'estoit pas suffisante pour le soulagement du peuple : à cela Monsieur a respondu, que les Intendans ne deuoient point auoir de Iurisdiction contentieuse ny cognoissance des Finances; mais seulement des gens de guerre, & pour demeurer prés des gouuerneurs, partant qu'il n'estoit pas besoin d'aucune verification, à l'egard de la décharge du quartier entier des Tailles proposée : que si la Reyne l'eust pû, elle l'auroit accordé, & qu'il auoit employé son credit pour l'obtenir : Mais que la Reyne ayant fait reflexion, & luy aussi sur l'estat present des affaires, qu'ils auoient trouué impossible de faire vne plus grande remise : que neantmoins il pouuoit promettre que si quelque Generalité se trouuoit dans l'impuissance, la Reyne empescheroit qu'il n'y fust vsé de contraintes rigoureuses, & que mesme auec le temps elle leur pourroit remettre le surplus ; mais qu'à present il ne se pouuoit faire autre chose: & sur ce monsieur le premier President a pris les aduis, & a commencé par monsieur le Doyen, qui a esté d'auis d'enregistrer & faire publier lesdites Declarations, aux conditions du dernier Arresté, qui estoient que la Reyne seroit suppliée d'augmenter la remise des Tailles iusques à vn quartier, & que les Commissions d'Intendans seroient verifiées au Parlement; & que la Chambre de Iustice seroit composée d'Officiers des trois Cours Souueraines de Paris, à l'exclusion de toutes autres; & toute la Compagnie a esté du mesme aduis. M. Laisné y a adjousté, qu'il falloit bien prendre garde à la clause inserée dans la Declaration qui fait mention des gages & droicts des Officiers, le payement desquels il semble que le Conseil se vueille attribuer; & qu'estans acquis en vertu de bons Edicts & Declarations, ils ne deuoient pas dépendre de la plume d'vn Sur-Intendant : C'est pourquoy il estoit d'aduis d'adjouster aux precedens articles, celuy de prier la Reyne de ne pouruoir au payement desdits gages & droits, conformément aux Edicts & Declarations bien & deuëment verifiez. Et cette addition d'auis a esté aussi agrée du plus grand nombre d'aduis, & la grande contestation qui s'est meuë, a esté, si les Declaratiõs seroient publiées auant ou apres les remonstrances. Enfin apres beaucoup de contestations & de prieres de la part de Monsieur, il a passé que la publication precederoit, & que pour cet effect l'on tiendroit le lendemain vne Audiance extraordinaire, & que les Remonstrances se feroient incessamment : Le fort du discours de Monsieur pour persuader son aduis, a esté, le decreditement des affaires, qui causoit le manquement d'argent, auquel s'il n'estoit remedié promptement, l'Estat periroit, & a fait le denombrement de toutes les Armées, & en suite, dit, qu'il seroit bien estrange qu'ayant apporté à chacune de ses entrées au Parlement quelque sujet de satisfaction, il n'en peût pas porter aucune vne seule fois à la Reyne, que cela estant il n'auoit plus rien à negocier; & qu'enfin si l'on persistoit à refuser cette verification & publication, il ne se mesleroit plus de ces affaires, & qu'il ne respondoit plus de ce qui arriueroit, mais qu'il s'en deschargeoit. Monsieur Hebert Conseiller dit en opinant, qu'il ne falloit point se faire valoir pour insinuer que l'on eust fait rien pour la Compagnie, qu'elle n'agissoit point pour ses interests particuliers, mais seulement pour le seruice du Roy, & le bien du Public & de l'Estat, & qu'ainsi il ne falloit pas trouuer estrange qu'elle conseruast la mesme rigueur & seuerité, agissant tousiours sur les mesmes principes. Enfin monsieur l'emporta de quatre-vingts vnze, contre quatre-vingts sept, que la publication desdites Declarations precederoit les Remonstrances, le tout neantmoins aux termes des Arrestez.

Si bien qu'il y eut arrest portant que lesdites Lettres seront leuës, publiées l'Audiance tenant, & registrées au Greffe d'icelle, pour estre executées selon leur forme & teneur, & coppies d'icelles enuoyées aux Baillages & Senechaussées du ressort, & y estre pareillement leuës, publiées, registrées & executées. Enjoint aux Substitus du Procureur General, d'en certifier à la Cour au mois, à la charge que les Commissions de Lyonnois, Picardie & Champagne, seront apportées à ladite Cour, pour y estre la premiere fois verifiees toutes les Chambres assemblees; & apres en la forme ordinaire en icelle Cour, & suiuant l'Arresté contenu au registre, que le Roy & la Reyne seront tres-humblement suppliez de remettre au peuple, le quart de la Taille, Tallion & Subsistances, pour les annees 1647. 1648. & 49. & laisser le fonds pour les gages des Officiers.

Du Samedy 18. Iuillet.

CE iour l'Audiance ouuerte à la Grand' Chambre les susdites Declarations furent leuës, publiees & registrees, en la maniere & selon les formes ordinaires.

Et parce que lesdites Declarations estans publiees en l'Audiance, les Arrests ne furent point leus, mais seulement aux charges du Registre; & qu'ainsi les Arrests demeureroient inconnus au peuple. Messieurs des Enquestes se sont assemblez en la Grand' Chambre à la leuee de l'Audiance, & qui n'a esté tenuë que pour cette publication; & en deliberation il a esté arresté & ordonné, que les Arrests precedens seroient imprimez conjointement, & à la suitte desdites Declarations, pour estre publiez par tout conjointement & en mesme cahier.

En suitte dequoy monsieur Mesnardeau a leu vne proposition faite hier à la Chambre S. Louys, qui contient que les biens donnez par les Traictans & gens d'affaires, à leurs enfans masles & femelles, tant en Office qu'autres natures demeureront hypothequez pour seureté de leurs debtes contractees auparauant lesdites donations, apres laquelle lecture l'heure ayant sonné, la Compagnie s'est separee, & l'Assemblee continuee à Lundy.

Du Lundy vingtiesme Iuillet.

CE iourd'huy le Parlement estant assemblé en la maniere accoustumée, Monsieur le Duc d'Orléans y est arriué auec les mesmes ceremonies, & accompagné comme le iour precedent; & estant à sa place, il a dit; Que les affaires du Roy estoient tellement retardées par la longueur des Assemblées, tant de la Chambre S. Louys, que de la Compagnie; qu'il estoit quasi impossible d'en conceuoir, ny expliquer la consequence; Que les peuples se sousleuoient quasi par tout; & qu'ainsi il estoit à propos pour terminer ces desordres, que la Cour s'assemblast matin & apresdinée, afin de deliberer incessamment sur toutes les propositions; & que pour cét effet il croyoit qu'il falloit deliberer presentement sur la Declaration cy-deuant leuë, concernant les impositions sur les denrées: Surquoy M. le President de Mesmes, qui presidoit à cause de l'absence de monsieur le premier President, a commandé au Greffier d'apporter la Declaration pour la lire, ce qu'il a fait; & apres lecture d'icelle, & les conclusions de Messieurs les Gens du Roy; monsieur le President de Mesmes a pris les aduis, & il s'en est trouué sept differens.

M. le Doyen a esté d'auis auant proceder à la verification de cette Declaration, de commettre quatre de ces Messieurs pour s'informer de tous les droicts qui se leuent, tant aux portes, que sur les ports, & examiner les tiltres en vertu desquels ils se leuent, pour ce faict & rapporté, estre ordonné ce que de raison.

Le second aduis a esté de monsieur de Brusselle, qui a esté d'enregistrer la Declaration, ce faisant faire deffense de faire à l'aduenir aucune nouuelle imposition ny taxe, sinon conformément aux Loix du Royaume, Ordonnances Royaux, & Arrests de la Cour; & au regard des impositions cy-deuant faites, faire deffenses de continuer les leuées de celles qui se font en vertu d'Arrests du Conseil, ou Edicts & Declarations non verifiez és Cours Souueraines, & seulement publiez au sceau; & au regard de celles faites en vertu d'Edicts, ou Declarations verifiées aux autres Cours Souueraines, & non au Parlement, d'en continuer la leuée pour l'année presente 1648. & la suiuante seulement, si tant la guerre dure; ausquelles fins panchart e sera faite des droicts exigibles en vertu du present Arrest, laquelle sera leuë, publiée, registrée & imprimée; conjointement auec iceluy & ladite Declaration; & que les Commis donneront quittances desdits droicts, auec les injonctions ordinaires.

Le troisiesme aduis a esté de monsieur Seuin, qui a esté conforme à celuy de monsieur de Brusselle, excepté qu'il estoit d'aduis de publier dés à present la Declaration & l'Arrest, sans attendre les nouuelles panchartes, qu'il estoit d'auis de publier à loisir.

Monsieur Mesnardeau a adjousté à l'auis de M. de Brusselle, de faire des leuées seulement à l'aduenir, sinon en vertu d'Edicts ou Declarations, bien & deuëment verifiées à la Cour, & auec liberté des suffrages: Il a dit que c'estoit la pensée de Messieurs les Deputez de la Chambre de S. Louys.

Le cinquiesme aduis a esté de M. Hennequin, qui a esté de verifier & registrer la Declaration pour l'auenir, & auant pouruoir à la reformation des impositions & leuées faites iusques à ce iour, commettre quatre de Messieurs pour s'éclaircir des tiltres, en vertu desquels les leuées se font.

Le sixiesme aduis a esté proposé par monsieur Blanmesnil, qui a esté d'ordonner que l'Arrest du septiesme Septembre dernier, sera executé; & auant que proceder à la verification de la Declaration, deputer des Commissaires, suiuant les precedens aduis. Pour expliquer la premiere partie de cet aduis, il faut sçauoir, que le Roy ayant enuoyé le 7. Septembre dernier au Parlement vne Declaration touchant vne imposition sur toutes sortes de denrées & marchandises, auec vn Tarif, il fust verifié auec quelques modifications; & en outre la Cour fist deffenses de faire à l'aduenir aucunes leuées ny taxes nouuelles, sinon en vertu d'Edicts ou Declarations bien & deuëment verifiées à la Cour: de sorte qu'en ordonnant l'execution de cet Arrest, c'estoit faire cesser toutes les leuées faites depuis en vertu d'Edicts & Declarations portées par Messieurs les Princes à la Chambre des Comptes, & à la Cour des Aydes, & d'Arrests du Conseil: joint que c'estoit faire reuiure ledit Arrest du 7. Septembre, cassé depuis par Arrest du Conseil, & par vne Declaration portée par le Roy au Parlement.

Le dernier aduis a esté celuy de M. de Nouion, qui a esté conforme à celuy de M. le Doyen, en y adjoustant, qu'auec les quatre Commissaires de la Cour, deux de la Cour des Aydes y seroient appellez. Enfin, apres auoir examiné les aduis pendant trois heures, l'affaire a passé par l'aduis de M. de Brousselles, & monsieur le Duc d'Orleans, & les autres Ducs & Pairs s'y sont rengez, & ledit aduis a esté de cent, contre quatre-vingt, qui s'estoient rengez à celuy de monsieur de Blanmesnil, & la deliberation n'a finy qu'à midy & demy.

Le lendemain Mardy, il ne s'est passé aucune chose remarquable, bien que l'Assemblée ait continué.

Le lendemain Mercredy, feste de la Magdeleine.

Du Ieudy 23. Iuillet.

CE iour le Parlement estant assemblé à l'heure ordinaire, M. Mesnardeau par l'ordre de M. le premier President a leu l'article resolu en la Chambre S. Louys; Qui porte que les deniers des Finances, à commencer du quartier d'Avril dernier, seront portez directement à l'Espargne, nonobstant toutes autres assignations données sur icelles, pour remboursemens de prests & aduances, sauf à estre pourueu au remboursement d'icelle en temps & lieu: apres quoy les aduis ont esté pris; & M. le Doyen a esté d'auis de declarer l'article bon, & le comprendre dans les Remonstrances. M. de Brousselles au commencement a esté d'auis dés à present de donner Arrest conformé à l'Article: & sur ce que M. le premier President s'est fort escrié; qu'il n'estimoit pas que la Cour fust en puissance de pouruoir à la direction des Finances, sinon par Remonstrances; Monsieur de Broussel les a esté de l'aduis de monsieur le Doyen, ce qui a esté suiuy de Messieurs, qui ont opiné iusques à monsieur Mesnardeau, qui a esté d'auis de donner presentement Arrest conforme à l'Article. Messieurs de Laffemas & Lamoignon, Maistres des Requestes, & Laisné Conseiller, ont esté de mesme aduis. Monsieur le President de Blanmesnil a dit, qu'auparauant que d'opiner sur l'Article, il estimoit que ceux de Messieurs qui y estoient interessez se deuoient retirer : & que si l'Ordonnance auoit lieu dans les affaires particulieres, és cas ausquels les Iuges deuoient s'abstenir d'opiner, elle deuoit à plus forte raison s'appliquer pour les affaires du Roy & du public. Qu'il estoit notoire qu'il y auoit dans la Compagnie des fils, gendres, & autres proches parens des Fermiers, & qu'il ne croyoit pas qu'ils voulussent opiner en vne affaire qui les interessoit si fort ; & qu'au cas qu'ils s'y presentassent pour y donner leur aduis, qu'il croyoit que monsieur le premier President, qui auoit la conduite de la Compagnie, les en deuoit aduertir : Qu'il estimoit aussi que si quelqu'vn de la Compagnie s'estoit tant oublié que d'entrer dans les prests, qu'ils ne manqueroient pas de s'abstenir d'opiner : que son opinion auoit beaucoup d'exemples dans les Registres, & qu'il n'en cotteroit qu'vn qui est d'vne creation cy-deuant faicte d'vn President, & douze Conseillers de la Cour ; dont quelques-vns de sa Compagnie ayans donné parole de traitter, & cela ayant esté sceu, il fut arresté qu'à toutes les deliberations qui se feroient touchant cette affaire, ils se retireroient, ce qui fut executé ; & qu'il croyoit que la mesme chose deust estre faite. A cela monsieur le premier President a repliqué, que cette proposition venoit à tard, la deliberation estant si engagée, & que lors de l'exemple rapporté la proposition fut faite auant qu'entrer en deliberation ; monsieur le President de Mesmes l'a secondé, & a adiousté ; que si la loy commune qui se practique dans les affaires particulieres, qui veut que tous les creanciers des parties s'abstiennent, s'obseruoit en celle cy, il ne sçauoit s'il se trouueroit nombre de Iuges, parce qu'il estoit notoire que tous ceux qui auoient eu de l'argent auoient creu receuoir vn bon Office des adiudicataires des Gabelles, quand ils l'ont pris au denier dix-huict ou vingt ; Que cependant les creanciers particuliers auoient autant d'interests que les fermiers, d'empescher le reculement de leurs prests ; parce que par leur reculement leurs debiteurs demeuroient insoluables, ou moins soluables ; & que cela estant il n'estoit pas possible d'acheuer la deliberation, parce que Messieurs ne pouuoient pas sçauoir si leurs proches estoient creanciers ou non des fermiers, mais qu'il estimoit qu'en ces affaires generales il falloit presumer que l'interest public preuaudroit par dessus l'interest particulier que Messieurs pourroient auoir dans l'affaire : nonobstant quoy plusieurs voix se sont éleuees, qu'il falloit que les interessez sortissent : & monsieur le premier President ayant demandé l'aduis au President Bragelonne qui suiuoit immediatement monsieur de Blanmesnil le dernier, a insisté qu'il falloit opiner sur la proposition auant que passer outre sur l'article. A quoy monsieur le premier President s'est écrié, disant, c'est vostre aduis quand Messieurs auront opiné ; s'ils passent par là, il faudra subir la loy de la Compagnie. Monsieur de Mesmes a adjousté, Que si cette proposition auoit lieu, l'on ne pourroit iamais acheuer vne deliberation, parce qu'il dependroit de celuy qui opineroit le dernier de faire vne proposition incidente, qui arresteroit le cours de la premiere proposition ; mais pour accommoder l'affaire, qu'il croyoit que les enfans & gendres des fermiers se retireroient d'eux-mesmes, sans en estre inuitez ; mais qu'en cas qu'ils ne le fissent point, on ne pouuoit cotter d'Ordonnance qui obligeast ny les Presidens ny la Cour d'enioindre aux Iuges particuliers de se retirer, nonobſtant quoy monſieur de Blanmeſnil a inſiſté, & a eſté ſouſtenu de monſieur Pitou & pluſieurs autres. Ce qui a fait conſommer le temps en conteſtations, pendant leſquelles dix heures ont ſonné, & monſieur le premier Preſident s'eſt leué, & a remis la deliberation au lendemain, quoy qu'à l'entrée il euſt propoſé d'entrer apres midy.

Du Vendredy vingt-quatrieſme Iuillet.

CE iour les Chambres eſtans aſſemblées à l'heure accouſtumée, monſieur Perot Preſident aux Enqueſtes a dit à monſieur le premier Preſident qu'il auoit charge de Meſſieurs des Enqueſtes de le prier de trois choſes; l'vne de mander preſentement les Gens du Roy, pour leur dire d'aller prier la Reyne de la part de la Compagnie; de donner iour & heure pour entendre les Remonſtrances ordonnées luy eſtre faites ſur les articles precedens. La ſeconde, pour la prier d'enuoyer la liſte des Iuges dont on veut compoſer la Chambre de Iuſtice, afin que la Cour iuge s'il n'y a point de ſuſpects. La 3. de faire publier inceſſamment à l'Audiance l'Arreſt de la Cour ſuiuant la Declaration des impoſitions & leuées ſur les marchandiſes & denrees. A cela M. le premier Preſident a reſpõdu, qu'il eſtoit bien à propos de mander les Gens du Roy pour aller demander iour & heure à la Reyne pour faire les Remonſtrances; qu'à l'eſgard de la liſte de la Chambre de Iuſtice, cela ne regardoit point la Compagnie; Que le choix dependoit du Roy & de la Reyne, & que l'Arreſt ne portoit point que les noms ſeroient preſentez au Parlement. Meſſieurs ont reparty; Qu'il eſtoit vray, mais que M. le Duc d'Orleans auoit donné ſa parole à la Cõpagnie, que la liſte luy ſeroit enuoyee pour examiner s'il y auroit quelqu'vn ſuſpect. Monſieur le premier Preſident & M. de Meſmes ont inſiſté au contraire; qu'il falloit ſuiure les termes de l'Arreſt. Et M. le premier Preſident a continué que l'on ne pouuoit point publier l'Arreſt qu'auec la pancarte, puis qu'il eſtoit ainſi ordonné en termes exprez, & qu'il falloit y trauailler inceſſãmmét, d'autant plus, que Meſſieurs de la Cour des Aydes y trauailloient: ſurquoy d'vn commun conſentement il a eſté dict; Que le Procureur General prendroit aujourd'huy vne Ordonnance de Meſſieurs de Bruſſelles & Ferrand Commiſſaires deputez pour ladite pancarte, pour faire appeller les fermiers, afin d'apporter les Edicts, Declarations, & autres tiltres, en vertu deſquels ils leuent les droicts, pour ce fait & rapporté eſtre ordonné ce que de raiſon. Toutes leſquelles conteſtations ont emporté vne heure de temps. Apres quoy M. le premier Preſident a dit; Qu'il croyoit que tous Meſſieurs ſçachans l'Ordonnance s'ils ſentoient quelques empeſchemens en eux qui les empeſchaſt d'opiner en l'article propoſé, ils ſe retireroient, & qu'ainſi il n'y auoit qu'à continuer la deliberation, & pour cela il a commandé au Greffier de relire l'article & les aduis. Ce que ledit Greffier voulant faire, M. Meſnardeau l'a interrompu, & a dit; Que depuis hier l'on publioit dans les ruës vn Arreſt du Conſeil, qui ſembloit donner atteinte à la deliberation; en ce que le Conſeil faiſoit deffenſes aux Comptables & Fermiers de ne rien payer que par les Ordonnances de M. le Mareſchal de la Meilleraye Sur-Intendant, & de Meſſieurs d'Alligre & Morengis directeurs des Finances de France,& que par ce moyen c'estoit leur dõner la liberté de faire payer & rembourser les prests, nonobstant les Arrests de la Cour. En suite de ce on a leu cet Arrest imprimé qui contient en substance ce que dessus. Surquoy M. le premier President & M de Mesmes,& quelques autres, dont l'on n'a pas peû distinguer les voix, ont dict que cet Arrest au lieu de nuire facilitoit l'execution des intentions de la Compagnie, parce qu'il empeschoit que les assignations tirees du temps de M. d'Emery ne fussent acquittees sans nouuelles ordonnances des Sur-Intendans & directeurs des Finances, & que la Compagnie pouuoit continuer la deliberation : ce qui a esté fait, & M. de Blanmesnil n'a plus parlé de la proposition, mais seulement a opiné sur l'article, suiuant l'aduis de M. Mesnardeau, auquel il a adjousté ; Que la Reyne seroit suppliée de ne faire aucun emprunt qu'il ne fust verifié au Parlemẽt, suiuant plusieurs exemples qu'il a cottez des annees 1543. & 1547. Comme aussi il a adjousté que les remboursemens pretendus par les presteurs ne leur seroient point faits qu'en vertu d'Arrests de la Cour. Apres quoy M. le President de Bragelonne a esté de l'aduis de M. Mesnardeau. En suite enuiron 25. des Enquestes ont opiné au mesme aduis de M. Mesnardeau, excepté M. Lallemant Conseiller en la premiere des Requestes; Quatresols Conseiller son beau frere gendre de Brodeau Aduocat & nepueu, presomptifs heritiers de M. Merault, vn des adiudicataires des Gabelles qui ont esté d'aduis auant que passer outre ; que les baux des Fermiers seroient rapportez à la Cour. Leur raison a esté, que par leur bail ils ont esté contraints d'auancer cinq millions de liures sur leur ferme; Que ce bail est verifié en la Cour des Aydes, & qu'ainsi ils ont esté contraints en vertu d'vn bõ tiltre de payer cette somme notable ; & qu'à present si la Cour causoit la banqueroute du Roy contre lesdits Fermiers ils seroient contraincts de faire banqueroute à leurs creanciers particuliers. Ils ont esté interrompus, & suiuant ce on leur a dit tout haut qu'ils estoient interessez pour leurs proches: nonobstant quoy M. le President de Mesmes a fort approuué leur distinction, & dit qu'il approuuoit ces aduances forcées par vn bon bail verifié, & qu'il ne pouuoit pas comprendre comme Messieurs se portoient si hardiment à iuger vn procez de cinq millions, sans voir les pieces ny entendre les parties. Monsieur Croissy a fort deffendu cet aduis, monsieur le Clerc a dit que c'estoit vne vsure qui meritoit chastiment exemplaire ; & qu'adjoustant à l'aduis de monsieur Mesnardeau il estoit d'aduis d'informer contre les fermiers & autres qui auoient presté au Roy & en auoient pris des interests vsuraires. Monsieur Pitou a opiné, qui a dit ; Que lors que cet article fut proposé à la Chambre Sainct Louys, la difficulté proposée, fut receuë par Messieurs de la Cour des Aydes qui ont verifié les baux, lesquels appuyerent de cette raison les adjudications des Fermiers ; mais les raisons contraires ayans esté representées par Messieurs les deputez des autres Cours, le tout meurement deliberé, l'article auoit passé en l'estat qu'il estoit couché. Il a dit aussi en ces termes, que le sieur d'Emery cy-deuant Sur-Intendant des Finances auoit mesnagé le bien du Royaume comme vn marchand de Lyon qui auoit voulu faire banqueroute six mois apres auoir mesnagé son cabal, en prenant de toutes parts & de toutes mains, & ne rendant à aucun, & qu'il ne voyoit point où estoit le grand esprit dont il se vantoit tant; qu'il ne recognoissoit autre chose sinon la maniere d'agir d'vn facteur d'vn marchand de Lyon accoustumé à tout prendre & ne rien rendre, Que l'aduis ouuert de confisquer les biens des presteurs estoit fondé dans l'Ordonnance; Que l'vsure des presteurs estoit telle, que Messieurs des Comptes leur auoit fait cognoistre que de cent le Roy perdoit en remise cinquante neuf & demy sur les tailles; sçauoir premierement vingt cinq pour l'article de remise pour les frais de recouurement, & quinze pour cent sur les trois quarts restans qui font en trois ans trente quatre & demy; & a dit, en regardant le banc de Messieurs les Presidens au Mortier, vis à vis desquels il estoit, qu'il voyoit des Messieurs qui pourroient encore mieux expliquer ce destail que luy, parce qu'ils estoient dans les prests, & finit, se mettant de l'aduis de monsieur Mesnardeau, y adjoustant la commission d'informer contre les presteurs; & parce que l'heure sonnée monsieur le premier President s'est leué, & a remis la deliberation au Mercredy, à cause qu'il est feste demain; & Mardy l'on croit que c'est pour donner temps au Conseil de regler les affaires auec tous les Traictans, & d'en enuoyer vne Declaration au Parlement.

Du Mercredy vingt-neufiesme Juillet.

CE iour sur les sept à huict heures du matin, monsieur de Rhodes grand Maistre des Ceremonies est entré à la Grande Chambre; & ayant pris à l'ordinaire sa place au Bureau, il a dit, que le Roy luy auoit commandé de venir inuiter la Cour de la part de sa Majesté de se trouuer ce iourd'huy entre huict & neuf en Corps de Cour auec les robes rouges à Nostre Dame pour assister au *Te Deum* ordonné par sa Majesté en action de graces à Dieu de la prise de Tortose, auquel leurs Majestez assisteroient, & il s'est retiré. Ce fait, monsieur le premier President a dit à deux de Messieurs de la grande Chambre, d'aller porter cet ordre par les Chambres, & peu de temps auant huict heures Messieurs des Enquestes sont venus prendre leurs places; & estans tous assis, monsieur Perrot President aux Enquestes, qui s'est trouué ancien desdits Presidens, a pris la parole, & a dit à monsieur le premier President, que Messieurs des Enquestes le prioient d'acheuer la deliberation commencee. Surquoy monsieur le premier President a dit, que la Cour ayant ordre de se trouuer entre huict & neuf à Nostre Dame, il n'y auoit pas de temps d'acheuer la deliberation: A quoy monsieur Perrot a repliqué, qu'au moins Messieurs le prioient de continuer l'Assemblée l'apresdinee. Monsieur le President de Mesmes a repliqué, que quand la Cour cesse le matin auant l'heure ordinaire, elle n'entre iamais l'apresdinée, qu'il croyoit estre à propos de mander le Procureur General, pour sçauoir s'il auoit eu l'heure de la Reyne pour entendre les Remonstrances de la Cour. Ce qu'ayant esté approuué, le Procureur General a esté mandé, qui a dit, qu'il n'auoit encores pû auoir l'heure. Surquoy monsieur le premier President du consentement de la Compagnie luy a dit, de prendre auiourd'huy le iour & l'heure, & d'en aduertir la Cour

demain,

demain, laquelle apres cet ordre s'est leuee pour aller à Nostre-Dame.

Du Ieudy trentiesme Iuillet.

CE iour les Chambres assemblées, sur les sept à huict heures du matin, monsieur le Procureur General est entré en la grande Chambre, qui a dit, que suiuant l'ordre de la Compagnie, il estoit allé le iour precedent trouuer la Reyne, pour la prier de la part de la Cour de luy donner iour & heure pour entendre par leurs Majestez les Remonstrances du Parlement; & que sa Majesté luy auoit dit, que le Roy & Elle les entendroit ce iourd'huy à neuf heures precises, & que la Cour s'y trouuast par Deputez, & cela dit s'est retiré; & à l'instant monsieur le premier President a enuoyé monsieur Ferrand Conseiller en la grande Chambre, porter ces ordres aux Chambres, qu'il a conuié de la part de Messieurs de la Grande Chambre d'enuoyer leurs Deputez à huict heures & demie, pour se rendre tous ensemble à neuf heures au Palais Cardinal. Ce qu'ayant esté executé par ledit Ferrand, monsieur le premier President ayant eu aduis que tous Messieurs des Enquestes s'assembloient pour venir prendre leurs places, les a preuenus, & s'est leué par l'aduis de Messieurs les Presidens de Mesmes & le Coigneux huict heures sonnant pour aller à la Beuuette changer de robes, où il a esté suiuy par tous Messieurs de la Grande Chambre, dont les Enquestes ayans eu aduis ont pris leurs places à la grande Chambre, où ils ont deputez Messieurs de la Nauue & du Tillet Conseillers vers Messieurs les Presidens au Mortier, pour les prier de venir presider sa Compagnie: & d'autant que monsieur le premier President estoit allé chez luy faire vn tour, & monsieur de Mesmes estoit aussi party du Palais pour retourner en son logis, lesdits sieurs Deputez se sont addressez au plus ancien de Messieurs les Presidens au Mortier restans, qui s'est trouué estre monsieur le President Bailleul, qui leur a respondu, qu'il accepteroit volontiers cet honneur, n'estoit que monsieur le premier President deuoit retourner incontinent; & Messieurs les Deputez ayans fait pareille priere à Messieurs les autres Presidens qui ont fait pareille response, ils sont retournez en la grande Chambre en rendre compte à la Compagnie, pendant quoy monsieur de Bernay Conseiller en la Grand' Chambre est allé donner aduis à monsieur le premier President de ce qui se passoit, lequel est reuenu aussi-tost trouuer Messieurs les Presidens & Conseillers de la Grand' Chambre qui l'attendoient à la Beuuette, où estant ils ont relaté de prendre leur place à la Grand' Chambre pour empescher la deliberation que Messieurs des Enquestes y vouloient faire; & s'estans assis, Monsieur Perrot, qui s'est trouué l'ancien des Enquestes, a pris la parole, & a dit à monsieur le premier President, que Messieurs des Enquestes s'estoient trouuez fort surpris de voir que Messieurs de la Grand' Chambre fussent leuez auant huict heures, & qu'il auoit charge de tous Messieurs de le prier de faire acheuer la deliberation commencée: A quoy monsieur le premier President a fait response; Que Messieurs sçauoient l'ordre qui auoit esté apporté à la Compagnie par ledit Procureur General de se rendre au Palais Royal par Deputez, pour faire Remonstrances au Roy & à la Reyne à neuf heures precises, & qu'ainsi il ne pouuoit pas continuer vne deliberation, dont la durée estoit si incertaine: mais qu'il promettoit de la continuer le lendemain. Surquoy ledit sieur Perrot luy a dit, qu'il sçauoit bien qu'il y auroit d'autres choses à faire, puis que suiuant le bruit commun, le Roy deuoit venir au Parlement; A quoy monsieur le premier President a repliqué, qu'il n'en sçauoit rien, & que son intention estoit de continuer & acheuer le lendemain la deliberation. Monsieur Perrot a encore insisté, & prié monsieur le premier President d'assembler en tout cas la Compagnie l'apresdinée; ce qui a esté contesté par monsieur le premier President. Surquoy monsieur le President de Nouion, dit; Que Messieurs des Enquestes auoient raison, parce qu'vne deliberation de l'importance de celle commencée & venuë au poinct qu'elle est ne peut estre interrompuë sous quelque pretexte que ce soit, & qu'ainsi monsieur le premier President pouuoit accorder la priere à Messieurs d'assembler l'apresdinée: monsieur le premier President l'a contredit; Disant, qu'il estoit de l'ordre & discipline de la Compagnie de ne point entrer apres midy lors qu'elle se leue le matin auant dix heures, & sur cela il s'est leué ayant concerté quelque peu auec Messieurs les Presidens plus proches qui l'ont suiuy, mesme monsieur de Nouion aussi bien que Messieurs de la Grand' Chambre; & à l'esgard de Messieurs des Enquestes, ils sont demeurez, & ont excité Messieurs Laffemas & Lamoignon Maistres des Requestes de demeurer: mais s'en estans excusez sur la difficulté que l'on leur faisoit de les laisser presider, on les a laissé aller sans murmure; & apres que Messieurs des Enquestes sont demeurez quelque temps assemblez dans la Grand' Chambre, ils ont resolu de se retirer chacun dans leurs Chambres pour deliberer s'ils s'assembleroient l'apresdinée, ce qui a esté conclud par la pluralité des Chambres, & ledit iour de releuée plusieurs de Messieurs des Enquestes s'estans trouuez dans leurs Chambres, ont esté aduertis que nombre des autres auoient esté contremandez, & mesme que pas vn de Messieurs de la Grand' Chambre & de la Cinquiesme n'estoit venu au Palais, ce qui a esté cause qu'il n'a esté rien proposé, ny conclud.

Du Vendredy 31. Iuillet.

CE iour les Gardes ayant esté posées dés le matin dans le Palais, & aux aduenuës d'iceluy, & Messieurs les Presidens & Conseillers s'y estans rendus de bonne heure, sur les huict à neuf heures le Roy est entré au Parlement, assisté de la Reyne Regente, de monsieur le Duc d'Orleans, monsieur le Prince de Conty, monsieur le Cardinal, Messieurs les Ducs de Rets, de Montbazon, & de Brissac, & de Messieurs les Mareschaux de la Meilleraye & de l'Hospital, monsieur le grand Chambellan aux pieds du Roy, monsieur le Mareschal de Villeroy son Gouuerneur aussi assis joignant le grand Chambellan, tous deux couuerts; le Marquis de Gesvres Capitaine des Gardes en quartier debout aupres du Roy découuert, & Guitaud aux pieds de la Reyne, comme Capitaine de ses gardes; les sieurs Abbé de Palluau & Destrade aux pieds de monsieur le Cardinal aussi découuerts. Le Conseil, sçauoir Messieurs les Conseillers d'Estat, six Maistres des Requestes en robe de soye noire, & le Secretaire du Conseil, les quatre Secretaires d'Estat, & les Dames de la suitte de la Reyne en leurs places ordinaires en tres-grande affluence: Tout le monde estant placé, le Roy a dit; Que monsieur le Chancelier feroit entendre sa volonté; Ce fait, monsieur le Chancelier en la maniere accoustumée est allé prendre l'ordre du Roy auec les ceremonies ordinaires; & estant retourné à sa place, il a dit en substance; Que le Roy venoit en son lict de Iustice pour des considerations bien differentes de celles pour lesquelles ses predecesseurs & luy estoient venus depuis plusieurs années, puis que ce n'auoit esté que pour authoriser par leur presence quelques nouuelles leuees ou creations, au lieu qu'à present sa Majesté n'y paroissoit que pour donner de nouuelles marques à ses subjets de sa bonté & de son amour, & que par cela il auoit accordé le quartier entier de remise des Tailles, à commencer l'année prochaine, auec la descharge de plusieurs impositions & Taxes faites en cette Ville de Paris; Que sa Majesté auoit aussi reuoqué & suprimé plusieurs Offices considerables; Que dans peu de iours le Parlement verroit l'establissement de la Chambre de Iustice, pour la recherche & punition des abus commis aux Finances, & le nom des Iuges qui la deuoient composer des quatre Compagnies de Paris; Que sa Majesté ayant aussi consideré la distribution de la Iustice, qui pour la forme des impositions & leuees estoit vn des plus importans moyens de soulager les peuples, auoit fait plusieurs beaux reglemens, qu'elle promettoit faire executer ponctuellement; Que la liberalité du Roy par l'aduis de la Reyne Regente sa mere, & par ses soins estoit d'autant plus considerable, que c'estoit dans vn temps auquel les despenses de son Estat estoient plus grandes que du viuant du feu Roy son pere d'heureuse & glorieuse memoire; parce que sa Majesté estoit obligée d'entretenir vn plus grand nombre d'Armees, & plus puissantes que iamais, afin de contraindre les ennemis par la force de ses armes à consentir à la paix: & que leurs Majestez estoient resoluës pour soulager le peuple de retrancher les despenses de leurs maisons; aussi promettoient elles des marques si signalées de leur amour enuers le peuple, que le Parlement iugeroit fort à propos la cassation des Assemblées de la Chambre de S. Louys, à cause des funestes effets qu'elle pourroit causer à l'Estat contre la sincerité des intentions du Parlement, dont encores que les bons François ne peussent pas douter, puis que dans les dernieres occasions, comme en toute autre rencontre, le Parlement a rendu des preuues de sa fidelité inuiolable au seruice du Roy; neantmoins les ennemis donneroient vne interpretation fort contraire, pensans en cela fauoriser leurs mauuais desseins pour en tirer leurs aduantages; Qu'ainsi le Roy s'asseuroit que le Parlement contribueroit ce qui estoit en luy pour faire éuanouïr ces esperances, quoy que friuoles des ennemis par la cessation des Assemblées de la Chambre de S. Louys; & rentrant dans l'exercice ordinaire de la Iustice distributiue aux subjets du Roy qui la reclamoient depuis vn si long-temps, côme de sa part sa Majesté promettoit de donner toûjours à son Parlement des marques tres-asseurees de son affection, & a finy. Et en suite monsieur le premier President, & Mesſieurs les autres Preſidens ſe ſont leuez : & monſieur le premier Preſident prenant la parole a dit en ſubſtance, que le Parlement auoit grande joye de ſe voir honoré de la preſence de ſon Roy, & de le voir éleué dans des ſentimens ſi iuſtes & ſi fauorables pour ſon peuple ; Qui deuoit le reſtabliſſement de ſa felicité aux inclinations ſi heureuſes de ſa Majeſté, & aux ſoins de la Reyne pour ſon education : Que les charges accordées, & le reſtabliſſement des loix eſtoient autant de marques de ſa Iuſtice & de ſa bonté; Que les Roys ſe deuoient à leurs Eſtats & aux Loix, ſous leſquelles ils deuoient eſtre regis ; & lors qu'elles eſtoient violees, leurs Couronnes chanceloient : Que par ces conſiderations le Parlement voyant l'excez du déreglement auoit eſté contraint d'y mettre la main pour ſauuer le Royaume, & que leurs Majeſtez auoient eu la bonté d'aggreer leurs ſoins & leurs ſeruices, & de defferer à leurs Remonſtrances, qui auoient produit le ſoulagement du peuple affligé & opprimé; Que le Parlement ne defaudroit iamais à ſa fidelité enuers le Roy, qu'auſſi il eſperoit qu'à l'aduenir on n'imputeroit plus à deſobeyſſance les iuſtes reſiſtances qu'il apporteroit aux choſes qu'il iugeroit preiudiciables au ſeruice du Roy & au bien de l'Eſtat. Que cependant il ſupplioit le Roy de ne plus ſouffrir ces preſts vſuraires des gens d'affaires, auſquels ſa Majeſté pouuoit & deuoit faire rendre ces gains illicites & exhorbitans, qu'ils auoient fait à ſes deſpens, & du public; Que quelque reſtitution qu'on leur fiſt faire, il leur reſteroit touſiours plus de biens qu'ils n'en auoient eu du partage de leur pere, s'ils eſtoient connus ; Que c'eſtoit où ſa Majeſté pouuoit trouuer des threſors immenſes, par le ſecours deſquels elle trouueroit dequoy ſatisfaire à toutes les deſpenſes de l'Eſtat, & qu'elle reſtabliroit ſon Royaume dedans ſon ancien luſtre, & rendroit ſon regne auſſi heureux que le ſouhaitoient ſes tres-humbles, tres-obeyſſans & fideles ſeruiteurs & ſujets.

Ce fait le Capitaine des Gardes a commandé qu'on ouuriſt les portes, ce qu'eſtant fait, & le bruit appaiſé, monſieur du Tillet Greffier de la Cour, a leu la Declaration, qui contient en ſubſtance.

La remiſe du quart des Tailles, à commencer l'annee prochaine.

La reuocation de la Chambre du Domaine, des Abonnemens, & des Taxes faites pour le Toiſé des maiſons de Paris.

Deſcharge des vingt ſols pour muid de vin, impoſez cette annee ; reſtabliſſement en faueur des Officiers, auſquels on auoit retranché tous les gages d'vn quartier pour l'année courante, vn & demy pour la prochaine, & deux en cinquante, ſauf à augmenter apres la paix publiée le payement des rentes ſuiuant les fonds qui ſeront laiſſez dans les Eſtats, ſans dire combien de quartiers.

La reuocation & ſuppreſsion des douze Maiſtres des Requeſtes nouuellement creez, pareille ſuppreſsion des nouueaux Officiers creez dans la Chancellerie, & des droits y attribuez, à condition neantmoins que les droits ne ſeront ſupprimez qu'apres le rembourſement actuel de la Finance payée par les nouueaux pourueus.

L'execution des Ordonnances de Moulins, Orleans & Blois, touchant la diſtribution de la Iuſtice & la direction des Finances.

Deffenſes de rembourſer aucuns Domaines, ny rente pendant la guerre, à peine du double contre ceux qui les auront receus. Le reculement des prests, sans dire à quel temps, ny à quelles conditions. Le renouuellement des Ordonnances concernant la prohibition de transporter l'or & l'argent hors le Royaume, à peine de confiscation de corps & de biens, auec Commission au Procureur General d'informer du passé ; deffenses de continuer les assemblées de la Chambre de S. Louys, ny d'en faire à l'aduenir aucune, que par l'auis du Parlement & sans authorité du Roy ; Injonction au Parlement de rendre la Iustice aux sujets du Roy.

La lecture estant finie, M. Talon a pris la parole, & a dit en substance les mesmes choses que M. le premier President; mais par d'autres pensées qu'il a fort estenduës par des comparaisons d'Astrologie, & a parlé beaucoup plus longtemps que Messieurs le Chancelier & premier President n'auoient fait, en joignant leurs discours ensemble, & a conclud à l'enregistrement. Apres quoy monsieur le Chancelier est allé prendre les aduis, & au premier Conseil ont esté le Roy, la Reyne, monsieur le Duc d'Orleans, monsieur le Prince de Conty, & monsieur le Cardinal : delà il est descendu, & a pris l'aduis de Messieurs les Presidens au Mortier; en suitte il est remonté à Messieurs les Ducs & Pairs, & Mareschaux de France : puis il est descendu à Messieurs les Maistres des Requestes, & a suiuy tous les bancs de Messieurs du Parlement ; ausquels il a demandé s'ils n'estoient pas d'auis des conclusions, & tous ont opiné d'vn signe de teste. Les aduis ayans esté pris, il est retourné au Roy en la maniere accoustumée, prendre l'ordre de sa Majesté pour la prononciation. On a remarqué que toutes les fois que monsieur le Chancelier est allé à l'ordre du Roy, Monsieur le Cardinal s'en est tousiours approché, ce qui a paru nouueau; & estant descendu à sa place, il a prononcé l'Arrest conforme aux Conclusions ; & ce fait il s'est leué pour saluër le Roy, duquel monsieur le Cardinal s'estant approché, comme la Reyne, monsieur le Duc d'Orleans, & monsieur le Prince de Conty, monsieur le Chancelier y a esté appellé, auquel on a donné ordre de parler encore au Parlement; & estant descendu en sa place, il a dit; Que le Roy voulant tesmoigner au Parlement son affection, auoit resolu de luy donner le droit annuel, aux anciennes conditions, & à sa consideration, aux autres Compagnies de Paris seulement, aux mesmes conditions : & pour cet effect sa Majesté luy auoit commandé en seeller ce jourd'huy la Declaration, & la faire publier au sceau, & ce fait leurs Majestez se sont leuées, & se sont retirées auec toute la Cour, & en suitte le Parlement.

Du Samedy premier iour d'Aoust.

CE iour sur les huict heures du matin, les Enquestes sont allez prendre leurs places en la Grand'Chambre, à la reserue de ceux qui seruoient à la Tournelle & à l'Edict, qui sont demeurez esdites Chambres ; & estant tous en leurs places, M. Perrot qui s'est troué l'ancien des Presidens aux Enquestes, pria M. le premier President de cõtinuer la deliberation du dernier iour, pour en suitte faire lire la Declaration apportée hier par le Roy, suiuant l'vsage ordinaire. A quoy M. le premier President a dit, qu'à l'esgard de la deliberation commencée elle se trouuoit consommée, le sujet d'icelle estant compris dans la Declaration verifiee le iour d'hier; Qu'à l'esgard de la lecture d'icelle, Messieurs deuoient demander l'Assemblée, & non pas prendre leurs places de leur authorité priuée: A quoy Messieurs des Enquestes ont dit confusément, qu'ils s'assembloient pour continuer leurs deliberations, au moyen dequoy ils n'auoient pas besoin de demander l'Assemblée, puis qu'elle auoit esté ordonnée par tous les Arrests; monsieur le premier President a insisté que la venuë du Roy auoit fait changer les affaires de face, & que par ce moyen ils deuoient demander l'Assemblee; monsieur de Mesmes l'a secondé dans sa proposition. Enfin ils ont dit que Lundy on auiseroit ce qu'on auroit à faire; les Enquestes ont insisté à deliberer presentement. Monsieur le President le Cogneux, a exhorté Messieurs des Enquestes à se retirer, & leur a dit; Que sans aucune remise on delibereroit Lundy. Monsieur le premier President l'a interpellé, s'il pretendoit auoir authorité de faire deliberer. Il a dit qu'il ne le pretendoit point par authorité, mais bien par la raison; & qu'il pouuoit donner cette asseurance, par ce qu'il estimoit que chacun feroit ce qu'il deuoit. Messieurs des Enquestes se sont esmeus de nouueau, mais en vain: car il n'a esté deliberé rien, & l'heure ayant sonné la Compagnie s'est retirée; & Messieurs des Enquestes ont dit tout haut, qu'ils viendroient Lundy prendre leurs places. Cependant Messieurs les Presidens au Mortier, & les Conseillers seruans à la Tournelle & à l'Edict, ne sont point venus dans la Grand'Chambre: ils sont demeurez dans lesdites Chambres à juger des procez, & l'on a fait mettre par monsieur le Greffier du Tillet dés hier au soir, le registrata sur la Declaration; en sorte que dés aujourd'huy on l'a fait imprimer, auec l'Arrest d'enregistrement; & l'on a aussi publié au sceau ce jourd'huy la Declaration du droict annuel pour les quatre Compagnies de Paris.

Le Dimanche deuxiesme iour d'Aoust, Chappelain Intendant de monsieur de Vendosme, a esté pris en l'Hostel de Vendosme, par le Preuost de Lisle, & mené prisonnier à la Bastille; & à vne heure apres midy, le Lieutenant Ciuil, & Procureur du Roy, ont scellé tous ses papiers qu'ils ont trouué audit Hostel de Vendosme.

Du Lundy 3. d'Aoust.

CE iour les trois Chambres: Sçauoir la Grande, la Tournelle & l'Edict, estant assemblées; monsieur le premier President a mis en deliberation, si on assembleroit les Enquestes ou non, pour entendre la lecture de la Declaration, publiée en presence du Roy, & y deliberer; Et pour cet effet a pris les aduis de monsieur le Cheualier, Sous-Doyen du Parlement, monsieur Crespin estant absent, & n'a esté d'auis d'assembler: M. de Broussel a opiné le second, & a dit; Qu'il n'estoit point besoin de deliberer si on assembleroit les Chambres ou non, parce qu'il y auoit Arrest qui ordonnoit, Que le Parlement demeureroit continuellement assemblé pour deliberer sur les propositions de la Chambre de Saint Louys: de sorte que les deliberations n'estans pas acheuées, & la Declaration publiée en presence du Roy, n'ayant pas pourueu à toutes lesdites propositions; il n'y auoit pas de doute que le Parlement deust demeurer assemblé, suiuant le precedent Arrest; & a adjousté, que quand il n'y auroit point d'autre sujet, cette derniere Declaration estoit assez importante pour estre leuë en plaine Compagnie, & en suitte deliberer: Et apres luy douze de Messieurs ont opiné, & esté d'auis d'assembler les Enquestes; & huit heures estant sonnées, Messieurs des Chambres sont entrez en la Grande, lesquels ayans pris leurs places, monsieur Perrot President aux Enquestes, qui s'est trouué l'ancien, a dit à monsieur le premier President, Que Messieurs des Enquestes le prioient de faire lire la Declaration, apportée par le Roy à la Compagnie; pour en suitte voir & deliberer ce qu'il y auroit à faire: Surquoy monsieur le premier President a dit, que Messieurs de la Grand' Chambre estoient aux opinions, pour sçauoir si on assembleroit Messieurs des Enquestes ou non: lors qu'ils sont entrez, & qu'vn moment de temps eust terminé cette Deliberation. Surquoy Messieurs des Enquestes ont dit confusément, Qu'il ne falloit point deliberer sur cela, puis qu'il y auoit Arrest; Que la Compagnie demeureroit continuellement assemblée, & depuis ce moment iusques à dix heures la Compagnie est demeurée à se regarder, & l'heure sonnante elle s'est leuée; & Messieurs des Enquestes ont dit, qu'ils prendroient demain matin à six heures leurs places.

Le mesme iour monsieur le Duc d'Orleans est allé de la part du Roy, à la Chambre des Comptes, assisté de monsieur le Mareschal de Villeroy, & de Messieurs d'Estampes & de Grimonuille Conseillers d'Estat, où il a porté la mesme Declaration verifiée au Parlement en presence du Roy, laquelle il a fait publier en la Chambre.

Le mesme iour monsieur le Prince de Conty est allé à la Cour des Aydes, assisté de monsieur le Mareschal de l'Hospital, & de Messieurs Vertamon, & la Fosse Conseillers d'Estat; auquel lieu son Altesse a fait publier aussi la mesme Declaration.

Ledit iour Messieurs les Maistres des Requestes au nombre de seize, ont esté remercier le Roy & la Reyne, de la reuocation de l'Edict de creation des douze nouueaux, & ont esté tres-bien receus de leurs Majestez; en presence de monsieur le Duc d'Orleans, monsieur le Cardinal, monsieur le Chancelier, & toute la Cour dans le grand Cabinet: monsieur d'Herbellay portoit la parole; il a esté resolu dans leur Compagnie de ne point faire autre remerciement à personne.

Du Mardy quatriesme Aoust.

ET le lendemain sur les sept à huit heures du matin, monsieur le premier President a commandé au Greffier d'aller à la Tournelle & l'Edict, aduertir Messieurs les Presidens & Conseillers de la Grand'Chambre d'y venir prendre leurs places, ce qu'ils ont fait: & estans assemblez, monsieur le premier President a continué la deliberation du iour precedent, pour sçauoir si on assembleroit, ou non, les Enquestes; & tous Messieurs ont opiné du bonnet, à les assembler, sans dire aucune chose, sinon monsieur de Nemond, qui a dit qu'il croyoit que ce ne seroit que pour entendre la lecture de la Declaration; & en cas qu'il y eust quelque article qui le requist, ordonner des Remonstrances. Cette Deliberation estant finie, monsieur le premier President a dit, que monsieur le Duc d'Orleans venoit de luy mander, qu'il entreroit ce matin au Parlement, & qu'ainsi il croyoit estre à propos de l'attendre. Cependant il a commandé aux Greffiers d'aller aduertir Messieurs des Enquestes, de venir prendre leurs places, ce qu'ils ont fait, comme ils estoient resolus de faire, sans attendre le mandement de monsieur le premier President; & la Compagnie assemblée a esté aduertie que monsieur le Duc d'Orleans estoit à la Sainte Chappelle: & aussi-tost la Cour a deputé deux Presidens, & quatre Conseillers au deuant de luy, qui l'ont esté receuoir, & l'ont accompagné dans la Grand'Chambre à la maniere accoustumée; il estoit accompagné de Messieurs les Ducs de Ioyeuse, d'Elbeuf, & de Rets: le bruit estant cessé, monsieur le premier President a dit à monsieur Mesnardeau, qui s'est trouué au Bureau, de lire la Declaration, qui s'est trouuée moulée, & non en original; ce qui a formé quelque murmure, lequel neantmoins a cessé; & de fait monsieur de Champré a fait ladite lecture sur l'imprimé: laquelle estant finie, monsieur le premier President a dit, qu'il croyoit qu'il n'y auoit rien autre chose à deliberer, sinon s'il y auoit quelques articles qui meritassent que la Cour fit des Remonstrances: à quoy s'est esleué bruit, que Messieurs diroient l'vn apres l'autre leurs sentimens: Surquoy monsieur le premier President a insisté qu'il n'y auoit rien autre chose à faire, que ce qu'il auoit proposé; & sur cela il a pris l'auis de monsieur Crespin, qui a esté de deputer des Commissaires pour examiner la Declaration, & en suitte en faire rapport à la Compagnie. Monsieur Cheualier a esté de mesme aduis, adjoustant que sur leur rapport, la Cour pourroit faire des Remonstrances. Monsieur de Brussel a esté d'auis de commettre quatre Commissaires pour examiner la Declaration, & en faire rapport à la Compagnie; cependant donner commission au Procureur General, pour informer des mal-versations commises aux Finances, suiuant l'Arrest du 4. Iuillet. A cela monsieur le Duc d'Orleans s'est escrié, & dit; Que ce seroit contreuenir à la Declaration du Roy, & choquer directement son authorité, & faire contre le seruice qui est deub à sa Majesté; Parce que sa Majesté auoit promis d'establir la Chambre de Iustice, qui seroit destinee à cet employ, & qu'au plustost l'establissement s'en feroit; monsieur de Brussel luy a respondu, que depuis cinquante ans qu'il y a qu'il est Officier, il ne se trouuera pas qu'il ait rien fait, ny dit, contre le seruice du Roy; Que tout ce qu'il dit est selon les Ordonnances, selon les formes, & selon les bons principes: Et a persisté en son aduis, disant; Que quand les informations en seroient faites, elles pourroient estre remises à la Chambre de Iustice; & que cependant les preuues pourroiẽt estre diuerties, & qu'elles periroient, s'il n'estoit informé; que c'estoit son aduis, cõme aussi que le Parlement demeurast assemblé pour deliberer sur les propositions de la Chambre S. Louys, non decidees par ladite Declaration.

Monsieur

Monsieur le Duc d'Orleans s'est encores escrié, disant que c'estoit vne contrauention manifeste à la Declaration, & que l'intention du Roy estoit, que le Parlement rendist Iustice aux particuliers, & ne s'assemblast plus. Il s'est esleué vne voix confuse de Messieurs des Enquestes, qui ont dit, qu'il n'y auoit point de deffences au Parlement de s'assembler, mais seulement aux Deputez de la Chambre Sainct Louys, d'y continuer leurs Assemblées ; & Monsieur de Brussel a persisté aux trois chefs de son aduis : Monsieur le Nain a esté de l'aduis de Monsieur le Doyen : Monsieur le Meusnier a esté des premier & dernier aduis de Monsieur de Brussel qu'il a fortement soustenu ; plusieurs des Messieurs de la grande Chambre ont esté de mesme aduis. Entr'autres Monsieur Laisné qui a dit qu'il estoit plus raisonnable de faire iustice au public, qui l'attendoit du Parlement, que d'expedier les particuliers. Monsieur le Duc d'Orleans l'a interrompu, demãdant ce que l'on pouuoit desirer de plus pour le public, que ce que l'on auoit obtenu de la Reyne ; Qu'il luy sembloit qu'apres ce que la Reyne auoit fait pour le Parlement, & tous les soings qu'il y auoit apporté, il croyoit que la Compagnie deuoit demeurer satisfaicte, & trauailler aux affaires des parties ; parce que les longueurs & les Assemblées du Parlement causoient tous les desordres qui arriuoient dans les Prouinces du Royaume : & que si on ne se tenoit à la Declaratiõ, & ne se contentoit de faire des remonstrances, qu'il sembleroit que le Parlement seroit dans la desobeyssance. Monsieur Laisné a confirmé son aduis, & dit que le Parlement n'agissoit que pour le seruice du Roy & le bien du public ; Que si cette Declaration Verifiée en la forme qu'elle a esté, arrestoit les deliberations commencées, il falloit abolir le Parlement ; Qu'il laissoit à Messieurs de Iuger de la consequence : Et que pour luy en sa conscience il estoit d'aduis de deputer quatre Commissaires pour examiner la Declaration, & en faire rapport au plustost à la Compagnie, pour en deliberer : & cependant qu'elle demeurast continuellement assemblée pour deliberer sur les propositions de la Chambre Sainct Louis, sur lesquelles il n'a point esté poureueu par la Declaration. A cela Monsieur a dit, que le Roy y auoit suffisamment poureueu par la regle d'assembler des Notables, pour remedier aux desordres de l'Estat, sur lesquels il ne pouuoit estre poureueu particulierement par ladite Declaration : & qu'autrement la longueur & la frequence des Assemblées du Parlement acheueroient de ruiner l'Estat. Monsieur le premier President a appuyé cette mesme proposition ; surquoy Monsieur de Saueuse Conseiller d'Eglise a pris la parole, qu'il a addressée à Monsieur le premier President, & luy a dit, que Messieurs auoient continuellement demandé & poursuiuy l'Assemblée des Chambres pour terminer promptement les affaires, & que luy seul l'auoit empeschée. A quoy Monsieur le premier President n'a rien respondu, & a continué de demander les aduis. Monsieur Dorual a opiné comme le Doyen, Monsieur Meliand de mesme ; Monsieur Bocquemard President des Requestes a esté de l'aduis de Monsieur le Meusnier ; Monsieur Perrot du Doyen, Monsieur d'Hodic a fait vn preambule pour demander à Monsieur le Duc d'Orleans s'il y auoit liberté à Messieurs d'opiner en leurs consciences : à quoy

Monsieur a dit, que rien ne l'en empeschoit, mais que ce discours estoit fort inutil: en suitte dequoy monsieur d'Hodic a prouué par diuerses raisons, que rien ne dispensoit la Compagnie de deliberer, & qu'en sa conscience il croyoit estre du seruice du Roy de le faire; & a conclud à l'aduis de Mõsieur le Musnier: Monsieur de la Bare de l'aduis du Doyen, monsieur le Feron Preuost des Marchands, monsieur Molé, monsieur Cauuigny de mesme aduis; Monsieur Charton de l'aduis de M. le Musnier, & à fort harcelé M. le premier Presidẽt sur son refus d'assembler. M. du Tillet a esté de l'aduis de M. de Brussel, ce faisant donner commission au Procureur General d'informer des abus des Finances. M. s'est encore escrié que c'estoit choquer la Declaration; monsieur Viole a dit que pour rendre au Roy le respect, qu'il desiroit faire neantmoins le deub de sa conscience, & qu'il estoit d'aduis que la Cour vacquast le matin à l'expeditiõ des parties: Pour cét effect que l'on tint les Audiances publicques; M. de Thou a esté de mesme aduis: M. de Blanmesnil a commencé d'opiner, & a dit qu'il croyoit que la deliberation sur cette Declaration pouuoit estre terminée en vne Seance, & que pour cela il distinguoit les Articles en trois classes: La premiere de ceux qui ne pressoient pas tant, & meritoient des Remonstrances par escrit; La seconde de ceux qui pressoient & meritoient des Remonstrances verballes; La troisiesme de ceux qui estoient de la discipline, Police, ou Iurisdiction de la Compagnie. Comme il acheuoit cette diuision, dix heures sont sonnées, & a demandé à monsieur le premier President, s'il luy plaisoit d'acheuer la deliberation, lequel luy a respondu qu'il pouuoit s'il luy plaisoit acheuer son aduis, apres quoy la Cour se leueroit: à quoy il a dit qu'il seroit plus à propos de remettre son aduis au lendemain, & la Cour s'est leuée.

Du Mercredy cinquiesme Aoust.

CE iour sur les neuf heures du matin, les Chambres estant assemblées, monsieur le Duc d'Orleans est entré dans la Grand'Chambre auec les ceremonies accoustumées; & estant à sa place il a dit, Qu'il auoit recogneu hier par les auis qui couroient, que la pluspart de Messieurs pretendoient que le Roy auoit laissé à la Compagnie la liberté de continuer les Assemblées, parce qu'il n'auoit deffendu que les Assemblées de la Chambre sainct Louys par la Declaration; & qu'encores qu'il eust representé à Messieurs, que les deffences de s'assembler estoient sous-entenduës par l'intention de trauailler à l'expedition des parties; neantmoins il auoit voulu prẽdre l'ordre du Roy, & de la Reyne, pour sçauoir leurs intentions, afin de les rapporter à la Cõpagnie; & qu'il auoit ordre du Roy, de dire que son intention & sa volonté estoit, que le Parlemẽt cessast toutes les Assemblées quãt à present, & trauaillast à l'expeditiõ des parties; & que pour cét effect les Audiances publiques fussent ouuertes; qu'en son particulier il auoit souuentefois fait cognoistre au Parlement les desordres que les Assemblées causoient dans l'Estat; qu'elles estoient continuées & augmentées à tel point, que si les Prouinces n'estoient entierement soulevées, elles estoient dans vne disposition entiere à la reuolte. Que le peuple ne payoit pas vn teston; Que les Bureaux des Receptes auoient esté jettez dans les riuieres, ou bruslez. Que faute d'argent les alliez estoient prest de rompre auec nous. Que les ennemis comptoient pour rien toutes les pertes qu'ils auoient faites en Flandre, Allemagne, Italie, & Espagne, parce qu'ils esperoient gagner plus en vn moment par la reuolte du Royaume, qu'ils n'auoient perdu depuis tant d'années. Qu'il s'asseuroit que Messieurs feroient reflexion sur ces considerations, pour donner au Roy & à la Reyne la satisfaction qu'ils desiroient, & dont en son particulier il les prioit. Que toutefois la Reyne trouuoit bon qu'ils deputassent des Commissaires pour examiner la Declaration, afin que sur le rapport que la Cour peust faire des remonstrances sur les articles qu'elle iugeroit meriter quelque explication plus precise. Le Roy trouuoit bon que la Compagnie prononçast aux articles proposez à la Chambre Sainct Louys, non demandez par la Declaration qui estoient de la Police ou discipline du Parlement, pourueu que l'Assemblée en fust retardée de quinze iours, & a finy, en disant qu'il ne croyoit pas que personne voulust contredire la volonté du Roy, apres s'estre expliqué, comme il venoit de faire. En suitte dequoy Monsieur le premier President a dit, qu'il ne doutoit point qu'apres tous les soins qu'il auoit pris, & qu'il continuoit pour le seruice du Roy, le bien de l'Estat, & l'honneur de la Compagnie, elle ne se disposast à luy donner toute la satisfaction qu'il en pouuoit desirer. En suitte, a proposé qu'il pouuoit quasi promettre à la Compagnie, qu'il auroit vn bon succez de ses remonstrances : & que comme le Roy & la Reyne auoient accordé au Parlement au delà, de ce qu'il pouuoit attendre, aussi deuoit-il esperer beaucoup plus sur ce qui estoit à faire par les remonstrances, que par d'autres moyens desagreables au Roy. Il a adjousté de faire opiner de nouueau sur la proposition de Monsieur le Duc d'Orleans.

Surquoy Messieurs se sont éleuez, disans qu'il falloit relire les aduis d'hyer, & que si quelqu'vn en chãgeoit, il le pourroit declarer; suiuãt quoy Boylleau Greffier a leu les aduis proposés hyer, ausquels tous ceux qui auoient opiné, ont persisté, nonobstant que Monsieur le Duc d'Orleans les interpellast, s'ils ne changeoient point: & en suitte M. de Blanmesnil a opiné longuement, & a conclud de faire remonstrance verballe sur les articles plus pressans de la Declaration; Remonstrances par escrit sur les moins pressez, & faire Arrest sur les articles qui regardent la Police & discipline de la Compagnie, & entr'autres sur les deffences de receuoir les Traictãs, enfans, & gendres, & aussi d'assujettir leurs biens aux hypotheques de leurs creanciers: il a adiousté de remercier la Reyne du droict annuel, & la supplier de l'accorder aux Officiers subalternes, aux conditions anciennes & sans prests, & a finy. Monsieur Catinal a esté d'aduis, que le rapport des Commissaires qui seroient deputez pour examiner la Declaration, & les articles de la Chambre Sainct Louys, ne se fist qu'apres la Sainct Martin, & de remettre les articles qui sont de la discipline & Police de la Compagnie à vne mercuriale, duquel aduis ont esté huict ou dix des Enquestes.

Enfin quand l'aduis est venu à Monsieur le Duc d'Orleans, il a dit, que ce seroit en vain qu'il diroit son aduis, puisque nonobstant l'intention du Roy qu'il auoit si nettement expliquée, que ses longueurs, & la continuation des Assemblées causoient des desordres dedans & dehors le Royaume; le plus grand nombre des aduis estoit de resister opiniastrement à la volonté du Roy, & à son authorité. Qu'il n'entendoit pas toutesfois blasmer vniuersellement tous les aduis, parce qu'il y en auoit eu beaucoup qui estoient & iudicieux & respectueux, & que le Roy les sçauroit bien distinguer: mais cependant voyant que le plus grand nombre estoit contraire, & tenant le rang & la place qu'il a dans l'Estat, il estoit obligé de contribuer son possible pour le maintien de l'authorité du Roy; & que la Deliberation y estant si contraire, il ne pouuoit ny ne vouloit l'authoriser par son aduis, ny sa presence, & que pour cela il se retiroit, & de fait s'est leué pour sortir: Surquoy monsieur le premier President, les Presidens au Mortier, & plusieurs autres de Messieurs l'ont prié de demeurer, & se r'asseoir, & qu'il y auoit apparence que la Compagnie luy donneroit la satisfaction qu'il desiroit: & on l'a prié de former son aduis. D'autre-part Monsieur d'Elbeuf luy a dit, qu'estans au Parlement comme Ducs & Pairs, ayans dit leur aduis, ils ne pouuoient pas y quitter leurs places, ny le suiure, si Messieurs les Presidens au Mortier ne se leuoiét & retiroient; surquoy il a dit, qu'en verité il ne sçauoit à quoy attribuer l'obstinatió de Messieurs: Qu'il croyoit bié leurs intentions fort bonnes, mais qu'il auoit cognoissance des effets tous contraires, & que son aduis estoit de donner des Commissaires pour examiner la Declaration, afin de faire des Remonstrãces sur les Articles qui le requerroient; comme aussi, que dans quinzaine la Compagnie s'assemblast pour deliberer sur les Articles proposez à la Chambre Sainct Louys, de la discipline de la Compagnie, & cependant que Messieurs trauaillassent dans leurs Chambres, & que les Audiences fussent ouuertes. Messieurs les Presidens au Mortier ont esté tous de l'aduis de Monsieur Catinal, excepté Monsieur de Nouion, qui a esté d'auis que les Commissaires dressassent leurs memoires & leurs aduis apostillez pour les rapporter à la Compagnie; ce fait, on a receu les aduis. Monsieur le premier President apres beaucoup de contentions a esté de l'aduis du Doyen, de deputer quatre Commissaires pour examiner la Declaration, & les Articles de la Chambre Sainct Louys, & en faire rapport à la Compagnie, les Chambres assemblées le lendemain de la My-Aoust, pour y deliberer en suitte incessamment. monsieur le Musnier a reformé son aduis à celuy cy-dessus, y adjoustant pour y deliberer incessamment, matin & pres-disnée. monsieur de Brussel a persisté en son aduis, duquel ont esté cinquante de Messieurs, tous les autres petits aduis se sont reduits à l'vn des trois: & comme celuy de monsieur Musnier couroit fortune d'estre moindre que celuy de monsieur de Brussel, & qu'il y eust eu peril que Messieurs n'eussent retourné à celuy de mõsieur de Brussel, on a excité quelques vns de celuy de monsieur le Doyen d'y retourner: & monsieur le premier President a dit, que celuy de mõsieur de Brussel estoit le moindre des trois;

de sorte qu'il a fallu reuenir à celuy de monsieur le Doyen, ou de monsieur Musnier; monsieur Musnier est retourné à celuy du Doyen, la plusspart des autres de son aduis ont retourné à celuy de monsieur Musnier, qui s'est trouué par ce moyen le plus grand: ainsi la deliberation s'est terminée à l'aduis de monsieur Musnier, en y adioustant du consentement de toute la Compagnie; Que le Roy & la Reyne seroient tres-humblement remerciez du droit annuel qu'il leur a pleu accorder, & que leurs Majestez seroient aussi tres-humblement suppliées de l'accorder aux Officiers subalternes aux conditions anciennes & sans prests.

Le mesme iour auant l'Assemblée des Chambres, monsieur de Brussel a rapporté vne Requeste pour la femme du sieur Chapelain, Intendant de monsieur de Vandosme, Qui remonstroit que Dimanche dernier sur les dix à onze heures du matin, plusieurs personnes à elle incogneües estoient venuës à l'Hostel de Vandosme, où son mary & elle font leur demeure, & qu'ils auroient enleué son mary, & iceluy amené prisonnier à la Bastille, comme elle a depuis apris; & qu'elle a recogneu entre ceux qui l'auoient enleué vn homme qui auoit vn baston de Commandement: Qu'en suitte de de ce, le mesme iour vne heure de releuée, les Lieutenant Ciuil, & Procureur du Roy, s'estoient venus saisir de tous les papiers de son mary, lesquels ils auroient enleué sans en faire aucun inuentaire, ny luy en dire le sujet, que seulement ils luy auroient voulu signer ce qu'ils auoient voulu: partant requeroit qu'il pleust à la Cour la receuoir appellante de toute cette procedure, & de l'enleuement & emprisonnement de son mary; luy permettre d'intimer sur l'appel qui bon luy semblera: ordonner que sur ces appellations les parties auront Audiance au premier iour, & cependant ordonner que son mary sera élargy, & mis hors des prisons, à ce faire les detempteurs de sa personne contraints par corps; Sur cette Requeste il a esté ordonné qu'elle seroit monstrée au Procureur General.

Du Lundy dix-septiesme Aoust.

CE iour, suiuant l'Arrest du Parlement du quatriesme du present mois & an, toutes les Chambres ont esté assemblées sur les huict heures, par l'ordre de monsieur le premier President, qui a fait lire toutes lesdites propositions cy-deuant faites en la Chambre Sainct Louys; & en suite la Declaration du Roy, verifiée & publiée en sa presence le dernier Iuillet: & parce que le premier article d'icelle porte que cinq articles de l'Ordonnance seront obseruées à l'aduenir, par lesquelles il est dit, que le Conseil ne cognoistra d'aucune affaire de Iurisdiction contentieuse, que les affaires pendantes en iceluy seront renuoyées aux Iuges dont elles estoient euoquées, qu'il ne sera expedié aucune euocation generalle ny particuliere en commandement, lesquelles seront rapportées & iugées en cognoissance de cause par les Maistres des Requestes en quartier; & que lesdits Maistres des Requestes ne iugeront rien Souuerainement, & en dernier ressort aux Requestes de l'Hostel, quelques attributions qu'ils en puissent auoir;

& que neantmoins ces articles ne sont pas expliquez par la Declaration, mais seulement dattez.

Monsieur le premier President a fait apporter le tome des Ordonnances, & on a leu les articles; apres quoy monsieur le premier President a pris les aduis, & a commencé par les quatre Commissaires qui auoient examiné lesdites Declarations & propositions de la Chambre Sainct Louys, qui estoient Messieurs de Bernay, le Nain, Coquelay, & le Musnier, qui ont esté d'auis de supplier le Roy & la Reyne d'enuoyer vne nouuelle Declaration d'interpretation de la premiere, par laquelle les mesmes termes des cinq articles des Ordonnances seroient repetez. Monsieur le Nain neantmoins a dit, qu'il y auoit des cas ausquels Messieurs les Maistres des Requestes pouuoient iuger souuerainement, & a cotté entr'autres les faussetez commises au sceau. Monsieur le premier President s'est escrié, que l'Ordonnance ne reseruoit rien pour ce regard: & sur ce que monsieur le Nain a insisté, monsieur le premier President a dit, qu'il sçauoit bien que la possession de Messieurs les Maistres des Requestes estoit contraire: mais qu'il s'estonnoit que monsieur le Nain se voulust faire la guerre à luy-mesme. Monsieur Courtin Maistre des Requestes, qui s'est trouué l'ancien des quatre qui estoient de iour, a voulu soustenir monsieur le Nain. Monsieur le premier President qui a esté soustenu par monsieur le President de Mesmes, a continué sa pointe de dire, qu'anciennement Messieurs les Maistres des Requestes ne pouuoient iuger souuerainement. Tous Messieurs de la Grand Chambre qui ont opiné, ont esté de mesme aduis, & d'en demander vne Declaration, excepté monsieur de Broussel, qui a esté d'aduis d'en faire Arrest en consequence de la Declaration, sans en demander de nouuelle: il a encore adiousté que les Arrests de la Compagnie demeuroient sans execution, notamment concernant l'establissement de la Chambre de Iustice; & qu'il estimoit qu'il falloit commettre de Messieurs pour faire les informations. Monsieur de Champigny Maistre des Requestes, a dit, qu'à la verité il pouuoit y auoir quelques abus dans le Conseil, & aux Requestes de l'Hostel, & notamment touchant les euocations de plain pouuoir, mais qu'il se pouuoit dire que le Parlement y auoit contribué, parce qu'il auoit tousiours enregistré sans y faire aucun doute les euocations generales qui leur auoient esté addressées; & a conclud qu'il ne falloit point demander de nouuelle Declaration, mais faire obseruer les Ordonnances, & que par là il se reformeroit aussi beaucoup de choses au Parlement: Les trois autres Maistres des Requestes, sçauoir Courtin, Montescot, la Marquerie ont esté du grand aduis. Monsieur le President Bocquemare a opiné de mesme, & a adiousté, que Messieurs des Requestes du Palais auoient grand sujet de se plaindre de Messieurs de la Grand' Chambre, qui contre l'Ordonnance euoquoient sans cesse les affaires des premiers Iuges, pour au lieu de les iuger à l'Audience, comme ils doiuent, les appointent & en font des procez par escrit. Monsieur le premier President luy a dit, que ce n'estoit pas le temps de faire cette remonstrance, & que la Compagnie y pouruoiroit en temps & lieu, & a continué à en demander les aduis à Messieurs les Presidens des Enqueftes, qui ont efté de l'aduis commun, excepté monfieur Charton, qui a efté d'aduis de faire Arreft. Monfieur de Thou a adioufté, que le Roy & la Reyne feront suppliez, d'accorder lettre de remiffion des procez criminels, iugez par Commiffaires, adreffantes aux Cours Souueraines, dans le reffort defquelles les jugemens auoient efté donnez; & d'arrefter, qu'en cas de retardement de les expedier, il y feroit procedé fans Lettres, attendu l'incompetance des Iuges. Monfieur de Blanmefnil a efté du plus grand aduis, & dix-heures ont fonné, fur quoy la Compagnie s'eft leuée pour rentrer de releuée.

Et ledit iour de releuée les Chambres fe font affemblées, & la deliberation a efté continuée; & les aduis ayans efté releus, il a efté arrefté, que le Roy & la Reyne feroient tres-humblement fuppliez d'enuoyer vne nouuelle Declaration, dans laquelle tous les articles des Ordonnances qui auoient efté leus le matin, feroient repetez mot à mot.

Le Mardy dix-huictiefme Aouft.

CE iour les Chambres fe font affemblées fur les huict heures du matin en la maniere accouftumée, où la Compagnie a deliberé fur le fecond article de la Declaration, contenant la décharge d'vn quart des Tailles, Taillon, & Subfiftances; les charges ordinaires affignées fur icelles prealablement deduites, à commencer au premier Iuin 1649. & apres longue deliberation du matin & de l'aprefdinée, il fut arrefté que le Roy & la Reyne feroient tres-humblement fuppliez d'accorder la décharge du quartier entier, à commencer du premier Ianuier 1649. & de ne point augmenter les impofitions en l'année prochaine ny les fuiuantes au delà de ce à quoy elles montent l'année prochaine.

Du Mercredy dix-neufuiefme d'Aouft 1648.

CE iour les Chambres eftans affemblées, la Compagnie a deliberé fur le troifiefme article de ladite Declaration, lequel eft contraire aux Arrefts du Parlement, en ce que par iceux il eftoit ordonné, que les impofitions faites fur les denrées & marchandifes verifiées au Parlement continuëroient indefiniment, fans en prefcrire la durée. Celles faites en vertu d'Edits ou Declarations verifiez en la Chambre des Comptes & Cour des Aydes, qu'elles continuëroient l'année prefente & la fuiuante, fi tant la guerre dure; & à l'égard de celles faites en vertu d'Arrefts du Confeil, ou Lettres Patentes publiées feulement au fceau, & non verifiées dans les Cours Souueraines, que les leuées en cefferont dés à prefent, au lieu que par la Declaration publiée au Parlement, le Roy y feant, il eft ordonné, que toutes les impofitions faites cy-deuant & qui fe leuent à prefent, feront continuées iufqu'à ce que l'eftat des affaires en puiffe permettre la diminution; comme auffi par les Arrefts du Parlement il auoit efté arrefté, que pour connoiftre les droits dont la leuée feroit continuée, qu'il en feroit fait tarif pardeuāt deux

Conseillers de ladite Cour, sçauoir Messieurs de Brussel & Ferrand, & en suite pancharte dressée pour estre attachée aux Bureaux, & par tout où besoin sera; & par la Declaration il est dit, que le tout en sera fait au Conseil. Surquoy en deliberation il a esté arresté, que ladite Declaration sera executée aux termes des Arrests de la Cour de Parlement.

Du Ieudy vingtiesme Aoust.

CE iour sur les huict heures du matin les Chambres estans assemblées, le premier Huissier a aduerty la Cour que monsieur le Duc d'Orleans estoit à la Saincte Chappelle, & qu'il venoit prendre sa place. Surquoy la Compagnie a deputé deux Presidens & deux Conseillers en la forme ordinaire, & Monsieur est entré auec les ceremonies accoustumées accompagné comme deuant; & ayant pris sa place, & Messieurs ayant fait silence, il a dit, Que le Roy & la Reyne luy auoient donné charge de dire à la Cour, qu'ils s'estonnoient fort de l'Arrest qu'elle auoit donné hier au preiudice de la Declaration verifiée en leur presence; & apres auoir receu tant de témoignages de leur bonté & affection, qu'en son particulier il croyoit qu'apres les soins qu'il auoit pris pour faire accorder à la Compagnie ce qu'elle auoit desiré, il croyoit qu'elle pouuoit & deuoit l'aduertir pour venir prendre sa place pour deliberer en vne affaire si importante; & qu'il estimoit que pour la terminer il estoit à propos de faire vne conference chez luy pour regler le tarif, qu'il auoit la volonté de faire executer; ce qui seroit resolu en sa presence, & qu'il en auoit le pouuoir, & qu'il commanderoit à vn Intendant des Finances de se trouuer à la Conference pour éclaircir la Compagnie: & sur ce qu'il s'est esleué vn grand tumulte sur la proposition de faire trouuer vn Intendant, Monsieur a dit que ce n'estoit que pour verifier plus exactement les droicts verifiez dans les Cours Souueraines, parce que par l'instruction que les Intendans en auoient des Fermiers, ils feroient en deux heures ce qu'ils ne pouuoient faire sans eux qu'en plusieurs seances.

Apres quoy monsieur le premier President a dit, Que la Compagnie ne sçauoit pas que la Reyne deuoit estre surprise, ni trouuer mauuais l'Arrest du iour precedent, parce que les Arrests de la Cour portoient & estoient intitulez du nom du Roi, & qu'ainsi ils estoient tousiours reputez auoir esté donnez sous son bon plaisir. Et en suite a pris les aduis des quatre Commissaires, dont monsieur de Bernay estant l'ancien a opiné & esté d'aduis, que pour l'execution de l'Arrest d'hier de commettre aucuns de Messieurs pour aller chez monsieur le Duc afin de proceder au Tarif: Toute la Compagnie a esté du mesme aduis, & que ce fust pour le lendemain de releuée. Monsieur le President de Mesme a adiousté, Qu'il estimoit tres à propos d'adiouster à l'Arrest du iour precedent, sur le bon plaisir du Roy: Sur ce mot, l'on s'émeut. Il a repris la parole & dit, Que s'il disoit son aduis de luy seul, il ne trouueroit pas mauuais que l'on le reprist dans la ciuilité que Messieurs se doiuent respectiuement, & non en tumulte, mais qu'il ne sçauoit pas comment l'on pouuoit rejetter sa proposition, puis qu'elle estoit conforme aux Arrests de la Compagnie, & notamment à vn du mois de Ianuier dernier, par leque la Cour auroit declaré, que les modifications qu'elle auoit apportez, & qu'elle pourroit apporter cy-apres aux Edits verifiez, le Roy seant au Parlement, n'estoit que sous son bon plaisir. A cela plusieurs ont commencé leur huée à tel poinct, qu'il a esté contraint de finir son aduis. En suitte dequoy monsieur le Duc d'Orleans a pris la parole, & a insisté à faire mettre sous le bon plaisir du Roy, ce qu'il luy a esté refusé. Ces aduis ayans esté rejettez, il a esté accordé que l'Arrest du iour precedent seroit executé, & pour cet effect les quatre Commissaires s'assembleroient le lendemain de releuée chez monsieur le Duc d'Orleans, auec Messieurs les Presidens, pour proceder au tarif, & dresser procez verbal, pour iceluy veu & rapporté à la Cour estre ordonné ce que de raison; & qu'il seroit fait registre à part des paroles dites par monsieur le Duc d'Orleans de la part du Roy, & de la réponse de Monsieur le premier President: & a esté accordé, Que la Compagnie ne s'assembleroit pas l'apresdinée, mais seulement le lendemain.

Du Vendredy vingt-vniesme Aoust.

CE iour la Cour, toutes les Chambres assemblées, a deliberé sur le quatriesme article de la Declaration, qui est contraire à la proposition de la Chambre sainct Louys, en ce que par icelle il estoit dit; Que les fermes seroient de nouueau mises aux encheres, publiées & adiugées suiuant les formes portées par les Ordonnances, attendu les refus notoires des encheres faites sur lesdites fermes; au lieu que par la Declaration on se contente de dire en termes generaux, qu'à l'aduenir les fermes seront adiugées suiuant les Ordonnances: De sorte qu'apres meure deliberation, il a esté resolu tout d'vne voix; Que remonstrances seroit faites au Roy & à la Reyne touchant ledit article, pour faire proceder à nouueaux baux: Et les Gens du Roy ont esté chargez d'aller demander Audiance à la Reyne pour faire lesdites remonstrances. Et l'Assemblée a esté continuée au lendemain.

Du Samedy vingt-deuxiesme Aoust.

CE iour, les Chambres estans assemblées au matin en la maniere accoustumée, Messieurs de Brussel & Ferrand ont rapporté par la bouche de monsieur de Brussel, ce qui s'estoit passé en la Conference chez monsieur le Duc d'Orleans, comme il ensuit.

Que s'estant rendus hier au Palais d'Orleans sur les deux heures de releuée, ils furent conduits dans le cabinet de monsieur le Duc d'Orleans, où estans y arriuerent peu apres monsieur le Chancelier, monsieur le Mareschal de la Meilleraye & monsieur Tubeuf; & que peu apres monsieur le Duc d'Orleans y arriua, lequel s'assit dans vn fauteüil au bout de la table, monsieur le Chancelier à la droite, monsieur de la Meilleraye au dessus de monsieur le Chancelier, Messieurs de Brussel & Ferrand au dessous de monsieur de la Meilleraye, monsieur Tubeuf & nuls autres du Conseil: les places estans ainsi prises, monsieur le Duc d'Orleans commanda à monsieur Tubeuf de donner les instructions sur la proposition du Tarif, suiuant quoy ledit Tubeuf mit sur la table plusieurs Edits, Declarations & Arrests imprimez, en vertu desquels les droits se leuent sur les denrées & marchandises ; apres laquelle proposition, Messieurs de Brussel & Ferrand representerent qu'ils ne pouuoient trauailler sur des simples papiers, & prierent monsieur le Duc d'Orleans qu'on leur mist entre leurs mains les pieces en bonne & deuë forme, afin qu'ils peussent faire l'extraict pour le rapporter au Parlement, ce qui fut resolu. Et incontinent apres ladite relation, monsieur le premier President a fait lire le cinquiesme article de la Declaration du Roy verifiée en sa presence au Parlement, par lequel il est dit, qu'à l'aduenir les Officiers ausquels les gages & droicts ont esté entierement retranchez, iouyssent & soient payez d'vn quartier de l'année presente, d'vn & demy de la prochaine, & de deux en l'année 1650. attendant que l'estat des affaires permettent d'en faire payer dauantage. En suite duquel article monsieur le premier President a fait lire l'article de la Chambre sainct Louys, concernant les gages & droits, par lequel il est dit, que le Roy sera tres-humblement supplié de restablir tous les gages & droits des Officiers. En suite dequoy en deliberation, il a esté conclud, que remonstrance seroit faite au Roy pour le restablissement entier desdits gages & droits; dés à present a esté arresté qu'aucun retranchement n'en pourroit estre fait à l'aduenir, sinon en vertu d'Edicts ou Declarations bien & deuëment verifiez, & qu'il seroit informé contre Catelan, Tabouret & le Fevre, & autres qui ont traitté ou fait des prests sur le retranchement desdits gages & droicts, duquel aduis monsieur Charton President aux Requestes auoit fait l'ouuerture.

Du Mercredy vingt-sixiesme Aoust.

Baricades.

CE iour Messieurs de la grand'Chambre y estans assemblez en la maniere accoustumée, monsieur de Rhodes, grand Maistre des Ceremonies y est entré, qui a dit; Que le Roy & la Reyne luy auoient commandé de venir aduertir la Cour de se trouuer en robes Rouges sur les neuf heures à Nostre-Dame, pour assister au *Te Deum*, que leurs Majestez auoient ordonné estre chanté en action de grace de la victoire qu'il auoit pleu à Dieu leur donner sur leurs ennemis sous le commandement de monsieur le Prince: & a presenté vne lettre de cachet du Roy, qui contient en sommaire les principales marques de la victoire ; laquelle ayant esté leuë par l'vn de Messieurs qui estoit au Bareau, monsieur le premier President a fait response à monsieur de Rhodes, que la Cour satisferoit à l'ordre de leurs Majestez, & il s'est retiré ; Et à l'instant monsieur le premier President a enuoyé la lettre aux Chambres des Enquestes pour en aduertir Messieurs, afin qu'ils enuoyassent querir leurs robes Rouges: Et peu aprés monsieur le premier President s'est leué auec Messieurs de la grand' Chambre, & sont allez à la Buuette pour euiter que Messieurs des Enquestes ne vinssent pour deliberer sur la suite de la Declaration, ou du moins n'arrestassent d'entrer l'apresdinée: Et sur les huict heures & demie ils sont rentrez en la grand' Chambre auec leurs robes Rouges, où estans ils ont trouué beaucoup de Messieurs des Enquestes: & la Compagnie estant toute assemblée, quelques-vns de Messieurs se sont plaints de ce qu'on n'employoit pas le temps iusques à dix heures pour continuer ladite deliberation sur ladite Declaration, dont monsieur le premier President s'est excusé sur l'ordre arriué le matin d'aller au *Te Deum*: En suite dequoy quelques-vns des Enquestes ayant proposé de s'assembler l'apresdisnée, monsieur le premier President & monsieur le President de Mesmes ont dit, Que cela dependoit de l'heure que la Ceremonie finiroit: Et sur ce ils se sont leuez & sont partis pour aller à Nostre-Dame, où ils sont arriuez sur les neuf heures, & leurs Majesté entre onze & douze, & ont marché auec l'appareil & la magnificence Royalle digne de l'action, & contenuë dans l'Extraordinaire qui en a esté pour ce fait & dressé; & à l'issuë de la Ceremonie qui a finy entre midy & vne heure, monsieur de Comminge Lieutenant des Gardes de la Reyne, suiuy de dix Gardes, est entré au logis de monsieur de Brussel scize ruë Sainct Landry prés Nostre-Dame, & l'ayant trouué dans vne petite sale auec sa famille prest de se mettre à table pour disner, luy a fait commandement de le suiure, sans luy donner temps de prendre ny manteau ny soulliers, ny de baiser ses enfans; & l'a fait entrer dans vn carosse qui estoit à la porte, que l'on a fait marcher en diligence, dont le peuple de son voisinage estant aduerty, s'est escrié d'vne voix confuse Aux armes, & que l'on emmenoit monsieur de Brussel prisonnier: ce qui accreut promptement tant par la capture de monsieur le President de Blanmesnil, & la perquisition faite chez monsieur le President Charton, qu'en peu de temps les boutiques ont esté fermées, & les armes prises par les Bourgeois des Ponts Nostre-Dame, sainct Michel, aux Changes, des ruës sainct Denys, & des Halles; dont ayant esté donné aduis au Palais Royal, les Regimens des Gardes & Suisses qui estoient demeurez en bataille & sous les armes, depuis le Palais Royal iusques audit lieu apres la Ceremonie finie, pour fauoriser lesdites captures, ont eu ordre de marcher au Pont au Change, Pont-neuf, & des Thuilleries pour s'en saisir, & empescher la communication des quartiers, comme ils ont fait pendant quelque temps; mais le peuple s'estant grossi & armé, les Gardes ont esté forcez de se rallier vers le Pont des Thuilleries, & ont esté mis en bataille depuis ledit lieu par derriere la grande Escurie, iusques enuiron cent pas au delà de la grande porte du Palais Royal tirant du costé de la barriere sainct Honoré.

Cependant monsieur le Coadjuteur estant aduerty de ce desordre, est venu sur le Pont-neuf, vestu de son Camail & bonnet en teste, où estoit le plus grand bruit, & a exhorté le peuple de dessus le parapel où il s'est mis, de s'appaiser & retirer: à quoy luy ayant esté dit tout d'vne voix, que l'on n'en feroit rien que l'on n'eust monsieur de Brusselles & les autres Messieurs du Parlement, il promit au peuple qu'il en alloit supplier la Reyne, & est allé pour cet effet au Palais Royal, où ayant fait entendre à sa Majesté ce qu'il venoit de voir, & l'ayant suppliée tres-humblement de rendre lesdits prisonniers, il en fut refusé; ce qui fut cause que n'ayant point de bonne parole à porter au peuple, il retourna chez luy par vn autre chemin qu'il n'estoit venu. Cependant estant venu alarme que le peuple aprochoit tousiours vers la porte du Palais Royal, & que le mal croissoit vers les pilliers des halles, monsieur de la Meilleraye monta à cheual dans le Palais Royal, d'où il sortit auec quelques Officiers pour essayer d'empescher l'émotion, mais il en fut repoussé à coups de pierre, & fut blessé legerement dans le bras; comme aussi qu'en se retirant il lascha vn coup de pistolet duquel malheureusement vn crocheteur chargé fut tué. Le bruit causa l'émotion plus forte qu'auparauant, & de fait les chaines furent tenduës par tout, & barricades faites en plusieurs endroits de la ville, & corps de gardes posez, qui demeurerent toute la nuict auec des décharges continuelles.

Et le lendemain dés le grand matin Messieurs du Parlement se sont assemblez directement à la grand' Chambre, sans aller dans celle des Enquestes; & la Compagnie estant assemblée plainement sur les huict heures, monsieur de Boucherat Maistre des Requestes, & monsieur de Brusselles Conseiller aux Requestes du Palais, neveu de monsieur de Brusselles, ont dit par la bouche de monsieur Boucherat, qu'ils auoient estimé dans la famille deuoir informer la Cour de ce qui estoit arriué en la personne de monsieur de Brusselles: & pour cet effet il a fait la relation de la maniere en laquelle il auoit esté arresté, & a finy, disant: Qu'il demandoit iustice à la Cour, & se remettant à sa prudence d'y pouruoir. A quoy monsieur le premier President a reparty, Que la Cour estoit assemblée pour en deliberer, & se sont retirez. Cela fait monsieur le premier President a commandé à Boisleau qu'il s'en allast querir les Gens du Roy, lesquels estans entrez, monsieur le premier President leur a dit; Que la Cour les auoit mandez sur le sujet de l'estat present de la ville, pour sçauoir ce qu'ils auoient à y dire. A quoy ils ont dit par la bouche de monsieur Talon, qu'ils n'auoient point de parole pour exprimer leur douleur; & que n'ayant pas encore concerté entr'eux ce qu'ils iugeroient necessaire pour le seruice du Roy, la seureté de la ville, & le bien de la Compagnie, la liberté & le restablissement de Messieurs, ils suplioient la Cour leur permettre de se retirer au Greffe pour en deliberer entr'eux, ce qui leur a esté accordé; & peu apres sont rentrez, & ont requis que la Reyne fust tres-humblement supliée presentement de rendre la liberté à Messieurs qui estoient arrestez ou exilez, & que la Cour demeurast assemblée pour pouruoir aux vrgentes affaires de la ville, se remettant tousiours à la prudence de la Cour, & se sont retirez. Et peu apres monsieur de Berniere est entré tout esmeu & hors d'haleine, qui a dit; Que le peuple s'estoit emparé de l'Hostel d'O, où monsieur le Chancelier s'estoit retiré; Que le peuple le cherchoit pour le massacrer, que l'on pilloit la maison, & que Picot Lieutenant du grand Preuoſt ſeruant prés la perſonne de monſieur le Chancelier auoit eſté tué prés de luy, dequoy la Compagnie n'a fait aucun eſtat, & ledit ſieur de Berniere s'eſt retiré: & auſſi-toſt Meſſieurs ont preſſé monſieur le premier Preſident de faire deliberer, ce qu'il a faict. Monſieur Creſpin a eſté d'aduis d'aller preſentement à la Reyne luy demander Meſſieurs, & en cas de refus, luy remettre les robes & les bonnets: Il a eſté ſeul de ſon aduis. Apres luy pluſieurs aduis ont eſté ouuerts, l'vn d'aller en corps de Cour au Palais Royal demander Meſſieurs, & faire entendre à la Reyne l'eſtat de la ville, & retourner au Palais pour deliberer ſur la reſponce: L'autre aduis, de deputer trente de Meſſieurs vers la Reyne aux meſmes fins, le reſte de la Compagnie demeurant aſſemblé. Le troiſieſme aduis, d'en deputer cinquante aux meſmes cõditions: monſieur le Preſident Violle a adiouſté, qu'il eſtoit d'aduis d'informer contre ceux qui auoient donné le Conſeil à la Reyne, comme perturbateurs du repos public, & dés à preſent decreter cõtre ceux qui auoient arreſté Meſſieurs, & qui eſtoient allez chez les autres: cet aduis a eſté ſuiui de beaucoup. Monſieur de Choiſy a eſté d'aduis, en cõſequence de l'vnion faite auec les autres Compagnies, de les aduertir de ce qui ſe paſſoit; beaucoup ont eſté de meſme aduis: enfin il a paſſé que la Cour iroit en corps au Palais Royal demander à la Reyne Meſſieurs les abſens: Que Monſieur le premier Preſident luy feroit entendre l'eſtat de la ville, & que la Compagnie retourneroit au Palais deliberer ſur la reſponſe. Le ſentiment de Compagnie eſtoit d'abord pour embraſſer les aduis de monſieur Viole & de Choiſy. Ce fait Meſſieurs ſont allez à pied auec leurs robbes & bonnets, & ont paſſé pardeuant l'horloge du Palais, tourné ſur le Quay qui va gagner le Pont-neuf, d'où ils ont ſuiuy par la ruë de l'arbre ſec & la ruë ſainct Honoré iuſques au Palais Royal, dans lequel chemin ils ont trouué nombre de chaines tenduës & des Barricades, & vn nombre infiny de Bourgeois en armes, qui tous leur ont dit qu'ils auoient les armes pour le ſeruice du Parlement, qu'il n'auoit qu'à commander, & qu'il ſeroit obey ponctuellement, qu'ils vouloient auoir Monſieur de Bruſſelles, & ont crié par tout Viue le Roy & le Parlement, & en beaucoup de lieux viue le Roy & Monſieur de Bruſſelles. Enfin, Meſſieurs eſtans arriués au Palais Royal, ont eſté introduits dans la ſalle des Ambaſſadeurs, qui eſt vis à vis la Chambre du Capitaine des Gardes en quartier, où apres auoir attendu enuiron vn demy quart-d'heure, on les eſt venu querir, & ont eſté conduits en la maniere accouſtumée dans le grand Cabinet de la Reyne, où eſtoient le Roy & la Reyne dans leurs chaires; à la droicte du Roy Monſieur le Duc d'Orleans & Monſieur de Longueuille debout, à la gauche du coſté de la Reyne Monſieur le Cardinal, Monſieur le Chancelier, & Monſieur de la Meilleraye, les Secretaires d'Eſtat, & pluſieurs perſonnes de la Cour. Monſieur le premier Preſident s'eſtant approché a fait entendre à la Reyne qu'il n'eſtoit plus temps de diſſimuler l'eſtat auquel eſtoit Paris, puis qu'il mettoit la perſonne du Roy & la ſienne en peril, ſi ſa Majeſté par ſa bonté n'y donnoit ordre preſentement; Qu'il luy eſtoit bien facile puisqu'il ne dependoit que de rendre la liberté à des personnes qui n'auoient rien demerité; Que la Iustice le vouloit, Que sa bonté luy conuie, & que ses tres-humbles supplications luy demandoient. A quoy la Reyne a respondu, Que voyant que le Parlement auoit si souuent contreuenu à ses commandemens, elle auoit resolu dans son Conseil de faire ce qu'elle a fait, & qu'elle ne veut point changer sa resolution; Qu'elle estoit bien informée que l'emotion n'estoit pas si grande qu'ils ne la pussent appaiser, & que s'il en mesarriuoit ils en respondroient vn iour de leurs testes au Roy son fils qui s'en vengeroit: Que quand on auoit arresté feu Monsieur le Prince le peuple ne s'en estoit point esmeu, & qu'elle ne souffriroit point qu'il s'armast pour auoir emprisonné vn Conseiller: Qu'encore vne fois le Parlement en respondroit. Monsieur le premier President a repris la parole, & dit, Qu'il voyoit bien que sa Majesté n'estoit pas bien informée de l'estat de la Ville, & croyoit que quand les forces du Roy & les soins du Parlement seroient vnis ensemble, il seroit impossible à present d'arrester la sedition, à moins de contenter le peuple, qui ne le pouuoit estre qu'en voyant Messieurs leurs Confreres qui auoient esté emprisonnez: Qu'il supplioit la Reyne de se laisser vaincre aux prieres du Parlement, à sa iustice, à sa bonté; & enfin qu'elle considerast que cent mil hommes luy faisoient cette demande les armes à la main. La Reyne a demeuré ferme dans la negatiue, & a dit qu'elle n'en feroit rien; les a congediez, & s'est leuée, & a passé dans sa Chambre: Et Messieurs du Parlement se sont mis en estat de sortir. Neantmoins monsieur le premier President ayant concerté auec monsieur Crespin, & quelques-vns de Messieurs qui estoient plus proches de luy, & ayant consideré que ce refus causeroit vray-semblablement la desolation entiere de Paris, se sont resolus de retourner encore à la charge: & n'ayant plus trouué la Reyne, plusieurs Conferences & paroles ont esté portées de part & d'autre. Enfin la derniere fut, Que la Reyne rendroit les prisonniers, rappelleroit les exilez, pourueu que le Parlement cessast ses Assemblées iusques apres la sainct Martin. A quoy monsieur le premier President a respondu, Que la Compagnie ne pouuoit rien répondre sur cette condition, qu'aprés en auoir deliberé; & monsieur le Cardinal luy ayant proposé de deliberer presentement, il fist responsé que cela ne se pouuoit faire ailleurs que dans la grande salle; neantmoins monsieur le President de Mesme, & quelques-vns de Messieurs qui estoient plus proches de monsieur le premier President, luy ayant dict qu'ils croyoient que la Compagnie pouuoit deliberer dans quelque lieu du Palais Royal, attendu l'estat present des affaires. Et Monsieur le Cardinal ayant encores appuyé cette proposition, l'on fit passer la Compagnie dans l'vne des salles proche la chambre de la Reyne. Mais M. le premier Presidét ayant trouué grande difficulté dans les esprits de la pluspart de la Compagnie de deliberer ailleurs qu'au Palais, il dist à monsieur le Cardinal que la Compagnie ne le pouuoit faire. Ce qui fut cause que monsieur le Cardinal leur dist qu'ils pouuoient donc y aller, & faire ce qu'il leur plairoit, & se retira, comme de sa part le Parlement sortit pour retourner au Palais: & ayant desia marché iusques vis à vis la ruë de Prud'homme, il trouua vne barricade, laquelle fut ouuerte par les Bourgeois pour faire passage, pédant quoy, s'esleua vne voix tumultuoire demandant à voir monsieur de Brusselles, laquelle fut suiuie iusques à la seconde baricade qui estoit à la Croix du Tiroir, où estans au lieu par les Bourgeois de liurer passage au Parlement, ils dirent tous qu'il falloit auoir Monsieur de Brusselles, & plusieurs vinrent les armes baissees, tant pour faire large au Parlement, que pour les arrester & empescher le passage. Enfin aucuns d'entre le peuple s'auancerẽt vers Monsieur le premier President qui le saisirent au bras, les vns disans qu'il le falloit garder pour ostage, iusques à ce qu'on eust rendu les prisonniers; les autres qu'il faloit qu'il retournast au Palais Royal auec le Parlement pour demander lesdits prisonniers, en telle sorte qu'ils les ramenassent, & leur fissent voir. Enfin la derniere proposition fut executée, & le Parlemẽt retourna peslemesle, ceux qui estoient à la queuë se trouuans à la teste, iusques dans le Palais Royal, pendant laquelle meslée cinq de Messieurs les Presidẽs au Mortier se perdirent sans retourner au Palais Royal; sçauoir Messieurs le Bailleul, de Nemond, Bellievre, de Maisons, & de Nouion, & plusieurs Cõseillers qui se deguiserent comme ils peurent pour se sauuer; & le surplus s'estant rendu au Palais Royal, ils monterẽt droict au Cabinet de la Reyne, où apres plusieurs allées & venuës, enfin Messieurs du Parlement passerent dans la grande Galerie du Roy, dans laquelle on auoit mis des bancs & sieges au mesme ordre de seance qu'au Palais; & auant prendre place, monsieur l'Abbé de la Riuiere vint demander à Messieurs les Presidens, quelle place ils entendoient donner à M. le Duc d'Orleans; à quoy ils luy dirent, qu'ils ne croyoient pas qu'il pretendit autre place que celle qu'il prenoit au Palais, puis que c'estoit le mesme Parlement: à quoy monsieur l'Abbé de la Riuiere n'insista point dauantage; & ce faict Messieurs prirent leurs places; sçauoir Messieurs les Presidens sur vn banc à part qui trauersoit, & Monsieur le Chancelier se mit en teste auec sa robbe de Conseiller & son chappeau, s'excusant n'auoir d'autres habits: sur le banc à la droicte Monseigneur le Duc d'Orleans se mit en teste, & au dessous de luy se mirent les Ducs d'Elbeuf & de Rets, en suite trois Maistres des Requestes, le quatriesme s'estant perdu à la Croix du Tiroir, & en suite Messieurs de la Grande Châbre, & derriere sur des bancs Messieurs des Enquestes. Messieurs estans assis Monsieur le Chancelier sur la contestation qui s'estoit meuë de deliberer audit lieu ou non, a commencé par mettre cette question en deliberation, & de six vingts quatre opinions à ladite deliberation, il y en a eu cinquante d'aduis à ne point deliberer ailleurs qu'au Palais, le surplus de deliberer presentement, attendu l'estat des affaires, & l'impossibilité de retourner au Palais; & en suite on a deliberé sur la condition que la Reyne auoit apportée de rẽdre les prisonniers & exilez, pourueu que le Parlement cessast ses Asséblées iusques à la S. Martin: enfin cinquãte ont esté d'aduis de ne point cesser, le surplus de sursoir, sans toutesfois en faire d'Arrest, & deliberer sur les articles restãs de la derniere Declaratiõ, & des propositiõs de la Chambre Sainct Louis iusques à la Sainct Martin, sauf pour le Tarif & pour les rentes de l'Hostel de Ville, sur lesquelles il seroit incessamment deliberé, & sans prejudice aussi de l'execution des Arrests de la Cour; les aduis des cinquante furent ouuerts les deux fois par Monsieur Regnard Conseiller: l'on remarqua deux aduis singuliers, l'vn de Monsieur de Machaud Conseiller aux Requestes, qui a opiné de dõner quelques-vns de Messieurs pour ostage au peuple, iusques au retour de Messieurs de Brussel & Blanmesnil: cét aduis fut rejetté de commune voix, parce qu'il eust dependu de Messieurs les Ministres d'exposer les ostages, ne rendant pas les prisonniers: l'autre aduis singulier fust proposé par monsieur Martineau, qui dit, qu'il estoit d'auis d'accorder au peuple ce qu'il desiroit, puis qu'il le demandoit de si bonne grace les armes à la main. Monsieur le premier President le pria de se moderer vn peu: Monsieur le Chancelier dit, que cette parole n'auoit point deub estre dite: Monsieur le Duc d'Orleans appuya de mesme: ledit sieur Martineau sans s'estonner dauantage, dist: que si son discours blessoit l'authorité Royale, il en estoit tres-marry: mais cependant il auoit leu que Cesar auoit demandé le Consulat de cette sorte, & qu'il l'auoit obtenu, & a finy son aduis sans aucune replique. La deliberation estant finie, la Reine & Monsieur le Cardinal en ayant esté informez, en ont tesmoigné satisfaction, & l'on a commandé d'apprester deux carrosses, l'vn du Roy, & l'autre de la Reyne, pour aller querir Messieurs de Brussel & Blanmenil: l'on a expedié aussi des Lettres de cachet pour leur retour, & pour le rappel des autres Messieurs: sçauoir, monsieur Charton, que l'on auoit esté pour arrester prisonnier, & Messieurs Laisné & Loisel, qui auoient les Lettres l'vn pour aller à Mante, l'autre à Senlis; & Messieurs du Parlement ne sont point sortis qu'apres auoir receu toutes lesdites Lettres de Cachet, dont monsieur le premier President a chargé, sçauoir, pour monsieur de Brussel, Monsieur Boucherat le Conseiller son neveu, & Monsieur de Thou, pour monsieur Blanmesnil; & l'on les fist entrer dans les carrosses, que l'on fist trauerser la Ville, pour asseurer le peuple du prompt retour de ces Messieurs: & en suitte, le Parlement s'est retiré chacun chez soy comme il a peu; nonobstant quoy, le peuple est demeuré barricadé & armé toute la nuict.

Du Vendredy vingt-huictiesme Aoust.

CE iour, sur les huict heures du matin, Messieurs de la Grande Chambre estans assemblez en icelle, Messieurs les Gens du Roy y sont entrez, qui ont dit, que les Preuost des Marchands & Escheuins, estoient au parquet, qui demandoiẽt à entrer, pour rendre compte à la Cour de ce qui s'estoit passé, & de ce qui se passoit. Surquoy, monsieur le premier President a dit au Greffier Boilleau, de les faire entrer; ce qu'il a fait: & ayans pris leurs places derriere le premier barreau, ils ont dit par la bouche du Preuost des Marchãds: Que n'ayãt peû informer plustost la Cour de leurs cõduites au sujet du tumulte arriué dans la Ville, à cause des differẽds endroits où ils

auoient

auoient esté obligez de marcher, ils venoient presentement en rendre compte, & faire leur rapport de l'estat auquel elles estoient encore à present, pour receuoir les ordres; & on dit que Mercredy dernier de releuée, ayant appris l'emotion suruenuë sur les Ponts Nostre-Dame, Saint Michel, aux Changes, Pont-neuf, ruë Saint Honoré & Saint Denis, ils y auoient enuoyé leurs mandemens pour arrester le desordre; lesquels ils n'auroient peû faire executer, à cause de la grande affluence du peuple qui s'y estoit assemblé, & armé: Que la crainte qu'ils eurent que le mal ne se respandist dans les autres quartiers, les obligea d'y enuoyer leurs mandemens, tant aux Colonels que Quarteniers, pour y faire tendre leurs chaisnes, & y faire des corps de gardes; qu'en quelques quartiers ils auoient esté obeïs, aux autres non: Que le lendemain ils s'estoient dispersez dés le matin pour essayer à faire poser les armes, & que desia les artisans auoient commencé en quelques endroits d'ouurir les boutiques; quand vn nouueau rencontre, (voulant parler de ce qui arriua à monsieur le Chancelier, & aux gens de sa suitte,) esmeut le peuple plus qu'auparauant, & excita vne nouuelle alarme, qui se respandit presque par toute la ville, & qui fut suiuie de grand nombre de barricades: ce qui les obligea de renouueller leurs mandemens pour faire poser des corps de gardes aux lieux qu'ils jugerent necessaires, & ou le mal n'estoit pas si grand qu'ils n'y peussent estre obeïs. Que sur les huict heures du soir ayant sceu ce qui s'estoit passé au Palais Royal, & aux enuirons; & l'ordre donné par leurs Majestez, d'enuoyer querir Messieurs qui auoient esté arrestez, & de faire reuenir Messieurs qui auoient esté exilez; ils en donnerent aduis le soir mesme par de nouueaux mandemens, pour en informer, & satisfaire le peuple qui continuoit à les demander, & qui auoit publié qu'il ne poseroit point les armes qu'ils ne les vissent; Que presentement ils venoient de plusieurs quartiers pour exciter la Bourgeoisie à faire abatre les chaisnes & barricades, & à poser les armes, leur ayant fait entendre de viue voix ce qu'ils auoient fait par leurs mandemens: & mesme dit, Que monsieur de Blanmesnil estoit de retour, & que par tout on leur auoit dit qu'on n'en feroit rien qu'on eust veu monsieur de Brussel: puis qu'il n'estoit pas encore arriué, qu'ils supplioient la Cour de leur donner les ordres qu'elle jugeroit necessaire pour le seruice du Roy, & la seureté de la ville, & qu'ils les executeroient ponctuellement, & ont finy: pendant lequel discours, Messieurs des Enquestes sont entrez, & pris leurs places; ausquels monsieur le premier President a dit d'abord, qu'il ne sçauoit pas pourquoy ils se donnoient cette peine, n'ayant rien à deliberer presentement; & Messieurs estans venus à la Grand'Chambre plustost pour se reuoir que pour y trauailler & vacquer à aucune affaire: à quoy Messieurs des Enquestes ont respondu, Que voyant les Preuost des Marchands & Escheuins, ils auoient interest & droit d'entendre ce qu'ils disoient, attendu l'estat present des affaires, qui pouuoit bien meriter l'Assemblée des Chambres. Et sur cela monsieur le premier President a commandé à Boileau d'aller aduertir Messieurs de la Tournelle, & de l'Edit, de venir prendre leurs places, ce qu'ils ont fait; pendant quoy monsieur le premier President a dit, aux Preuost des Marchands & Escheuins de se retirer, & que la Cour leur feroit sçauoir sa resolution, & ils se sont retirez; & tous Messieurs estans assemblez, les Gens du Roy, lesquels n'estoient point sortis pendant que Messieurs s'assembloient, se sont leuez, & ont dit, par la bouche de monsieur Tallon Aduocat General; Que comme ils auoient tesmoigné hier à la Cour leurs desplaisirs extrémes des detentions, & éloignemens injustes de quelques-vns de Messieurs; ils ne pouuoient aussi assez exprimer leur joye du bon succez, que la prudence & sage conduite de la Cour, auoit eu hier au Palais Royal, & de voir seoir monsieur de Blanmesnil, l'vn d'entr'eux, sur les fleurs de lys, & que leur satisfaction seroit accomplie, quand ils y verroient Monsieur de Brussel, & les autres Messieurs qui n'auoient peû encore estre de retour, mais qu'il y auoit apparence qu'ils le seroient dans aujourd'huy: cependant qu'ils estimoient estre de la prudence de la Cour de pouruoir à deux choses, pour la seureté de la ville de Paris, capitale du Royaume, siege de la Royauté, & qui donnoit l'exemple & le branle à toutes les autres villes; Qu'en premier lieu il estoit à craindre que les Bourgeois & autres Marchands des denrées necessaires à la subsistance de Paris, s'abstinssent de venir demain, par la crainte que le desordre & le tumulte ne continuast; & que pour remedier à ce desordre, il leur estoit loisible de donner leurs Conclusions: Qu'ils croyoient qu'il estoit à propos d'enuoyer des Officiers du Chastelet, par toutes les villes & lieux, d'où les Boulangers ont accoustumé d'apporter du pain, & autres d'enrées pour les faire venir demain. En second lieu qu'ils croyoient estre necessaire pour le seruice du Roy, & le repos de la Ville; Que la Cour par Arrest enjoignist aux Bourgeois & Artisans d'ouurir les boutiques, rompre les barricades, baisser les chaisnes, & poser les armes; Que neantmoins ils remettoient le tout à la prudence de la Cour, & sur ce ils se sont retirez: Et comme ils sortoient du Bareau, le Greffier Boisleau a aduerty la Cour; Que Messieurs les Deputez de la Cour des Aydes demandoient d'entrer, & qu'ils auoient quelque chose à dire de la part de leur Compagnie: Surquoy monsieur le premier President a commandé à Boisleau de les faire entrer, & a fait laisser vuide la premiere place du banc, qui est vis à vis celuy ou se mettent Messieurs les Princes du Sang, Ducs & Pairs, & Messieurs des Requestes, & la moitié du banc, vis à vis Messieurs les Presidens au Mortier: Ce qui a esté cause que Messieurs de la Grand'Chambre qui occupoient leurs places ont esté obligez de monter aux sieges hauts; ou se mettent à l'Audiance Messieurs les Conseillers Clercs; les places estans ainsi disposées, ils sont entrez: Sçauoir monsieur le Noir, President en ladite Cour des Aydes, accompagné de Messieurs de Bragelone, Sanguin, Clement, Baussan, & deux autres derniers: tous lesquels ayans pris leurs places, monsieur le Noir a pris la parole, & a dit; Que la Cour des Aydes n'ayant peû tesmoigner le iour d'hier, à cette Compagnie, à cause de son absence au Palais Royal, la part qu'elle prenoit dans l'oppression qui luy auoit esté faite en la personne de quelques-vns de Messieurs, pour auoir fait Iustice, n'auoit pû differer plus long-temps, à luy enuoyer des asseurances de la joye, qu'ils auoient receus de la liberté qui leur auoit esté renduë, par les soins & la sage conduitte de cette Compagnie; Que pour cela la Cour des Aydes les auoit deputez vers la Cour ; & pour leur protester que leurs Compagnies estant vnies au poinct qu'elles estoient, elle prenoit part à tous ses interests : & qu'elle n'en auroit iamais de separez des leurs, & a finy : Et à mesme temps, monsieur le premier President a fait responce, & leur a dit ; Que la Compagnie leur estoit tres-obligée du soin qu'ils auoient, de luy donner des marques de la part qu'ils prenoient dedans ses interests ; Qu'aussi la Cour des Aydes se pouuoit asseurer qu'en toutes occasions, la Cour luy en tesmoigneroit ressentiment, & a finy ; & Messieurs de la Cour des Aydes se sont retirez : & à l'instant monsieur le premier President a proposé de donner Arrest, sur les Conclusions des Gens du Roy, sans y deliberer dauantage : Surquoy s'est emeu vn grand murmure, pour s'esclaircir duquel, monsieur le premier President a dit ; Qu'il ne sçauoit ce que Messieurs desiroient, & s'est tourné vers monsieur du Tillet Saint Leu, qui estoit en face de luy, pour sçauoir ce que Messieurs demandoient, lequel luy a dit ; Que Messieurs desiroient voir la fueille de ce qui s'estoit passé au Palais Royal : à quoy monsieur le premier President a reparty ; Qu'il n'y en auoit encores aucune de faite, parce qu'il n'y auoit point de Greffier ; & à mesme temps monsieur Neuelet a dit, Qu'il seroit à propos que monsieur le premier President fist la relation, parce que plusieurs des Messieurs n'y auoient point assisté. Surquoy s'est éleué vne voix confuse de plusieurs de Messieurs qui ont dit, Qu'il n'auoit tenu qu'à eux d'y estre, & que s'ils ne se fussent point retirez, ils y eussent deliberé comme eux. Et neantmoins sur l'instance de sçauoir ce qui s'estoit passé, monsieur le premier President en a fait vne relation sommaire ; laquelle estant finie, ledit sieur premier President a encores proposé de donner Arrest, suiuant les Conclusions des Gens du Roy : à quoy s'estant fait vn nouueau tumulte des Enquestes, monsieur le premier President a repris la parole, apres en auoir concerté auec les Presidens de Mesmes & le Bailleüil, & a dit ; Qu'à la verité les Conclusions estoient toutes bonnes ; mais qu'il estoit à craindre que le peuple ne se desarmast point qu'il n'eust veu monsieur de Brussel, quelque Arrest que la Cour en donnast, & qu'ainsi il falloit bien prendre garde de ne point hazarder son authorité, puis qu'il n'y auoit plus que cette barriere pour arrester la sedition : mais qu'il croyoit que l'on pouuoit donner charge aux Gens du Roy, d'enuoyer querir les Officiers du Chastellet pour leur donner les ordres d'enuoyer aux lieux circonuoisins, pour faire venir demain au Marché le Pain, & les autres denrées necessaires pour les prouisions de Paris. Ce dernier expedient a esté approuué de toute la Compagnie, & les Gens du Roy ont esté mandez, ausquels cét ordre a esté donné, & se sont retirez ; & à l'instant sont rentrez, pour dire que Messieurs du Grand Conseil venoient parler à la Cour de la part de leur Compagnie : sçauoir vn de Messieurs les Presidens, & quatre Conseillers, & qu'ils prioient qu'on leur laissast les places au Bureau. Ce qui a esté fait ; & à l'instant ils sont entrez : Sçauoir monsieur le President Machaut & Messieurs Bouqueual, Aubry, Turquan & Villeuaudé Conseillers : lesquels ayant pris places, monsieur de Machaut a dit en substance : Messieurs, le Grand Conseil n'ayant peu hier deputer vers la Cour, à cause d'vne discipline de nostre Compagnie, qui ne permet pas de deputer sinon les Semestres assemblez ; comme il eust desiré pour tesmoigner la part qu'il prenoit, dans le mauuais traictement qui auoit esté fait injustement à Messieurs vos confreres, qui sont les nostres : Maintenant que les affaires ont changé de face, Nous a deputé vers vous pour vous protester, Messieurs, de la satisfaction qu'il a du bon succez que vostre sage conduite a causé à cette affaire, & vous asseurer qu'en cette occasion & en toute autre, la Cour trouuera dans nostre Compagnie, tous les Conseils & assistances qu'elle peut attendre d'vne Compagnie, qui est vnie à la vostre au poinct qu'elle est, & a finy ; Et en suitte monsieur le premier President luy a fait la mesme responce qu'à la Cour des Aydes, & se sont retirez. En suitte dequoy le murmure estant appaisé, le President de Mesmes a proposé qu'il seroit à propos en attendant le retour de M. de Brussel, & que l'on peust donner Arrest, que tous Messieurs s'en retournant à pied exhortassent les Bourgeois dans les corps de gardes, de poser les armes, & qu'ils tesmoignassent estre asseurez du retour de monsieur de Brussel ; & mesme a proposé de prier monsieur de Blanmesnil de se faire voir en plus d'endroits qu'il pourroit. Mais cét aduis, a esté rejetté ; & enfin sur ce qu'il est venu vn bruit que monsieur de Brussel estoit arriué, monsieur le premier President par l'auis de la Compagnie, a commandé à Guyet Greffier de la Cour, d'aller voir chez ledit sieur de Brussel s'il estoit arriué ; pendant quoy les Gens du Roy sont entrez, qui ont dit, Que le Lieutenant Ciuil estoit au Parquet, & qu'il leur venoit de dire, que dés hier au soir il auoit enuoyé les Commissaires aux lieux & villes circonuoisins de Paris, pour faire venir demain le Pain, & autres prouisions dans les marchez, & qu'il en auoit escrit aux Iuges des lieux ; & que si la Cour le vouloit entendre ou luy prescrire quelque chose de nouueau, il estoit à la porte, auec les Officiers du Chastellet ; à quoy monsieur le premier President a respondu, que la Cour n'auoit point d'autre ordre à leur donner, & qu'ils pouuoient les asseurer que la Cour estoit satisfaite de leur conduite, & ne les a point fait entrer : Comme aussi les Gens du Roy ont dit, Que les Preuost & Escheuins attendoient tousiours les ordres de la Cour : à quoy monsieur le premier President a dit, Qu'ils pouuoient se retirer, & que la Cour leur feroit sçauoir sa resolution ; & ce fait les Gens du Roy sont sortis ; & pendant que Guyet est allé chez monsieur de Brussel, Messieurs ont ouy de la Grand'Chambre vne grande Escoupeterie, & il est venu allarme que les Compagnies des Gardes, estoient aux mains contre les Bourgeois, & que le peuple estoit allarmé de l'auis qu'il auoit eu qu'il y auoit des troupes dans le Bois de Boulogne : à l'esgard du premier, il s'est troué que c'estoit vn salve & descharge de resiouyssance de l'arriuée de M. de Brussel : à quoy monsieur le premier President a dit tout hault, que monsieur de Brussel meritoit beaucoup ; mais qu'il en falloit neuf autres auec luy pour donner Arrest : au regard du second, Messieurs ont jugé que cette allarme estoit mal fondée, puisque la Caualerie n'estoit point à craindre dans Paris, estant barricadé comme il estoit ; & aussi-tost M. de Brussel Conseiller aux Requestes du Palais, nepueu du Conseiller de la Grand'Chambre est venu auec Guyet, qui a dit, Que monsieur son oncle venoit d'arriuer, & estoit à Nostre-Dame où il remercioit Dieu. Mais que si la Cour le mandoit qu'il ne manqueroit pas de se rendre à la Compagnie au plustost; & Gayet a adjousté que le peuple disoit, qu'il le vouloit voir auant que de poser les armes. Surquoy monsieur le premier President a commandé de l'aller querir de la part de la Cour; ce qu'il a faict, pendant quoy monsieur le President de Mesmes a encores proposé pour aduancer l'affaire de donner l'Arrest, ce qui a esté rejetté, & monsieur de Brussel est arriué dans la Grand' Chambre, ayant esté escorté par tout le peuple, & salué des Corps de gardes depuis son logis iusques dans la grande Salle du Palais au bruit d'vne excouppererie continuelle; & mesmes plusieurs des Bourgeois armez de mousquets & autres armes, l'ont accompagné iusques dans la Grande Chambre d'où ils sont sortis apres l'auoir conduit; & ayant pris sa place, monsieur le premier President luy a dit; Que la Cour n'auoit point voulu deliberer sur l'Estat present des affaires, qu'il n'assistast à la deliberation; qu'elle luy auoit voulu tesmoigner par là l'estime & la consideration qu'elle faisoit de luy; Que pour ces causes il les trouueroit dans son merite, & dans la connoissance qu'il le prioit auoir de luy-mesme. A cela monsieur de Brussel a reparty, qu'il se recognoissoit tres-sensiblement obligé aux soins de la Compagnie; Que comme il recognoissoit ne les auoir point merité, l'obligation luy en resteroit plus grande: sur cela monsieur le premier President a faict mine de se leuer, monsieur le President de Mesmes & monsieur le Coigneux luy ont fait signe qu'il ne disoit rien à monsieur de Blanmesnil; ce qu'il l'a fait retourner vers luy, pour luy dire qu'il prendroit s'il luy plaist part au tesmoignage d'affection & d'estime qu'il venoit de rendre de la part de la Cour à monsieur de Brussel, parce qu'il estoit commun pour tous les deux. Monsieur de Blanmesnil a faict vn pareil compliment que monsieur de Brussel, & a seulement adjousté que si plustost il eust eu la bouche ouuerte, plustost il auroit remercié la Cour de l'honneur qu'elle luy auoit fait de luy donner sa protection: en suitte dequoy monsieur le premier President s'est leué pour sortir, mais tous Messieurs ont dit qu'il falloit donner Arrest: Surquoy il s'est rassis & a pris les aduis, & a passé tout d'vne voix de donner Arrest, portant que les Barricades seront deffaictes, les chaisnes destenduës & les armes posees, & que l'Arrest sera publié à son de trompe, ce qui a esté executé au bout de demie heure: en sorte que les carrosses ont roullé par tout l'apresdinee, les Compagnies des gardes Françoises & Suisses ont esté renuoyees chacun dans leurs quartiers, à la reserue de celles qui estoient de la garde ordinaire que l'on a doublé: & neantmoins sur les huict heures du soir il s'est esmeu vne nouuelle allarme qui a commencé en la ruë Sainct Antoine, & qui s'est respanduë en peu de temps par toute la ville, sur ce que l'on auoit faict sortir de l'Arcenal quelque charette de poudre & autres munitions de guerre, & sur vn nouuel aduis qui est venu que la Caualerie estoit encores dans le bois de Boulongne; comme aussi il s'est respandu vn faux bruict qu'il venoit quelque Infanterie du costé de Lagny, ce qui a esté cause que l'allarme s'est mise generallement dans toute la ville, & que les Bourgeois ont pris les armes en plusieurs quartiers, mesme refaict plusieurs Barricades en quelques cantons, dont les Officiers du Chastellet & de la ville ayant esté aduertis ils ont marché vne partie de la nuict pour rasseurer le peuple, ce qui a tres-bien reüssi; Que le Samedy matin les ruës ont esté libres, les armes posées, les boutiques ouuertes, & les marchez remplis de pain & autres prouisions necessaires. Les Preuost des Marchands & Escheuins en sont venus rendre compte sur les huict heures au Parlement, les Chambres estant Assemblées, & se sont retirez : en suitte dequoy monsieur le premier President à demandé à monsieur de Brussel en quel estat estoit le Tarif, à quoy il a faict responce; Que mardy de releuée monsieur le Chancellier auoit enuoyé le Sieur Picot & vn des siens chez luy pour le prier de se tenir prest le lendemain de releuée pour conferer chez monsieur le Duc d'Orleans sur ledit Tarif, ce qu'il auoit promis; & que le lendemain sur le midy monsieur des Fontaines Bouer Secretaire du Conseil en quartier, auec vn des domestiques de monsieur le Chancellier l'estoit venu prier de ne point manquer à se trouuer l'apresdinée au Palais d'Orleans, pour y trauailler, ce qu'il auoit encores promis; & qu'il luy auoit demandé les Edits, Declarations & Arrests qui luy auoient esté portez auparauant par ledit sieur des Fontaines, luy disant que monsieur le Chancellier desiroit aussi les reuoir, & qu'il luy auoit rendu; & que ce qui estoit suruenu depuis ledit iour auoit empesché qu'il n'eust trauaillé dauantage à cette affaire : surquoy tous d'vne voix sans autrement deliberer, ont dit qu'il falloit donner ordre que l'on rapportast à monsieur de Brussel lesdits papiers, affin de luy en rafraischir la memoire pour y trauailler au premier iour; & on a adjousté, qu'il falloit cependant trauailler à l'article des rentes, & faire trouuer Lundy matin dans l'assemblee des Chambres les Preuost des Marchands & Escheuins pour donner les esclaircissements necessaires à la Compagnie : Ce qui a esté arresté, & en suitte la Compagnie a dit à monsieur le premier President d'vne voix confuse, qu'il falloit commettre de Messieurs pour faire l'information ordonnée Samedy dernier contre Cathelan, Thabouret, le Febvre, & autres, ce qui a esté faict; & Messieurs Crespin & Cheuallier Doyen & soubs Doyen de la Cour ont esté commis.

Du Samedy vingt-neufiesme Aoust.

CE iour les Chambres assemblées Messieurs Crespin & Cheualier ont esté commis pour l'execution de l'Arrest contre Catelan, à informer; ce qui espouuanta les Partisans : de plus Messieurs enuoyerent prier monsieur le Chancellier de donner les memoires pour trauailler au Tarif, lesquels il auoit retirez de chez monsieur de Brussel commis pour cette affaire.

Du Lundy trente-vniesme Aoust.

CE iour la Cour toutes les Chambres assemblées, trauailla au Tarif; la Reyne enuoya querir de Messieurs du Parlement, pour leur dire d'aduertir le peuple qu'il ne s'effroyast point si le lendemain on voyoit entrer de la Cauallerie à Paris, parce qu'on y deuoit ammener les Chefs faits prisonniers à la bataille de Lens.

Du Mardy premiere Septembre.

CE iour la deliberation a esté continuee le matin & l'apresdinee; enfin il a esté resolu que quatre de Messieurs de la Grand' Chambre & vn de chasque autre des Enquestes s'assembleroient le lendemain à la Chambre saint Louys, pour auec le Preuost des Marchands & Escheuins examiner les differentes natures de rentes, & en suitte en faire rapport à la Compagnie; pendant le cours de cét aduis, il y a eu quarante-sept voix à informer contre la Railliere, Doublet, & autres Fermiers, qui ont fait des Arrests sur les retranchemens des Rentes assignées sur les Fermes, mais il y en a eu soixante-huict à ne point informer.

Du deuxiesme Septembre.

MErcredy deuxiesme Septembre, Messieurs de la Grand' Chambre ont trauaillé iusques sur les neuf heures, sans interruption des Enquestes, à cause que Messieurs de Brussel & Ferrand Commissaires du Tarif, n'estoient pas arriuez, dont monsieur le premier President a fait aduertir les Enquestes pour les empescher d'entrer: & entre autres affaires iugées à la Grand' Chambre, il s'en est iugé vne assez considerable, qui est que monsieur d'Espernon qui estoit Partie en vn Procez, auoit fait signifier des Lettres d'Estat par luy obtenuës, fondées sur le commandement expres à luy fait de demeurer en Guyenne, nonobstant lesquelles on a iugé son Procez, lequel il a perdu; & sur les neuf heures Boisleau a aduerty monsieur le premier President que Messieurs des Enquestes venoient prendre leurs places, ce qui l'a obligé de luy commander de les aller querir, & à mesme temps ils sont entrez: & ayans pris leurs places, monsieur le premier President a demandé à monsieur de Brussel, & à monsieur Ferrand, s'ils auoient acheué leur Procez Verbal concernant le Tarif, lesquels luy ont dit, qu'ils y auoient trauaillé hier iusques à huict heures du soir, & qu'ils acheueroient ledit iour. Surquoy, monsieur le premier President les a exhortez d'acheuer ledit iour; & en suitte, a proposé à Messieurs des Enquestes de se retirer, n'ayant rien à faire quant à present.

Sur ce, plusieurs ont dit d'vne voix commune, qu'il falloit sçauoir des Gens du Roy, s'ils auoient iour de la Reyne pour entendre les Remonstrances; & en quel estat estoit l'Information contre Cathelan, Thabouret & le Febvre, comme aussi l'estat de la Chambre de Iustice. A cela, monsieur le premier President a dit; Que l'information ne pouuoit estre si-tost faite, parce que les Monitoires ne pouuoient estre publiez que le Dimanche; & à l'esgard de la Chambre de Iustice, que bien-tost la Compagnie en verroit la Commission: Et neantmoins sur l'instance des Enquestes, il a mandé le Procureur General, lequel estant entré, a dit; Qu'il auoit veu hier monsieur le Chancellier, pour auoir l'Audiance de la Reyne, lequel auoit promis de la demander, & leur faire sçauoir: à l'esgard de l'Information il a dit la mesme excuse qu'auoit dit monsieur le premier President : pour ce qui est de la Chambre de Iustice, il n'en a point parlé, & s'est retiré. Cela fait, monsieur le premier President a proposé à Messieurs de rechef de se retirer. Surquoy s'est esleué vne voix confuse, qui a dit, qu'il falloit deliberer si l'on continueroit le Parlement pendant les vacations.

Surquoy, monsieur le premier President s'est escrié; Que cette proposition estoit contraire aux resolutions de la Compagnie; & sur ce que le bruit a redoublé, monsieur le President de Mesmes a dit; Que l'opposition en ayant esté faite hier, & ayant passé au contraire, c'estoit contre la discipline de la Compagnie, de remettre en deliberation vne chose iugée; les Enquestes ont hue monsieur de Mesmes, & ont dit qu'il n'auoit point esté deliberé sur ladite proposition, & qu'il y falloit deliberer.

Pendant ces contestations monsieur le Coigneux Bachaulmont s'est escrié qu'il falloit parler de Chapelain, Intendant de monsieur de Vendosme, qui auoit esté transferé de la Bastille au bois de Vincennes, & qu'il falloit sçauoir du Procureur General, pourquoy il ne donnoit point de conclusions sur la Requeste cy deuant presentee par sa femme.

Monsieur le premier President a dit; Que l'affaire ne regardoit point les Enquestes, mais seulement la Grand' Chambre, & que la femme ne continuant point sa poursuite, ce n'estoit pas aux Iuges d'aller au deuant.

Monsieur Coulon Conseiller a pris la parole, & dit qu'il falloit trauailler à la seureté des sujets du Roy, tant Officiers que tous autres, & qu'il n'estoit point iuste que l'on peust enleuer à discretion les sujets du Roy contre l'authorité de Iustice.

Sur ce dix heures ont sonné, monsieur le premier President s'est leué, & l'Assemblee continuee au lendemain.

Du Ieudy troisiesme Septembre.

CE iour Messieurs du Parlement se sont assemblez à la Grand' Chambre sur les huict heures du matin, ou estans, Messieurs les Gens du Roy y sont entrez, qui ont dit par la bouche de monsieur Talon; Que la Reyne les auoit mandez le iour precedent, pour leur dire qu'elle attendroit aujourd'huy à cinq heures de releuee les deputez de la Cour, pour entendre ses Remonstrances, & qu'ils auoient eu ordre de sa Majesté de faire sçauoir à la Compagnie ce qu'ils faisoient, & se sont retirez.

Et aussi-tost il a esté arresté que l'on satisferoit à cét ordre; apres quoy il a esté deliberé sur le reglement proposé pour la distribution des rentes assignees sur l'Hostel de Ville, & la deliberation n'estant pas finie à dix heures, la Cour s'est leuee, & l'assemblee remise au lendemain.

Ledit iour de releuee, la Cour est allee sur les cinq heures au Palais Royal par deputez, sçauoir, monsieur le premier President, Messieurs les Presidens de Bailleul & Nesmond, quatre Conseillers de la Grand' Chambre, & deux de chaque Chambre des Enquestes: où estans arriuez, ils ont esté receus

ceus & conduits en la maniere accoustumee dans le cabinet de la Reyne, ou estoient,

Leurs Majestez dans leurs chaires.

Monsieur le Duc d'Orleans.

Monsieur de Longueuille debout d'vn costé.

Monsieur le Cardinal.

Monsieur le Chancellier.

Et Monsieur de la Meilleraye de l'autre.

Les Secretaires d'Estat, & plusieurs autres personnes de la Cour.

Et Monsieur le premier President s'estant approché pour complimenter leurs Majestez sur les heureux succez de leurs armes, a protesté que le Parlement y prenoit tres-grande part : en suitte a supplié leurs Majestez d'accorder aux Officiers subalternes le droict annuel sans faire aucun prest ; de restablir les gages des Officiers, du moins pour la moitié à ceux à qui ils auoient esté tous retranchez ; & restablir aussi les rentes sur la Ville, du moins de deux quartiers & demy sur les gabelles, & deux quartiers sur toutes les autres natures ; & finalement d'accorder la descharge du quart entier de la taille au peuple, à commencer en l'annee mil six cens quarante sept, au lieu que par la Declaration publiee au Parlement en presence du Roy, il n'y auoit qu'vn demy quartier de remise, à commencer en 1648. seulement.

Du Vendredy quatriesme Septembre.

CE iour sur les huict heures du matin, monsieur de Brussel a rapporté vne Requeste pour vn Sergent cy-deuant employé par Catelan & Thabouret, au recouurement de quelques taxes, lequel demandoit, & s'est rendu denonciateur contre eux, d'auoir fait des recouuremens sur de faux Roolles: & d'auoir desrobé plus de deux millions de liures dont il a esté informé, & sur l'information decreté adjournement personel, contre Catelan & Thabouret; & de ce, non content, le denonciateur a demandé, qu'il luy fut permis de saisir & arrester leurs effets comme de gens fugitifs, & qu'ils receloient en des maisons particulieres, que le denonciateur offroit d'indiquer : Sur cette Requeste a esté donné Arrest, par lequel il a esté ordonné ; Que le denonciateur nommeroit à monsieur de Brussel Rapporteur, les maisons où il pretend lesdits Catelan & Thabouret auoir recelé leurs effets, pour à discretion dudit Commissaire y estre saisis & arrestez, & en faire rapport à la Cour ainsi qu'il le iugeroit à propos ; & l'instruction verbale a esté, que si l'on nommoit des maisons de Messieurs les Princes, Ministres ou Officiers de Iudicature, le Commissaire en fera rapport à la Cour pour receuoir ses ordres.

Si au contraire, on nommoit quelque maison de Partisans, traittans ou apparemment interessé dans les affaires des accusez, le Commissaire iroit directement saisir & y mettre le scelé.

En suitte de cette affaire, huict heures ayant sonné, monsieur le premier President leur a fait la relation cy-dessus, de ce qui s'estoit passé le iour precedent au Pallais Royal, laquelle estant finie, Messieurs ont dit qu'il falloit trauailler au Tarif; Monsieur le premier President a dit, qu'il luy sembloit plus à propos d'acheuer la deliberation commencée pour le reglement du payement des rentes, & qu'apres la Compagnie trauailleroit au Tarif: de sorte que la deliberation a esté continuée, & a esté arresté que les deniers destinez pour le payement des rentes, seroient portez directement à l'Hostel de Ville, par les Fermiers & autres, sur ce qu'elles sont assignées, sans passer par les mains des Payeurs; Que les deniers seroient mis dans vn coffre fort audit Hostel de Ville, qui auroit trois serrures, autant de clefs differentes, pour estre gardées: l'vne par le Preuost des Marchans: l'autre, par le Payeur: & la troisiesme, par le Controlleur. Et parce que les Payeurs ont leué les Offices des Controlleurs, il a esté ordonné que dans six mois, ils resigneroient l'vn ou l'autre desdits Offices, autrement qu'il y seroit commis par la Cour.

Il a esté encores arresté quelques autres articles pour empescher les abus en la distribution desdites rentes qui ont emporté tout: Et l'heure ayant sonné, l'Assemblée a esté continuée au lendemain pour le Tarif.

Du Samedy cinquiesme iour de Septembre.

CE iour, Messieurs de la Grand' Chambre, estans assemblez sur les huict heures du matin, monsieur de Brussel y est entré, auquel monsieur le premier President a demandé s'il auoit acheué son Procez Verbal, touchant le Tarif, lequel a respondu, qu'il y auoit trauaillé le iour precedent iusques à la nuict, mais qu'il en auoit encores du moins pour huict iours.

Surquoy Monsieur le premier President a dit, qu'il estoit donc inutile d'assembler les Chambres, n'y ayant plus rien à deliberer. Surquoy monsieur de Brussel a dit, qu'il se trouueroit assez de choses à faire: & entr'autres, à deliberer sur la Commission de la Chambre de Iustice. A quoy monsieur le premier President a dit, qu'il n'y auoit plus à deliberer sur ce sujet, d'autant que la Declaration qui en ordonneroit l'establissement estoit verifiée, & que la commission n'en feroit que l'execution. Monsieur de Brussel a reparty, qu'il falloit examiner si les Iuges ne seroient point suspects, d'autant qu'il sembloit que telle auoit esté la resolution de la Compagnie, lors de l'enregistrement de ladite Declaration, apres lesquels discours l'on a trauaillé à quelques affaires des parties iusques sur les huict heures & demie, que Messieurs des Enquestes sont entrez, & ont pris leurs places, ausquels monsieur le premier President a dit; Que s'il y eust eu quelque deliberation à prendre, il les eust assemblez; mais que monsieur de Brussel ayant dit qu'il n'estoit pas encore prest, il n'y auoit rien à faire.

Monsieur Perrot President aux Enquestes qui s'est trouué l'ancien, a dit qu'il estoit donc à propos de deliberer quand on s'assembleroit pour trauailler au Tarif sur le rapport dudit sieur de Brussel, attendu la fin prochaine du Parlement. Monsieur le premier President a pris la parole, & a dit la mesme chose qu'auparauant l'assemblée des Chambres, & qu'il ne sçauoit pas quand il auroit acheué son Procez Verbal, auant que la Cour delibe-rast sur la proposition des Enquestes, veu principalement la disposition où paroissoit le peuple d'emotion qui seroit mieux retenu par le menu.

Cela a esté suiuy d'acclamation vniuerselle, monsieur le premier President neantmoins ne faisoit point deliberer. Monsieur Viole President aux Enquestes, luy a dit, qu'il ne falloit point marchander, & que Messieurs desiroient opiner sur la continuation ou cessation du Parlement. Apres quelques instances de monsieur le premier President, il s'est tourné vers Monsieur Crespin Doyen de la Compagnie, qui a dit, qu'il estoit d'aduis de cesser le Parlement à l'ordinaire: & sur ce, qu'il auoit entendu quelque voix qui auoient dit, qu'apres les dernieres violences l'on en pouuoit craindre de nouuelles; il a dit, Que si quelqu'vn s'en plaignoit il pouuoit en donner sa Requeste, & a finy.

Monsieur de Brussel a opiné sur ce qu'il a creu que monsieur Crespin l'auoit designé; il a commencé par dire, qu'il auoit oublié la violence qui luy auoit esté faite, mais neantmoins qu'il conserueroit tousiours sa mesme resolution, de seruir le Roy & la Compagnie sans rien apprehender, & en suitte a esté d'aduis de continuer le Parlement; Monsieur le premier President s'est écrié, si c'estoit sans en demander des Lettres à la Reyne: il a dit, qu'il y auoit quantité d'exemples; Que le Parlement s'estoit continué en vacations sans aucunes Lettres: Monsieur le premier President luy a dit, qu'il n'en auoit leu aucun exemple dans les Registres. Monsieur de Brussel a repliqué, Que Messieurs plus anciens que luy en cotteroient. Monsieur le premier President luy a remonstré, qu'il seroit mal seant à la Compagnie de s'assembler, n'ayans rien à faire. Monsieur de Brussel a dit; Que souuent on faisoit plus en ne rien faisant que faisant.

Monsieur le premier President s'est escrié auec estonnement, & luy a demandé, s'il estoit d'aduis de continuer sans en parler à la Reyne: il a finy, qu'il estoit d'aduis que la Cour resolut de continuer, & de prier la Reyne de l'aggreer: enfin, de deux cens, tous ont esté de cét aduis, adjoustant que la Reyne seroit priée d'enuoyer des Lettres Patentes, & que ce ne seroit que pour deliberer sur l'execution des choses resoluës le Ieudy au Palais Royal, neantmoins estoient d'aduis de n'en point parler à la Reyne, dont monsieur Coulon estoit Chef. Monsieur Viole a leu l'Extraict de plus de vingt exemples tirées des Registres du Parlement, datte par datte iustificatiue, qu'à diuerses fois le Parlement a continué en vaccations sans Lettres du Roy: la plus-part de Messieurs, ont aussi tesmoigné qu'ils ne souffriroient point l'establissement ou publication de la Chambre de Iustice qu'apres que la Commission aura esté verifiée en Parlement. En fin dix heures ayant sonné, la Cour a mandé les Gens du Roy, ausquels le premier President a donné charge d'aller trouuer la Reyne apres midy, pour luy faire entendre l'Arrest, & la prier d'enuoyer ses Lettres de Continuation Lundy aux termes susdits, & a esté arresté que la Compagnie s'assembleroit ledit iour de bonne heure.

Du Lundy septiesme Septembre.

CE iour Messieurs estans assemblez, les Gens du Roy ont esté mandez, lesquels par la bouche de monsieur Talon ont dit à la Cour; Que suiuant son ordre, ils auoient veu la Reyne, & l'auoient supliée d'accorder les lettres de continuation; Que la Compagnie demandoit ce qu'elle leur auoit accordé par la bouche de monsieur le Chancelier en sa presence, iusques au 20. du present mois, sauf à prolonger, si la Compagnie le iugeoit à propos: & que sa Majesté leur auoit ordonné des Remonstrances à la Cour; Que certains estrangers mal affectionnez au seruice du Roy, & au repos de Paris, où ils sont en grand nombre, semoient de faux bruits dans les esprits des habitans, pour les engager au soulleuement: & entre autres que sa Majesté auoit dessein de retirer le Roy & le Parlement de sa bonne ville de Paris, à quoy elle n'auoit iamais pensé; Que monsieur le Prince reuenoit auec six mille hommes de Caualerie au tour de ceste ville, sous pretexte que l'on y auoit veu arriuer vne partie de son bagage; ce qui estoit faux: Que l'on auoit fait rompre quelques chaisnes exprez pour fauoriser ceste Caualleric, & plusieurs autres inuentions suscitées par les ennemis de l'Estat, dequoy le Roy desiroit qu'il fut informé: Comme aussi sa Majesté adjousta, que les mesmes seditieux faisoient courir le bruit que les Almanachs auoient pronostiqué vne esmotion generalle en ladite ville le 22. 25. & 28. qui deuoient estre suiuies de beaucoup d'autres: & Messieurs les Gens du Roy estans sortis apres auoir mis sur le bureau ceste Declaration pour la continuation du Parlement, elle a esté enregistree, & remis neantmoins les Assemblees à huictaine; parce que monsieur de Brussel a dit, qu'il ne pouuoit auoir fait son procez Verbal du Tarif plustost qu'en ce temps-là.

Il est encores suruenu vne difficulté touchant la Chambre de Iustice, sçauoir si les noms des Commissaires seroient apportez au Parlement. Messieurs les Presidens au Mortier estans d'aduis que non, & les Enquestes au contraire, il a passé que la commission seroit seulement veuë à la Compagnie; afin que s'il y en auoit aucuns des Commissaires interessez directement ou indirectement, la Reyne fust suppliee de les changer.

Le lendemain 18. Septembre monsieur de Chauigny fut emprisonné au Donjon du Chasteau de Vincennes, Messieurs de Chasteau-neuf & Goulas exilez.

Du Mardy vingt-deuxiesme Septembre.

CE iour monsieur le Procureur General ayant apporté à la Compagnie vne lettre de cachet portant prolongation du Parlement iusques à la S. Michel, & injonction de trauailler incessamment, toutes choses cessantes au Tarif: Monsieur le President de Mesmes presenta à la Cour la commission de la Chambre de Iustice, & dit; Que quoy qu'il n'eust pas creu qu'elle fust sujette à verification, neantmoins qu'il auoit voulu rendre cet honneur à la Compagnie en estant premier President, laquelle il supplioit pendant son absence vouloir conseruer ses interests & son honneur, aux occasions qui se pourroient presenter, laquelle commission fut mise és mains du Greffier.

En suitte, monsieur le premier President ayant demandé à monsieur de Brussel, si le procez verbal du Tarif estoit acheué; monsieur le President Viole se leua, & dit; Qu'il y auoit des affaires de bien plus grande consequence à mettre en deliberation: ce qui estonna d'autant plus mondit Seigneur le premier President, qui ne s'attendoit à rien moins qu'à cela, & qui n'auoit pas ordre de mettre en deliberation, que le procez verbal du Tarif: toutesfois apres plusieurs excuses, il fut obligé d'acheuer, & d'entendre les propositions de cette affaire de consequence, qui furent

Le peu d'asseurance qu'on pouuoit & deuoit auoir à la parole de la Reyne.

L'esloignement, ou plustost la substraction du Roy de sa bonne ville de Paris.

L'approche des des gens de guerre aux enuirons de Paris.

Le manquement de parole, en ce que contre les asseurances qu'elle auoit dónée au Parlement, de ne consentir pendant sa Regence à aucun éloignement, encore moins à aucun emprisonnement, le contraire auoit paru en la personne des sieurs de Chasteauneuf, Chauigny, Goulas, Marquis de la Vieuille, & autres; & qu'il estoit tres-certain qu'il s'estoit tenu des Conseils tres-pernicieux contre le Parlement & la ville; l'éloignement du Roy qui auoit esté fait à six heures du matin, sans trompette, comme dit le prouerbe, sans garde & cheuaux legers; mais seulement accompagné du Cardinal, & du Mareschal de Villeroy, & auparauant mesme d'auoir entendu la Messe, contre l'ordinaire de nos Roys, & qui n'entreprennent iamais rien sans cela, & sans aduertir les Compagnies Souueraines.

Et quant aux gens de guerre, que leurs approches de cette ville, & les violences par eux commises; estoit vn indice qui ne promettoit rien de bon à l'Estat, particulierement au Parlement.

Surquoy monsieur le President de Blanmesnil, ayant pris la parole, a dit, Qu'il falloit aller iusques à la source du mal pour le guerir; Que tous les malheurs qui estoient arriuez venoient de la mauuaise administration du Cardinal Mazarin, qui estant Estranger, & portant peu d'affection à la France, ne se soucioit pas de tout perdre, pourueu qu'il vint à bout de tous ses desseins, & qu'il se sauuast: & que pour luy, il croyoit en sa conscience, qu'il y falloit donner remede. Et pour cet effet, de renouueller l'Arrest de 1617. qui interdit le Ministere du Royaume aux Estrangers, sur peine de la vie; Qu'il estoit d'auis de prier la Reyne de ramener le Roy en sa bonne Ville de Paris, & esloigner de ses conseils & de sa personne, le Cardinal Mazarin.

Plusieurs de Messieurs furent de cet aduis, particulierement monsieur le President de Nouion, qui l'appuya fort contre le Cardinal, l'appellant la cause immediate de tous nos maux; disant, Qu'il estoit estrange de se voir ainsi maistriser par vn Estranger, que la fortune plustost que son extraction auoit mis, au dessus de la roüe ; Que la France estoit assez remplie de grands hommes, sans appeller des gens inconnus de son estoffe, & qui n'a pour confidens que des Senneterres, des Botrus, & autres manieres de gens qui meritoient la corde, suiuant la notorieté publique.

Ces paroles donnerent lieu à plusieurs de leuer le masque, & de declamer contre la source des desordres du temps, qu'ils attribuent au peu d'experience, & au peu d'affection dudit Cardinal Mazarin ; & sur cela il fut arresté que l'on iroit par Deputez inuiter Messieurs les Princes de se trouuer le lendemain au Parlement, pour estre presens à la deliberation qui s'y deuoit faire touchant la seureté de l'Estat, & à Ruel supplier la Reyne de ramener le Roy à Paris, & d'esloigner les Trouppes qui sont encores aux enuirons.

Messieurs les Deputez executant l'Arrest de la Compagnie, furent à Ruel y trouuer la Reyne, à laquelle monsieur le premier President fit entendre l'arresté de la Compagnie cy-dessus enoncé : laquelle leur fit responce, qu'il n'estoit pas extraordinaire au Roy, d'aller à la Campagne en ce temps icy pour y prendre l'air, qu'elle n'auoit point de ressentiment de tout ce qui s'estoit passé, & qu'elle les en asseuroit, encores qu'ils n'auoient point de sujet de craindre.

Monsieur le Duc d'Orleans, & monsieur le Prince leur firent responce qu'ils ne pouuoient aller au Parlement sans blesser l'authorité du Roy, quoy que monsieur le Duc d'Orleans leur auoit promis auparauant qu'ils parlassent à la Reyne, qu'il s'y trouueroit infailliblement.

Le Conseil du Roy estoit composé du Roy, de la Reyne, de monsieur le Duc d'Orleans, de Messieurs les Princes de Condé, & de Conty, de Longueuille, & de monsieur le Chancelier.

Derriere eux estoit le Cardinal Mazarin, le Mareschal de la Meilleraye, & Madame de Senocé debout, qui ne dirent iamais mot.

Du Mercredy 23. Septembre.

CE iour Relation faite à la Compagnie de ce qui s'estoit passé à Ruel le iour precedent, les Gens du Roy ont porté vn Arrest du Conseil d'enhaut, portant cassation de l'Arrest du Parlement mentionné cy-dessus; lequel estant leu, & les conclusions des Gens du Roy données, il fut arresté que tres-humbles Remonstrances seroient faites par écrit au Roy pour iustifier les intentions de la Compagnie, & que cependant on continueroit ladite deliberation contre les desordres de l'Estat. Enjoint aux Gouuerneurs des villes de tenir la main aux passages des viures : au Preuost des Marchands de parcourir la campagne, & de pouruoir à la seureté de la ville de Paris : & deffenses à Messieurs du Parlement de se desemparer.

Dudit iour.

LE mesme iour le Preuost des Marchands & Escheuins, ont esté par ordre de la Cour à Ruel, où la Reyne leur a dit, Qu'il falloit empescher ceux qui faisoient des discours pernicieux contr'elle, ainsi qu'elle auoit appris : à quoy ils deuoient tenir la main, & qu'elle ne vouloit auoir aucune vengeance contre les habitans de la ville de Paris, & qu'elle deuoit partir pour Saint Germain, d'où leurs Majestez ne bougeroient.

Le lendemain la Cour assemblée à l'ordinaire pour continuer leur premiere Deliberation, Monsieur de Choisi Chancelier de monsieur le Duc d'Orleans, & le Cheualier de la Riuiere, apporterent au Parlement deux Lettres fort ciuiles, de la part de Messieurs le Duc d'Orleans, & Prince de Condé, dont voicy la teneur.

LETTRES DE MONSEIGNEVR LE DVC d'Orleans, & de Monsieur le Prince, A Messieurs du Parlement.

A MESSIEVRS DE LA COVR DE PARLEMENT DV ROY Monseigneur & Nepueu, à Paris.

MESSIEVRS, Vous sçauez les soins que j'ay pris pour accommoder les affaires presentes, & y apporter tout le temperament que le seruice du Roy Monseigneur & Nepueu, & la satisfaction de vostre Compagnie ont pû desirer: Et comme i'ay jugé que dans l'estat ou elles se trouuent vne Conference seroit tres-vtile pour regler toutes choses, j'ay bien voulu vous faire encore cette Lettre, pour vous prier de deputer quelques-vns de vostre Corps, pour se trouuer au lieu où sera la Reyne, & aduiser aux moyens qui seront conuenables pour l'accomplissement des volontez de leurs Majestez, & pour le repos public. Ie veux croire que vous concourrerez auec moy dans ce bon dessein, & que vous aurez la mesme creance à ce que le sieur de Choisi mon Chancelier vous dira sur ce sujet, que vous l'auriez à moy mesme, qui suis,

MESSIEVRS,

Vostre affectionné amy,
GASTON.

De Ruel ce 23. Septembre 1648.

LETTRE DE MONSIEVR LE PRINCE,

A MESSIEVRS DE LA COVR DE PARLEMENT à Paris.

MESSIEVRS, Ne pouuant aller au Parlement, ainsi que m'auiez tesmoigné le souhaitter par vostre Deputation d'hier, & prouoyant les inconueniens qui pourroient arriuer si vous continuiez vostre deliberation sans que j'eusse eu le bien de vous voir auparauant, j'ay creu vous deuoir inuiter, comme monsieur le Duc d'Orleans à Saint Germain, à vne Conference, où nous puissions traicter des desordres qui peuuent estre presentement dans l'Estat, & tascher d'y remedier. Le zele que i'ay pour le seruice du Roy, & l'affection particuliere que i'ay pour vostre Compagnie, m'obligent à vous proposer cét expedient pour remedier à des maux ausquels vous & moy, ne pourrons peut-estre plus donner ordre si vous laissez perdre cette occasion. La Reyne est dans tous les sentimens de bonté que vostre Compagnie peut attendre d'elle ; monsieur le Duc d'Orleans vous tesmoigne assez les siens, par les soins qu'il a pris iusques à cette heure, & par la lettre qu'il vous escrit : & moy ie n'ay point de plus forte passion, apres celle que j'ay pour le bien de l'Estat, & pour le maintien de l'authorité Royalle, que celle de vous seruir. Faites donc paroistre en cette occasion, cette affection que vous auez tousiours tesmoignée, en contribuant tout ce qui est en vous pour l'accommodement des affaires. Donnez-moy lieu par les seruices que ie vous rendray aupres de sa Majesté, de vous tesmoigner que ie suis,

MESSIEVRS,

Vostre tres-humble & tres-affectionné seruiteur,
LOVYS DE BOVRBON.

De Ruel, ce 23. Septembre 1648.
Apportée par le Cheualier de Riuiere.

SVITE DV IOVRNAL CONTENANT TOVT CE QVI S'EST FAIT ET PASSÉ EN LA COVR DE PARLEMENT DE PARIS, TOVTES les Chambres Aſſemblées, ſur le ſujet des affaires du temps preſent.

A PARIS,
Chez GERVAIS ALIOT, au Palais, proche la Chappelle S. Michel.

M. DC. XXXXIX.

SVITE DV IOVRNAL CONTENANT

TOVT CE QVI S'EST FAIT ET PASSÉ en la Cour de Parlement de Paris, Toutes les Chambres Assemblées, sur le sujet des affaires du temps present.

Le Ieudy 24. Septembre.

CE iour le Parlement estant assemblé en la maniere accoustumée pour continuer la deliberation, le sieur de Choisi Chancelier de Monsieur le Duc d'Orleans & le Cheualier de la Riuiere aporterent lettres de la part de ces deux Princes ci-deuant inserees : Inuitant par icelles le Parlement à vne Conference pour essayer d'accommoder les affaires. Il passa tout d'vne voix à la Conference, mais plusieurs furent d'aduis qu'elle se fist à Paris, & de prier les Princes, comme l'on auoit desia fait, de venir prendre leurs places au Parlement, neantmoins il passa que l'on deputeroit le lendemain vers les Princes, & on nomma ceux qui y deuoient aller : Et à cause qu'en vne seule Conference les affaires ne pourroient pas estre terminees, & qu'il seroit besoin d'y retourner, il fut resolu que le Parlement ne s'assembleroit point iusques au Mercredy suiuant dernier de Sept.

Le Vendredy 25. Sept.

LE premier President & le President de Longueil deputez, vn President & vn Conseiller de chaque Chambre, tant des Enquestes que des Requestes auec quatre Conseillers de la grande Chambre, partirent dés le matin pour se rendre à S. Germain à vne heure apres midy, ainsi qu'on leur auoit fait sçauoir. Il n'y eut que Monsieur le Duc d'Orleans, Monsieur le Prince, Monsieur le Prince de Conty, & Monsieur de Longueuille, Messieurs du Parlement n'ayant pas souhaitté que Messieurs le Cardinal, le Chancelier, ny pas vn de la Cour y assistassent. Monsieur le premier President demanda quatre choses, sçauoir le retour du Roy à Paris, l'élargissement du sieur de Chauigny, (qui auoit esté emprisonné au Chasteau de Vincenne le 18. du present mois de Septembre) & de quantité d'autres personnes que l'on tenoit dans les prisons depuis quatre ans, ou qu'on les renuoyast à leurs Iuges pour leur faire leur procez. Ils demanderent en 3. lieu la seureté publique, & enfin la continuation du Parlement iusqu'à la sainct Martin pour les affaires du Roy seulement. Il ne fut rien resolu ce iour-là, & l'assemblée fut remise au Dimanche suiuant. Monsieur le Duc d'Orleans se formalisa fort de la demande qu'on faisoit de Monsieur de Chauigny, & du bruit que l'on faisoit de son emprisonnement, veu que personne ne s'estoit remué quand il auoit esté tourmenté & chassé hors du Royaume par le Cardinal de Richelieu.

Le Dimanche 27. Septembre.

LEsmesmes retournerent à S. Germain, le Chancelier assista à cette assemblée. La liberté fut refusée pour le sieur de Chauigny, M. le Duc d'Orleans ayant dit & soustenu que quand vn Ministre d'Estat auoit commis quelque faute contre l'estat, ou contre son deuoir, que le Parlement n'en pouuoit pretendre la cognoissance; à cause que telles fautes ne se peuuent diuulguer sans descouurir les secrets de l'Estat, ioint qu'il peut y auoir des intrigues auec les estrangers dont on n'a pas souuent assez de preuues pour faire le procés à vn homme, & qu'il est bon pour en arrester l'effect, s'asseurer de ceux sur lesquels on a deffiance. Messieurs du Parlement demanderent dix millions de rabais sur le total de la taille; on en promit six, dont ces Messieurs promirent faire rapport le Mercredy à la Compagnie, & le Ieudy retourner à S. Germain.

CONFE-

CONFERENCES TENVËS A S. Germain en Laye entre Messieurs les Princes, & Messieurs les Deputez du Parlement.

Du Mercredy 30. Septemb.

CE iour la Cour, toutes les Chambres assemblees, Monsieur le premier President a dict, que suiuant les ordres de la Compagnie il partit le Vendredy sur les dix heures auec Monsieur le President de Longueil, Messieurs Viole, Ferrand, le Musnier & Menardeau Conseillers de la grande Chambre, & Messieurs les Deputez des Enquestes & Requestes, & les gens du Roy arriuerent à sainct Germain à midy, & aussi tost Monsieur le Tellier Secretaire d'Estat les vint aduertir que la Reyne les attendoit. Ils furent la trouuer dans le vieil Chasteau où le Roy & la Reyne estoient assis, Monsieur le Duc d'Orleans d'vn costé, Mademoiselle de l'autre, la chambre estoit toute pleine. Il luy dist que ce seroit manquer à tout deuoir si arriuant ils ne luy donnoient les asseurances de la fidelité de toute la Compagnie: Qu'ils ne doutoient point que la Cõference à laquelle ils auoient esté commis n'eust esté resoluë par son aduis, & qu'ainsi luy rendoient l obeissance à laquelle ils estoient tenus; la supplioient d'honorer le Parlement de la continuation de sa bienveillance, & qu'il rendroit tousiours des preuues de sa passion inuiolable au bien du seruice de son Prince. La Reyne leur dist, qu'elle estoit contente de voir la Compagnie, qu'elle auoit sceu la Conference, & qu'elle se promettoit que tout s'y passeroit bien, puis qu'elle n'auoit intention que de bien faire à tous, & soulager le peuple autant qu'il se pourra. Monsieur le premier President luy dist, Que c'estoit grand aduantage, & qu'au milieu de cette puissance qu'elle exerçoit, & qui estoit respectee par tout le monde, l'euenement ne pouuoit estre qu'aduantageux, puisqu'elle auoit le pouuoir de commander, & eux n'estoient en esprit de ne demander que choses iustes, & de luy obeir en tout, cõme on est obligé. Ils se retirerent dans la maison que l'on appelle la Capitainerie, où la Reyne auoit commandé qu'on apprestast le disner, le Maistre d'Hostel en quartier, l'Aumosnier & tous les Officiers du Roy seruirent. Et incontinent apres disner allerent au Chasteau neuf, où Monsieur le Duc d'Orleans a son departement, & le trouuerent en vne chambre proche la salle, & luy dirent qu'ayans esté commis de venir conferer par la lettre qu'il leur auoit escrite, la Compagnie satisfaisant à ses vœux, & deferant à son ordre, le Parlement l'estoit venu trouuer par ses Deputez: Qu'il sçauoit combien il estoit honoré,

& qu'il continueroit tousiours à luy rendre toute sorte de respect. Il les receut auec toutes les ciuilitez possibles qui font bien cognoistre l'estime particuliere qu'il fait de la Compagnie, & les fist entrer dans vne salle, où la table estoit preparee, à laquelle il y auoit vne chaire à bras pour luy, & tous les sieges ployans pour les autres. Monsieur le Prince arriua aussi-tost auec Monsieur le Prince de Conty, & Monsieur le Duc de Longueuille, & l'on prist place. Monsieur le Duc d'Orleans commença à dire que la Compagnie sçauoit ses intentions pour le bien de l'Estat & pour le soulagement du peuple ; qu'il s'estoit assez declaré quand il y estoit entré, & qu'il y auoit donné ses suffrages, mais qu'il auoit fait plus, qu'il auoit obtenu plusieurs Declarations pour soulager le peuple & pouruoir aux desordres ; qu'il auoit fait executer ce qu'il auoit promis, & que l'estat des affaires. à l'extremité à laquelle elles alloient se reduire, l'auoient encore obligé, continuant en ce mesme esprit, de conferer maintenant, afin qu'ensemble on peust trouuer les moyens que chacun peut desirer, & que c'estoit l'intention de la Reyne, à laquelle il la fortifioit de iour en iour. Qu'en conseruant l'authorité du Roy, il estoit temps d'aduiser aux moyens pour soustenir la gloire de la Couronne, & de mettre vne derniere main, & qu'il peut asseurer que de ses momens dépend la paix generale, à laquelle toutes choses sont disposees, & en attendent les nouuelles de iour en iour. Luy premier President dict qu'ils auoient tant d'asseurance de sa bonne volonté, & qu'ils en auoient recognu tant d'effects, qu'ils ne pouuoient douter de l'euenement de cette Conference. Qu'il estoit temps, plus que iamais, de preferer les effets aux paroles. Qu'ils luy auoient dict desia assez souuent que l'extremité des desordres auoit obligé la Compagnie à s'assembler. Que la bonté de la Reyne auoit esté telle qu'elle auoit preuenu les vœux de la Compagnie, & sans attendre les resolutions, enuoyé des Lettres patentes qui auoient esté verifiees en sa presence, & comme il restoit encore quelques propositions à resoudre au milieu des deliberations, on sçait ce qui s'est passé, & qui a excité tel bruit, que la Compagnie aura tousiours regret que le mouuement aye aduancé ce que l'on pouuoit esperer, & receuoir de la Iustice que la Reyne doit. que le resultat de l'Arrest donné au Palais Royal porte que le reste des propositions seront remises à deliberer à la sainct Martin, & que toutes choses demeureroient en estat, à l'exception des rentes & du tarif. & l'execution de ce qui a esté cy deuant arresté, & neantmoins ne gardant point cette parole, on auoit veu depuis des exils & des emprisonnemens. En quoy il semble que la seureté publique ait esté violee, & que cette contrauention a donné subiet nouueau de deliberer, d'autant qu'entre les articles des propositions il y en auoit vn qui regardoit les emprisonnemens si frequens & ordinaires, & qu'estant remis à traiter apres la sainct-Martin, & que tout demeureroit au mesme estat, il n'y deuoit estre contreuenu, Qu'il estoit temps de rechercher des remedes pour donner les asseurances necessaires. Qu'en suite on auoit veu ce partement si prompt de cette ville capitale, tant du Roy que de tous les grands, & de tant d'autres familles : Les enleuemens de tous les meubles, & qu'ainsi les maisons estoient demeurees, les gardes du Roy retirez des Fauxbourgs contre l'vsage accoustumé : les aduis de toutes parts de la colere contre la ville, comme si elle deuoit estre affamee & expose à vne ruine prompte, & qu'elle deust souffrir des peines extraordinaires : Que cela auoit donné telle peur dans les esprits des peuples, qu'ils estoient en continuelle crainte. Mais deuant que d'entrer au particulier, auoient charge de demander la continuation du Parlement, & s'il se peut le retour du Roy pour rendre la seureté à Paris, & que la Conference ne pouuant estre aujourd'huy acheuée qu'elle soit remise à Paris, où leur presence feroit cesser tous les mauuais bruits, & r'asseureroit les esprits, c'est ce qui se peut pour la seureté de Paris. Quant à celle des subiets du Roy, qu'elle ne pouuoit estre establie que par la liberté de Monsieur de Chauigny qui est maintenant traduit par la France comme vn criminel, & si la fidelité de ses seruices, le choix de sa personne en tant d'emplois, l'honneur d'estre Conseiller de la Regence & Ministre d'Estat, ne peuuent donner asseurance à quelqu'vn, en quelle part de la France trouuera-on la seureté, qu'il importe donc de faire la loy conforme à l'article des propositions, & que l'on donne telle parole qu'elle ne puisse estre violee pour le soulagement du peuple qui a esté le premier esprit du Parlement, que la descharge du quart des Tailles soit accordee, le payement des gages & des rentes, & qu'il en soit dressé Declaration, comme des cinq articles de l'Ordonnance de Blois touchant les entreprises du Conseil sur le Parlement, & la descharge du prest sur les Officiers Royaux & subalternes & pour tous les autres articles des propositions qui auoient esté remis à vn Conseil, qu'il soit tenu si tost que l'on puisse voir vne Declaration conforme, afin que par ce moyen chacun puisse estre satisfait, tant en public qu'en particulier. Monsieur le Duc d'Orleans proposa que si la Compagnie pouuoit deputer tels qu'il luy plairoit, & leur donner pouuoir de terminer tout, qu'ils le prendroient aussi de la Reyne, & qu'en peu l'on y mettroit vne fin asseurée. Le pria luy premier President de n'insister pas en cette proposition, & que cela ne se pouuoit attendre de la Compagnie. Apres il passa à la continuation du Parlement, qu'il se promettoit que la Reyne n'y feroit difficulté, Que pour le retour du Roy si promptement qu'il sembloit qu'il eust beaucoup de suiet de n'y retourner pas si tost, & que le peuple seroit tousiours asseuré en la bonne volonté de la Reyne & en son amour pour tous les peuples, & que si les apparences de diuision cessoient, & qu'elle ne fust plus excitee, l'on verroit bien tost Paris iouïr d'vn calme profond, qu'il luy en parleroit & rendroit responce. Quant à la Conference pour acheuer à Paris qu'il souhaiteroit que sa santé luy peust permettre, & l'accouchemẽt qu'il attend de Madame, & son deuoir est de ne pas quitter la Reyne à laquelle il le tient obligé de donner des Conseils necessaires en tous momens qui suruiennent. Quant à la liberté de Monsieur de Chauigny, qu'il n'estoit point Officier de la Compagnie, qu'elle n'y deuoit prendre aucune part, que ce seroit vn d'eschet d'authorité si les Roys estans desseruis n'auoient le pouuoir de les faire arrester, qu'en tous les siecles on en auoit ainsi vsé, & les Roys manqueroient d'authorité : mais pour la descharge du peuple qu'il la souhaittoit autant qu'aucun autre, qu'il est impossible de l'establir sans auoir cogneu l'estat de la recepte & de la despence necessaire, & que la Reyne trouuoit bon que l'on le communiquast, afin que par les aduis de la Compagnie on diminuast tellement la despense qu'il y peust auoir moyen de descharger le peuple de beaucoup d'imposts, que le principal soin & qui doit estre commis à tous, consiste à regler tellement les fonds qu'il y en aye assez pour faire subsister l'Estat, & cela n'estant point donneroit trop d'aduantage aux ennemis. Monsieur le Prince prist la parole, & dist qu'il y auoit beaucoup de choses desquelles on ne pouuoit rendre responce sans sçauoir la volonté de la Reyne, mais que la proposition que Monsieur venoit de faire estoit si honorable pour la Compagnie & si necessaire pour la resolution qu'il importoit de l'executer au plutost qu'il peut asseurer que l'estat des affaires est en tel estat & que s'il n'y est bien tost pourueu, le mal sera sans remede : que l'on ne paye plus dans les Prouinces tous les imposts, estans incertains qu'à Paris mesme il ne paye qui ne veut, puisque l'on ne le puis contraindre sans crainte de tumulte : que les armées deperiront en tel point que les ennemis prendront aysement leurs aduantages : que les Suisses sont venus encor declarer que si l'on ne leur donnoit leur payement qu'à la fin de ce mois ils se retireroient du seruice : que deux Regimens qui auoient esté tenus qui estoient de quinze à seize cens hommes au debarquement estoient reduicts à trois cent : que la Compagnie auoit trop d'amour pour l'Estat pour n'essayer pas de mettre fin à tout au plustost : qu'il n'y auoit point d'autre moyen que de cognoistre l'estat de la recepte & de depense, & lors on prendroit resolution des remises où tout le monde se portera tres-fauorablement. Respondit luy premier President, qu'ils attendoient la responce des premieres propositions apres qu'ils auront sceu la volonté de la Reyne, & pour la liberté de Monsieur de Chauigny, quoy qu'il ne fust Officier, il estoit de l'authorité du Parlement de pouruoir à la seureté de tous les subiets du Roy que les innocens pourroient patir pour les coupables : que ce crime d'Estat s'impute à ceux qui n'ont point failly : que les exemples mauuais ne doiuent pas faire vne loy qui seroit trop de consequence, mais que d'entrer en la cognoissance de la verité de la re-

cepte

cepte & despence ce seroit beaucoup de longueur, & que Messieurs des Finances ayans desia faict ce trauail pouuoient bien dés à present declarer quelle remise on pouuoit esperer : que voulant croire que l'estat qu'ils ont fait est tres-veritable, sans entrer en la particuliere, on pouuoit dés maintenant décharger le peuple de quelque partie, & se faisant l'intention de la Reyne seroit suiuie, & le dessein du Parlement executé. Et quelques-vns de Mrs les Deputez ayant voulu prendre la parole, le temps s'est passé en beaucoup de redites que l'on ne peut pas expliquer. La Conference fut remise au Dimanche suiuant.

Que Dimanche dernier Messieurs les Deputez ayant pris la peine de se trouuer au logis de Monsieur le premier President, ils partirent & arriuerent à sainct Germain sur le midy, & incontinent apres le disné au mesme ordre se rendirent chez Monsieur le Duc d'Orleans qui les receut auec les mesmes ciuilitez, la table comme aux autres Conferences, M. le Prince de Conty, M. de Longueville vinrent incontinent apres. M. le Chancelier & M. le Mareschal de la Milleraye ont pris place au mesme ordre. Monsieur le Duc d'Orleans prit la parole, dit, qu'il auoit sçeu la volonté de la Reyne sur ce qui s'estoit proposé Vendredy dernier; qu'elle commanderoit l'expedition de la continuation du Parlement: que pour le retour du Roy qu'il passeroit encore quelque temps à S. Germain: que pour continuer la Conference à Paris, que l'estat des affaires ne luy pouuoit permettre de demeurer esloigné de la Reyne. Quant à la Declaration sur l'article des emprisonnemens & la liberté de Monsieur de Chauigny, qu'en traitant de l'vn on traiteroit de l'autre, & qu'en attendant la Reyne donnoit parole de la seureté de tous, & pouuoit asseurer qu'elle seroit gardée inuiolablement. Monsieur le Prince donna aussi la mesme parole. Quant à la Declaration sur les cinq articles de l'Ordonnance de Blois, Monsieur le Chancelier en parleroit. Et pour la descharge du peuple, qu'il estoit necessaire deuant que de la pouuoir faire d'auoir cognoissance de la recepte & de la despence, & que Monsieur le Mareschal de la Meilleraye Surintendant declareroit le tout. Luy premier President prit la parole, que l'intention de la Compagnie consistoit en deux choses & principalemēt à rendre cette seureté publique par la loy, par la parole & par vn effort present à la liberté demandée & à la descharge du peuple, que l'on tiendroit volontiers cette recepte & despence pour veritable, mais comme on auoit calculé le tout qu'il importoit de sçauoir quelle descharge on vouloit faire, sans laquelle il sembleroit que ce seroit perdre le fruit de cette Cōference: qu'elle estoit sçeuë par toute la France & dont chacun attendoit vn euenement fauorable : que cette descharge regardoit le quart de la Taille demandée tant de fois, les gages des Officiers, les rentes & la grace pour les Officiers subalternes. Monsieur le Chancelier prit la parole par la Declaration sur les cinq articles de l'Ordonnance de Blois accordé & pour lettres d'estat, de remission & d'abolition, de six millions de remises sur la Taille, d'vn million en la Generalité d'Orleans, & d'vn million seulement pour les charges, qu'il estoit accordé aux Tresoriers de France trois quartiers de leurs gages pour quarante neuf, deux quartiers aux Esleus des gages & droicts & les Officiers Royaux subalternes déchargez du prest, & le reste des articles de la Chambre S. Louis deuoient estre examinez. Monsieur le Mareschal de la Meilleraye par l'ordre que Monsieur le Duc d'Orleans luy donna, commença à lire vn estat qu'il tenoit en main de toute la despense à faire à l'aduenir, qu'il ne parloit point du passé, mais qu'il se promettoit d'y apporter tant de fidelité, qu'il n'y aura plus subiet de plainte, commença par les dépenses de la maison du Roy & de Mr le Duc d'Orleans, de Madame, de la Reyne d'Angleterre, l'estat des armees, Ambassadeurs, voyages, marines, artillerie, pensions, entretenement des garnisons de toutes les places de France, & de celles conquises, tant en Flandres, Allemagne, Lorraine, Catalogne, Italie, & par tout ailleurs, & a fait monter le tout à cent quatre millions, la recepte aussi à quatre vingt douze millions, composee des Tailles, Fermes, dons gratuits, Bois, parties casuelles, & qu'ainsi la dépense excedast de douze millions, il essayeroit de diminuer cette dépense pour y trouuer le compte suffisant pour soustenir la gloire de la France. Monsieur le Duc d'Orleans reprit la parole, dict qu'il restoit de trauailler sur les articles des propositions de la Chambre sainct Louis, & que Ieudy apres disner l'on reuint, & qu'il se promettoit vne issuë fauorable de cette Conference. Il fut arresté que le lendemain on retourneroit, ainsi que l'auoit desiré & fait promettre son Altesse Royale.

Ce iour madame de Vendosme fut à l'entrée de messieurs, les solliciter sur vne requeste qu'elle deuoit presenter au Parlement, par laquelle elle demandoit que monsieur de Vendosme son mary, & monsieur de Beaufort son fils, eussent la liberté de se venir rendre à la Conciergerie pour leur procés estre fait s'ils se trouuoient coupables, ou les absoudre s'ils estoient innocens. Elle demandoit aussi permission d'informer des degradations & violences commises par des gens de guerre qui ont logé sur ses terres. Monsieur L'aisné estoit chargé de cette requeste. Mais Monsieur le premier President ayant dit que Monsieur Cheualier estoit cy-deuant commis & auoit desia trauaillé à l'affaire de Monsieur de Beaufort, qu'on ne pouuoit commettre vn autre; & il passa que la requeste luy seroit donnée pour en faire le rapport.

Le Ieudy premier d'Octobre.

IL y eut Conference à sainct Germain ainsi qu'il auoit esté arresté: Plusieurs des Presidens au Mortier y allerent ce iour-là, & comme tous estoient sur leur depart, Monsieur Vedeau Conseiller de la Cour leur vint dire qu'il auoit aduis certain qu'on deuoit arrester le President Viole, & monsieur Menardeau: ce qui estonna fort l'Assemblée. Plusieurs estoient d'aduis que ces deux deuoient demeurer. Monsieur Viole dit qu'il iroit. Monsieur le President de Bellievre le mena en son carrosse, asseurant qu'il le rameneroit. monsieur le Prince donna à disner à toute la Compagnie, qui les autres iours auoit esté traitee aux despens du Roy. Apres le disner on parla d'affaire, on promit la diminution d'vn quart de la taille sans charge, & de laisser acheuer le tarif commencé par Monsieur de Broussel & autres commis. On donna quelque esperance sur l'élargissement des prisonniers, mesme de ceux qui estoient à la Bastille il y auoit quatre ans. Si bien que de cette Conference laquelle on craignoit le plus, ces Messieurs retournerent assez satisfaits.

On proposa vn expedient pour terminer toutes Assemblées, tant à sainct Germain qu'au Parlement, sçauoir est, au lieu de continuer vn tarif de toutes les marchandises en particulier, de diminuer vn tiers ou vn quart de toutes les leuees qui se font, qui fut trouué fort bon, mais il y eut cette difficulté, sçauoir si les imposts verifiez à la Chambre & Cour des Aydes, passeroient pour verifiez au Parlement, & qu'il falloit deliberer de cela en Parlement.

Le Vendredy 2 Octobre.

CE iour la Cour, toutes les Chambres assemblees, Monsieur le premier President a dict, que Messieurs & luy partirent hier sur les neuf heures & demie, M. le President de Nemond, Messieurs Viole, Ferrand, le Meusnier, Menardeau de la grande Chambre, & les autres Deputez des Enquestes & Requestes, & arriuerent à S. Germain sur le midy, où trouuerent M. le President de Longueil, de Bellievre, & Monsieur le President Potier. On trouua encore le disner prest par les ordres de la Reyne, & furent seruis par les Maistre d'Hostel, & les autres Officiers entrans en quartier, & incontinent apres furent au Chasteau neuf, trouuerent Monsieur le Duc d'Orleans qui les receut auec la ciuilité accoustumée, M. le Prince, M le Prince de Conty, & M. de Longueuille y estoient aussi, & Monsieur le Chancelier y arriua & prist place, & Monsieur le Duc d'Orleans dist, que Monsieur le Chancelier auoit les Arrests suiuant les propositions, & qu'il les expliqueroit, & que la Reyne auoit eu la bonté de les faire examiner en sa presence. Luy premier President dist, que deuant d'entrer sur les propositions de la salle de sainct Louis il y auoit l'article qui regarde la seureté publique qui auoit esté ébranlé par les exils & emprisonnemens, & de la loy qu'ils attendoient responce. Monsieur le Chancelier fist vn discours du pouuoir des Rois, & leur obligation de maintenir leur authorité; Que la Reyne durant sa Regence la conserueroit en son entier, & que si la loy que l'on demandoit estoit accordee, cela preiudicieroit à sa puissance: Que ce seroit ouurir le chemin d'entreprendre tout ce que l'on voudroit sans crainte: Que la Reyne auoit donné charge de dire, qu'estant loy toute nouuelle, & n'y en ayant encore de semblable, qu'elle n'estoit pas conseillee de l'ordonner, mais qu'elle donneroit toutes asseurances: Que Monsieur le Duc d'Orleans & Monsieur le Prince engageroient la parole de la Reyne, & y adiousteroient toutes les autres asseurances possibles au gré mesme de la Compagnie: Qu'elle ne se souuiendra à present ny à l'aduenir en aucune façon des choses passees, & sous quelque pretexte que ce soit ne sera fait aucun mauuais traitement ny au general ny au particulier, ny à aucun: Que l'on ne donnera point de Commissaire à qui que ce soit à l'aduenir, pour quelque crime que ce puisse estre; & si on fait le procez à ceux qui auront esté arrestez par les ordres de sa Majesté, les fera renuoyer à leurs Iuges naturels, comme auoit fait le Roy Louis 11. apres auoir osté les charges, creut qu'il deuoit satisfaire le public par la loy qu'il fist, par laquelle nul Officier ne pourroit estre priué de sa charge que par forfaicture iugee iuridiquement par les Iuges ausquels la connoissance en appartient, & que c'estoit le seul remede que l'on attend de la bonté de la Reyne, & de l'entremise de Monsieur le Duc d'Orleans & de Monsieur le Prince. Luy premier President dist, que ce n'estoit pas le lieu de toucher les theses du pouuoir des Rois: Que la Compagnie estant obligee de la conseruer, n'y manqueroit iamais: que puisque il plaisoit à la Reyne de donner quelques ordres pour l'asseurance desiree, qu'il semble qu'il ne deust point auoir de different entre la parole & l'escrit, puisque c'estoit sa volonté: que les exemples trop ordinaires de tant d'emprisonnemens obligeroient à rechercher nouuelle seureté: que s'il y auoit quelque exemple, cela estoit si rare, & le mal se passoit si tost, que le remede estoit aussi prompt que le mal. Du temps du Roy Henry le Grand en 1597. il y auoit vn exemple, & encor ne dura il que deux iours, & le commandement de se retirer en sa maison fut aussi-tost reuoqué. En 1561. il y auoit encor vn exemple, mais que maintenant ce desordre passe en Coustume, & ainsi il est necessaire d'y trouuer asseurance & de la donner par la loy, par les paroles, & par la liberté à Monsieur de Chauigny emprisonné. Monsieur le Duc d'Orleans

a pris

a pris la parole, qu'il sçauoit le preiudice que cette nouuelle loy apporteroit à l'authorité du Roy, & qu'il auroit peine de conseiller à la Reyne vne autre resolution. Monsieur le Prince aussi a dit, que le mal qui arriueroit seroit extréme, par la liberté qu'vn chacun pourroit prendre de l'impunité, comme asseuree: Que s'il n'y auoit que les Officiers, dans l'asseurance de leur fidelité le remede seroit aisé, mais qu'à la Cour on sçait les esprits. Et ayant esté pressé par Messieurs les Presidens & quelques vns de Messieurs des Enquestes, il dist qu'il sçauroit de la Reyne sa derniere resolution, veu l'instance que la Compagnie faisoit, tant sur la loy que sur la liberté, & aussitost les articles des propositions furent leuës, & les resolutions que la Reyne y a pris, suiuant lesquelles il seroit dressé Declaration, & apres que mettant fin à tout on pouuoit esperer de la bonté de la Reyne le quart pour mil six cens quarante huict, & le tarif fait remise encore en faueur du peuple, & iour a esté donné à Samedy pour tenir la Conference, & ayant deliberé ce qu'il y auoit à faire, il fut resolu que l'on retourneroit le lendemain à sainct Germain pour le resultat de toutes les affaires, & que le Lundy le parlement s'assembleroit pour terminer toutes les affaires, arresta que demain passé on ne retourneroit plus à sainct Germain.

L'apresdinee de ce iour le parlement s'assembla sur le tarif, il osta 40. sols d'impost sur chaque bœuf, & cinq sols sur mouton. Il ordonna que le Lieutenant Ciuil seroit mandé pour faire tenir la main à l'executiou de cet Arrest & que les Bouchers amendassent la viande. On voulut parler des imposts du vin, Monsieur de Broussel n'estoit pas encor preparé.

Le Samedy 3. Octobre.

LEs Deputez du Parlement allerent à la Conference. Il n'y eut de Presidens que le premier. On croyoit que ce deust estre la derniere Conference, & il auoit esté ainsi arresté le Vendredy au Parlement. Mais vne chose pensa rompre tout, & faire perdre le fruict de tant d'allees & de venuës. On se formalisa, & trouua fort mauuais à la Cour l'Arrest rendu le Vendredy touchant la diminution des 40. sols pour bœuf, contre la parole qu'auoit donnee le Parlement. Monsieur le premier President dist que cela ne deuoit point arrester vn bon accord; que l'affaire estoit facile à accommoder, il n'y auoit qu'à faire entrer dans le total de la diminution que la Reyne feroit, ce à quoy l'on croyoit pouuoir monter la diminution desdits 40. s. par chacun an. Sur ce il fallut aller à la Reyne sçauoir son intention. A quoy il se passa beaucoup de temps. Il y eut encor vne autre difficulté sur la seureté publique. Le Parlement demandoit que si quelqu'vn estoit emprisonné par ordre de la Cour il fust interrogé dans les 24. heures, & renuoyé à son Iuge, la Reyne le promettoit, en donnoit la parole du Roy, certifiee sur celle des Princes, mais ne vouloit pas qu'il en fust rien escrit. Le Parlement demandoit qu'il fust inseré en la Declaration que l'on promettoit, & disoit si sa Majesté a dessein de tenir cette parole, elle ne doit pas faire difficulté de la donner autentique & par escrit; La refusant, on a raison de douter qu'elle aye intention de la tenir; cela pensa faire tout rompre. Neantmoins Monsieur le Duc d'Orleans promit de faire consentir la Reyne, si ces Messieurs vouloient reuenir Lundy. A quoy ils respondirent qu'ils ne pouuoient, à cause que le resultat de la Compagnie estoit de s'assembler ce iour là, & terminer toutes affaires, & que si son Altesse le desiroit, ils retourneroient le lendemain. A quoy son Altesse consentit, & promit de faire accorder à la Reine ce qu'ils demandoient. De 24. propositions faites en la Chambre S. Louis, il n'en restoit que celle de la seureté publique, & vne autre qui ne fussent accordees.

Ce iour Monsieur le premier President eut grande prise auec Monsieur le Chancelier, touchant les droicts qui se leuent au sceau que le premier President dit n'estre que fripponneries & volleries. Le Chancelier croyant que ce discours le regardoit, dit, Vous voulez donc inferer de là que ie suis vn voleur. Non, repartit le p. President, mais vous souffrez & authorisez ces volleries. Le Chancelier le voulut attaquer en sa personne & en son honneur, mais le premier President luy respondit, ma vie est sans tache & sans reproche, ie suis tout prest de porter ma teste à la Reyne & par tout ailleurs pour respondre de mes actions, vous n'oseriez le faire. Monsieur le Duc d'Orleans les appaisa, & ainsi se separa la Compagnie.

Le Dimanche 4. d'Octobre.

LEs susdits Deputez allerent à sainct Germain aprés auoir disné, n'estant plus resolus de se faire traiter aux despens du Roy, ainsi qu'ils auoient tousiours fait, hormis le iour que M. le Prince les traita. Les propositions faites en la Chambre sainct Louis furent toutes accordees, la seureté fut accordee aux Cours Souueraines telle qu'on la demandoit, & pour les autres personnes de quelque qualité ou condition qu'ils puissent estre, il fut arresté que l'on les interrogeroit trois mois apres leur detention. On remit vn quart de la taille, on accorda la suppression des droicts du sceau qui se leuent depuis 1631. non verifiez. Et de tout cela, arresté que l'on en donneroit vne Declaration, laquelle le Parlement fut prié de dresser, afin qu'il n'y eust point de contestation, d'allee & venuë, & que tout fust terminé en bref.

Le Lundy 5. d'Octobre.

CE iour la Cour, toutes les Chambres assemblees, Monsieur le premier President a dit, que Samedy dernier Messieurs les Deputez auec luy partirent encor pour aller à S. Germain, où ils arriuerent sur le midy, & incontinent apres disner allerent au Chasteau neuf, Monsieur le Duc d'Orleans les y receut auec toutes les ciuilitez ordinaires, Monsieur le Prince, Monsieur le Prince de Conty, Monsieur de Longueuille, Monsieur le Chancelier Monsieur le Mareschal de la Meilleraye Surintendant des Finances arriuez, on prist place, & Monsieur le Duc d'Orleans dist, que deuant que rendre response Monsieur le Chancelier auoit charge de la Reyne qu'il expliqueroit. Monsieur le Chancelier dict, qu'il auoit charge de la Reyne de se plaindre qu'au milieu de la Conference, au preiudice de la parole, & contre les termes de l'Arrest de la Cour donné en presence de Monsieur le Duc d'Orleans, on auoit fait imprimer & publier vn Arrest portant defenses de leuer quarante sols sur le pied fourché. Monsieur le premier President prit la parole, que c'estoit le plus grand honneur qu'il pouuoit receuoir que d'auoir suiet de donner compte des actions de la Compagnie: Qu'il auoit pleu à la Reyne de commander tant de fois qu'on trauaillast au tarif, que l'on s'estoit assemblé Vendredy apres disner, que l'on auoit examiné trois articles du bail des Aydes, le premier qui regarde le droict qui se prend sur les Cabaretiers qui auoit esté iugé bon. Le deuxiesme impost sur les   & s'y estant trouué quelque difficulté sur la verification faite en presence de Monsieur le Comte de Soissons, on auoit passé au troisiesme qui touche 40. s. pour bœuf, & autres choses, dict que ce droict auoit esté estably par l'Edict du sol pour liure, mais qu'il a esté reuoqué par Arrest, à la reserue desdits 40. s. & autres droicts, lequel Arrest n'a esté regiftré, & ainsi que c'est vne leuee en vertu d'vn Arrest du Conseil, ce qui est defendu par Arrest de la Cour, & ainsi on l'a executé, tant s'en faut que l'on y aye contreuenu: Que lors de l'Edict l'on auoit promis à la communauté des Bouchers de ne le leuer plus apres le premier bail: qu'ils auoient presenté requeste pour obtenir des defenses, que ce droict ne se paye que par force, & les fermiers n'en reçoiuent rien: que c'est pour exciter bruit, qu'il faut euiter, & qu'ainsi que l'on a fait defenses. Apres cela Monsieur le Duc d'Orleans a dit, qu'il auoit representé à la Reyne l'instance que la Compagnie auoit faite pour obtenir vne loy d'asseurance pour tous, & que la Reyne ne s'estoit peu resoudre à accorder cette loy nouuelle, comme preiudiciable à son authorité. Témoigna luy premier President le regret qu'il resteroit à la Compagnie que ses iustes sentimens n'auroient peu vaincre, l'esprit de la Reyne : que cette loy estoit necessaire pour l'asseurance publique, s'il falloit laisser la fortune de tous à l'incertain exposee aux faux bruits & calomnies, qu'il y auoit bien plus de preiudice à l'a faire qu'à l'establir, puisqu'il plaisoit à la Reyne donner seureté, on pouuoit oster la difficulté de la mettre plutost par escrit, que de la donner de parole : & si son authorité n'estoit pas blessee par la parole, elle ne le pouuoit estre par la loy escrite & publiee : auoient charge de tirer réponse certaine. Monsieur le Duc d'Orleans se leua, & Monsieur le Prince, Monsieur le Prince de Conty, Monsieur de Longueuille, Monsieur le Chancelier & Monsieur de la Meilleraye, & parlerent ensemble en vn coin de la salle, & Monsieur le Chancelier s'en alla trouuer la Reyne, & Monsieur de la Meilleraye aussi, apres Monsieur le Duc d'Orleans, Monsieur le Prince, Monsieur le Prince de Conty, Monsieur de Longueuille, furent aussi trouuer la Reyne, & estans demeurez long-temps, voulurent nous prier auec tant d'instance de reuenir, l'affaire estant assez importante pour prendre le temps d'y penser, & qu'il se promettoit que l'on ne luy refuseroit. Nous luy dismes que nous nous y rendrions le lendemain, ce qui a esté executé ; arriuez sur les deux heures, & estans allez sur les trois heures chez Monsieur le Duc d'Orleans, il a dict que Monsieur le Chancelier declareroit la resolution que la Reyne auoit prise. Il a exposé encore les difficultez qui se pouuoient rencontrer en l'establissement de cette loy nouuelle, neantmoins qu'enfin la Reyne s'estoit resoluë d'en faire vne suiuant l'escrit qu'il tenoit, qu'il a leu & laissé pour le faire voir à la Compagnie, & apres en dresser la loy pour l'asseurance de tous, & de trois mois au lieu de six, & apres a parlé du quart de la taille pour 1647. qu'elle estoit receuë, & les sommes assignees pour la dépense de la maison du Roy & de la guerre, pour 1648. l'accordoit, les charges deduites qui seront expliquees, afin qu'on peust sçauoir ce que chacun iouyroit de décharge pour 1648. que l'on n'en pourroit douter, d'autant que le breuet de la taille le porteroit. On a proposé pour la somme à diminuer sur les especes contenuës au tarif, qu'ayant desia esté osté 26. s. sur le vin, & 40. s. sur le bœuf, & des autres à proportion, que tout ce que l'on pouuoit obtenir estoit d'oster le petit tarif qui se leue aux portes, & sur l'eau, qui montoit pour vn nouueau bail à cinq ou six cens mil liures, ou diminuer autant sur les especes comme la Compagnie le trouueroit bon. Et apres on a parlé de la liberté de M. de Chauigny, laquelle estant accordee declareroit la volonté de la Reyne en l'execution de cette loy. Monsieur le Duc d'Orleans a dit, qu'il estoit compris dans le temps de la loy. Luy premier President respondit, qu'apres ce temps c'estoit necessité d'y satisfaire, & que l'on se promettoit la grace presente, il a respondu n'auoir autre parole, & qu'il falloit esperer qu'on attendroit pas le temps. On a leu apres ce qui auoit esté remarqué sur chacun des articles des propositions, comme pour les

gages

gages des Presidiaux, les droicts du sceau, lettres de respy & taxes par les Collecteurs, reuocation des priuileges de vendre des marchandises, & le tout a esté accordé, & que la Compagnie prist la peine d'en faire dresser la Declaration, de l'enuoyer par les gens du Roy ou autres, qu'elle seroit expediee selon l'intention de la Compagnie. Et estant prés de six heures auoient eux Deputez pris congé & remercié Monsieur le Duc d'Orleans. Et ainsi la Conference a finy. Monsieur le Duc d'Orleans & Monsieur le Prince ont témoigné l'intention de la Reyne, de mettre fin au plutost à toutes ces affaires qui retardoient tous les desseins, ne se receuant rien du tout, & que l'on auoit trop d'interest à la conseruation de l'Estat, pour n'y contribuer pas en ce qui estoit en nostre pouuoir.

Ce iour la Cour, toutes les Chambres assemblees, deliberant sur le recit fait par Monsieur le premier President de ce qui luy a esté dict, & à Messieurs les Deputez en la Conference tenuë à S. Germain en Laye, a esté arresté & ordonné que lesdits sieurs Deputez s'assembleront dés auiourd'huy pour concerter les articles qui restent à examiner, en faire rapport à ladite Cour Mercredy prochain, & deliberer.

Le Mercredy 7. Octobre.

LE Parlement assemblé on y leut toutes les propositions. Monsieur de Laffemas eut prise auec le President de Mesme, pour auoir dict en opinant sur le fait des rentes sur le Roy que l'on a remboursees, qu'il ne falloit pas renuoyer cela à la Chambre de Iustice, comme pretendoit le President de Mesme, d'autant que ladite Chambre estoit composee de personnes choisies, non pour rendre Iustice, mais pour faire ce qu'il plaira à la Cour. Monsieur de Mesme dit, qu'estant premier President de cette Chambre cela le regardoit; qu'elle estoit composee de personnes choisies pour rendre la Iustice; que c'estoient tous Iuges de probité & vertu. Apres qu'il eut dit ce qu'il voulut, Monsieur de Laffemas poursuiuit son discours, & dit qu'il estoit d'aduis que le Parlement retint la cognoissance de cette affaire pour en rendre meilleure Iustice.

Le Ieudy 8. Octobre.

LE Parlement assemblé ordonna que ceux qui ont achepté des rentes ou droicts sur le Roy, & s'en sont fait rembourser, ou les ont donnees en payement au Roy au denier 14. remettront en ses coffres les deniers qu'ils ont touchez, & reprendront des contracts pour iouyr des rentes, ainsi qu'ils faisoient auparauant, ou ceux dont ils auoient acheté les droicts.

Ce mesme iour apres disner il y eut autre Arrest, par lequel les veufues & enfans des Partisans & leurs heritiers, furent rendus responsables de leurs debtes, tant enuers le Roy que particuliers, nonobstant toutes separations de biens, ou renonciations aux Communautez ou aux successions.

Le Samedy 10. Octob.

IL y eut Arrest portant cassation de tous les Officiers de la Chancellerie, & droicts leuez sur le sceau non verifiez depuis l'année 1631. & que ceux qui en auront au precedent rapporteront leurs tiltres.

Ce iour on supprima la Iurisdiction souueraine des Requestes de l'Hostel, excepté ce qui seruira à l'instruction des affaires du Conseil. On supprima aussi tous les Officiers Triennaux & Quatriennaux.

On trauailla l'apresdinée aux imposts sur le vin pour lesquels les trois derniers iours il y auoit eu grand monde & grand bruit au Palais, tous les Cabaretiers & Marchands de vin s'estans plaints qu'on arrestoit les bateaux sur la riuiere, attendant ce qui seroit ordonné par le Parlement sur les entrees, & autres droicts du vin.

Lundy 12. Octobre.

LE Parlement assemblé matin & de releuée trauailla ausdits imposts du vin, & comme c'estoit vne affaire difficile ne fut pas acheuée. Ce iour là les marchands de vin & cabaretiers en grande troupe dans le Palais voulurent insulter le President le Feron Preuost des Marchands, à cause qu'il n'auoit pas esté d'aduis de remettre les cinquante-huict sols que d'autres Conseillers proposoient de remettre voulant expliquer ledit impost. Ils le soubçonnoient outre ce d'auoir pris de l'argent pour passer à la ville plusieurs Offices qui ont esté creés pour lesdits imposts, il eust esté mal-traicté s'il ne se fust sauué. On luy prist les coussinets de son carosse qui luy furent rendus le lendemain.

Le Mardy 13. Octobre.

LE Parlement assemblé continua cette deliberation, il eut lettre de cachet pour aller l'apresdisnée à S. Germain, ce qu'il fit par deputez, deux de chaque Chambre. La Reyne leur dit qu'elle desiroit que toutes affaires fussent terminees dans peu de iours & pour leur donner subject de les diligenter au lieu de cinq cent mille liures qu'elle offroit de remettre sur tout ce qui se leue és entrées de Paris elle promettoit de remettre iusqu'à douze cent mille liures, ayant fait tres bon accueil à tous ces Messieurs tant en general qu'en particulier.

Du Mercredy 14. Octobre.

LE Parlement assemblé delibera sur ce qui auoit esté dit & promis par la Reine le iour precedent, sans parler de l'entrée du vin, si bien que les Cabaretiers & Marchands assemblez en grand nombre ayant appris qu'il n'y auoit point encor d'Arrest se ietterent sur les Presidens comme ils sortirent. Le premier President se sauua chez luy, le President de Nesmond eut sa robbe deschirée, & tous les autres fort poussez & secoüez, ayans eu peine à se sauuer chez le premier President.

L'apresdisnee ils ennoyerent querir le Lieutenant Criminel, Preuosts & Archers pour se faire escorter à l'entrée, & empescher la furie des Marchands en grand nombre, il leur donnerent Arrest de cinquante-huict sols de diminution d'entrée sur chaque muid de vin & d'autres droicts portez en la Declaration cy-apres. Auant que sortir ils le firent publier au Palais, ce qui donna vne grande ioye chacun criant, Viue le Roy.

Le Ieudy 15. Octobre.

LE Parlement assemblé passa la matinée à reuiser l'Arrest du iour precedent, auquel il y auoit difficulté sur ce qui se paye aux iurez vendeurs & Controoleurs, qui est vn escu sur chaque muid de vin, lequel se payoit plusieurs fois par la vollerie desdits iurez vendeurs qui exigeoient ledit droict autant de fois que le vin se vendoit & remendoit.

Il fut arresté que la Reine seroit suppliée de remettre sur toutes les entrées iusques à deux millions, quoy faisant toutes assemblees cesseroient. Ils deputerent les gens du Roy vers sa Majesté qui allerent le iour mesme à S. Germain, où ils furent bien receus, la Reine leur accorda ce qu'ils demandoient, à la charge que toutes assemblée cesseroient.

Le Vendredy 16. Octobre.

LE Parlement ayant appris des gens du Roy la remise desdits deux millions, trauailla à regaler cette somme sur toutes les marchandises, en sorte que le peuple en fust soulagé. Ils trauaillerent encor le Lundy 19. le Mardy 20. & le Mercredy 21. comme aussi à la Declaration, encor que l'ordre soit au Conseil de la dresser, & l'enuoyer au Parlement toute dressée & scellée.

Le Ieudy 22. Octobre.

MEssieurs du Parlement allerent par deputez à S. Germain remercier la Reine de la remise desdits deux millions & luy porter la Declaration, laquelle ils laisserent pour estre examinee au Conseil d'en haut. Ils furent tres-bien receus & regalez par Monsieur le Duc d'Orleans d'vne magnifique collation. La Reyne leur témoigna beaucoup de satisfaction de ce que tout estoit accommodé.

Le Vendredy 23. Octob.

LE sieur Sainctot rapporta dés le matin ladite Declaration scellée, sans qu'il y eust rien esté adiousté ou diminué. Messieurs arresterent que le lendemain l'Audience tenant elle seroit publiee & enregistree, afin de ne tenir plus le peuple en suspens. Pour ce on fit publier l'Audience pour le lendemain à l'heure ordinaire.

Madame de Vendosme alla au parlement pressant l'enterinement de sa requeste, on luy donna le soit monstré.

Le Samedy 24. Octob.

SVr les huict heures du matin Messieurs les Presidens & Conseillers de la grande Chambre estans entrez, & ayans pris leur place, on fit ouurir les portes pour l'Audience comme en plein

Parlement,

Parlement la Declaration y fut leuë, publiée & registrée, elle fut bien receuë, d'autant qu'elle alloit fort au soulagement du peuple : elle portoit diminution d'vn cinquiesme des Tailles, Taillon & subsistances sur le pied de cinquante millions pour les années de 1648. & 1649. Item, supression du droict de Maubeuge & du petit tarif estably en 1646. à la reserue de l'ancien barrage qui demeure pour quatre vingt mille liures le payement des gages des Officiers, deffences de receuoir aucun remboursement des rentes deuës par sa Majesté qu'apres la paix publiée, suppression des Compteurs, sinon és affaires secrettes & importantes de l'Estat : qu'il ne sera fait aucune creation d'Officiers de Finances & de Iudicatures pendant les quatres années prochaines : que tous les biens de ceux qui ont pris les fermes & traitté auec le Roy, de leurs cautions, associez & interessez, & ce qui a esté donné par eux en faueur de mariage à leurs enfans ou autrement, mesme les offices dont ils auront esté pourueuz, demeureront affectez & hypotequez au Roy, & à tous leurs creanciers, & que les separations de biens d'entr'eux & leurs femmes iugees depuis leur traité seront & demeureront nulles : que les Maistres des Requestes ne pourront instruire & iuger en leur Auditoire autres matieres que celles dont la cognoissance leur appartient par les Edicts & Ordonnances, ny iuger en dernier ressort & souuerainement aucun procez : que les Officiers des Cours souueraines & autres ne pourront estre troublez en l'exercice & fonction de leurs charges par lettre de cachet ou autrement, le tout ainsi qu'il se peut voir plus amplement en la Declaration, laquelle ayant esté publiée & registrée en la maniere accoustumée, on appella & plaida vne cause seulement pour la forme, apres laquelle le Parlement finit, n'y demeurant que ce qu'il falloit pour acheuer le temps en la Chambre des vacations, iusques à la veille S. Simeon auquel iour tout finit.

Dans toutes les Conferences lors que la Reine estoit supliée de ramener le Roy elle tesmoignoit qu'il n'estoit sorty que pour se promener comme il auoit coustume de faire en cette saison-là, & qu'elle le rameneroit à Paris lors que le mauuais temps ne luy permettroit plus d'estre à la campagne, si bien que ces Messieurs n'insistant pas dauantage laisserent à la Reine de donner cette satisfaction à tout le monde quand il luy plairoit.

Enfin le dernier iour d'Octobre Paris eut le bonheur de reuoir son Roy, dont l'absence luy auoit causé beaucoup de deplaisir.

SVITTE DV IOVRNAL

Commençant au Ieudy 12. du mois de Novembre, de l'année 1648. iour de l'ouuerture du Parlement.

LE Ieudy 12. Nouembre l'ouuerture du Parlement estant faite à l'ordinaire, quelque temps apres Messieurs recommencerent leurs Assemblées, au sujet des trouppes que l'on faisoit venir de tous costez aux enuirons de Paris, au prejudice de la parole qui auoit esté donnée qu'elles n'en approcheroient de vingt lieuës; & aussi que Messieurs du Conseil taschoient en quelque façon d'empescher l'execution de la Declaration, verifiée le vingt-quatriesme Octobre dernier.

Du Vendredy 27. Nouembre.

LAquelle Declaration ayant esté portée en la Chambre des Comptes, auroit esté ce iour verifiée les Semestres assemblez auec plusieurs modifications, clauses & conditions, attendu les oppositions de plusieurs Officiers qui y estoient interessez, ainsi qu'il se peut voir en l'Arrest de verification.

Messieurs de la Cour des Aydes ausquels on auoit porté cette mesme Declaration, dans ce mois de Nouembre pour la verifier, y auroient apposé aussi plusieurs modifications, entr'autres auroient fait deffenses à toutes personnes de faire aucun traité sur les Tailles, à peine de confiscation de corps & de biens; ce qui commença à faire grand bruit, d'autant que les sieurs Bonneau & Marin, auoient desia traité desdites Tailles, dont Messieurs du Parlement se seroient aussi emeus.

Du Mercredy 16. Decembre.

L'Inexecution de la Declaration susdite paroissant de plus en plus, Messieurs du Parlement se seroient assemblez ce iour, où se seroient trouuez par ordre de la Reyne, monsieur le Duc d'Orleans, & monsieur le Prince, assistez de plusieurs Ducs & Pairs; & auroit esté dit par monsieur le Duc d'Orleans, que la Reyne ayant esté bien informée, que Messieurs du Parlement recommençoient à s'assembler, sur la plainte qu'ils faisoient que cette Declaration n'estoit point executée; neantmoins croyant auoir donné tout contentement, & son intention n'estant autre que l'obseruation exacte de ladite Declaration, elle trouuoit mauuais que tout le Parlement s'assemblast derechef, ains vouloit que ce fut seulement par Deputez, qui verifiroient icelle d'article en article; & au cas qu'il se trouuast qu'il y eust changement ou inexecution en quelques-vns, elle y apporteroit remede. Sur ce Messieurs auroient fait vn grand bruit, demandans ce que l'on auoit fait de quatorze ou quinze millions qui auoient esté leuez, depuis que monsieur le Mareschal de la Meilleraye auoit le maniement des Finances, veu que l'on n'a fait aucun payement aux gens de guerre, & que les Officiers & Rentiers n'ont receu ny gages ny rentes, mesmes que la table du Roy a manqué vn iour: D'ailleurs que les trouppes approchoient de Paris, & gastoient tous les lieux par où elles passoient. Là dessus les opinions ayant esté prises, monsieur le Prince les auroit voulu interrompre, & soustenir en termes aigres & remplis de menaces, ce qui auoit esté fait par Messieurs du Conseil, dont quelques-vns de Messieurs ayant tesmoigné du mescontentement, & qu'il n'y auoit aucune liberté aux suffrages, l'heure aussi ayant sonné, on se seroit leué, & l'affaire remise au lendemain.

Du Ieudy 17. Decembre.

CE iour Messieurs le Duc d'Orleans & le Prince, assistez de plusieurs Ducs & Pairs, seroient retournez au Parlement, ou les Chambres assemblées, monsieur le Duc d'Orleans auroit parlé auec grande ciuilité, & monsieur le Prince auec plus de douceur que le iour precedent; de sorte que la Cour deliberant sur les propositions faites le iour d'hier par monsieur le Duc d'Orleans, auroit ordonné, Qu'assemblée seroit faite par Deputez chez monsieur le premier President pour verifier ladite Declaration d'article en article, & cotter ceux ausquels se trouueroit auoir esté contreuenu, pour le tout rapporté à la Cour, estre ordonné ce que de raison.

Ce mesme iour monsieur le Procureur General ayant fait plainte que les Capitaines, Soldats, & gens de guerre exerçoient plusieurs violences, outrages & exactions en tous lieux, mesmes aux enuirons de Paris, en sorte qu'il y auoit peril que les Villages & les Bourgs ne fussent abandonnés; requerant que la Cour, par sa prudence accoustumee y pourueut, en sorte que la seureté publique fut toute entiere, & les sujets du Roy soulagez: L'affaire mise en deliberation, la Cour auroit arresté que Commission seroit deliurée au Procureur General, pour informer des faits contenus en sa plainte, pour les informations faites, rapportées, & à luy communiquées estre procedé ainsi que de raison; Et auroit fait inhibitions & deffenses à tous Gentils hommes, Capitaines & autres, de commettre aucunes exactions, voyes de fait & violences, à l'endroit des sujets du Roy, à peine de la vie; leur enjoignant de viure & se contenir, suiuant les ordonnances, & se retirer en leurs garnisons; & en y allant deffenses de sejourner plus d'vne nuict en mesme lieu, sans demeurer au plat pays: Et que la Reyne seroit tres-humblement suppliée de ne permettre que les passages, par ou les viures & commoditez arriuent journellement à Paris, fussent tenus par les gens de guerre.

Pendant ce temps le Parlement estant occupé à rendre la Iustice au peuple, courut vn bruit qu'à la Messe de My-nuit, lors qu'vn chacun seroit aux Eglises à ses deuotions, se deuoit faire vn grand tumulte dans Paris, par les Soldats qu'on y auoit fait entrer.

On disoit aussi que le Cardinal Mazarin auoit dessein d'enleuer le Roy, & le mener ou à Blois ou à Tours; d'autres disoient à Lion ou à Dijon; ce qui fut tellement secret, que personne ne pût qu'en juger.

Du Lundy 21. Decembre, 1648.

Ce iour à cause des modifications apposées par Messieurs de la Cour des Aydes à la Declaration susdite, & deffenses par eux faictes à toutes personnes de faire aucun traicté sur les Tailles à peine de la vie, ils auroient esté mandez au Palais Royal, ou en presence de la Reyne, de monsieur le Duc d'Orleans, de plusieurs Ministres & Officiers de la Couronne; Monsieur le Chancelier auroit dit aux deputez de cette Compagnie, Que le Roy par l'auis de la Reyne sa Mere ayant remis à son peuple trente cinq millions par an, elle auoit crû que les Compagnies faciliteroiét les leuées du reste dans les necessitez presentes qu'il y auoit d'entretenir les troupes, & d'attirer celles que l'on alloit licentier en Allemagne; qu'autrement les ennemis de l'Estat en tireroient aduantage, & grossiroient si fort leurs armées, qu'il seroit impossible de leur resister: Que les deniers des Tailles n'estoit pas vn argent prest, qui ne pourroit estre perçeu que neuf mois apres l'imposition, ce qui estoit impossible d'attendre sans mettre les affaires en vn extréme danger: à quoy l'on pouuoit seurement remedier en faisant des traictez sur lesdites Tailles, comme auparauant; & que pour cet effet la Reyne desiroit que l'on ostast de l'Arrest, ces mots *de confiscation de corps & biens.*

Monsieur Amelot premier President de la Cour des Aydes, auroit sur ce fait vne belle Harangue à la Reyne, & l'auroit remercié de la remise faite par sa Majesté, & representé les necessitez de l'Estat, les inconueniens qu'il y auoit de mettre les Tailles en party, & tous les desordres dont on se plaignoit dans le temps present; demandé la reuocation de tous les traitez des Tailles, de tous les partis, & de tous les Edits qui vont à la foulle du peuple, particulierement de ceux qui n'ont pas esté verifiez dans vne entiere liberté de suffrages l'éloignement des trouppes vers la frontiere, auec la punition de leurs excez,

& la liberté des prisonniers d'Estat, le rapel des absens, & le restablissement des Officiers interdits; en vn mot l'execution entiere de la derniere Declaration.

Sur cela monsieur le Chancelier auroit repris la parole; & dit, Que n'y ayant point de reuenu plus clair que les Tailles, il estoit besoin de faire des aduances sur les deniers qui en prouiendroient, afin d'auoir vn fonds pour les necessitez vrgentes de l'Estat, & qu'ainsi leur Compagnie deuoit expliquer son intention, & les modifications apposées sur cet article; en sorte que ceux qui voudroient faire quelques aduances sur les Tailles le peussent faire auec seureté, & sans crainte d'estre recherchez à l'aduenir.

Du Mardy 29. Decembre.

Messieurs du Parlement ayant eu aduis que Messieurs de la Cour des Aydes, apres leur deputation au Palais Royal, auoient donné Arrest, par lequel ils permettoient de faire des prests & aduances sur les Tailles pour six mois, se seroient assemblez ce iour lendemain des festes de Noël, tant sur cet Arrest qui contreuenoit directement à la Declaration du 24. Octobre, que par ce que l'on sçauoit qu'il y auoit vne autre Declaration à la Chambre des Comptes, qui authorisoit les prests, non seulement pour six mois, mais pour tant de temps, & pour telle somme que Messieurs du Conseil trouueroient à propos.

Du Mercredy 30. Decembre.

De sorte que ce iour pour remedier à ces desordres, Messieurs du Parlement se seroient encor assemblez, & auroient enuoyé Radigues à Messieurs de la Chambre, les prier d'enuoyer quelqu'vn de leur Compagnie, pour leur dire le contenu en icelle Declaration: surquoy ils auroient deputé monsieur le President Aubery, & quatre Maistres des Comptes.

Du Ieudy 31. Decembre.

Lesquels seroient venus ce iour au Parlement les Chambres estans assemblées, & monsieur le premier President ayant declaré audit sieur President Aubry le sujet pour lequel la Cour l'auroit enuoyé prier de venir; il auroit fait responce n'estre pas parfaictement instruit du contenu en icelle Declaration, n'ayant pas sceu que la Cour l'auoit mandé pour cela; & que si elle le desiroit, il s'en instruiroit & viendroit le Samedy 2. iour de Ianuier 1649. informer la Cour de tout ce qu'elle contient: ce qu'il n'auroit pourtant pas fait, à cause que ladite Declaration auroit esté retirée de la Chambre le lendemain par le sieur President Tubeuf.

IOVRNAL

DE CE QVI S'EST FAIT ES ASSEMBLEES DV PARLEMENT,

DEPVIS LE COMMENCEMENT DE IANVIER M. DC. XLIX.

ENSEMBLE PAR ADITION

Ce qui s'eſt paſſé de plus memorable, tant en la Ville de Paris, qu'ailleurs, pendant le meſme temps.

A PARIS,

Chez IACQVES LANGLOIS, Imprimeur du Roy, vis à vis la Fonteine Ste Geneuiefue, à la REYNE DE PAIX.

M. DC. XXXXIX.

AVEC PERMISSION.

IOVRNAL, DE CE QVI S'EST FAIT ES ASSEMBLEES DV PARLEMENT,

depuis le commencement de Ianuier 1649.

Ensemble par Addition ce qui s'est passé de plus memorable, tant en la ville de Paris, qu'ailleurs, pendant le mesme temps.

Le Vendredy premier Ianuier 1649.

E iour fut retiree par monsieur Tubœuf President en la Chambre des Comptes de la part du Roy, la Declaration qui auoit esté portée à ladite Chambre pour la permission des prests sur les tailles, elle auoit donné sujet à la derniere Assemblée du Parlement le iour de deuant dernier de l'année 1648. auquel le President Aubry & quatre Maistres des Comptes auoient esté priez de venir informer le Parlement du contenu en ceste Declaration ; Monsieur le President Aubry ayant fait response n'en estre pas assez bien instruit pour en rendre compte à la Cour, il auoit esté remis au Samedy suiuant, auquel iour il deuoit retourner au Parlement.

On fut en doute quel rang on donneroit au President Aubry, & il luy fut donné la place en laquelle on a de coustume de faire placer les premiers Presidens des autres Parlemens, dont il se contenta.

Le Samedy deuxiesme Ianuier.

CE iour le Parlement se deuoit assembler, il ne le fut point, à cause que Messieurs de la Chambre enuoyerent Bourlon leur Greffier en chef aduertir le Parlement, que la Declaration estoit retiree ; ainsi le sujet de l'assemblee ayant cessé, elle fut remise au Lundy, du Lundy au Vendredy, auquel iour se deuoient faire beaucoup de propositions sur l'inexecution de la Declaration du mois d'Octobre 1648. à laquelle on contreuenoit à la Cour en tous ses articles, & pour laquelle le Parlement s'estant assemblé plusieurs fois depuis la sainct Martin, Messieurs le Duc d'Orleãs & le Prince auoient esté deux fois au Parlement, ou Monsieur le Prince auroit de parole & d'action menacé Messieurs du Parlement sur la plainte qu'ils faisoient qu'on ne leur tenoit, ny au peuple, aucune des paroles qu'on leur auoit donnees.

Le Lundy quatriesme Ianuier.

LE Roy, la Reyne, le Cardinal Mazarin, & les Princes allerent au Palais d'Orleans, à cause de l'indisposition de Monsieur le Duc d'Orleans; on dit que c'estoit pour tenir Conseil de guerre, & que l'on y menoit le Roy pour commencer à l'instruire aux affaires; mais ce fut pour faire consentir son Altesse Royalle à la sortie cy apres, à laquelle il n'auoit encor' pû se resoudre, & auoit donné sa parole de ne point sortir Paris, quand bien la Cour s'en iroit. Ce fut l'Abbé de la Riuiere qui luy fit changer de resolution, incité par la promesse du Cardinal Mazarin, qui l'asseuroit du Chappeau de Cardinal, s'il pouuoit gagner l'esprit de son maistre.

Le Mardy cinquiesme Ianuier.

CHacun ce iour là estoit en resiouyssance, pendant que la Cour tramoit ce qui arriua la nuit suiuante. Le Mareschal de Grammont donna à souper au Roy, il se fit vne Royauté contre la coustume de France de ne point faire Royauté en la maison du Roy, ny ou est sa Maiesté; il fit representer la Comedie, apres laquelle on mena coucher le Roy, lequel on ne laissa long temps en repos.

Le Mercredy sixiesme Ianuier.

CE iour sur les quatre heures du matin, le Roy Louys XIV. âgé de dix ans quatre mois est sorty de Paris, la Reyne, Monsieur le Duc d'Anjou, & le Cardinal Mazarin; & alla à sainct Germain: ceste sortie se fit en ceste sorte. Sur les trois heures du matin, Monsieur le Duc d'Orleans qui auoit les gouttes, se fit porter en chaire à la porte de la Conference, laquelle ayant fait ouurir, & pris les clefs d'icelle, il monta en vne chambre pour se chauffer: peu de temps apres, Messieurs le Prince, le Prince de Conty, Duc d'Enguyen, & le Cardinal Mazarin y arriuerent attendant la Reyne, laquelle ne tarda pas beaucoup apres à se rendre à ladite porte, auec le Roy, Monsieur le Duc d'Anjou, Monsieur de Villeroy, & Monsieur de Villequier Capitaine des Gardes du Corps: estans tous sortis du Palais Cardinal par la porte de derriere, quand ils furent tous assemblez, ils s'en allerent iusqu'au milieu du Cours où ils s'arresterent, & enuoyerent le sieur de Cominge faire leuer Mademoiselle, & luy porter ordre de Monsieur le Duc d'Orleans son pere, de monter presentement en carosse & les venir trouuer. Ils s'en allerent tous à sainct Germain, le Chancelier, les Secretaires d'Estat, & les autres Conseillers & Ministres partirent à la pointe du iour auant que personne fut aduerty de la sortie du Roy; Madame la Duchesse d'Orleans ne partit que sur les huict heures, auec grand regret, ayant tousiours resisté à ce voyage, & tiré parole de Monsieur son mary, qu'il ne partiroit point de Paris.

Si tost qu'il fut iour on sçeut par toute la ville que l'on auoit enleué le Roy, tout

tout le Bourgeois en fut esmeu, & au mesme temps se saisit de la porte S. Honoré, afin d'empescher que rien n'en sortit, si bien que pas vn Seigneur ne pût sortir; Madame de Longueuille demeura seule de toutes les Princesses.

Au mesme temps les Conseillers du Parlement allerent chez le premier President, ils s'assemblerent tous en la grande Chambre pour auiser ce qu'il y auoit à faire, on leur donna aduis que le Roy auoit enuoyé vne lettre à Messieurs le Preuost des Marchands & Escheuins de la ville de Paris, sur quoy ils manderent le sieur Fournier President des Esleus premier Escheuin, pour auoir communication de ceste lettre, il fit quelque difficulté de leur monstrer, mais en fin il l'enuoya querir, & la lecture en fut faite, en voicy la teneur.

A NOS TRES-CHERS LES PREVOST des Marchands & Escheuins de nostre bonne ville de Paris.

DE PAR LE ROY.

TRes-chers & bien amez, estant obligé auec vn tres-sensible déplaisir de partir de nostre bonne ville de Paris ceste nuict mesme pour ne pas demeurer exposé aux pernicieux desseins d'aucuns officiers de nostre Cour de Parlement de Paris, lesquels ayans intelligence auec les ennemis declarez de cét Estat, apres auoir attenté contre nostre authorité en diuerses rencontres, & abusé longuement de nostre bonté, se sont portez iusqu'à conspirer de se saisir de nostre propre personne. Nous auons bien voulu de l'auis de la Reyne Regẽte nostre tres-honorée Dame & Mere, vous donner part de nostre resolution, & vous ordonner comme nous faisons tres-expressément de vous employer de tout ce qui despendra de vous, pour empescher qu'il n'arriue rien en nostredite ville qui puisse en alterer le repos, ny faire preiudice à nostre seruice, vous asseurant, comme nous esperons que tous les Bourgeois & habitans d'icelle continueront auec vous dans le deuoir de bons & fidelles sujets, ainsi qu'ils ont fait iusques à present; aussi ils receuront de nous de bons & fauorables traitemens, nous reseruant de vous faire sçauoir dans peu de iours la suitte de nostre resolution, & cependant nous conseruer en vostre fidelité & affection en nostre seruice. Nous ne vous ferons la presente plus longue ny plus expresse. Donné à Paris le cinquiesme Ianuier 1649. signé LOVYS, & plus bas DE GVENEGAVD.

Il y auoit aussi trois Lettres, de la Reyne, de Monsieur le Duc d'Orleans, & le Prince de Condé, écrites audit Preuost des Marchands & Escheuins; portans que c'estoient lesdits Princes qui auoient conseillé au Roy sa sortie, & de ceste sorte, surquoy, Messieurs du Parlement, quoy que iour de feste, se seroient assemblez, comme dit est, sur les neuf heures en la Grande Chambre; & ayant deliberé, auroient au nombre de cent & vn donné Arrest, portant qu'il seroit pourueu à la seureté de la ville, & à ce qu'elle fut munie de viures; & à cét effet que les portes seroient gardées des corps de Gardes posez, & les chaisnes tenduës si besoin estoit. Enioint au Lieutenant Ciuil, & autres officiers de tenir la main, à ce qu'il fut apporté des viures en seureté à Paris; au Preuost des Marchands & autres officiers, d'aller à la conduitte d'iceux, & de faire retirer les gens de Guerre qui estoient dans les villes & villages à vingt lieuës à la ronde de Paris; & deffence ausdites villes de receuoir aucunes garnisons & gens de guerre; & auroient remis au lendemain *ad maius Senatus Consultum*, à deliberer sur ladite lettre.

Nota qu'il y auoit deux aduis ouuerts, l'vn par monsieur Broussel, l'autre par mõsieur Deslandes-Payen qui estoient conformes, sinon que monsieur Payen a adjousté les deffences aux villes à vingt-lieuës de receuoir garnison.

Addition. Monsieur le Coadjuteur de Paris auoit aussi receu vne lettre de cachet, portant ordre de se rendre aupres la personne du Roy à S. Germain; il tenta de sortir par plusieurs portes, mais elles estoient si bien gardées, & l'ordre y estoit si bien obserué, qu'il n'en pût venir à bout, non plus que plusieurs autres qui firent leur possible pour s'en aller.

Le Ieudy septiesme Ianuier 1649.

CE iour les Chambres assemblées, le sieur de la Sourdiere Lieutenant des Gardes du Corps, auoit apporté au Parquet de Messieurs les Gens du Roy, vne lettre de cachet à eux addressante, & leur a dit qu'il en auoit vne autre addressante à monsieur le premier President, & vn pacquet pour le Parlement; & ayant rendu la lettre addressante aux Gens du Roy, portant en substance que le Roy leur mandoit de dire à la Compagnie qu'il leur enjoignoit de se transporter à Montargis, & là estant y attendre les ordres: laquelle leuë ils auroient conduit ledit sieur de la Sourdiere à la grande Chambre; & ayant fait recit du contenu en ladite Lettre, & laissé le pacquet non ouuert, Messieurs ayant deliberé auroient premierement arresté de ne point receuoir ledit pacquet, & à l'instant apres auoir mandé le sieur de la Sourdiere & les Gens du Roy, ils luy auroient rendu sans auoir esté ouuert; & en suitte ayant deliberé sur les lettres du Roy, de la Reyne & des Princes, receuë le iour precedent, ils auroient ordonné que les Gens du Roy iroient trouuer la Reyne Regente à S. Germain de la part de la Compagnie, & la supplieroient de leur donner les noms de leurs calomniateurs pour estre procedé contre eux selon la rigueur des loix de l'Estat, & que cependant ils demeureroient tousiours assemblez; & que le lendemain Vendredy de releuée les Compagnies Souueraines seroient mandées & inuitées; Monsieur l'Archeuesque de Paris ou son grand Vicaire, monsieur le Gouuerneur de Paris, Messieurs les Preuosts des Marchands & Escheuins, & les Communautez, pour là estre tenuë police generalle pour la seureté de la ville, tant du dedans que du dehors, & pour la seureté des viures: Et le lendemain apres auoir entendu la responſe de la Reyne, estre deliberé à fonds.

Il y eût plusieurs de Messieurs, entre autres monsieur de Broussel, qui ouurirent l'aduis de prier la Reyne d'esloigner & chasser le Cardinal Mazarin. Messieurs Charton, Viole, Loisel, & autres iusques à douze furent de cét aduis, mais il auroit passé au premier.

Vn autre aduis qui fut celuy de monsieur Deslandes-Payen alloit à informer presentement contre lesdits calomniateurs, & à leur faire leur procez.

Vn autre alloit à faire vne Milice dans Paris, pour sortir à la Campagne, & faire retirer les troupes qui estoient aux enuirons de Paris.

Monsieur Loisel auroit rapporté l'exemple du Cardinal d'Amiens sous Charles VI.

Dudit iour de releuee.

LE mesme iour Messieurs Talon, Meliand, & Bignon, Aduocats & Procureur General seroient partis à quatre heures de releuée pour aller à S. Germain en Laye trouuer la Reyne Regẽte, & luy faire les remonstrances tres-humbles & supplications à eux ordonnées de faire par le Parlement, où ils seroient arriuez à sept heures du soir: & à l'instant de leur arriuée auroient fait aduertir la Reyne de leur arriuée, & demander audiance pour eux; elle leur auroit esté refusée, & seroient reuenus & retournez à Paris sans voir ladite Dame Reyne.

Addition. Messieurs de la Chãbre des Comptes eurẽt aussi vne lettre portant ordre d'aller tenir leur siege à Orleãs, sur quoy ils arresterẽt de deputer vers la Reine quatre Presidens & douze Maistres, pour sçauoir de sa Maiesté, le sujet de sa sortie, & luy faire les submissions de la part de toute la Compagnie.

Le Grand Conseil receut pareillement ordre d'aller à Mantes y faire la fonction de leurs charges, sur lequel Messieurs les Presidens & Conseillers ayant deliberé, & attendu que le lieu de leur siege n'est asseuré qu'autant de temps qu'il plaist au Roy, de ne leur pas commander de suiure, ils arresterent de se rendre audit lieu dans le Lundy dix-huictiesme du mesme mois, auquel iour & lieu l'audiance fut publiée ce iour la mesme; mais quelques iours apres ayant fait leurs efforts pour obtenir des passeports, & ayant esté refusez, ils enuoyerent à monsieur le Chancelier l'aduertir de leur diligence, & le prier de leur enuoyer ordre de faire exercer à Paris la fonction de leurs charges, ils n'eurent point de response sur ce dernier chef; si bien que dés le iour de ladite lettre le grand Conseil fut en vaccation & sans exercice.

Du Vendredy 8. Ianuier.

CE iour lesdits sieurs Gens du Roy ayant fait recit à la Cour les Chambres assemblées de leur voyage à S. Germain en Laye, & du refus fait par la Reine de les entendre, auroit donné Arrest, auquel il passa tout d'vne voix, hors-mis monsieur de Bernay qui alloit à renuoyer à la Reyne. Que tres-humbles remonstrãces seroient faites au Roy & à la Reyne. Et attendu que le Cardinal Mazarin estoit notoirement autheur des desordres de l'Estat & du mal present; la Cour l'auroit declaré perturbateur du repos public, ennemy du Roy & de son Estat, luy auroit enjoint de se retirer de la Cour dans ce iour, & du Royaume dans huitaine, & ledit temps enioint à tous sujets du Roy de luy courre sus, & deffences à toutes personnes de le receuoir.

Messieurs les Gens du Roy rapporterent aussi qu'arriuant à S. Germain ils trouuerent dés l'entrée ordre de ne passer outre, & que la Reyne ne les vouloit escouter; & qu'ayãt enuoyé à mõsieur le Chancelier le prier qu'ils luy pussent parler, on leur enuoya faire commandement de sortir sur l'heure du bourg de sainct Germain où ils estoient en vne hostellerie, en laquelle ils n'eurent pas la liberté de passer le reste de la nuit, estant desia onze heure du soir.

Addition. Il fut publié à Poissy vn Arrest du Conseil donné le Ieudy, portant deffenses de vendre des bœufs, moutons, ny autres viures aux Marchans de Paris, si bien que les Bouchers retournerent sans amener du bestail.

Dudit iour huictiesme de releuée.

LA Police generalle auroit esté tenuë à deux heures de releuée iusques à quatre heures & demye, par les deputez du Parlement, de la Chambre des Comptes, de la Cour des Aydes; Monsieur de Mont-Bazon Gouuerneur de Paris, le Preuost des Marchans, & Escheuins, les Communautez des six corps des Marchands; où il auroit esté arresté que ledit Preuost des Marchans & Escheuins donneroient & deliureroient les Commissions pour leuer des gens de guerre, pour faire venir des viures à Paris en seureté, & les escorter, tant gens de pied que de cheual, & ce par l'aduis de Messieurs Broussel, le Nain, Mesnardeau, & Payen-Deslandes Conseillers en ladite Cour.

Ce iour Messieurs Payen & Mesnardeau auroient esté faire inuentaire & description dans l'Arsenal, duquel la ville se seroit saisie, & y auroit enuoyé six cens hommes pour le garder, ensemble la riuiere de ce costé-là.

Ledit iour la Chambre des Comptes & Cour des Aydes auroient enuoyé leurs Deputez vers la Reine Regente à sainct Germain en Laye, pour asseurer le Roy & elle de leur fidelité & seruice, & pour supplier ladite Dame Reine de ramener le Roy à Paris, & ce fut le President l'Archer qui auroit fait les remonstrances de la part de la Chambre, & le sieur Amelot premier President en la Cour des Aydes de la part de ladite Cour, lequel auroit esté mal receu de ladite Reine, parce qu'il parloit en faueur du Parlement, se plaignant, que ceux qui estoient auprés de sa Majesté & qui la conseilloient, vouloient destruire la premiere Compagnie du Royaume, qui luy auroit mis la Couronne de la Regence sur la teste, & maintenu la famille des Bourbons: sur quoy la Reine l'interrompit, & demanda au President le Noir, si la Compagnie auoit donné charge de dire cela, lequel respondit que non, mais seulement de faire les submissions pour la Compagnie.

Ce mesme iour le sieur Fournier President des Esleus de Paris premier Escheuin, & vn autre Escheuin auec quatre Conseillers de Ville, auroient aussi esté deputez de la part de ladite Ville vers ladite Reine, pour l'aller asseurer & le Roy son fils de la fidelité de ses bons sujets de ladite ville au seruice de leurs Majestez, & de leur obeyssance, & l'auroient suppliée de vouloir ramener ledit Seigneur Roy son fils en ladite ville, & l'auroient excitée & exhortée à ce faire par les sentimens de tendresse, d'humanité, & de religion; mais toutes ces remonstrances n'auroient rien operé; ils firent ce voyage sur vne Lettre de Cachet qu'ils auoient euë le matin à l'Hostel de Ville.

Addit. La Reine leur dit qu'elle aimoit le peuple de Paris, ne luy vouloit point de mal, que le Parlement obeïssant elle retourneroit & rameneroit le Roy son fils en ladite ville, que le Parlement sortant par vne porte elle entreroit par vne autre.

Elle fit le mesme discours aux susdits Deputez de la Chambre, qui luy dirent que pour eux ils estoient prests d'aller à Orleans, quand il plairoit à sa Majesté de leur commander, sur quoy elle leur respondit qu'elle estoit satisfaite de leur obeïssance,

sance, mais que le Parlement estoit rebelle, & qu'elle sçauroit bien le chastier. Le Chancelier ayant pris la parole s'estendit fort sur ce mot de rebelle, & parla fort long-temps au desaduantage du Parlement: le President l'Archer qui auoit porté la parole ne reuint point à Paris, craignant estre blasmé de sa Compagnie & mal traicté du peuple.

Addit. On ne sçauoit point encore alors à sainct Germain l'Arrest qui auoit esté rendu le matin, la nouuelle n'en arriua que le soir à neuf heures, portée par le sieur de Noueau general des Postes, que ces Messieurs rencontrerent sur le chemin comme ils reuenoient.

Du Samedy neufuiesme Ianuier.

CE iour les Chambres assemblées le matin en la grande Chambre, Monsieur de Mont-Bazon Gouuerneur de la ville, & le sieur Fournier, vn autre Escheuin, & les quatre Conseillers de ville seroient venus, & y auroit ledit sieur Fournier fait le recit du voyage qu'il auroit fait à sainct Germain, en consequence de sa deputation vers la Reine, de ce qu'il auroit dit, & comme il n'auoit rien gagné; & auroient lesdits sieurs Gouuerneur, Escheuins, & Conseillers de ladite ville, protesté de viure & mourir pour le seruice du Roy, de la ville, & du Parlement, & de ne receuoir autres ordres que de ladite Compagnie, nonobstant la lettre du Roy qu'ils auoient receuë presentement, & ouuerte à l'Hostel de Ville, sur laquelle ils n'auoient pas voulu deliberer auant que de la communiquer à la Cour.

Cette lettre portoit en substance, Que le Roy en suite des deux premieres lettres qu'il auoit enuoyées audit Preuost des Marchans & Escheuins de Paris, touchant la translation du Parlement à Montargis, il leur enioignoit pour la troisiesme fois de le faire obeïr, pour raison de ce, attendu mesme qu'ils auoient les forces de ladite ville en leur puissance, & ce fait lesdits Officiers se seroient retirez.

Sur quoy ayant deliberé, & Monsieur le premier President ayant voulu representer à la Compagnie qu'il estoit raisonnable de donner du temps aux Officiers de ville, pour deliberer sur vne affaire si importante. Monsieur le President le Coigneux auroit pris la parole, & auroit dit au contraire qu'il n'appartenoit qu'à la Cour de deliberer sur telle matiere, & non aux Officiers de la Ville; & à l'instant mesme la Compagnie sans deliberer dauantage sur ladite Lettre, comme estant enuoyée inutilement & sans pouuoir estre effectuée, arresté d'vn commun consentement de faire vn fonds de deniers pour estre employez à leuer des troupes & des gens de guerre tant de pied que de cheual, & pour cet effect les vingt-quatre Conseillers du Parlement de la derniere & nouuelle creation auroient offert cent mille escus entre eux, à condition qu'ils seroient deputez, & traictez comme les anciens, ce qui auroit esté accordé & arresté: plus tout le corps de la Compagnie auroit offert deux cent mille escus; & outre ce chacun Conseiller auroit offert le double de la taxe payée lors du siege de Corbie, & à cette fin pour receuoir lesdits deniers, auroient commis Monsieur le Preuost, Conseiller, Clerc de la grande Chambre.

Dudit iour de releuée.

LA Police generalle auroit esté tenuë en la Chambre de sainct Louys, où les trois Compagnies Souueraines, Messieurs les Gouuerneur, Preuost des Marchans, & Escheuins, les six corps des Marchans & les Capitaines des quartiers, auroient iuré & protesté tous ensemble l'vnion & le secours mutuel & fidelité les vns enuers les autres, pendant lequel temps on auroit trauaillé à l'Hostel de Ville à deliurer les Commissions pour les leuées des gens de guerre, & indit l'assemblée des Chambres au lendemain Dimanche dixiesme du mois à huict heures du matin.

A la sortie de la grande Chambre quelqu'vn de Messieurs ayant dit en grondant & hautement, vne parole assez legere; sçauoir que la ville les vendoit; & cette parole ayant esté entenduë & recueillie, de quelqu'vn de la foulle du peuple qui estoit dans la sale du Palais, à l'instant mesme se seroit esleué vn grand bruit qu'il failloit noyer le Preuost des Marchans & les Escheuins, & aussi-tost chacun auroit couru dans la Salle croyant trouuer ledit Preuost des Marchans qui n'y estoit pas, mais à l'Hostel de Ville, où le peuple couroit, voulant entrer par force dans ledit Hostel, où arriua Monsieur le President de Nouion, deuant lequel ledit Preuost des Marchans ayant protesté de sa fidelité, & de ne receuoir ny obeïr à d'autres Ordres qu'à ceux de la Cour, ledit sieur de Nouion auroit asseuré ladite Cour, & se seroit rendu caution pour ledit sieur Preuost des Marchans son beau-frere; aussi-tost le sieur Fournier premier Escheuin estant descendu en la place de Greve, auroit dit tout haut & publiquement au peuple, que ledit sieur Preuost des Marchans venoit de prester le serment de fidelité au Parlement, & à l'heure mesme le peuple se seroit appaisé.

Addition. Le soir Monsieur d'Elbeuf alla à la ville offrir son seruice, on luy fit responce qu'il falloit s'addresser au Parlement: la nuict Messieurs le Prince de Conty, le Duc de Longueuille, le Marquis de Noirmonstier, & le Prince de Marsillac, s'estans presentez à la porte sainct Honoré pour entrer, donnerent l'alarme à toute la ville, quoy qu'ils vinssent pour la seruir; on mit des chandelles par tout aux fenestres, on fit des feux aux places, quoy que la verité fust bien-tost reconnuë: ces Messieurs demeurerent long-temps, par ce qu'il fallut aller querir les clefs chez Monsieur Broussel, on aduertit Monsieur le Coadjuteur qui les alla querir en son carosse, & les conduisit à l'Hostel de Longueuille où ils allerẽt se reposer. *Addit.* Les Allemands se saisirent de Charenton apres auoir pillé Bercy.

Du Dimanche dixiesme Ianuier.

CE iour à huict heures du matin les Chambres assemblées, on auroit eu aduis que Monsieur le Prince de Conty & Monsieur le Duc de Longueuille son beau-frere estoient arriuez de la Cour la nuict precedente, & descendus à l'Hostel de Longueuille. Monsieur le Duc d'Elbeuf accompagné du sieur Comte Drieux son second fils, & du sieur de Brissac beau-frere du sieur Mareschal de la Mailleraye, Sur-Intendant des Finances, seroit venu au Parlement, où il auroit pris sa place comme Duc & Pair; & là ayant offert son seruice à la Compagnie &

au public pour resister à la violence, dont les mauuais Conseillers de la Reyne s'estoient seruy pour ruiner l'Estat, il y auroit toutes les Chambres assemblées esté esleu General des armées du Roy sous les ordres du Parlement, dont il auroit esté à l'instant faire le serment à l'Hostel de Ville, où auroient encor esté deliurées plusieurs Commissions pour leuer des gens de guerre pour faire venir viures, & repousser les troupes qui estoient és enuirons, & à l'entour de Paris; sçauoir à sainct Denys & Charenton, ou estoient vingt Compagnies de cauallerie de Monsieur le Prince de Condé, qui empeschoient les viures de venir à Paris, à Aubervilliers, au Bourg la Reyne, & à sainct Cloud.

Dudit iour de releuée.

LEs Chambres s'estant assemblées dans la grande Chambre, Monsieur le Prince de Conty y seroit venu, & asseuré la Compagnie qu'il n'auoit ny Monsieur de Longueuille participé aux Conseils violens qui auoient esté tenus pour la sortie du Roy de Paris, ny pour ruiner la ville, & qu'il protestoit de vouloir respandre iusqu'à la derniere goutte de son sang pour le seruice de l'Estat, de la Compagnie, & du public; en suite de quoy Monsieur le Duc d'Elbeuf qui auroit aussi pris sa place, auroit pris la parole, & dit que la Compagnie luy ayant fait l'honneur de luy donner le tiltre & la fonction de General des armes du Roy sous les ordres du Parlement, & en estant en possession il ne le pouuoit abandonner qu'auec la vie; & que quoy que Monsieur le Prince de Conty Prince du sang & grand Prince, fust maintenant à Paris, que neantmoins il auoit rompu la glace, & auoit offert son seruice le premier, qui auroit esté accepté, & auquel il ne manqueroit iamais, dont il asseuroit encor la Compagnie, & ne croyoit pas qu'elle en doutast; à quoy toute la Compagnie auroit reparti tout hault & en confusion vniuersellement qu'il estoit General esleu des armes du Roy, sous les ordres du Parlement, & que l'on n'en deuoit pas douter: en suite de ce apres auoir donné l'Arrest d'iniontion aux troupes qui estoient sorties des garnisons & des places frontieres pour s'approcher de Paris, & le bloquer, de retourner & se retirer au delà de vingt lieües, sinon enioinct aux habitans des villes & villages & aux Communautez de leur courir sus, la Compagnie se seroit retirée.

Ce mesme iour auroit esté donné Arrest sur la remonstrance de Monsieur le Procureur General, par lequel il est ordonné que les prisonniers detenus pour debtes ciuiles & amendes pecuniaires, seroient eslargis pour trois mois, attendu la difficulté de plus donner du pain; & ce qui auroit esté executé.

Du Lundy vnziesme Ianuier.

CE iour les Chambres assemblées, & Monsieur le Prince de Conty, Messieurs les Duc d'Elbeuf, & de Brissac, estant en leurs places dans la grande Chambre, y seroit arriué Monsieur de Longueuille, lequel n'estant point Pair auroit pris place au dessus de Monsieur le Doyen de l'autre costé de Messieurs les Ducs & & Pairs, & vis à vis lequel seroit venu declarer à la Compagnie, qu'il seroit venu exprez de la Cour, pour venir offrir son seruice au public & à la Compagnie, auec protestation qu'il n'estoit poussé d'aucun interest particulier, & qu'il n'auoit autre but à prendre les armes que le seruice du Roy, l'appuy de l'Estat, & le bien public, pour lequel il vouloit viure & mourir, dont il asseuroit la Compagnie; & pour gage de sa parole, qu'il offroit pour ostages les deux personnes qui luy estoient les plus cheres, Madame sa femme sœur de Monsieur le Prince de Conty, & Mademoiselle sa fille, lesquelles il supplioit la Cour faire conduire à l'Hostel de Ville & les y garder.

Apres quoy Monsieur le premier President luy ayant fait remerciment pour toute la Compagnie, ledit sieur de Longueuille auroit reparti, qu'il reiteroit les protestations qu'il venoit de faire à la Compagnie, & que les paroles seroient suiuies d'effets, & qu'il donnoit asseurance de tout son Gouuernement pour le seruice du Roy, de l'estat, du public, & de la Compagnie.

En suite de ce

MOnsieur le Duc de Boüillon seroit entré en la grande Chambre, conduit par dessous les bras par deux Gentils hommes, à cause de son incommodité des gouttes, dont il estoit trauaillé, & se seroit assis au dessous de Monsieur de Longueuille; lequel apres auoir fait pareille protestation de seruice à la Compagnie, & tesmoigné que ce n'estoit point son interest particulier ny la pensée de son restablissement dans la ville de Sedan qui l'auoit obligé de prendre cette occasion pour venir offrir son seruice à ladite Compagnie, mais le seul motif du seruice du Roy & du bien de l'Estat, pour lequel il vouloit sacrifier sa vie, son honneur & son bien, ne voulant auoir ny posseder de bien que par la grande justice qu'il esperoit du Parlement, que seul il vouloit auoir pour iuge & pour arbitre.

Monsieur le premier President l'auroit pareillement remercié & complimenté fort ciuilement, & remonstré qu'en vne cause si importante il deuoit y auoir entre eux vne correspondance & vnion mutuelle, sans laquelle l'ordre ne pouuoit subsister.

A quoy auroit ledit sieur de Boüillon reparti, qu'elle seroit toute entiere de sa part, & que trauaillant sous la charge d'vn si grand Prince qu'estoit Monsieur le Prince de Conty, il ne manqueroit d'obseruer inuiolablement tous les ordres qu'il luy donneroit; & que de sa part pour asseurance de sa parole qui seroit suiuie de meilleurs effets, quoy que son corps fust, comme inutile en l'Estat qu'il estoit lors, il auoit fait venir quatre enfans masles qu'il donnoit pour ostages à la Compagnie, lesquels aussi bien que Madame & Madamoiselle de Longueuille auroient à cet effect esté conduits en l'Hostel de Ville par aucuns de Messieurs de la Compagnie.

Monsieur le Duc de Boüillon ayant cessé de parler, Monsieur le Duc d'Elbeuf auroit pris la parole, & reïteré de sa part les protestations de seruices par luy cy-deuant faites à la Compagnie, & dont il esperoit tesmoigner de veritables effets dans la fonction de sa charge de General des armes du Roy sous les ordres du Parlement, dont il auoit plû à la Compagnie de l'honorer, en laquelle il vouloit employer son sang, sa vie, celle de Messieurs ses enfans; & qu'il esperoit en donner des marques asseurées auec l'assistance de Monsieur le Duc de Boüillon, qui deuoit commander en chef toute la caualerie sous ses ordres, & que cela se deuoit faire sous la souueraine authorité du Parlement.

Sur quoy

Sur quoy estant meu vn bruit à cause du changement arriué en l'ordre & conduitte des armees par l'arriuée de monsieur le Duc de Boüillon, d'autant que le soir du iour precedent Messieurs le Prince de Conty, Duc d'Elbeuf & de Longueuille, s'estant veus, ils seroient demeurez d'accord que Monsieur le Prince de Conty seroit Generalissime des armees du Roy sous la conduitte du Parlement, que Monsieur le Duc d'Elbeuf seroit son General dans la Ville de Paris, & les 20. lieuës à l'entour, & que Monsieur de Longueuille le seroit hors vingt lieuës dans toutes les Prouinces du Royaume; & ce changement ayant fait naistre des difficultez & contestations, monsieur Mesnardeau Conseiller de la grande Chambre auroit remonstré hautement, qu'il falloit vuider ces difficultez: à quoy monsieur le premier President ayant dit que ces Messieurs les Princes y pouruoiroient entre eux dans deux ou trois heures, & que l'apresdisnée dudit iour la Compagnie se rassembleroit, & qu'alors il esperoit qu'ils seroient tous bien d'accord ensemble, ce dont il les supplioit de la part de la Compagnie.

Sur quoy monsieur le Preuost Conseiller d'Eglise auroit dit qu'il ne falloit point desemparer que cette contestation ne fust terminée, & que si la Compagnie se leuoit pour sortir, il declaroit qu'il abandonnoit la charge qu'elle luy auoit donné (qu'estoit de receuoir les deniers communs pour le secours de la ville) & qui ne s'en vouloit plus mesler: En suitte dequoy Messieurs ayant crié tous d'vne voix qu'il falloit demeurer, & que l'aduis dudit sieur le Preuost estoit tres-raisonnable, ces Messieurs auroient esté inuitez de s'accorder.

Sur ce monsieur le President de Mesme ayāt representé qu'en telles occurrences les affaires de cette qualité & importance n'estoient point ordinairement terminées par ceux qui y estoient interessez, & qu'ils se desmesloient & decidoient plustost par des tierces personnes qui mesnageroient l'accōmodement auec facilité, apres auoir examiné les interests de toutes les parties.

A quoy monsieur le President le Coigneux ayant adiousté, que si ces Messieurs les Princes auoient agreable de proposer chacun en particulier leurs pretentions, difficultez & interests à quelques vns de la Compagnie, & à cette fin les vns & les autres trouuoient bon de se separer & retirer dans quelqu'vne des Chambres des Enquestes, & quelques vns de Messieurs les Presidents auec eux pour conferer ensemble & negotier cet accōmodement, qu'il esperoit que cela reussiroit à la satisfaction des vns & des autres, & du public: ce qui auroit esté à l'instant executé: Messieurs le Prince de Conty & Duc de Longueuille estans entrez dans la quatriesme des Enquestes: & Messieurs les Presidens le Coigneux & de Nesmond, monsieur le Duc de Boüillon estans demeurez quelque temps prés de la cheminée auec monsieur le President de Nouion, & monsieur le Duc d'Elbeuf estant allé dans la deuxiesme Chambre des Enquestes accompagné de monsieur le President de Bellieure, auquel sieur Duc d'Elbeuf comme il sortoit de la grande Chambre, Messieurs ayant dit qu'ils le supplioient de s'accōmoder, il auroit respondu, les autres ne me sçauroient rien donner, il n'y a que moy qui puis donner. Sur ce monsieur le Mareschal de la Motte-Hodancour seroit entré dans la grande Chambre, & se seroit assis du costé ou estoient lesdits sieurs de Longueuille & de Boüillon au dessus de Messieurs les Conseillers clercs, & là auroit pareillement offert ses seruices à la Compagnie pour le bien de l'Estat & du public, & tesmoigné qu'il auoit subiect de ressentiment du mauuais traitement que luy auoit

D

fait le Cardinal Mazarin, & qu'il ne rendroit pas moins de preuues, de sa fidelité que de son courage, comme il auoit tousiours fait aux occasions, veu qu'en celle-cy il s'agissoit du seruice du Roy, de la conseruation de l'Estat, & du bien public : dont monsieur le premier President l'auroit remercié pour toute la Compagnie en termes fort ciuils, le tout auec grande presence d'esprit. Enfin apres diuerses conferences, allées & venuës, les susdites difficultez se seroient terminées ainsi qu'il auroit esté rapporté par Messieurs le Coigneux & de Belieure en la maniere qui s'ensuit. Sçauoir est,

Que Monsieur le Prince de Conty seroit Generalissime des armes du Roy, & qu'il ne bougeroit de Paris, & viendroit prendre sa place à toutes occasiōs: Monsieur le Duc de Longueuille ne prendroit aucun titre ny aucune charge, sinon qu'il assisteroit ledit sieur Prince de Conty de ses bons cōseils: Que Messieurs les Ducs d'Elbeuf, de Boüillon, & Mareschal de la Motte seront tous trois Lieutenans Generaux dudit sieur Prince de Conty auec égalité de commandement chacun son iour, & que monsieur d'Elbeuf commenceroit, & Messieurs ses Enfans auroient les premiers emplois, qui continueroient les iours mesmes que commanderoient les deux autres : Que ledit sieur d'Elbeuf auroit la premiere seance au conseil de guerre qui se tiendroit chez ledit sieur Prince de Conty, en suitte dequoy ledit sieur Prince ayant accepté la charge de Generalissime, & en ayant remercié la Compagnie, auroit protesté qu'il ne l'acceptoit que pour l'exercer sous les ordres & l'authorité du Parlement, & qu'il en faisoit ses submissions.

Ce iour la Police generalle ne se seroit point tenuë l'apresdisnée, à cause qu'il estoit deux heures apres midy quand la Compagnie se retira.

Addition. Le grand Conseil, & la Chambre des Comptes, auec Messieurs les Presidens, ont fait la somme de cinquante deux mil liures toute la Compagnie.

Du Mardy douziesme Januier au matin.

CE iour les Chambres assemblées à l'ordinaire, ou l'on n'auroit fait autre chose que des reglemens pour la Police, tant des gens de guerre que de la ville de Paris, & y auroit esté donné Arrest contenant les retrenchemens pour la seureté de la ville & faux-bourgs, on a proposé de mettre le tault & le prix au bled, lequel auroit esté arresté de regler à quinze sols le meilleur, douze sols le metail, & dix sols le segle, & auroient esté commis monsieur Quelin & Bitault Conseillers, pour se transporter aux Prieurez de S. Martin des Champs & de S. Lazare, ou s'estant transportez, ils auroient trouué à S. Martin des Champs 100. muids de bled, & des armes pour armer 8000. hommes, & à S. Lazare 150. muids de bled tant en grain que farine, & le tout ordonné estre vendu & distribué au public.

Comme aussi auroient esté commis Messieurs Laisné & le Clerc de Courcelle, Conseillers en la cinquiesme, & Loisel de la premiere, pour aller faire Inuentaire des deniers qui se trouueroient chez les nommez Vanelli, Cantarini, & Serantoni Banquiers du Cardinal Mazarin, pour voir & visiter leurs liures, & en dresser procés verbal.

Auroit aussi esté arresté de permettre la sortie du bagage du Roy & de la Reyne Regente sa Mere, de Monsieur le Duc d'Orleans, de Madame sa femme, & de Mademoiselle; & pour cét effet deux de Messieurs commis pour les faire sortir & escorter par des Compagnies de la ville, ce qui auroit esté fait & executé l'apres-disnée.

Il auroit aussi esté proposé d'y donner seance à Monsieur le Coadjuteur, afin de faire voir l'vnion de l'Eglise & de la Iustice, mais ceste proposition n'auroit point passé, ayant esté representé par quelques-vns de la Compagnie, & notamment par Monsieur le President de Mesmes, qu'il en falloit parler auparauant à Monsieur l'Archeuesque son Oncle, sçauoir s'il l'agréeroit.

Le mesme iour on auoit en continuant la batterie dressée contre la Bastille dés le iour precedent, tiré deux coups de canon, qui auroient fait bresche, & le sieur du Tremblay Gouuerneur d'icelle, a esté sommé de la rendre, lequel auroit promis qu'au cas que de la Cour on ne luy enuoyast du secours dans le Ieudy quatorziesme dudit mois à midy, il la rendroit, ensuite dequoy on auroit continué de la battre.

Ledit iour de releuée.

L'On auroit tenu la police generalle à l'ordinaire, & ce pour regler le prix des armes & de la poudre que l'on suruendoit aux Bourgeois & soldats.

Addition. Monsieur le Prince deslogea de Charenton, & des enuirons d'iceluy, laissant ce costé là libre, & alla se poster à S. Denys, ayant pris quatre pieces de canon au chasteau de Vincennes; il mit audit S. Denys partie de ses troupes commandées par le Mareschal du Plessis, ayant laissé l'autre partie à S. Cloud & és enuirons, dont il donna le commandement au Mareschal de Grammont, & au sieur de Palluau son Lieutenant General.

Du Mercredy treiziesme Ianuier.

LEs Chambres se seroient assemblées à l'ordinaire, & y auroit esté arresté de donner 20000. liures à la Reine d'Angleterre, & de les deliurer à son Tresorier, attendu le besoin qu'elle en auoit, n'ayant esté payée depuis six mois de ses pensions, ce qui auroit esté le iour mesme executé.

Auroit aussi esté donné Arrest, par lequel auroit esté ordonné que tous les biens, meubles, & immeubles du Cardinal Mazarin seroient saisis à la Requeste du Procureur General, à la diligence de ses Substituts.

Monsieur Laisné auroit en suitte fait rapport de son procés verbal, de ce qu'il auoit fait chez Vanelli, Cantarini, & Serantoni, chez lesquels ils se seroit transporté auec les deux autres Conseillers commis, & dit à la Cour n'auoir troué chez eux aucuns deniers, ny mesme leurs liures qu'ils auoient diuertis & transportez.

Apres lequel rapport sur la proposition qui auroit esté faite par aucuns de Messieurs. Il auroit esté donné Arrest, portant que quelques-vns d'entr'eux se transporteroient par les dixaines, & donneroient ordre aux Dixainiers de voir & visiter les maisons de ceux qui pourroient donner de l'argent, & regler leurs taxes.

En suitte dequoy.

MOnsieur le Prince de Conty estant venu, & pris sa place dans la Compagnie, ayant parlé de la continuation de la batterie de la Bastille, & qu'elle n'estoit pas encore renduë; mais qu'elle ne pouuoit pas encor tenir long temps; Monsieur le premier President luy auroit dit de la part de la Compagnie, qu'elle le prioit de mettre vn Conseiller de la Cour dedans pour en auoir soin, à quoy ledit sieur Prince auroit reparty, qu'aussi tost qu'elle seroit prise, ladite Cour y mettroit tel qu'il luy plairoit, & en auroit l'entiere disposition, estant resolu de luy obeïr absolument, apres quoy la Cour se seroit releuée.

Et aussi tost la Cour leuee seroit venu l'aduis que la Bastille seroit renduë à midy, ce qui se seroit trouué veritable, & en seroit sorty le sieur du Tremblay Gouuerneur, & vingt-deux soldats, ausquels on auroit donné escorte pour sortir, & les conduire hors de la ville, & y seroit entré en garnison deux Compagnies de la ville, sçauoir celle de Messieurs Portail, & le Fevre, & enuiron la mesme heure seroit arriué Monsieur le Duc de Beaufort en ceste ville de Paris à cheual, luy troisiesme, & auroit descendu chez les Prudhommes Estuuistes.

Dudit iour de releuée.

L'On auroit tenu la police à l'ordinaire en la Chambre S. Louys, & au Conseil de la ville, où estoient les Princes & Generaux, Messieurs du Parlement, entre lesquels y a assisté Monsieur le President de Mesme, ensemble les Deputez des autres Compagnies Souueraines, & les Officiers de la ville; Monsieur le Prince de Conty y auroit proposé Monsieur de Broussel Conseiller en la grande Chambre, pour Gouuerneur de la Bastille, & le sieur de Louuiere son fils pour son Lieutenant, & auroit encore prié ledit sieur de Broussel d'accepter ledit Gouuernement, à quoy la modestie dudit sieur de Broussel auroit resisté quelque temps, neantmoins son zele & sa grande affection au seruice du Roy luy auroit fait consentir, pourueu que sa Compagnie le trouuast bon.

Le Ieudy quatorziesme Ianuier.

LEs Chambres s'estans assemblées à l'ordinaire, où se seroient trouuez Messieurs le Prince de Conty & Ducs d'Elbeuf & de Longueuille, & Monsieur de Conty ayant fait recit du choix qu'il auoit fait sous l'aueu de la Compagnie de Monsieur Broussel pour Gouuerneur de la Bastille, & du sieur de Louuiere son fils pour son Lieutenant, la Cour l'auroit tres-humblement remercié & approuué ce choix vniuersellement, apres quoy ledit sieur de Broussel en auroit rendu graces audit sieur Prince de Conty, & à toute la compagnie, & auec des paroles pleines de modestie & de ferueur tout ensemble, auroit donné des asseurances certaines de sa fidelité & affection, & zele

de

de luy & de son fils au veritable seruice du Roy, dont la Cour par la bouche de Monsieur le premier President luy auroit dit qu'elle n'en auoit iamais douté.

Apres quoy il se seroit parlé de la taxe qui auroit esté faite aux soldats, sçauoir à chaque caualier quarante sols, & à chacun homme de pied dix sols.

En suitte Monsieur le Duc de Beaufort auroit presenté sa Requeste à la Cour, afin d'estre receu à se purger & iustifier de l'accusation contre luy intentée par le Cardinal Mazarin, d'auoir conspiré contre sa personne & sa vie, & demandé qu'il fut passé outre à l'instruction & iugement de son procés : sur laquelle la Cour, les Chambres assemblées ayant ordonné le soit monstré à monsieur le Procureur General, ledit sieur auroit declaré qu'il ne l'empeschoit pour le Roy ; & à l'instant ayant esté ladite requeste rapportée à monsieur le Cheualier à la grande Chambre, & monsieur le premier President l'ayant fait prendre par monsieur Ferrand pour en faire lecture, icelle ayant esté faite, & quelques vns de Messieurs ayant dit qu'il le falloit interroger, monsieur le Bousts auroit reparti, qu'il n'y auoit point de decret, & qu'il falloit voir les informations auparauant pour voir ce qu'il y auroit à faire, & auroit dit à Messieurs Cheualier & Ferrand de les prendre & les voir.

Et la Cour s'estant leuee, Monsieur le Duc de Beaufort seroit venu au Parquet de Messieurs les Gens du Roy, accompagné de Messieurs de la Naune & Coulon, Conseillers, lesquels Monsieur le Procureur General ayant fait seoir aupres de luy, ledit sieur de Beaufort, apres leur auoir fait compliment, les auroit suppliez de luy faire iustice, & luy faire promptement, afin qu'il pût estre en estat de seruir le Roy, l'Estat, & le Parlement ; ce que Messieurs les Gens du Roy luy auroient promis.

En suitte, Monsieur le Duc d'Elbeuf ayant dit qu'il estoit resté des Prisonniers dans la Bastille, dont il auoit pris la liste, laquelle il auoit baillé presentement à Monsieur le premier President, la Cour auroit commis Messieurs Ferrand & Doujat pour s'y transporter auec vn des Substituds de Mõsieur le Procureur General pour les ouyr & interroger, ce qu'ils auroient fait ledit iour de releuee.

Addition. Monsieur le Prince se saisit de Lagny, & en donna le gouuernement au Baron de Persan, il auoit aussi Corbeil ; parce que le Gouuerneur beaufrere du President de Bailleul, y auoit laissé entrer garnison.

Monsieur le Duc de Luines, & le Marquis de Vitry arriuerent à Paris offrir leur seruice au Roy, & pour la liberté publique, contre les efforts tyranniques du Cardinal Mazarin.

Du Vendredy quinziesme Ianuier.

Ce iour les Chambres assemblées, l'on auroit proposé l'ordre que Messieurs de la grande Chambre deuoient tenir pour emprunter les 50000. liures portez par l'Arrest du neufiesme Ianuier audit an, & arresté que quatre de Messieurs les Presidens au Mortier, & quatre Conseillers de la grande Chambre s'obligeroient tant en leur nom, que comme ayans pouuoir par procuration pour tous les autres.

Apres quoy Monsieur le Procureur General ayant enuoyé à ladite grande Chambre les conclusions par luy prises au procés de Monsieur de Beaufort, consistant en la seule commission pour luy faire son procés, à la Requeste dudit Procureur General, & des charges & informations, & repetitions de tesmoins ouys en icelles, les Conclusions portant qu'il n'empeschoit le procés estre iugé, ainsi que la Cour verroit estre à faire par raison; & ayant esté deliberé s'il seroit iugé les Chambres assemblées, ou par la grande Chambre seule, il auroit passé à le iuger en ladite grande Chambre seule; attendu qu'il n'auoit pas encor esté receu, ny presté le serment de Duc & Pair au Parlement: en suitte dequoy, Messieurs des Enquestes s'estans retirez, la grande Chambre auroit vacqué le reste de la matinée à iuger ledit procés, auquel incidemment ledit sieur de Beaufort ayant presenté Requeste à la Cour, afin d'estre receu appellant de la procedure contre luy faite par deux Maistres des Requestes, & opposant à l'execution de la Cour, qui auoit ordonné cy deuant la repetition des tesmoins ouys, & informations contre luy faites par lesdits Maistres des Requestes: la Cour auroit donné Arrest, par lequel sans auoir égard à ladite Requeste, faisant droit au principal, auroit enuoyé ledit sieur de Beaufort absous de l'accusation contre luy intentee, sauf à luy à se pouruoir pour ses dommages & interests contre qui, & ainsi qu'il aduiseroit bon estre.

Ce fait Messieurs des Enquestes seroient rentrez dans ladite grande Châbre, ou auroit esté proposé de saisir & d'arrester tous les deniers Royaux estās dans les receptes generales & particulieres, & des parties casuelles & autres, tant de ceste ville, que des Prouinces du Royaume; & parce qu'il estoit tard, il auroit esté remis à deliberer.

Dudit iour à deux heures de releuée.

CE iour sur les trois heures les Chambres s'estans assemblées, & quelques vns de Messieurs les Presidens estans venus fort tard, & la Compagnie estant preste de se leuer sans rien mettre en deliberation, le Bailly de S. Germain auroit demandé d'estre entendu sur quelques aduis qu'il auroit à donner à la Cour, qui estoit qu'il y auoit quantité de coureurs, voleurs & vagabonds, qui voloient és enuirons du Fauxbourg S. Germain, & empeschoient qu'aucuns viures n'y entrassent, & commettoient toutes sortes de brigandages, vols, & violemens de femmes & filles, offrant à la Cour de leur courre sus, & de les aller prendre sans demander ny argent, ny hommes pour cét effet; ains seulement que la Cour eust agreable de luy en donner la commission; sur quoy M. le premier President luy ayant dit, que la Compagnie ne doutoit point de son courage, mais qu'il estoit necessaire qu'il demeurast dans ledit Faux-bourg, afin de pouruoir à sa seureté, & qu'il y auoit du peril à l'abandonner; & quelques-vns des Messieurs ayant neantmoins approuué l'offre dudit Bailly, & dit qu'il falloit l'accepter, & luy donner la Commission qu'il offroit luy-mesme de prendre, puisque c'estoit pour le seruice du public: sur ce Monsieur le premier President & Monsieur le President de Mesmes ayant representé que ce n'estoit pas de la Compagnie qu'il deuoit prendre cette Commission, & que Messieurs les Generaux & Deputez qui estoient à la ville au Conseil de guerre y pourroient pouruoir, veu mesme qu'y ayant du peril à luy & à ceux qu'il meneroit d'estre repoussez s'il n'estoit escorté & secouru de quelques Compagnies de gens de pied, qu'on luy pourroit donner; La Cour auroit donné ordre d'aller au Conseil de la ville faire ses offres, & auroit à cette fin deputé Monsieur le Cocq Conseiller pour le conduire & representer.

En suite de ce Mōsieur Violle Presidét de la quatre des Enquestes, ayant dit auoir vne lettre en ses mains escrite de sainct Germain par Monsieur le Prince de Condé, addressante à Monsieur de Boüillon, lecture en auroit esté faite à la Compagnie, laquelle lettre portoit en substance, qu'il apprehendoit que la retraite de Monsieur le Prince de Conty & Duc de Longueuille ses frere & beau-frere de S. Germain, ne fit croire audit sieur de Boüillon qu'il auoit trempé en ce dessein, faisoit qu'il luy en auoit bien voulu donner aduis par ladite lettre, par laquelle il le prioit de sortir de Paris, pour ne pas s'engager dans le party qu'il auoit pris, & quand il en voudroit separer l'interest du Roy & de l'estat, que le sien y estoit tout entier, & qu'il ne pouuoit l'obliger plus sensiblement, que d'aller à S. Germain, où il trouueroit toutes les affaires faites au point qu'il les auoit souhaittees, le suppliant de luy faire l'honneur de se croire son tres affectionné seruiteur, Louys de Bourbon.

Aprez la lecture de laquelle lettre, Messieurs de Baresme & André Conseillers au Parlement de Prouence, & deputez de leur Compagnie, auroient fait demander à la Cour d'y estre entendus; ce que la Compagnie ayant aggreé, ils seroient entrez & pris place au Bureau, entre Messieurs le Prestre & Doujat Conseillers de la grande Chambre; & là ledit sieur Baresme comme le plus ancien, auroit porté la parole, & dit à la Cour que leur Compagnie les auoit deputez vers elle pour lui demander son assistance & son secours, & la supplier d'auoir compassion d'vne Compagnie de miserables que la violence & le malheur du temps passé & du present tenoit dans l'oppression; & aprez auoir supplié la Cour lui permettre de faire le recit sommaire de leurs malheurs, il lui auroit representé que cette violēce auroit commencé par vne Chambre des Requestes, que l'on auroit estabili par vn Edict en leur Parlement, lors de la lecture duquel y ayant eu dix-sept des Messieurs de leur Compagnie d'aduis de faire tres-humbles remonstrances au Roy, cet aduis les auroit rendu Criminels, & en auroit fait interdire quarante-cinq de leur Compagnie; de sorte que ces nouueaux Commissaires sans estre pourueus desdits Offices, ains seulement de ces simples Commissions, n'auroient pas laissé de les exercer, & de prendre rang & sceance dans la Compagnie; & pour passer des malheurs passez aux miseres presentes, auroit representé la violence du restablissement du Semestre en leur Parlement, par vn Edict non verifié, ausquels les anciens Conseillers ayant resisté courageusement, seize d'entre eux auroient esté exilez auec leurs femmes & enfans depuis treize mois; & voyans qu'il falloit ceder à la violence, & qu'ils ne pouuoient empescher l'execution de ce Semestre, qu'en se redimant de cette oppression par vne immense somme de deniers, ils auroient enuoyé leurs deputez en Cour, où ayant offert vne somme de 900000. liures qui est la plus grande somme que iamais aucun Roy ait exigé, ils auroient esté receus en leurs offres, moyennant lesquelles on leur auroit promis de reuoquer ce Semestre: mais tant s'en faut qu'on leur aye tenu parole, qu'au contraire leurs Deputez estans reuenus à la Cour le quatriesme Decembre dernier 1648. pour executer leur Office, l'audiance leur auroit esté refusée :& le 28. du mesme mois on leur auroit fait signifier vn Arrest du Conseil, portant confirmation de ce Semestre, duquel s'estans plains auec raison, quoy que le peuple, si le Gouuerneur de la Prouince en eust esté absent, & eust fait lui mesme la reuocation, on leur auroit donné parole de ne le point executer s'ils vouloient augmenter la somme par eux promise de 300000. liures, à quoy se voyans forcez par la necessité du temps, & de deuenir eux mesmes Partisans de leurs malheurs, ils s'y seroient soubmis ; & apres toutes ces promesses & asseurances données, on leur auroit encor manqué de parole ; de sorte qu'ayant eu aduis, de la Declaration du mois d'Octobre dernier, par le quinziesme article de laquelle, ils auroient nommément pourueu, au restablissement des Officiers depossedez : C'est ce qui les auoit obligez d'auoir recours à la Cour, à laquelle ils auoient eu la pensée & le dessein de s'addresser dés le mois de Iuillet dernier ; mais ayant eu l'honneur d'en conferer auec quelques-vns de Messieurs du Parlement, qui leur auroit fait connoistre que la jurisdiction de la Compagnie ne s'estendant point hors de son ressort, & dans celui d'vn autre Parlement, ils ne pouuoient auoir recours qu'à la souueraine puissance du Roy pour leur estre pourueu, mais maintenant que le Parlement auoit la puissance de secourir les miserables, ils le venoient implorer & supplier dauoir compassion de leurs miseres, & d'assister vne Compagnie qui en auoit eu vne extréme de celle du Parlement dans ces derniers temps, qu'apres auoir esté traictez auec tant de violence, apres auoir esté exilez de leur pays, chassez de leur Compagnie, eux leurs femmes & enfans, despoüillez de leurs biens, priuez d'honneur, ils esperoient trouuer leur refuge en cette Compagnie, laquelle en les assistant de sa puissance & protection, soulageroit vn peuple des Impositions dont ils estoient surchargez, conserueroient à la Compagnie ses Priuileges ; & eux donnoient leur foy & leur parole à la Compagnie, quoy que la Cour ait cy-deuant tesmoigné que sa jurisdiction ne s'estendoit pas hors son ressort, que son Arrest y seroit executé auec autant d'obeïssance & de respect que dans le ressort du Parlement.

A quoy Monsieur le premier President prenant la parole, ayant reparti que la Compagnie ne leur desniroit iamais l'assistance qui estoit en sa puissance, que cela despendoit de la resolution commune de la Compagnie, laquelle, en les conseruant se conserueroit elle-mesme.

Du Samedy seiziesme Ianuier 1649. au matin.

CE iour la Cour toutes les Chambres assemblées, les Gens du Roy ont dit que les Recteur & supposts de l'Vniuersité estoient au Parquet des Huissiers, demandoiét à parler à la Cour; entrez qu'ils furẽt, le Recteur portant la parole, parlant en latin, ont dit, que pour le seruice public ils venoiét offrir la somme de dix mille liures pour tous les corps : suplioient la Cour les conseruer en leurs priuileges : Monsieur le premier President leur a respondu aussi en latin ; que la Cour acceptoit leur offre, & qu'ils se pouuoient asseurer qu'elle les conseruera en tout ce qui dependra d'elle.

Ce iour ont esté commis Messieurs Meliand & Doujat Conseillers en ladite Cour, pour visiter les armes qui se trouueront en ceste ville auec personnes & gens à ce connoissans, pour sçauoir le iuste prix desdites armes, pour sur le rapport y estre pourueu : ont esté aussi commis Messieurs le Meusnier, Seuin, & Paluau Conseillers, pour faire la mesme chose à l'esgard des cheuaux, afin qu'ils ne soient vendus que leur iuste prix.

Ladite Cour deliberant sur plusieurs propositions faites au sujet des affaires presentes, a arresté & ordonné, que l'Assemblée sera faite ce iourd'huy de releuée en la maison de monsieur le premier President, auec vn des Deputez de chacune Chambre des Enquestes & Requestes, vn Maistre des Requestes & des deputez de chacune Compagnie Souueraine de la Chambre des Comptes, grand Conseil, & Cour des Aydes, auec deux Tresoriers de France à Paris; laquelle assemblee sera faite & continuee par chacun iour à ladite heure pendant huitaine ; & apres sera de semaine en semaine continuee en la maison de chacun President de ladite Cour, & seront deputez d'autres Conseillers d'icelle qui seront pris de huitaine en huitaine, selon l'ordre du tableau, pour tenir Conseil, concerter & auiser par quel moyen l'on pourra faire subsister les Compagnies qui seront leuees, & de quel fond l'on pourra faire estat, dont sera fait rapport en ladite Cour chacun iour, & par elle ordonner ce qu'il appartiendra.

Addition. Le Mareschal de l'Hospital qui commandoit dans sainct Denys, en partit pour aller en Champagne, l'asseurer au party du Cardinal, & aussi pour y faire des leuees des gens de guerre : le Mareschal du Plessis fut mis en sa place pour commander les troupes de ce poste là, lesquelles pilloient & violoient aux enuirons auec plus de licence, que des Turcs ne feroient sur des Chrestiens : la ville de S. Denys mesme ne fut pas exempte de pillage, les Allemans ayant en fin contraint presque tous les habitans de l'abandonner, & ainsi les enuirons de Paris iadis si agreables, commençoient d'estre semblables aux frontieres si fort aduancees, ou tous les ans les deux armees ennemies ont de coustume de passer.

Les enuirons de la ville de S. Cloud estoient encor aussi mal traitez par les Polonis, commandez par le Mareschal de Grammont, & le sieur Palluau; & il sembloit que ces deux nations Allemans & Poulonnois n'estoient en France que pour en piller & ruiner la plus belle & principalle partie.

F

La ville deLagny fut surprise par le Baron de Persan, qui y mit garnison pour le Cardinal Mazarin: il auoit fait sortir le Maire d'icelle sur sa parole, pour luy parler, & le retint, feignant le vouloir faire mourir si les habitans ne luy liuroient la place, ce qu'ils aymerent mieux, que d'exposer leur Maire à la mercy d'vn homme qui n'eust pas fait plus de conscience de le faire mourir, que de fausser sa foy & sa parole, & violer le droit des gens, & ainsi ceste ville receut garnison & pareil traitement que les autres.

Du Dimanche dixseptiesme Ianuier, de releuée.

CE iour la Cour toutes les Chambres assemblees, le Duc de Chevreuse estant en sa place a dit à la Cour, qu'il venoit l'asseurer de toute assistance & seruice: monsieur le premier President l'a remercié pour toute la Compagnie.

Monsieur le premier President a dit à la Cour toutes les Chambres assemblees, que suiuant la deliberation du iour d'hier, auoit esté tenu conseil en sa maison, ou se seroient trouuez les deputez de la grande Chambre des Enquestes & Requestes, vn President des Comptes, & quatre Maistres des Comptes des deputez de la Cour des Aydes, & deux Tresoriers de France; Que audit Conseil il auoit exposé la proposition faite en la Cour, que les deputez de la Chambre des Comptes & Cour des Aydes, n'auroient aucune charge de leur Compagnie, qu'ils y feroient entendre laditeproposition, & en donneroient responsepour demain de releuee. Ce fait auroit esté proposé d'escrire au Parlement & aux villes du Royaume, leur faire entendre les iustes raisons par lesquelles le peuple de Paris a esté necessité de prendre les armes pour la deffence legitime contre le Cardinal Mazarin, & empescher la ruine de l'estat, afin d'inciter vn chacun de prendre le mesme interest, & se ioindre à ce bon dessein; la matiere mise en deliberation, Surquoy

Ladite Cour a arresté qu'il sera dressé vne lettre & remonstrance, lesquels auec les Arrests de ladite Cour donnez depuis le sixiesme de ce mois, seront à la diligence du Procureur General du Roy enuoyez à tous les Parlemens de France, & à toutes les villes, bourgs, & bourgades, Baillifs, Seneschaux, & autres officiers du Royaume.

Du Lundy dixhuitiesme Ianuier du matin.

CE iour le Duc de Luines a dit à la Cour, toutes les Chambres assemblees, qu'il venoit asseurer la Cour de toute assistance & seruice. Monsieur le premier President l'a remercié pour toute la Compagnie.

Puis la Cour ayant deliberé sur le rapport fait par l'vn des Conseillers d'icelle, de la proposition faite au Conseil de guerre en l'Hostel de Ville, de prendre tous les Cheuaux estans en cette ville, appartenans à ceux qui sont absens & aux Forains. A arresté que deux Conseillers de ladite Cour les plus anciens en chacun quartier de cette Ville & Faux-bourg, & à la diligence du Quartenier, feront procez verbal de tous les Cheuaux des absens de cette Ville & des Forains, pour lesdits procez verbaux veus & raportez estre par la Cour ordonné ce qu'il appartiendra. Cependant fait deffenses de destourner aucuns Cheuaux, à peine aux contreuenans de confiscation.

Apres quoy ont esté leuës deux Lettres, l'vne pour envoyer aux Parlemens, & l'autre à toutes les Villes, Baillifs, Seneschaux, leurs Lieutenans, Maires, Escheuins, Iurats, Consuls, Capitoux, & autres Officiers: & les Gens du Roy mandez, ont esté chargez de les enuoyer en diligence par toutes les Prouinces du Royaume; sçauoir auec celle escrite aux Parlemens; autant de la lettre escrite aux Villes, & les deux Arrests de ladite Cour y mentionnez, & auec ceux des Villes & Officiers, autant de la Lettre escrite au Parlement auec lesdits Arrests, desquelles Lettres la teneur ensuit.

MESSIEVRS, Nous jugeons bien que vous aurez apris par le bruit commun, ce que les siecles auenir auront peine de croire, que dans le temps, où il y auoit lieu d'esperer quelques bons effets de la Declaration que nous auions procurée pour restablir l'ordre dans l'Estat, & soulager la misere des Peuples. Le Cardinal Mazarin a enleué le Roy de Paris à trois heures apres minuict, & fait inuestir ladite Ville; ce qui a mis l'estonnement & la crainte dans l'esprit des gens de bien: & pour donner pretexte à vne action si estrange, il a fait escrire vne Lettre au Preuost des Marchands & Escheuins de cette Ville, par laquelle il nous accuse d'auoir eu intelligence auec les Estrangers, pour leur mettre entre les mains la personne du Roy, qui est vne calomnie qui se destruit assez d'elle-mesme, & dont n'auons besoin de nous iustifier; mais de vous informer que le dessein dudit Cardinal Mazarin n'a autre but que d'opprimer & aneantir le Parlement & la Ville de Paris, afin qu'vne oppression commune d'assujettir les autres Prouinces du Royaume, & establir sa tyrannie au poinct de se rendre maistre de ce qui est plus considerable dans l'Estat. Ce qui est tellement injuste & contraire aux Loix de cette Monarchie, & à l'authorité Royalle, que nous nous promettons que vous vous employerez de tout vostre pouuoir pour empescher vn si pernicieux dessein. Nous auons pour satisfaire à nostre deuoir donné vn Arrest, par lequel le Cardinal Mazarin est declaré perturbateur du repos public, ennemy du Roy & de son Estat, afin de detromper les peuples qui se pourroiét laisser surprẽdre aux ordres qu'il donne sur le nom du Roy, duquel il a abusé depuis plusieurs années. La Ville de Paris a leué des troupes, & Monsieur le Prince de Conty, auec beaucoup de Princes, Ducs & Pairs, Officiers de la Couronne, & autres personnes de condition, sont venus au Parlement declarer qu'ils vouloient seruir le Roy auec nous en cette occasion, pour arrester le cours des entreprises dudit Cardinal Mazarin. Nous vous donnons part de ce que nous auons fait iusques à present, & de l'estat ou sont les choses; & comme nous n'auons tous qu'vn mesme interest, & vne mesme intention pour le seruice du Roy, nous esperons que vos conduites & les nostres se rapporteront, en sorte qu'il paroistra que nous auons desia preparé les moyens pour nous deffendre d'vne telle oppression. Nous ne doutons point que par vos Prudences vous ne pouruoyez au plustost à vostre conseruation & à la noſtre, & qu'ainſi tous enſemble agiſſant d'vn meſme ſentiment, nous aſſeurons celle de l'Eſtat, empeſchans vne guerre Ciuile qui n'auroit pour cauſe que l'ambition d'vn Eſtranger. Nous voulons conſeruer vne parfaite intelligence auec vous : Et demeurons, Meſſieurs, vos bons freres & amis les gens tenant la Cour de Parlement de Paris.

Meſſieurs, Bien que nous ne doutons pas que vous ne ſoyez aſſeurez des ſoins, que la Cour a pris en toutes rencontres de la conſeruation de l'eſtat, & de la fidelité enuers le Roy : neantmoins comme le Cardinal Mazarin ennemy du Royaume tâche par toutes ſortes de moyens, & par la voye ouuerte des armes d'opprimer l'authorité du Roy, celle de la Cour, & la liberté publique par vne armée auec laquelle il a fait inueſtir Paris, apres auoir enleué le Roy à trois heures apres minuit; Nous vous donnons aduis, & vous enuoyons les Arreſts, par l'vn deſquels il eſt declaré perturbateur du repos public: par l'autre enjoint aux troupes de ſe retirer, & à faute de ce faire, aux Communes de coure ſus, afin d'empeſcher le pernicieux deſſein dudit Cardinal. Nous vous prions d'aider de viures & de forces à cette grande Ville, dont la ruïne causeroit en ſuite celle de l'Eſtat, que nous vous conuions de nous aider & conſeruer au Roy, afin qu'il connoiſſe vn iour ſes bons ſeruiteurs: Nous ſommes vos bons amis, les Gens tenant la Cour de Parlement de Paris.

Apres quoy monſieur de Beaufort fut receu & preſta le ſerment de Duc & Pair de France, auec le rang & ſeance du iour de la creation & erection de la terre de Beaufort en Duché & Pairie.

On propoſa de receuoir monſieur le Coadjuteur Conſeiller honoraire, monſieur l'Archeueſque de Paris y conſentant; ce qui fut arreſté. Monſieur de Brouſſel dit qu'il falloit le receuoir ſans preſter ſerment, ayant preſté au Roy le ſerment de fidelité : monſieur le premier Preſident dit, qu'en la reception d'vn Conſeiller on faiſoit trois ſortes de ſerment, deſquels monſieur le Coadjuteur ne pouuoit ſe diſpenſer, ne les ayant pas faits en faiſant celuy de fidelité, ſçauoir eſt; rendre Iuſtice, garder les Ordonnances, & tenir les deliberations de la Compagnie ſecrette; à quoy monſieur le premier Preſident dit qu'il falloit voir les Regiſtres, & remettre l'affaire au premier iour, ce qui fut arreſté.

Amy Lecteur, vous aurez la ſuitte au premier iour.

SVITTE DV IOVRNAL,

Contenant ce qui s'est passé depuis le dix-huitiesme de Ianuier 1649. iusques à la fin dudit mois.

Du Mardy dixneufiesme Ianuier 1649. du matin.

CE iour les Chambres estant assemblées à l'ordinaire, où se seroient trouuez Monsieur le Duc de Luynes; quelques-vns de Messieurs ayant representé que l'on se plaignoit de la cherté du pain que les Boulangers auroient enchery, le vendāt iusques à trois sols la liure; pour à quoy remedier la Cour auroit cōmis plusieurs de Messieurs pour se transporter dans les Faux-bourgs de Paris le iour mesme, pour faire entrer du pain dans la ville le lendemain Mercredy iour de marché, & se transporter deux ensemble à chacun marché & place publique, afin de faire distribuer le pain au peuple à prix raisonnable.

Apres quoy Monsieur de Broussel ayant mis la proposition d'arrester les deniers publics pour la subsistance necessaire qui auoit esté faite quelques iours auparauant, & l'affaire ayant esté mise en deliberation par Monsieur le Premier President ; il auroit esté donné Arrest, portant que tous les deniers des receptes generales & particulieres seroient saisis & arrestez, & à cette fin que ceux de dehors & des Prouinces seroient apportez, voiturez & amenez à Paris : & que les villes seroient aduerties de donner escorte pour les conduire, & arresté que l'on conserueroit fonds suffisant pour payer les rentes des rentiers & les gages des Officiers, & que l'on feroit distraction des rentes deuës à personnes qui auoient suiuy le party contraire , pour estre lesdits deniers employez aux necessitez publiques.

En suitte Monsieur Deslandes-Payen ayant voulu parler de la Requeste de Monsieur le Duc de Chevreuse & de Madame sa femme, & ayant fait lecture des conclusions de ladite Requeste, prises par Monsieur le Procureur General, l'affaire auroit esté remise au lendemain parce qu'il estoit trop tard , & la Cour se seroit leuee apres auoir ouy Burin commis de la poste, auquel ladite Cour auroit enjoint de faire porter toutes les lettres & pacquets auec diligence & fidelité, & de prendre vn soin tres-particulier des pacquets qui luy seront donnez par Messieurs les Generaux , ou par le Procureur General du Roy , comme aussi d'aduertir la Compagnie s'il suruenoit quelque chose d'importance, ce qu'il auroit promis faire , & demandé à la Cour qu'elle eust agreable de luy donner quelqu'vn de Messieurs , auec lequel il pust conferer; ce que la Cour luy auroit accordé, & ordonné de s'addresser à M. Payen.

Ce mesme iour auroient esté commis Messieurs Doujat & Baron Conseillers en ladite Cour, sur l'aduis qui a esté donné qu'il y auoit vne somme de deniers notable appartenant au Cardinal Mazarin, en vne maison en ceste ville, pour saisir & arrester lesdits deniers.

Monsieur le premier President a dit à la Cour, que le iour d'hier vne personne les vint trouuer de la part de la Reine d'Angleterre, & qui se dit son Chancelier, lequel dit auoir charge de ladite Dame Reine, de faire des remerciemens à la Cour de ce qu'elle auoit fait pour elle.

Puis apres Messieurs deliberant sur le recit fait par Monsieur le premier President de ce qu'il se passa le iour d'hier de releuée auec les Deputez des Compagnies en l'assemblée tenuë en sa maison, a esté arresté que tous habitans de ceste ville & fauxbourgs, qui ne se trouueroient des Corps & Communautez, & qui ayant contribué au payement & cottisation ordonnée par l'Arrest du neufiesme de ce mois & an, seront taxez & cottisez en ladite Assemblée, & à ceste fin memoire dressé des officiers par les Quarteniers, & de tous les habitans de leur quartier.

Apres quoy deliberant sur les propositions faites au sujet des affaires presentes, la Cour a arresté & ordonné, qu'à la Requeste du Procureur General du Roy, tous les deniers publics qui se trouueront deubs par tous Comptables & Fermiers, en quelque sorte & maniere que ce soit, tant en ceste ville de Paris, qu'autres villes de ce ressort, seront saisis & apportez en ceste ville de Paris, & mis és coffres de l'Hostel de ladite ville, pour d'iceux deniers estre ordonné ce qu'il appartiendra, faire deffences à tous lesdits Comptables, Fermiers, & autres redeuables, de payer aucuns desdits deniers que par ordre de ladite Cour.

Ont esté commis Monsieur du Gué Maistre des Requestes, Messieurs Renoüard & de la Nauue Conseillers, sur l'aduis qui a esté donné d'vne somme de cent mil liures, estans entre les mains d'vn Partisan de ceste ville.

Du Mercredy 20. Janvier.

CE iour les Chambres assemblées à l'ordinaire, Messieurs le Prince de Conty & Ducs presens, sur ce qu'il auroit esté representé à la Cour que les gens de guerre qui estoient és enuirons de Paris, & qui le tenoient presque inuesty, continuoient leurs pilleries, volleries, violemens, & tous autres actes d'hostilitez ; ladite Cour auroit donné Arrest, par lequel elle auroit enjoint à tous gens de guerre de se retirer selon les Ordonnances & Arrests cy deuant donnez ; enjoint aux Officiers de tenir la main tant pour faire retirer leurs troupes, que pour empescher qu'il ne soit cōmis aucuns desordres ny pilleries, tant és Bourgs & Villages qu'à la Campagne, à peine d'en respondre par lesdits Officiers, en leurs propres & priuez noms, & d'en estre responsables solidairement.

Ce fait, il auroit esté proposé de faire sortir de Paris tous les gueux mandians, & quelques bouches inutiles, ce qui n'auroit pas passé.

Puis apres quelques-vns des Messieurs s'estans plains à la Cour, que quelque bon ordre que l'on apporte aux portes, pour empescher que personne ne quitte la Ville, on ne peut pas empescher que plusieurs ne sortent trauestis, à quoy il seroit bon de remedier. Surquoy ladite Cour auroit donné Arrest de deffenses à toutes personnes de quelque qualité ou condition qu'ils puissent estre, de changer de nom, se déguiser, ny trauestir pour sortir ladite Ville, à peine de la vie : enjoint aux Capitaines & Officiers qui sont aux portes d'y prendre garde & veiller soigneusement à ce qu'aucun ne sorte sans passeport, des Conseillers à ce commis.

Addition. La nuit suiuante, Monsieur le Prince de Condé estant allé en personne auec quatre ou cinq cens hommes de ceux que commandoit le sieur de Palluau à sainct Cloud, pour se rendre maistre, & mettre garnison au Chasteau de Meudon, auquel s'estoient retirez quelques paysans, ne croyant pas que l'armée y deust aller; qui à l'abord des troupes de mondit sieur le Prince, ayant fait vne décharge de mousqueterie, & tué quelques Soldats, mesme le sieur Pontier Capitaine aux Gardes, & blessé vn Lieutenant; cela obligea mondit sieur le Prince de les forcer, & commander de faire main basse; horsmis au Gouuerneur, dont la femme & plusieurs autres qui estoient refugiées dans ce Chasteau, s'estans jettées aux pieds de mondit sieur le Prince, sauuerent tout ce qui estoit dedans.

Ce mesme iour monsieur de Longueuille seroit party de Paris auant le iour, auec trois cens Cheuaux pour aller en Normandie, dont il est Gouuerneur, sur l'aduis à luy donné que le Comte d'Harcour y estoit allé auec prouisions, & Lettres de cachet au Parlement de Roüen, de le receuoir & reconnoistre pour Gouuerneur; si bien qu'il estoit necessaire audit sieur de Longueuille d'aller en ladite Prouince, tant pour s'asseurer de sondit Gouuernement, que pour y leuer des troupes.

Le soir on eut nouuelles par vn Enuoyé de sa part, qu'il estoit passé sans aucune rencontre iusqu'à dix lieuës de cette Ville.

Du Ieudy vingt-vniesme Ianuier, du matin.

CE iour la Cour toutes les Chambres assemblées, Monsieur le Coadjuteur à l'Archeuesché de Paris a fait le serment accoustumé pour auoir entrée, seance, & voix deliberatiue en ladite Cour, en l'absence du sieur Archeuesque son Oncle, suiuant l'Arrest du dix-huitiesme de ce mois, & y a esté receu.

Apres quoy la Cour deliberant sur les propositions faites au sujet des affaires presentes, a arresté que les Presidens & Conseillers de ladite Cour, commis & deputez pour tenir l'Assemblée auec les deputez des autres Compagnies, proposeront & aduiseront en ladite assemblée tous moyens necessaires pour auoir promptement des deniers suffisans pour le payement de l'armement & subsistance des gens de guerre, pour la deffence de ceste ville: & a ladite Cour donné plein pouuoir ausdits Presidés & Conseillers deputez de faire tout ce que besoin sera, & qu'ils verront bon estre à faire. A ordonné & ordonne que ce qui sera par eux fait, & ordonné, sera executé, nonobstant oppositions ou appellations quelconques, & sans preiudice d'icelles.

Ladite Cour a ordonné & ordonne que les Conseillers demeurans en chacun quartier se transporteront és maisons des Boulangers, marchands, & és maisons des Communautez, & visiteront les bleds qui se trouueront, en feront estat & procés verbal, & ordonneront ce qu'ils verront estre à faire, à ce qu'il y ait du pain cuit suffisamment pour toutes sortes d'habitans de ceste ville & fauxbourgs, & ce qui sera par lesdits Conseillers fait & ordonné, & executé, nonobstant oppositions ou appellations quelconques, sans preiudice d'icelles.

En suitte de ce auroient esté leuës & examinées les remonstrances du Parlement, ordonnée estre faites par escrit au Roy & à la Reyne Regente, par Arrest du 8. iour de Ianuier dernier, sur le refus qui auoit esté fait de receuoir & entendre les gens du Roy à Saint Germain, lesquelles ayant esté trouuées estre faites & dressées conformement & selon l'intention de la Cour, elle auroit arresté lesdites remonstrances estre enuoyées à Saint Germain, puis estre imprimées pour faire voir à tout le monde la sincerité du Parlement.

TRES-HVMBLE REMONSTRANCE DV PARLEMENT, au Roy, & à la Reyne Regente.

SIRE,

Vostre Parlement outré de douleur, inuesty & pressé par des armes commandées sous vostre Nom, dans la ville capitale du Royaume, exclus de tout accez à vostre Maiesté & à la Reyne vostre Mere, vous adresse ceste Remonstrance & Supplication tres-humble, accompagnee des sentimens de tous vos fidelles sujets.

SIRE, lors que la Prouidence diuine mit la Couronne sur la teste de vostre Majesté, en vn âge auquel vostre personne ne pouuoit contribuer au bien de son Royaume que la qualité de Roy, qui porte l'image viuante de Dieu, & les benedictions qu'il auoit abondamment versées en vostre naissance; vostre Parlement estima ne vous pouuoir rendre vn seruice plus important, que de joindre ses suffrages à ceux de la Nature, & de toute la France, pour commettre à la Reyne vostre Mere le gouuernement de vostre Personne & de vostre Estat. Il ne douta point, qu'elle n'eust tousiours pour vous & pour vos Sujets des entrailles de Mere, & en toute sa conduite vn esprit Royal suiuant son extraction.

Il estima sur tout, que pour maintenir la liberté legitime, qui fait regner les Roys dans le cœur des Peuples, elle ne permettoit iamais qu'aucun particulier s'éleuât en trop grande puissance au preiudice de la Souueraine; pource qu'elle sçauoit par les lumieres que Dieu donne aux Ames qu'il destine pour regir les Estats, combien ses establissemens sont contraires aux vrayes regles de bonne police, en toute sorte de gouuernemens, & specialement aux Monarchiques, qui ont pour loy fondamentale, qu'il n'y ait qu'vn Maistre en titre & en fonction; de sorte qu'il est toûjours honteux au Prince & dommageable à ses Sujets, qu'vn particulier prenne trop de part ou à son affection, ou à son authorité, celle-là deuant estre communiquee à tous, & celle-cy n'appartenant qu'à luy seul.

D'ailleurs vostre Parlement auoit sujet de croire, que la propre experience de la Reyne vostre Mere luy seroit vne garde fidelle, pour la garantir de cét accident, ayant veu pendant le temps de son mariage en deux notables exemples du Mareschal d'Ancre & du Cardinal de Richelieu, combien l'esleuation d'vn sujet en trop grande faueur & authorité auoit esté difforme, iusques à ce quel poinct elle auoit esté redoutable au Roy, & intolerable à ses Peuples.

Elle auoit veu sous le gouuernement de ces puissances les plus saintes Loix violées, les Compagnies les plus celebres auilies, les personnes de toutes conditions opprimees, sans respecter les Royalles, non pas mesme la sienne & celle de la feuë Reyne vostre

voſtre Ayeule. Bref il n'y à rien eu de ſi ſacré qu'elle n'ayt veu profaner par leur inſolence & leur ambition, ny rien de ſi cher à l'Eſtat qu'elle n'ayt veu conſacrer à leurs intereſts.

Toutes ces conſiderations, Madame, nous eſtoient des gages aſſeurez, que pendant voſtre Regence nous ne pourrions tomber en de ſemblables mal-heurs. Mais comme c'eſt le defaut ordinaire des Bons (quelques illuminez qu'ils ſoient) de n'auoir pas aſſez de défiance des meſchans, pource que leur interieur eſt touſiours couuert de bonne apparence, que plus leur poiſon eſt dangereux, plus ils le rendent agreable au gouſt, & que d'ailleurs les Princes entre tous les hommes ſont les plus expoſez à leurs ſurpriſes, ayans plus de bien entre les mains; il eſt arriué que le Cardinal Mazarin, eſleué par le Cardinal de Richelieu, nourry dans ſes maximes ambitieuſes, & formé dans ſes artifices, ſuccedant à ſon miniſtere, a ſuccedé pareillemẽt à ſes deſſeins. Il n'a pas pluſtoſt eu l'honneur de voſtre choix au maniment des affaires, qu'il n'en ayt abuſé; & qu'oubliant ſon deuoir & les obligations qu'il auoit à ſa Bien-factrice, ſuiuant l'exemple de celuy qui l'auoit inſtruit, il n'ayt dreſſé toute ſa conduitte à vſurper la ſupreſme authorité, dont vous eſtes la tutrice. De maniere que dés lors iuſques à preſent nous l'auons veu Maiſtre de la perſonne du Roy ſous le nouueau titre d'Intendant de ſon education, & diſpoſer ſans reſerue des charges, des Dignitez, des Places, des Gouuernemens, des Armes & des Finances; conferer toutes les graces, ſans vous donner part à la gratitude; ordonner les peines, vous en laiſſant toute l'enuie; & qu'en effet tous les Sujets du Roy & leurs fortunes particulieres, auſſi bien que la fortune publique, ſont en ſa ſeule dependance.

De là il eſt arriué, Madame, que comme les intereſts de ceux qui entreprennent ſur l'authorité ſouueraine, ſont toûjours contraires à l'intereſt du Souuerain, nous auons veu ſous ſon miniſtere vn vſage de Politique eſtrange & toute oppoſée à nos mœurs; les vrais intereſts de l'Eſtat abandonnez ou trahis, la continuation de la Guerre, l'eſloignement de la Paix, les Peuples épuiſez, les Finances diſſipées ou deſtournées, tout ce qu'il y a de conſiderable dans le Royaume, ou corrompu, ou opprimé, pour aſſujettir tous les François ſous la puiſſance d'vn ſeul Eſtranger. Et finalement l'Eſtat au poinct où il eſt, à la veille de ſa ruine, ſi Dieu n'y met puiſſamment la main.

Qui ne void que le Cardinal Mazarin a touſiours voulu continuer la Guerre, & éloigner la Paix, afin de ſe rendre plus neceſſaire & auoir plus de pretextes de leuer de grandes ſommes de deniers pour s'enrichir? Qui n'a deſcouuert qu'en pluſieurs occaſions il a empeſché nos ſuccez, pour faire balancer les affaires? Teſmoin nos armées perduës faute de ſubſiſtance deuant Lerida, les foibles ſecours de Naples enuoyez à contretemps, le ſiege de Cremone, la perte de Courtray, & autres actions de cette qualité.

Et quant à la negociation de la Paix, Qui eſt ſi groſſier qui ne iuge, qu'il n'a iamais voulu donner part au ſecret de l'affaire qu'à ſon Confident, quoy que le Duc de Longueuille & les autres Deputez de probité reconnuë, ne peuſſent eſtre ſuſpects, & qu'il a mieux aymé perdre nos Alliez, que de faire la Paix conjointement auec eux; ce qui ſeroit vne faute criminelle, quand il n'y auroit point d'infidelité: & ſi les Declarations vniformes des Nonces font quelque foy; ſi la propre confeſſion dudit Cardinal peut ſeruir à le conuaincre, apres auoir dit tant de fois, qu'il tenoit la paix entre ſes mains, outre la voix publique qui le declare par tout, & la chose qui parle d'elle-mesme; Il n'est que trop euident qu'il a trahy nos vrais interests en cette affaire si importante: Et cette seule preuarication en vn suiet de cette qualité, ne meriteroit-elle pas vn supplice, qui égalast en quelque sorte les miseres & les desolations qu'elle a causées. Mais on peut encore raisonnablement tirer cette induction de son procedé, qu'il auoit la pensée de partager vn iour la France auec l'Espagnol, & nous sommes peut-estre à la veille de l'esprouuer.

Quant à l'abus & la depredation des Finances, le Cardinal Mazarin oseroit-il dire, qu'il y ait eu quelques limites à sa conuoitise. SIRE, les Souuerains, legitimes tuteurs du Peuple, regardent leur bien comme le bien d'autruy, pour en vser; & pour le conseruer, ils le considerent comme leur bien propre: de maniere qu'ils n'y mettent iamais la main sans necessité, ny sans mesure. Mais les Vsurpateurs de l'authorité souueraine regardent le bien du Peuple comme leur proye, sont auides de sa substance, & la derniere goutte de son sang est la seule borne de leur cupidité.

Telle a esté celle du Cardinal Mazarin, qui a si fort espuisé le Royaume pour s'enrichir, qu'il y a peu de personnes à la Campagne ausquelles il reste vn lict pour se coucher, moins à qui il ait laissé dequoy auoir du pain suffisamment pour se nourrir auec son trauail; & il n'y en a point du tout qui puisse viure sans incommodité. De sorte que si vostre Parlement touché des sentimens de vostre seruice & des motifs de la charité, n'eust arresté le cours de ses insupportables exactions, le moindre mal eust esté, que vos Peuples fussent tombez dans l'impuissance ou dans le desespoir auant la fin de la derniere annee; Et il seroit inutile de marquer toutes les voyes qu'il a tenuës pour faire vne telle depredation. Les seuls fonds immenses qu'il a consommez dans la Marine, dont il a disposé sans en rendre compte, seroient capables d'épuiser vos Finances. Il suffit de dire, Qu'il est le Maistre, Qu'il prend tout ce qu'il peut toucher, comme s'il estoit sien; Qu'il a conserué & augmenté le nombre des Partisans & gens d'affaires, qui sont les sangsuës qui luy facilitent le moyen pour auoir de l'argent comptant; Qu'il a leué plus de quatre vingts millions de liures par an; Qu'il nous a engagez de cent cinquante; & Que l'on ne trouue plus presque d'or ny de bonne monnoye en France. Iugez de là, SIRE, où il est.

Mais le plus notable interest, le plus criminel & le plus contraire qu'il ait eu à celuy de V. M. ç'a esté de vouloir tirer vos Subjets de vostre dependance, pour les mettre en la sienne, ou de leur consentement, ou par force. Dieu sçait ceux qu'il a corrompus; il est assez aisé d'en descouurir quelques-vns dans le nombre de ses Partisans; Et l'occasion presente sera vne pierre de touche, pour marquer ceux qui sont à vous ou à luy.

Ce qui n'est que trop public, sont les violences qu'il a faites pour destruire les vns, & pour intimider les autres. La detention du Duc de Beaufort trouué innocent, fut son coup d'essay; suiuy de celle du Mareschal de la Motthe Houdancour: & en ces derniers temps, des Officiers de vostre Grand Conseil & Cour des Aydes, & d'vn grand nombre de proscriptions, d'emprisonnemens, & autres mauuais traitemens plus ou moins inhumains, selon que la resistance à sa tyrannie luy estoit plus ou moins nuisible ou odieuse; Et les exemples de cette qualité sont en tel nombre & si notoires, qu'il seroit superflu de les déduire.

Seulement vous supplierons-nous d'obseruer, SIRE, que comme vostre Parlement est le plus fort rempart pour defendre vostre Authorité, & le plus redoutable Aduersaire de ceux qui la veulent vsurper; d'ailleurs qu'il est incapable de reconnoistre vn autre Maistre que son Roy legitime: Et quand il s'est troué des conseils assez pernicieux, pour entreprendre de changer l'ordre de la succession à la Couronne, ce Parlement s'y est opposé auec tant de vigueur, qu'il a plustost souffert qu'on le declarast criminel de leze-Maiesté, que de relascher quelque chose de sa resistance, comme il est encore prest de le souffrir pour vn mesme sujet. Le Cardinal Mazarin n'a rien obmis d'artifices & de violences pour abattre cette grande Compagnie.

Ses artifices n'ont pas esté des tentations pour la corrompre, sçachant qu'il n'y eust pas reüssi: Mais les sinistres impressions qu'il a données à vostre Maiesté, MADAME, d'vne Compagnie si exempte de soupçon, afin de vous induire à commander de rudes executions contre les Particuliers, & des traitemens iniurieux contre le Corps. Et en cela sa malice & sa calomnie ont paru grandes, & ses artifices bien surprenans; qu'ils ont persuadé vostre Maiesté, MADAME, contre ses naturelles inclinations à bien faire & à sauuer les hommes, de traiter si estrangement le particulier & le general d'vne Compagnie, qui vous a seruie auec tant de zele, & à qui vous auiez donné tant de part à l'honneur de vostre bienveillance.

A peine le Cardinal Mazarin a-t'il esté dans les affaires, qu'il a commencé par la proscription & l'emprisonnement d'vn nombre de Senateurs, pour fraper vne partie du Corps, & imprimer la terreur dans l'autre. Et certes l'emprisonnement du President Barrillon conduit dans vne citadelle hors du Royaume, mort peu de mois apres sa detention, laissant le soupçon funeste d'vne cause violente de sa fin, qui a esté vne des plus cruelles actions que nous ayons veües depuis que nous esprouuons la tyrannie des puissans Fauoris, estoit bien capable de faire craindre des courages mediocres. Mais comme il est malaisé de soumettre par cette passion vn si grand Corps, qui ne craint que de manquer à son deuoir, ces exemples de violences ne l'ont pas empesché qu'auec l'auis des Compagnies Souueraines, voyant le Peuple oppressé par des impositions, des leuées, des taxes, & autres telles vexations, qui se commettoient par voye de fait ou par la seule authorité des Arrests du Conseil, il n'ait pour satisfaire aux obligations de sa charge pris connoissance des causes de ce desordre, & n'en ait aucunement arresté le cours. Et nous pouuons dire à V. M. sans exaggerer, que si vostre Parlement n'eust interposé vostre Authorité pour empescher ces oppressions, le Peuple eust esté bientost ou dans l'impuissance ou dans le murmure; Ce premier mal est la foiblesse des Estats, & le dernier est la disposition aux reuoltes, que les sages Politiques doiuent tousiours preuenir, sçachant bien que la patience des hommes est limitée, & que Dieu ne met pas mesme la constance des Iustes à toutes espreuues. Les seruices que nous auons rendus à V. M. SIRE, en soulageant vos Sujets, & vous remettant en possession de vos reuenus, ont empesché ces accidens; mais ils ont allumé la haine du Cardinal Mazarin contre vostre Parlement, le voyant vn obstacle à sa tyrannie; Et c'est le sujet qui l'a fait recourir à de nouueaux moyens pour le perdre.

De là est venu le traittement outrageux, qu'il receut publiquement à la face de vos Majestez, de leur Cour, & de toute la France, où cette Compagnie fut traitée de rebelle & de factieuse par la bouche du Chancelier, en vn lieu où la moindre action de dureté blesse la dignité Royalle. De là vint en suite la proscription de plusieurs Senateurs, & l'emprisonnement de deux des principaux en vn iour dedié à la ioye publique, & à loüer Dieu du succez qu'il luy auoit plû donner à nos Armes; deformité estrange pour ne pas dire impieté sacrilegue, d'auoir meslé vn tel deüil dans vne si sainte réjoüissance! Conseil noir & cruel, mais d'ailleurs plein d'aueuglement; qui excita aussi-tost les imprecations publiques contre le Cardinal Mazarin, l'Ire de Dieu sur luy, mais sa bonté sur nous, pour les deliurer par vn iugement secret de sa Prouidence, quoy que par vn moyen contraire à nostre intention.

Mais ce premier effort, bien que sans succez & condamné par des marques si visibles de la protection du Ciel en nostre faueur, ne changea ny son dessein ny sa haine. Celle-cy se ralluma plustost dans son cœur, & y demeura plus actiue qu'auparauant; & son dessein fut seulement couuert de dissimulation, afin de prendre mieux son temps & ses mesures, pour le faire reüssir. A cét effet il nous entretint par des conferences, qui aboutirent à vne Declaration contenant la reforme des desordres publics, qui pourtant fut aussi-tost enfreinte que publiée; mais cette conduite n'alloit qu'à nous esbloüir par vne apparence de bonne intention, pour faire passer en suite vne autre Declaration addressée à la Chambre des Comptes, qui restablissoit l'vsage des prests & des auances, & le credit des gens d'affaires; afin de tirer d'eux vne grande somme d'argent pour sa derniere main auant que partir, & executer plus puissamment sa resolution.

Cette resolution n'estoit autre que de nous faire perir par vn coup de foudre, & nous enuelopper auec Paris dans vne commune ruïne, abbatre du contreçoup tous les Parlemens & toutes les autres Villes dont Paris est comme le Chef; ce faisant estre en estat de se rendre Maistre d'vn Royaume desolé, ou de le partager auec ceux qui luy sont necessaires pour executer ses entreprises, ou en faire tomber la meilleure partie entre les mains des Estrangers, pour y prendre sa retraite & y trouuer son establissement. Il y a grande apparence qu'il est déja d'accord auec eux; puis qu'il retire les garnisons de nos frontieres au mesme temps qu'ils sont puissamment armez, & qu'il met le trouble dans le Royaume qui est tout ce que les Espagnols ont tousiours desiré. Pour peu qu'on ait de sens ne voit-on pas sa trahison à descouuert par sa derniere action, ses circonstances & ses suittes. V. M. enleuée par surprise, vostre Personne en son pouuoir, vous ayant osté les Capitaines de vos gardes, gens de cōdition & de probité, la Lettre enuoyée à l'Hostel de Ville, qui declare que le Parlemēt a cōjuré contre son Prince; vne seconde Lettre qui luy commande de nous traitter comme criminels de Leze-Maiesté, ce qui n'alloit pas à moins que de nous faire deschirer par le Peuple, & causer vn massacre general dans Paris, la Ville estant au mesme temps bloquée, les passages saisis, & les deffences faites à tous les lieux circonuoisins d'y porter des viures. Peut-on regarder tout ce procedé qu'on ne voye quand & quand que la conjuration est telle, que nous la representons à vostre Maiesté. Conjuration detestable, mais Conseil funeste & barbare, qui ne peut auoir esté pris sans que le Demon qui marche dans les tenebres y ait presidé, & que les Anges tutelaires de la France en ayent esté bannis.

SIRE

SIRE, nous appellons icy tout ce qu'il y a d'Ames vrayment Françoises, pour se joindre à nos sentimens & à nostre conduite, à l'exemple de ces personnes Illustres, qui ont signalé desia leur zele en ceste occasion ; afin de confondre promptement l'Autheur de tous ces maux, deliurer vostre Personne de ses mains, & retirer vostre Estat de sa ruine. C'est là l'vnique voye de salut ; & si son party subsiste quelque tẽps, la France est perduë sans resource.

Si nous estions si malheureux que de succomber, le Cardinal demeureroit Maistre d'vn estat affoibly, qu'il partageroit auec ceux qui l'ont assisté; si nostre resistance ne fait que balancer les affaires, nous verrons naistre à nostre grand regret vne guerre ciuile, qui donnera loisir aux Estrangers d'entrer en France & de se joindre audit Cardinal; les Espagnols estans bien asseurez que nous ne pouuons auoir intelligence auec eux; parce qu'il est impossible que les interests que nous auons à la conseruation de la Monarchie, à cause de nos charges qui en dependent, puissent compatir auec leur dessein. D'où vostre Majesté peut iuger à quelle extremité le Cardinal Mazarin vous a reduit, vous ayant jetté dans la necessité ou de le perdre bien-tost pour vous sauuer & la Fortune publique, ou de perdre vos plus fidelles Seruiteurs & vostre Estat conjointement.

SIRE, dans le mouuement perilleux où nous voyons la fortune penchante de vostre Royaume, nous nous trouuons obligez de iustifier nostre conduite à vostre Majesté, & à toute la France. Nous serions inconsolables, si nous ne croyons auoir satisfait à tout ce que la Iustice & la Prudence desiroient de nous, pour éuiter ou éloigner l'accident où nous sommes tombez ; l'vn & l'autre nous ont obligez de mettre la main au soulagement de vos Peuples, qui succomboient sous le faix, afin d'empescher leur ruine ou leur reuolte. Mais à l'égard du Cardinal Mazarin, qui estoit coupable de leurs souffrances; si la Iustice demandoit la punition de sa tyrannie, la Prudence nous portoit à la dissimuler, comme nous auons fait.

Nous sçauons bien que le crime d'vsurpation est de la qualité des passions violentes, qui se rendent maistresses des ames qui les reçoiuent ; & que pour peu qu'il soit consommé, les loix sont trop foibles pour le chastier. Ceux qui entreprennent sur la puissance du Souuerain ne manquent pas d'imiter ce fameux Sculpteur, qui graua si artistement son image dans la statuë qu'il destinoit au public, qu'il estoit impossible de l'en oster, sans mettre l'ouurage en pieces. Les Vsurpateurs de l'Authorité du Prince s'attachent si fort à sa personne, & se rendent si necessaires dans ses affaires par leur adresse, qu'il est presque impossible de les en separer, sans causer vne conuulsion tres-perilleuse à l'Estat ; & comme ces maux sont presque incurables, quand ils ont pris racine pour peu que ce soit, les Sages en attendent la guerison plustost de la seule Prouidence de Dieu que de leur conduite ; Ainsi nous nous sommes veus deliurez deux fois par sa main propice de ces maladies mortelles ; & nous eussions attendu vn pareil secours sans agir contre le Cardinal Mazarin, non pas mesme dans ceste occasion, si nous n'y eussions esté contraints pour nostre iustification & pour vostre seruice.

SIRE, aussi-tost que vostre Parlement eut la nouuelle de vostre sortie, qui sembloit plustost vn enleuement que le depart d'vn Roy de sa Ville Capitale ; & que nous eusmes veu la Lettre écrite aux Preuost des Marchands & Escheuins, où nous lisions manifestement le nom & le dessein du Cardinal Mazarin, nous ne voulusmes pas obmettre, bien que vainement, de prendre toutes les voyes qui pouuoient empescher l'esclat qui est suruenu. Pour cela nous deputasmes vers vos Majestez les Aduocats & Procureurs Generaux, personnages d'âge, de probité & de suffisance, qui pouuoient s'il y eust eu lieu, porter les choses à quelque moderation, ayant charge de faire & d'offrir toutes sortes de soumissions à vos Majestez de la part de la Compagnie. Mais leur retour nous fit voir que le Cardinal Mazarin sçait bien pratiquer ceste maxime de Politique vitieuse, que qui offense, ne pardonne point; & d'ailleurs que la cruauté est le propre des ames foibles & des animaux timides qui ne demordent point quand ils sont en estat de mal faire. Apres que les Deputez nous eurent rapporté le traitement qu'ils auoient receu, refusez durement, renuoyez au milieu de la nuict, & qu'ils nous eurent declaré que la Ville estoit bloquée, vostre Parlement n'auoit plus que l'vn de deux Conseils à prendre, ou celuy de souffrir patiemment la violence preparée, ou celuy d'armer pour nostre commune conseruation. En l'vn & en l'autre cas il estoit necessaire pour vostre iustification ou pour la nostre, de declarer le Cardinal Mazarin Ennemy de vostre Majesté & du Public; ce que la prudence nous auoit fait differer iusques alors; si nous auions à perir, toute la Terre deuoit sçauoir que c'estoit par la violence de nostre Ennemy, & non point par celle de nostre Roy, qui n'employe iamais ses forces que pour nous proteger. Et si nous auions à nous deffendre, il deuoit estre pareillement notoire que c'estoit contre vn Tyran, & non point contre nostre Maistre, sous le nom duquel nous nous prosternons, & pour lequel nous n'auons que des sentimens d'obeïssance.

Sans cette declaration, où nostre perte deshonnoroit la reputation de Vostre Majesté, ou nostre deffense nous couuroit à iamais d'vne criminelle infamie: Mais si nous n'eussions esté touchez que de l'interest de nos fortunes & de nos vies, nos inclinations nous eussent aisément resolus à prendre le party de la souffrance; nous les eussions volontiers immolées & celles de nos Concitoyens, au respect que nous portons à vostre nom & à vostre bras qui frappoit le coup, sans considerer celuy qui faisoit l'iniure. La mort quelque terrible qu'elle soit auec ses pompes & ses appareils plus affreux, ne nous pouuoit faire tant de peur que le moindre manquement d'obseruation & de soumission à tout ce qui porte vostre caractere: Et bien que la Loy naturelle plus ancienne & plus absoluë que toutes les autres, nous tende tous moyens legitimes pour conseruer ce qu'elle nous a liberalement donné; si nous eussions pourtant iugé que ce martyre eust esté innocent, & qu'il n'eust point tiré vostre ruyne & celle de vostre Estat ineuitablement à sa suite, nous eussions mieux aymé mourir que de nous seruir du priuilege de la Nature, pour nous deffendre contre des armes commandees sous le nom de nostre Souuerain. Vostre conseruation, SIRE, & celle du Royaume, est la seule cause de nostre deffense & le motif de nostre Arrest, qui ordonne que Paris prendra les armes; nostre salut particulier n'est pas nostre principal object, en cette occasion nous ne le regardons que comme vn moyen necessaire au vostre.

C'est là, SIRE, où nous referons nos meilleurs souhaits, c'est là où tendent nos armes, hors de là nous n'en voulons iamais d'autres pour vous resister, que les prieres, qui sont les seules armes legitimes, mais bien puissantes, que Dieu a donnees aux Subjects pour flechir les Roys sur la Terre, & pour le forcer luy-mesme iusques dans le Ciel.

Et il importe de faire sçauoir à vos Peuples que nous n'auons point de mains pour nous opposer à Vostre Majesté, & qu'elle n'estend iamais les siennes sur nous, que pour nous departir des biens-faits ; de sorte qu'on ne luy doit non plus donner de part au dessein cruel que l'on veut executer contre nous ; que l'on n'en peut prendre sans crime à ses actions de grace & de clemence.

Receuez donc, s'il vous plaist, nostre resolution de prendre les armes, non pas comme vn acte de rebellion, mais comme vn effect de nostre deuoir : Nous ne nous deffendrions pas en cette extremité si nous le pouuions obmettre sans crime, & sans encourir le reproche de Dieu & des hommes, d'auoir laissé laschement perir nostre Roy par vn faux zele plein d'ignorance; parce que celuy qui nous opprime pour vous perdre en suite, est reuestu de son nom & de son authorité.

SIRE, apres auoir rendu ce compte à Vostre Majesté des motifs de la resolution que nous auons prise, & de l'Arrest que nous auons donné, qui n'a point d'autre fin que vostre salut, il ne nous reste qu'à supplier tres-humblement vos Majestez qu'il leur plaise de les fortifier par leur approbation, & ce faisant condamner le sinistre conseil du Cardinal Mazarin; Et puis qu'il ne s'est pas retiré de vostre Cour le mettre entre les mains de la Iustice, afin d'en faire vn exemple notable qui demeure à la Posterité, pour guarentir à iamais nos Roys d'vne vsurpation pareille à celle dont il est coupable.

Vos Majestez mettront le calme dans l'Estat, leurs Personnes & la Fortune publique en seureté, la France hors du peril eminent d'estre enuahye & partagee entre cét Ennemy domestique & les Estrangers; & tous les François d'vn esprit vnanime se ralieront pour forcer l'Espagne de consentir à la Paix tant desiree de toute la Chrestienté, & si necessaire au bon-heur de vos Peuples.

MADAME, apres cette Remonstrance & cette Supplication tres-humble assistee des suffrages de tous les bons François, si vous reteniez dauantage le Cardinal Mazarin, permettez-nous de dire à V. M. que vous seriez responsable deuant Dieu & deuant les hommes, du depost sacré de la Personne du Roy & de l'Estat, que la France a mis entre vos mains. Et nous ne pouuons douter sans faire tort à Monsieur le Duc d'Orleans, & à Monsieur le Prince de Condé, qu'ils ne vous portent à cette resolution, ny iuger qu'ils ayent eu vn autre esprit en l'occasion presente, que de prester vne obeyssance aueugle à vos Commandemens sans s'informer de l'Autheur, ny des raisons du Conseil qui a esté donné, non plus que des auis supposez pour fabriquer l'atroce calomnie contre les Officiers du Parlement. Mesme nous ne iugerions pas sainement d'eux, si nous n'estimions qu'ils ont suiuy vos Majestez, plustost pour les guarentir des entreprises du Cardinal Mazarin, que pour ayder ou consentir à ses desseins pernicieux, ce qui seroit vne action aussi indigne de leur naissance, que nous la croyons contraire à leurs inclinations.

Mais comme nous ne doutons point, que vos Majestez ne donnent à la Iustice, à vos vrays interests, à ceux de l'Estat, & à tant de larmes qui sont les voix des miserables, ce que nous leur demandons instamment par nos tres-humbles supplications; nous les asseurons au nom de tous les gens de bien, que cette action sera suiuie d'applaudissements, d'acclamations publiques, & des benedictions de Dieu; Et nous protestons, SIRE, qu'aussi-tost vostre Parlement, toutes les Compagnies Souueraines & vostre bonne Ville de Paris, se prosterneront à vos pieds, pour vous renoueller les vœux de leur parfaite obeyssance.

Ainsi puissiez vous, MADAME, consommer dignement le grand Ouurage de la conseruation de ce puissant Empire, que Dieu a deposé entre vos mains : Ainsi puisfiez-vous donner à la France le repos & tous les effects de la Paix bien-heureuse, & que la Posterité regardant vostre Administration loüe à iamais la Regence des bonnes & vertueuses Meres. Ce sont là, SIRE, les vœux de tout ce qui vous est fidelle en France, & les supplications des Officiers de vostre Parlement, qui ne sçauroient estre autres que vos tres-humbles, tres-obeyssans & tres-fidelles Subjects & Seruiteurs. A Paris en Parlement le 21. Ianuier 1649. Signé, DV TILLET, Greffier en chef de ladite Cour.

Du Vendredy 22. Ianuier.

CE iour toutes les Chambres assemblées à l'ordinaire, la Cour auroit trauaillé à recouurer de l'argét; & sur ce que quelques-vns auroient proposé de prendre & se seruir des fonds destinez au payement des rétes, & mesmes celuy des consignations, à la charge de les remettre quand la paix seroit faite; Il fut arresté que l'on ne toucheroit ny aux vns ny aux autres de ces deux fonds; d'autant que l'on ne pouuoit retrancher les rentes sans faire vn notable prejudice à quantité de familles, qui n'ont autre moyen de subsister; que cela feroit crier le peuple, & empescheroit plusieurs de contribuer à payer les taxes qui estoient imposées: & à l'esgard des consignations, elles n'estoient la pluspart qu'en papier, que cela feroit grand bruit, & ne donneroit pas vn secours present tel que les affaires le requeroient; si bien qu'il fut iugé plus à propos de faire des taxes sur les gens d'affaires, & sur quelques particuliers, qui ne font partie d'aucuns des corps de cette ville, non plus que les gens d'affaires, lesquelles taxes seroient modicques, afin qu'elles fussent plus librement & plus facilement payées: Que lesdites taxes seroient signifiées par les Huissiers de la Cour, auec commandement de les payer à iour prefix, à peine d'estre payé le double par ceux qui manqueroient.

Apres quoy Monsieur le Doyen auroit demandé passeport pour Madame la Duchesse de Lorraine, qui luy auroit esté accordé, & refusé à quantité d'autres qui le demandoient pour des considerations particulieres. Ce qui auroit donné lieu d'examiner & remedier aux abus qui se commettoient à la demande & obtention des passeports: Surquoy il auroit esté proposé d'assembler en certain lieu, comme au Louure où au Palais royal toutes les personnes de condition, sur lesquelles il y auoit quelque soubçon pour s'en asseurer, ou leur donner des gardes; ce qui auroit esté rejetté, & iugé qu'il n'estoit pas à propos de prendre d'autres asseurances, que la parole à laquelle tout homme de condition & d'honneur ne peut manquer sans infamie; mais que pour euiter aux surprises qui pourroient estre faites par les personnes du commun, & d'autres qui pressoient pour auoir des passeports, il falloit establir vne Chambre particuliere à laquelle s'addresseroient ceux qui pour cause legitime voudroient sortir & s'en aller: ce qui auroit esté arresté, à condition qu'en vertu des passeports aucun ne sortiroit sinon par les portes sainct Iacques & sainct Denis. Et Messieurs le Meusnier, Bitault .... auroient esté commis par la Cour pour deliurer lesdits passeports auec connoissance de cause.

Ce mesme iour la Cour ayant examiné la Requeste presentée par les habitans de la ville d'Amiens, pour estre conseruez dans les anciens priuileges à eux octroyez de nommer & eslire vn Premier (ou Maire) & des Escheuins en leurdite ville, au preiudice desquels & en vertu d'Arrest du Conseil, lesdits Premier & Escheuins depuis

puis quelques années estoient faits sans appeller lesdits habitans, pour auoir leurs suffrages, se plaignans lesdits habitans que ceux qui estoient à present en charge, n'y auoient esté mis que par vne lettre de cachet, ny confirmez que par vn Arrest du Conseil du mois de Decembre dernier, qui est vn abus & vne entreprise contre les priuileges de toutes les villes de France, & particulierement de celle d'Amiens : Et sur ce deliberé, ladite Cour auroit ordonné que l'Edict de Restablissement de la ville d'Amiens du mois de Nouembre 1597. verifié en Parlement touchant l'eslection & nomination desdits Premier & Escheuins, sera executé en sa forme & teneur, & qu'il sera procedé à nouuelle eslection pour la presente année en la forme & maniere accoustumee; Enjoint au Lieutenant General de tenir la main à ce qu'elle soit bien & deuëment faite, de conseruer lesdits habitans en leurs priuileges: faisant ladite Cour inhibitions & deffenses aux pretendus Premier & Escheuins nommez par ladite Lettre de cachet, de s'immiscer en la fonction desdites charges, à peine de faux, confiscation de corps & biens. Ce fait la Cour se seroit leuee.

Addition. Messieurs les Maistres des Requestes ayant receu ordre de se rendre au Conseil prez la personne de Monsieur le Chancelier, & deliberé ce qu'ils auoient à faire, arresterent que ceux qui sont de seruice aux Requestes de l'Hostel ne doiuent point sortir de Paris; Et que ceux qui ne sont plus en quartier n'y peuuent estre obligez : mais qu'à l'esgard de ceux qui sont de quartier au Conseil, lesquels ne peuuent se dispenser d'aller y faire la fonction de leurs charges quand ils sont mandez par Monsieur le Chancelier, ils deuoient demander passeport du Parlement; ce qui fut fait; ces Messieurs asseurant la Cour qu'estant du Corps du Parlement, les autres demeureront pour assister & prendre leurs places à toutes les deliberations qui s'y feront ; & que ceux qui sortiront contribueront & tiendront bien fait tout ce qui sera arresté par ceux qui demeureront à Paris : En cela ils obeïrent aux ordres qui leur auoient esté enuoyez: mais ayant demandé passeport, il leur fut refusé, aussi bien qu'il l'auoit esté aux Conseillers du grand Conseil; si bien qu'ils demeurerent, les passeports ne se donnant qu'auec beaucoup de peine, & tres-grande connoissance de cause; & mesme il fut publié à son de trompe, deffense de se desguiser ny trauestir sur peine de la vie, à cause que l'on sçauoit que plusieurs personnes estoient sorties desguisées; quantité aussi, principalement des femmes de condition, ayant esté reconnuës aux portes vestuës en paysannes.

Ce mesme iour sur la plainte qui auoit esté faite, à la Cour des Monnoyes, que les Orphevres ne vouloient acheter la vaisselle d'argent qu'au prix de 22. ou 23. liures le marc; cette mesme Cour fit publier vn Arrest, par lequel il estoit enjoint au Maistre de la monnoye de cette ville de Paris, de payer & changer toutes les matieres d'or & d'argent, comme aussi la vaisselle d'argent à raison de vingt-six liures dix sols le marc, & pour l'or à raison de 484. liures le marc: faisant deffenses à tous Orphevres & autres d'en acheter à moindre prix : enjoignant aussi audit Maistre de la monnoye de conuertir incessamment lesdites vaisselles en espece d'or & d'argent marquées aux coins de sa Majesté, comme aussi de difformer lesdites vaisselles en la presence de ceux qui les porteront.

K

Du Samedy 23. Ianuier.

CE iour le Parlement assemblé à l'ordinaire, auroit employé son principal soin pour la police du pain, dont on craignoit qu'il n'y eust pas abondance comme il auoit eu par le passé, le marché n'ayant esté si bien fourny le Mercredy precedent qu'à l'ordinaire, plustost par la faute des Boulangers que manque de bled; & neantmoins plusieurs de Messieurs auroient dit, que pour plus prompt remede, il falloit sortir & faire effort afin de desboucher quelque passage, s'offrât mesme de marcher à la teste de ceux qui sortiroient; vn entr'autres dit qu'il estoit estrange que Paris fust assiegé par sainct Denis; au lieu que sainct Denis pouuoit & deuoit estre assiegé par Paris: ayant deliberé sur cette proposition de sortir, le tout fut remis à la discretion de Messieurs les Generaux.

En suite de cette proposition d'aduiser aux moyens de faire venir du bled, on en auroit fait vne autre, sçauoir est de faire retirer les pauures mandians dont il y auoit si grand nombre, que toutes les ruës en estoient pleines; mais comme elle estoit de tres-grande consideration, il estoit aussi necessaire de la bien examiner: Il falloit à cette multitude innombrable de mandians, beaucoup de pain pour leur nourriture. Monsieur le Procureur General remonstroit qu'en des necessitez moins pressantes que celle-cy on les auoit mis hors de la ville, leur faisant quelque aumosne pour les conduire vn peu loing de Paris, en lieu où ils trouueroient dequoy subsister: il dit qu'il estimoit deuoir estre faite distinction entre les mandians valides & forins, dont le nombre se voyoit augmenter tous les iours, d'auec les pauures infirmes & inualides de cette ville de Paris; que les premiers pouuoient estre chassez; Et qu'à l'esgard de ces derniers il les falloit obliger de s'enroller à l'aumosne de leurs Parroisses, pour leur estre subuenu par les Marguilliers d'icelles: Plusieurs de Messieurs auroient troué cet expedient fort bon, & mesme quantité auroient promis de contribuer aux aumosnes à cet effect; d'autres auroient esté d'aduis de surseoir à l'execution de cette proposition iusques à certain temps, crainte d'allarmer dauantage la ville, comme aussi pour ne pas donner aux aduersaires subiect de croire que Paris estoit tres-incommodé, & leur faire conceuoir la fin prochaine de leurs esperances, qu'ils ne fondoient que sur la disette de viures qu'ils estimoient estre tres-grande: à quoy il auroit passé.

Addition. Il pensa auoir bruit dans les marchez, à cause qu'il n'y vint pas la quantité de pain accoustumee, & qu'il estoit tres-cher; la populace murmurant & disant que les grands estant fournis de bled & farine vouloient laisser perir le menu peuple: on fit armer les Bourgeois pour empescher la sedition, & appaiser ce bruit qui se dissipa; parce qu'il vint par charroy quantité de bleds & farines, qui donnerent esperance de mieux. Ioint que ceux qui auoient desia du pain furent priez de ne point enuoyer au marché, & laisser ce qui y estoit aux pauures. Il y eut vn Arrest donné à la police, que les Preuost des Marchands & Escheuins firent publier, par lequel il fut enjoint à tous Capitaines, Officiers estant à la garde des portes, de faire conduire aux galleries du Louure tous les bleds que l'on ameneroit à Paris, pour là estre vendus & deliurez aux Boulangers & Patissiers pour faire incessamment du pain: Enjoint ausdits Boulangers de s'y trouuer pour acheter des bleds, comme aussi deffenses de vendre du bled ny de la farine aux Bourgeois sur peine de la vie: Et aux Bourgeois d'en acheter à peine de 500. liures d'amende.

Du Dimanche 24. de Ianuier.

Ce iour le Parlement ne se seroit point assemblé.

Addition. Ce iour Messieurs de Beaufort & la Motte-Houdancour sortirent sur le soir auec vne partie de leurs trouppes, & enuiron quatre mille des volontaires Bourgeois que l'on auoit fait aduertir sans forcer personne; le dessein estoit d'aller faire vn effort pour prendre & ouurir le passage de Corbeil, ayant mené du Canon à cet effect: mais ayant esté aduertis à Iuuisy que Monsieur le Prince y estoit allé auec 4000. hommes, ils y passerent la nuict, & le lendemain matin renuoyerent la milice de Paris, estant allez auec leurs gens vers Long-Iumeau pour escorter des viures qui venoient de ce costé-là.

Monsieur le Duc Delbeuf sortit aussi auec quelques troupes, & alla rompre les pons de Gournay & de sainct Maur, pour empescher à ceux du party contraire, de faire des courses dans la Brie, & donner liberté aux habitans des villages d'apporter des bleds, lesquels en estoient empeschez par les courses qui se faisoient.

Du Lundy 25. Ianuier.

CE iour toutes les Chambres assemblees, apres que le recit auroit esté fait à la Cour du retour de la Bourgeoisie, sortie le iour precedent du costé de Iuuisy, & de ce qu'auoit fait Monsieur Delbeuf hors la porte S. Antoine, on auroit encore trauaillé à la police touchant la dispensation des bleds qui arriueroient à Paris: Surquoy Monsieur le President de Believre s'estant offert d'auoir ce soing, il auroit esté prié par la Compagnie de se vouloir donner cette peine. Apres quoy on auroit trauaillé au recouurement des taxes faites sur les gens d'affaires, & proposé de les contraindre, d'autant qu'ils ne payoient point, & qu'il estoit necessaire d'auoir de l'argent promptement. Monsieur Violle President aux Enquestes auroit dit & representé qu'il y auoit du peril d'allarmer les plus grosses maisons par des contraintes rigoureuses; lesquelles ne produiroient pas pour cela de l'argent comptant dont on auoit grand besoin, qu'il estoit d'aduis de receuoir d'eux ce qu'ils offriroient volontairement, leur donnant, au moyen de ce prompt payement, esperance de moderation & remise du surplus, à quoy il passa, quelques-vns de Messieurs ayant voulu exciter les autres à diligenter les affaires par toutes sortes de voyes.

Ce mesme iour il auroit esté ordonné, que les payeurs des rentes sur l'Hostel de cette Ville de Paris, payeroient les arrerages d'icelles escheus & à eschoir à ceux qui sont presens en cette ville, à l'exclusion des absens: Faisant deffenses aux receueurs & payeurs d'en vser autrement, & de contreuenir à cet Arrest, sans neantmoins tirer à consequence pour l'aduenir.

La mesme Cour auroit ordonné, que les Chambres du Palais Cardinal seroient ouuertes en presence d'vn Conseiller, du Substitud de Monsieur le Procureur General, & description faite des meubles qui se trouueront en icelles; ausquels le sieur de Luynes Commissaire aux saisies reelles, auoit esté estably Commissaire & gardien par Arrest de ladite Cour.

Le Mardy 26. Ianuier.

CE iour les Chambres assemblées, Monsieur le Prince de Conty, les Ducs D'Elbeuf, de Beaufort, & Mareschal de la Motte presens, auroit esté donné aduis que le Bourg la Reyne auoit esté pillé le matin, & les villages circonuoisins, par des troupes de Monsieur le Prince, lesquelles estoient à Issy : Surquoy quelques-vns de Messieurs auroient esté d'aduis d'enuoyer sur l'heure apres ces voleurs : Les Generaux auroient dit qu'on ne peut pas empescher que ceux qui sont maistres de la campagne, ne fassent de telles courses ; que quand on monteroit à cheual on ne trouueroit plus personne : qu'il n'y auoit point d'autre moyen pour empescher ces desordres, sinon de diligenter les leuées & faire vn fonds de cent mille escus, pour leuer dix mille hommes d'Infanterie à 1500. liures par Compagnie: Surquoy Monsieur le Mareschal de la Motte auroit dit, qu'il sçauoit vn fonds de 280000. liures, de quelque recepte qu'il feroit toucher ce iour, si la Cour luy vouloit donner sur iceluy 80000. liures à luy deubs par l'Espargne, ce qui luy auroit esté promis, & arresté, que l'on iroit au lieu où estoit ledit argent ; ce qui auroit esté fait, & trouué au Bureau des adiudicataires des gabelles, la somme de 270000. liures cachez & enterrez sous vne pile de 50. charrettes de bois.

En suitte la Cour auroit donné Arrest, par lequel elle auroit enjoint aux habitans de Melun, Corbeil, Lagny, Meaux, Nogent, Brie-Côte-Robert & autres villes, d'enuoyer & faire conduire incessamment des bleds & autres viures en cette Ville de Paris, nonobstant tous Arrests à ce contraires: & aux Gouuerneurs desdites Villes de tenir & prester main forte à l'execution de cet Arrest.

Dudit iour de releuée.

CE iour au Conseil ordinaire qui se tient tous les iours chez M. le premier President par les Conseillers à ce deputez, il auroit esté arresté que les deniers publics qui se trouueront & leueront à l'aduenir, seront mis és mains de Formé & Cramoisy Bourgeois de Paris, sous la direction de Monsieur Viole President aux Enquestes, & de la Grange Maistre des Comptes.

Addit. La Raillere insigne Partisan, fort connu pour auoir esté autheur de tous les imposts sur le vin, & des taxes d'Aisez, fut emprisonné à la Bastille par l'ordre de Monsieur le Prince de Conty.

Le sieur Cohon cy deuant Euesque de Dol, lequel on gardoit dans les Peres de l'Oratoire, soubçonné d'estre icy espion du Cardinal Mazarin, fut mis en liberté & les gardes à luy ostées.

Du Mercredy 27. Ianuier.

CE iour toutes les Chambres assemblées, auroit esté confirmé par Arrest de la Cour, ce qui auoit esté arresté le iour precedent chez monsieur le Premier President : & sur ce que monsieur le Preuost Conseiller, auroit fait plainte que l'on reconnoissoit mal les seruices qu'il a rendus au public en l'administration des Finances, dont il demandoit rendre compte à la Cour seulement, monsieur le premier President l'auroit asseuré de la satisfaction que la Cour auoit de ses soins, le priant de les continuer au public, la Commission donnée à Formé & Cramoisy, ne prejudiciant point à celle dont il auoit bien voulu se charger, & mesme qu'il estoit en pouuoir de prendre la place du troisiesme Administrateur: Monsieur Viole luy offrit la sienne. Ainsi la somme de 270000. liures trouuées chez les Adjudicataires & Fermes des Gabelles le iour precedent, fut mise entre les mains de ces deux susdits notables Bourgeois, à la reserue de 80000. que toucha monsieur le Mareschal de la Motte, asseurant luy estre legitimement deuë par l'Espargne.

Addition. Il y eut quantité de pain aux marchez, estant venu force bleds & farines tous les iours passez.

Vn Gentil-homme arriua enuoyé par le Duc de Longueuille, asseurer qu'il auoit esté bien receu dans Roüen, que tout s'estoit declaré pour luy, & qu'il s'estoit aussi rendu maistre du Vieux Palais, & qu'il alloit trauailler incessamment à leuer des troupes.

On fit publier à son de trompe, deffences de vendre ny imprimer aucuns libelles sans permission de la Cour de Parlement, & sans que le nom de l'Auteur & de l'Imprimeur fussent aux pieces & libelles qui se debiteroient, sur les peines portées par les Ordonnances, ce qui n'empescha pas les Colpolteurs d'en crier, vendre & publier tous les iours de nouueaux contre le Cardinal Mazarin.

Le Marquis de la Boulaye aduerty que ceux qui auoient pillé au Bourg la Reyne, estoient és enuirons de Long-Iumeau, y alla toute nuit : à son approche les voleurs s'enfuirent, si bien qu'il reprit, & fit rendre tout le butin à qui il appartenoit, puis fit conduire à Paris six cens bœufs, autant de moutons, & plusieurs charettes & cheuaux chargez de bleds & farines qui attendoient il y auoit quelque temps, que le passage fut libre pour venir.

Du Ieudy 28. Ianuier.

CE iour toutes les Chambres assemblées à l'ordinaire, monsieur le President de Nesmont, lequel estoit de semaine au Conseil de guerre, auroit informé la Compagnie des bons seruices que rendoit au public le Marquis de la Boulaye ; & rapporté que la retraitte du Mareschal du Plessis-Praslin, deuoit estre attribuée au refus que les Suisses auoient fait de combattre contre les François, sans l'ordre de leur Republique.

En suitte dequoy Messieurs Fouquet sieur de Croissy, & le Febvre, Conseillers en la Cour, auroient esté commis par la Compagnie, pour regler la Police, & rendre la Iustice aux gens de guerre du poste de Charenton & lieux circonuoisins.

Messieurs Tiersaut, Vertamont, Fraguier &........ auroient esté pareillement commis pour assister aux reueuës qui se feroient des gens de guerre & troupes leuées & à leuer; & pour empescher le nombre des passe-volans que les Capitaines pourroient faire passer dans leurs Compagnies.

Apres ces reglemens ainsi faits, seroient entrez les Deputez du Parlement de Prouence, demandant l'vnion & assistance de la Cour, à laquelle ils auroient representé, outre & en consequence de ce qu'ils auoient desia dit le 15. du present mois, que depuis sept années ils auroient esté contraints de souffrir vne Chambre des Requestes, sans que l'Edit en ait esté verifié: Que les Conseillers de cette Chambre receus par des Commissaires, auoient eu seance parmy eux: Et que lesdits Conseillers de cette Chambre des Requestes voyant bien que leur establissement fait par violence & contre les formes n'estoit pas asseuré, auroient proposé d'establir audit Parlement vn Semestre; ce qui auroit esté fait; & les Intendans de Iustice des Prouinces de Dauphiné, de Languedoc & Prouence, auec le Comte d'Alais, Gouuerneur de Prouence, auroient esté en faire l'establissement; auquel le Parlement se seroit opposé deslors; auroient eu recours à la Iustice du Roy, par plusieurs & differentes Deputations, ayant mesme offert au Conseil le remboursement: mais au lieu d'auoir esté escoutez, plusieurs (comme tout le monde a sceu) auroient esté bannis & contraints de se refugier hors la Prouince: d'autres qui y seroient demeurez, auroient receu & souffert tous les tourmens que peut faire vn Gouuerneur; & tant s'en faut qu'ils eussent esperance d'estre soulagez, par leurs soûmissions & offres de remboursement, qu'au contraire ledit Semestre auroit encore esté confirmé par Arrest du Conseil, du 28. Decembre dernier; auec deffences aux Anciens de r'entrer; & ordre au Gouuerneur d'exiler derechef tous ceux qui estoient de retour en leurs maisons croyant tout appaisé.

Si bien qu'eux & leur Compagnie se voyans hors d'esperance de sortir de leurs miseres, auroient estimé & esperé que Messieurs du Parlement de Paris, ne desnieroiét pas vn charitable secours à ceux qui ont l'honneur de porter vn mesme carractere, & qui ont mesme passion d'exposer leurs vies pour le seruice du Roy, les prosperitez de l'Estat, & pour le repos & dignité de cette Cour.

Monsieur le Premier President leur auroit respondu, que la Compagnie auoit entendu auec regret le narré de leurs malheurs, qu'elle souhaitteroit estre assez puissante pour y apporter les remedes, qu'il estoit important d'en deliberer pour la seureté des vns & des autres. Apres quoy lesdits Deputez se seroient retirez, & la Cour auroit deliberé.

Et sur ce auroit esté meuë la question à laquelle la Cour auoit desia cy-deuant fait difficulté; sçauoir si le Parlement auoit pouuoir de faire droict sur les demandes desdits Deputez du Parlement de Prouence; plusieurs dirent que le Parlement de Paris, par vne preeminence sur tous les autres, auoit esté tousiours appellé le Parlement de France, & que tous les autres Parlemens & Compagnies Souueraines en deriuoient, comme de leur source; & par consequent que l'establissement d'vn nouueau Semestre & autres creations, ne pouuoient ny deuoient estre tenuës pour legitimes, sans la verification du Parlement de Paris; Et pour preuue de ce, l'on sçait que les Parlemens de Roüen, de Rennes, de Mets & autres, le Grand Conseil, la premiere & seconde Chambre de la Cour des Aydes, y auoir esté verifiez, le Parlement de Pau auoit aussi obtenu pareille grace apres trois années de sollicitation : veu que mesme le Parlement de Paris est le vray, & comme le seul protecteur des Loix fondamentales du Royaume, qui sont blessées par le changement qui se fait contre les establissemens des Parlemens, & par la multiplication des Officiers : adjoustant encor que le Parlement d'Aix par ses Deputez se soubmettant au Iugement de la Cour ; il n'y auoit point lieu de douter, & qu'il failloit leur accorder ce qu'ils demandoient.

D'autres disoient qu'encor que lesdits Deputez par leurs demandes & conclusions, semblassent donner à cette Cour vne Iurisdiction au delà de son ressort : il estoit plus à propos & digne de la moderation d'icelle, de n'vser en cela de son pouuoir par le respect qu'elle doit à ses Confreres : veu mesme qu'en l'establissement que l'on se seroit autresfois efforcé de faire d'autres Parlemens, & mesmes de Presidiaux, sans le consentement & verification de cette Compagnie, elle n'auroit iamais procedé par autres voyes contre les Officiers nouueaux, sinon en les desauoüant pour Confreres, & declarant personnes priuées, leur faisant subir l'examen lors qu'ils se presentoient en icelle pour y estre receus ; que cela s'estoit tousiours pratiqué, mesme à l'égard du Semestre nouueau de Roüen (quoy que les Officiers eussent esté receus par des Conseillers tirez de cette Compagnie) à cause qu'ils n'auoient point presenté leurs Commissions pour y estre registrées, & par consequent qu'ils n'estimoient pas que la Cour deust casser ledit Semestre de Prouence : mais ordonner qu'il y aura Ionction de cette Cour auec ledit Parlement d'Aix: Que tres-humbles Remonstrances seroient faites au Roy & à la Reine Regente, sur la Creation & establissement dudit Semestre, que la Cour declarera auoir esté fait contre les Loix du Royaume : & qu'elle ne tiendra ceux qui ont esté admis aux charges dudit nouueau Semestre, que pour personnes priuées : & outre declarera les Conseillers & Officiers des Cours Souueraines qui feront les establissemens de Semestres nouueaux sans Edicts bien & deuëment verifiez en la Cour, indignes & incapables de tous honneurs & priuileges, & d'entrer és Compagnies Souueraines, à quoy il auroit passé, & la Cour se seroit leuée.

Addition. Madame de Longueuille s'estant trouuée mal pour accoucher sur l'heure de minuit, accoucha fort heureusement d'vn enfant masle, dont on enuoya donner aduis à monsieur le Duc de Longueuille son mary, par vn Courrier que l'on fit partir à la pointe du iour.

Du Vendredy 29. Januier au matin.

CE iour toutes les Chambres assemblées, monsieur Brisart Conseiller en la Cour, qui auoit esté commis pour aller en la maison de la Dame Galland, femme du sieur Galland Secretaire du Conseil, sur ce qu'elle estoit refusante de payer la taxe à elle signifiée, fit rapport que le iour precedent il se seroit transporté au logis de ladite Dame Galland ; & que suiuant l'ordre à luy donné par ladite Cour, il auroit fait perquisition en ladite maison, & troué dans vne Casette 25000. liures en argent ou deniers comptans, & quelques bagues & pierreries, entr'autres choses vn fort beau fil de perles ; & apres auoir fait procez Verbal, il auroit mis garnison dans ledit logis, par ce que monsieur le Coigneux President aux Requestes, se disant creancier dudit Galland, & plusieurs autres, auroient formé opposition, & empesché que lesdites pierreries, fil de perles & argent ne fussent enleuez, pretendans en qualité de creanciers leur appartenir; ledit sieur Brisart ayant prié la Cour d'en ordonner comme il luy plairoit, apres auoir deliberé (Messieurs le Coigneux pere & fils, & Particelle President en la troisiéme des Enquestes, s'estans retirez) Il auroit esté dit & arresté, que sans auoir égard ausdites oppositions à l'égard de l'argent, qu'il seroit porté à l'Hostel de Ville pour estre employé aux necessitez publiques; & pour ce qui est des pierreries & fil de perles, que le tout demeureroit en depost iusqu'à ce qu'autrement il en fust ordonné par la Cour, comme aussi pour 7000. liures de vaisselle d'argent, que Messieurs le Comte & du Bois Conseillers en la Cour, auroient dit auoir trouué ledit iour d'hyer au logis de Nau Procureur, laquelle il leur auroit dit appartenir au nommé Guerapin, & estre grauées de ses armes.

Monsieur le President de Nesmond auroit dit, qu'vn nommé Tilly enuoyé de Gayette par monsieur de Guise à Madame de Guise sa mere, pour quelques affaires particulieres, seroit arriué du iour d'hyer, duquel il a appris qu'à Marseille en Prouence, tous les habitans estoient en armes, qu'à la ville d'Aix il auoit veu la mesme chose, que monsieur le Comte d'Alaix & Madame sa femme y auoient esté arrestez par le peuple, le vingt-quatriesme de ce mois, à cause qu'il vouloit auec deux mille hommes se rendre maistre de la ville, & particulierement de la place aux Prescheurs qui est la plus forte, & que le Duc de Richelieu estoit aussi arresté dans Marseille.

Ce mesme iour monsieur le Procureur General, seroit entré en la grande Chambre, & auroit dit que les remonstrances du Parlement qu'il auoit enuoyées à S. Germain, luy ont esté renuoyées auec vn billet sans addresse, signé du Plessis: la lecture duquel auroit esté faicte par ledit sieur Procureur General, dont la teneur s'ensuit. *Le porteur dira que l'on n'a pû receuoir le pacquet de monsieur Meliand, en l'estat où sont les affaires.*

La Cour ce mesme iour auroit donné Arrest de deffence à ceux qui sont aux portes de Paris, de laisser passer personne que par les portes sainct Iacques & sainct Denis, auec ordre de laisser passer tout le monde pour la Communication de la ville auec les faux-bourgs, ce fait la Cour se seroit leuée.

Addition. Ledit iour à vne heure de releuée, le fils dont Madame de Longueuille estoit accouchée le nuit precedente, fut baptisé en l'Eglise de sainct Iean en Greue par monsieur le Coadjuteur de l'Archeuesque de Paris; il eut pour Parrain au nom de la ville de Paris, monsieur le Feron President à la seconde des Enquestes & Preuost des Marchands en icelle, & pour marraine Madame la Duchesse de Boüillon; il fut nommé Charle-Paris (du nom de la Ville) son surnom d'Orleans Comte de sainct Paul.

Le sieur Launay Graué Partisan, fut arresté prisonnier à la Bastille.

Ce iour 300. hommes de pied & 300. cheuaux de l'armée de Monsieur le Prince, voulant entrer en garnison à Brie-Comte-Robert, furent repoussez par les habitans, qui firent resolution de se deffendre, contre des gens qui pilloient aussi bien ceux qui se rendoient volontairement, comme ceux qui faisoient resistance.

Du Samedy

Du Samedy 30. Ianuier audit an.

CE iour le Parlement toutes les Chambres assemblées, où se seroit troué monsieur le Coadjuteur de Paris, vn de la Cõpagnie auroit dit auoir aduis certain du lieu où estoit la vaisselle d'argent, les bagues & pierreries du Cardinal Mazarin; & que s'il plaisoit à la Cour commettre quelqu'vn de Messieurs, qu'on les trouueroit: & sur cet aduis la Cour auroit commis Messieurs Doujat & Loisel pour se transporter & faire perquisition au lieu qui leur seroit indiqué.

Monsieur Charton President aux Enquestes auroit fait plainte, que monsieur le Duc d'Angoulesme empeschoit qu'on apportast des viures à Paris, des enuirons de Grosbois, ayant fait deffences aux habitans des villages circonuoisins d'en apporter: Sur quoy monsieur Godard Conseiller en la quatriesme des Enquestes, dit que monsieur d'Angoulesme luy auroit écrit vne lettre du vingt huictiesme Ianuier, où il luy auroit mandé n'estre point sorti depuis son depart de Paris, iusques audit iour, & que le lendemain vingtneufuiesme il s'en alloit à sainct Germain en Laye par Lagny & par Escouan, où estant il tascheroit à menager aupres de la Reyne quelque accommodement, qu'il y trauailleroit puissamment, & s'y emploiroit de tout son pouuoir, s'efforçant de luy faire voir les desordres presens & l'estat où sont les affaires; & que par cette Lettre la Cour pouuoit connoistre les bonnes intentions dudit sieur Duc d'Angoulesme, n'estant pas croyable qu'il voulust escrire en ces termes, s'il auoit fait les deffences dont on auoit donné aduis audit sieur Charton, ce qui satisfit la Compagnie.

A laquelle monsieur le Febure Conseiller aux Requestes, auroit dit auoir receu vne lettre de monsieur son fils Conseiller en ladite Cour, qui estoit à Charenton, par laquelle il luy auroit mandé estre necessaire de se saisir de tous les postes qui sont aux enuirons de Charenton, & mesme de ceux qui sont plus esloignez, & y enuoyer la garnison qui estoit lors audit lieu de Charenton, au lieu de laquelle on pourroit enuoyer de la milice des habitans de Paris pour le garder, en attendant qu'on y eust enuoyé d'autres troupes. Monsieur Charton se seroit offert de conduire ladite milice, & sur l'heure seroit allé à l'Hostel de Ville, s'offrir de faire cette conduite.

Monsieur de la Moignon Maistre des Requestes, estant venu prendre sa place, auroit dit & fait rapport à la Cour, qu'il y auoit eu ce iour-là du pain suffisamment à la Halle, y en estant arriué soixante charrettes au moins, & qu'il estoit à propos d'enuoyer quelques-vns de Messieurs pour le faire distribuer sans confusion, ce qui auroit esté fait.

Monsieur Payen Conseiller en ladite Cour, auroit dit auoir aduis, qu'en vn lieu de cette ville il y auoit vne sommes tres-notable d'argent, procedant des Receptes & que cet argent deuoit estre porté à sainct Germain, sur quoy la Compagnie l'auroit prié d'accepter la Commission d'aller en ce lieu; & de faire perquisition d'autres deniers publics, dont il auoit aduis, ce qu'il auroit promis de faire.

Sur la plainte aussi qui se fit, que les Clinqualiers suruendoient les armes la Cour donna Arrest, portant deffences ausdits Clinqualiers, Armuriers, &c. de vendre les mousquets & autres armes, comme aussi la poudre & mesche à plus haut prix que celuy imposé par ladite Cour; sçauoir les mousquets de Hollande & Sedan dix liures, ceux de Liege huict liures, les picques de fresne vingt-quatre sols, la paire d'armes fortes douze liures, les foibles dix liures, les pistolets à fusil dix-huict liures, ceux à roüet seize liures, la poudre à mousquet vingt sols, la fine vingt-quatre sols, la liure de mesche quatre sols.

Autre Arrest par lequel il fut ordonné que les 46000. liures, prouenant de la Recepte generalle d'Auuergne, seroient conduits incessamment en cette ville, & mis és coffres de l'Hostel de Ville.

Ce mesme iour monsieur le President de Nesmond, fit rapport de l'estat des gens de guerre que l'on a leuez à Paris, & de ce qui restoit à leuer : sur quoy on fit plusieurs propositions touchant la subsistãce d'iceux gens de guerre, tant leuez qu'à leuer : quelques-vns de Messieurs se seroient plaints que plusieurs de la Compagnie n'auoient pas encore payé leur taxe, que l'on n'auoit pas encor receu tous les deniers que doiuent payer les portes cocheres & les petites portes, qu'il y auoit difficulté entre les locataires & les proprietaires, sur quoy il y auroit eu plusieurs aduis, les vns estimans les taxes deuoir estre payées par les proprietaires & non par les locataires, d'autres que cette taxe estant personnelle, elle deuoit estre payée par ceux qui sont demeurans dans les maisons; enfin il auroit passé que les taxes seront personnels, sçauoir cent cinquante liures, pour ceux qui habitent les portes cocheres, & trente liures pour les petites portes, & condamner les locataires au payement desdites taxes à la discretion des Commissaires, dont la Compagnie auroit nommé deux en chaque quartier pour faire payer lesdites taxes, à l'exception de ceux qui se trouueroient estre dans vn Corps ou Communauté, qui auroient payé le double de Corbie.

La Cour commit pareillement Messieurs Viole de la Grand' Chambre, & le Doux de la Quatriesme, pour signer les passeports pour les postes, lesquels seroient deliurez & signez par le Greffier Guyet, enioignant aux Capitaines & Officiers de la ville, de ne point laisser passer autrement.

Addition. On faisoit courir vn bruit semé par ceux du Cardinal Mazarin, que la paix estoit faicte auec le Duc Charles, lequel venoit auec huict mille hommes; ceux qui asseuroient cette nouuelle, disoient que le sieur Hesselin preparoit ce soir-là à souper audit Duc.

Monsieur l'Archeuesque de Toulouse partit auec passeport pour aller à sainct Germain, pour ses affaires particulieres, resolu pourtant s'il y auoit lieu de parler à la Reyne de l'estat present des affaires, qui iusqu'à lors ne luy auoit point esté despeint au vray, ceux qui l'approchoient luy en celant la verité.

Monsieur de Vitry estant allé le soir precedent à Brie Comte-Robert, tant pour mettre garnison dans la ville, que pour amener Madame sa femme de Corbeil à Paris, fit rencontre dans la vallée de Fescan de quelque cauallerie du parti contraire : cette caualleric à la veüe de celle de monsieur de Vitry, se separa, partie estant allée vers Bagnolet, partie vers le Chasteau de

Vincenne : Tancrede de Rohan fils du feu Duc de Rohan, ayant poussé cette cauallerie iusqu'aupres dudit Chasteau de Vincennes, pour s'estre trop engagé fut inuesti par la garnison qui en sortit, il y fut blessé & pris, puis mené audit Chasteau où il mourut le lendemain, donnant gain de cause à la Duchesse de Rohan sa sœur, qui luy disputoit sa legitimation, & les biens qu'il pouuoit pretendre en la succession de son pere.

Le Dimanche trente-vniesme Ianuier.

CE iour le Parlement ne s'assembla point, monsieur Payen suiuant la Commission à luy donnée par la Cour, se transporta chez le nommé Pauillon, sur l'aduis qu'il eut qu'il y auoit de l'argent de la recepte du Conuoy de Bourdeaux, & y en trouua en effet, comme il se verra cy-apres, au rapport qu'il en fera à la Cour, ensemble de la perquisition par luy faite, ce mesme iour au logis de la Pompe du pont-neuf.

ADVIS AV LECTEVR.

AMY LECTEVR, l'auarice de quelques Imprimeurs qui n'ont eu autre dessein que d'auoir ton argent, t'a fait voir ces iours passez vn certain Liure, sous le nom de Nouueau Iournal de ce qui s'est fait au Parlement és années 1648. & 1649. I'ay crû estre obligé en ce lieu de te detromper, & te faire voir l'impertinence de ce bel ouurage : Matthieu Colombel & Ieremie Boüillerot qui l'ont mis en lumiere depuis sept ou huict iours sans permission, ne t'ont rien donné de nouueau que le tiltre, ils ont transcript mot pour mot les Iournaux de 1648. imprimez par Geruais Alliot, & celuy de 1649. que ie t'ay donné ; & te puis dire en leur loüange qu'ils ont esté si fidelles & si exacts au beau present qu'ils t'ont fait, qu'ils n'ont pas mesmes voulu te priuer des fautes plus grossieres d'impression qui estoient en grand nombre en ceux dudit Alliot : ce que tu verras aysement dés la premiere page, qui te seruira d'échantillon de toute la piece, ou dans l'Arrest d'vnion (qu'ils dattent mal aussi-bien que ledit Alliot du 3. May 1648. quoy qu'il fut notoirement donné le 13.) ils ont fait la mesme faute que luy en ces mots, aucun ne sera receu és Offices qui requierent, *au lieu qu'il doit y auoir, & le deuoient mettre ainsi,* aucun ne sera receu és Offices qui vacqueront, *qui est vn erreur absurde. Dans toutes les dattes aussi tu trouueras les mesmes deffauts, & particulierement dans les mois de Iuillet & Aoust, où ils n'ont pas pris la peine de suiure la correction faite par ledit Alliot en sa troisiesme edition, ains font aller le Roy tenir son lict de Iustice au Parlement le 7. Aoust, ainsi qu'il auoit fait en ses premieres & secondes, au lieu que ce fut le 31. Iuillet, comme l'a depuis corrigé ledit Alliot. Quand à ce qui s'est passé en la presente année 1649. ils l'ont pris sans y rien changer du commencement du present Iournal que ie t'ay donné il y a quelque temps ; & si i'auois lors passé le 18. Ianuier, ils auroient fait la mesme chose : Car si apres ce iour ils recommencent au 6. du mesme mois pour continuer iusques au 22. Feurier, prens garde que ce n'est plus le Iournal de ce qui s'est fait au Parlement, dont ils n'ont iamais eu aucune connoissance, mais seulement vn ramas d'Arrests de la Cour, des Remonstrances, Harangues & autres pieces desia imprimées, que les Colporteurs estoient las de crier dans les ruës, &*

dont ils n'auoient plus le debit, qu'ils n'ont mis à la fin de leur pretendu Nouueau Iournal que pour le grossir, & te le faire achepter à plus haut prix. Ainsi tu pourras juger qu'elle difference il y a entre ce Liure monstrueux, & le veritable Iournal que i'ay commencé à te donner; & si tu prefereras une mauuaise copie, à vn bon original qui te coustera peu, duquel tu auras la suitte de mesme stylle & methode dans cinq ou six iours, si ie voy que ce mien labeur t'ayt en quelque façon contenté: Adieu.

SVR la Requeste presentée à la Cour, Il est permis à Geruais Alliot & Iacques Langlois, d'imprimer le Iournal de ce qui s'est fait au Parlement, & deffences à tout autre, à peine de cinq cens liures d'amendes; Signé RADIGVES.

SVITTE DV IOVRNAL,

Contenant ce qui s'est passé depuis le premier de Feburier 1649.

Du Lundy premier Feburier 1649.

CE iour toutes les Chambres assemblées, où se seroit trouué Monsieur le Coadjuteur de Paris, il y eut Arrest, par lequel la Cour ordonna, que les Receueurs de Challons & de Moulins apporteroient és coffres de l'Hostel de ville les deniers de leurs receptes. Monsieur Deslandes-Payen auroit fait rapport à la Cour des deniers qu'il auroit trouuez le iour precedent, chez le Sieur Pauillon associé au Conuoy de Bourdeaux, lesquels il auroit dit monter à 338000. liures, lesquels ledit Sieur Pauillon auroit dit 200000. liures, proceder de la recepte dudit Conuoy de Bourdeaux, & que le surplus estoit de la succession de la feuë Reyne mere, & appartenoit à Monsieur le Duc d'Orleans, comme son heritiere, que plusieurs Creanciers de la succession auoient saisis & arrestez en ses mains, & qu'il y auoit plusieurs oppositions sur ce que ledit Pauillon n'auroit rien iustifié, n'y de la creance de Monsieur le Duc d'Orleans, ny des autres particuliers formées mesme par des Conseillers de la Cour: apres auoir esté deliberé, la Cour auroit ordonné que sans s'arrester ausdites oppositions, lesdits deniers seroient employez aux necessitez publiques, tant pour la leuée des gens de guerre, que pour la subsistance diceux. En suitte de ce, ledit Sieur Payen-Deslandes auroit fait rapport, que pour satisfaire à la Commission à luy donnée de faire perquisition au logis de la Pompe, où l'on auoit donné aduis qu'il y auoit de l'argent caché, il s'y seroit transporté, & auroit trouué 17000. liures appartenans à des Mineurs, dont le Sieur Vasseur Maistre de la Pompe estoit tuteur, ce qui ayant esté iustifié par ledit le Vasseur, la Cour auroit donné main-leuée des 17000. liures en faueur des Mineurs.

Le mesme iour il y auroit eu grande police en la Chambre sainct Louys, ou les Cours Souueraines se seroient trouuées, & ou les Officiers du Chastelet & de la ville auroient esté appellez.

Vn Bourgeois auroit donné aduis à cette Police, que ceux qui tenoient les Coches & Carosses sans ordres, augmente le prix qu'on deuoit payer pour les places sous pretexte qu'ils auoient perdu des Cheuaux, qui leur auoient esté volez & pris par la Campagne; que nonobstant ce, il y auoit des Bourgeois qui s'offroient de prendre lesdits Coches & Carosses, & y mener les personnes au prix ordinaire, dont ils offroient donner cautions soluables, surquoy auroit esté à l'instant donné ordre au Lieutenant Ciuil d'y pouruoir.

Addition. Ce iour Monsieur le Duc d'Orleans, Monsieur le Prince, & le Cardinal seroient partis de sainct Germain, & seroient venus disner à sainct Cloud, ou les attendoit le Mareschal de Grammont; c'est ce qui donna lieu à vn bruit qui couroit à Paris, que la Cour estoit deslogée de sainct Germain.

Monsieur d'Elbeuf mit dans Brie Conte Robert, vne partie des trouppes qui estoient dans Charenton, afin de conseruer ce poste là, & faciliter les viures qui venoient de la Brie.

Monsieur Charton auroit fait plainte au Parlement, qu'à sainct Germain il se donnoit des Declarations & Arrests contre le Parlement, qu'il falloit y pouruoir & deliberer ce qu'il y auoit à ordonner contre ceux qui sont auteurs & qui conseillent tels Arrests, sur quoy il n'auroit esté rien resolu.

Du *Mercredy troisiesme Feburier.*

CE iour toutes les Chambres assemblées, ou se seroit troué Monsieur le Coadiuteur de Paris, auroit esté proposé de commettre quelques vns de Messieurs les Conseillers de la Cour, de la grande Chambre, des Enquestes & des Requestes, pour prendre le soin à l'aduenir de receuoir les aduis qui leur seroient donnez des lieux où il se trouueroit de l'argent & meubles cachez & destournez, & de se transporter és maisons des partisans, traitans, gens d'affaires & autres particuliers chez lesquels on auroit aduis que se trouueroiēt lesdites caches pour en faire leurs procez verbaux; & sur le rapport qu'ils en feroient estre par eux procedé à la distribution des deniers, ou autres choses trouuées, le droit d'aduis payé aux denonciateurs, & auroient les Sieurs Broussel & le Naim, esté deputez de la grande Chambre pour receuoir lesdits aduis, & faire les perquisitions necessaires.

Apres quoy Messieurs les Ducs de Beaufort & de Luynes seroient venus prendre leurs places, Monsieur le Coadjuteur auroit dit auoir reçeu lettre de la part de Monsieur le Duc de Retz son frere, qui estoit dans Belle-Isle en Bretagne, par laquelle il le prioit d'asseurer la compagnie de son seruice, qu'il estoit tout prest d'employer pour elle & pour le bien de l'Estat, sa vie, son honneur & son bien, dont Monsieur le premier President l'auroit remercié, & tesmoigné, que la Compagnie receuoit les offres auec grande satisfaction.

Apres quoy Monsieur le Clerc de Courcelles Conseiller, auroit dit que plusieurs particuliers enuoyoient de l'argent à sainct Germain, qu'il falloit donner Arrest de deffences à tous particuliers d'en enuoyer; Monsieur le premier President luy auroit dit, que ce seroit entreprendre sur la charge des Tresoriers de France, & sur leur Iurisdiction; qu'il estimoit à propos de remettre à parler de cette affaire à la Conference qui se tenoit l'apresdinée chez luy, ou les Tresoriers de France seroient presens, ce qui fut ainsi arresté.

Monsieur de la Moignon Maistre des Requestes, ayant en suite fait rapport de quelques actes de Police faits auec des Messieurs du Parlement, touchant &

concernant les gens de guerre leuez dans le Faux-bourg de son quartier, il auroit esté arresté que Messieurs qui ont esté commis pour auoir soing des logemens des gens de Guerre dans les Faux-bourgs (ou il auoit esté arresté qu'ils logeroient attendant que l'on mist en Campagne) auroient la direction absoluë de la Police: auroit esté pareillement arresté & ordonné, que les Boulangers seroient exemptez de logement de gens de guerre, mesme d'aller à la garde, afin qu'ils pussent incessamment cuire du pain, & par ce priuilege leur donner courage de bien & vtilement s'employer pour le public.

Monsieur le Duc de Beaufort ayant dit & representé qu'il falloit par vn Arrest enioindre aux Manans & habitans des Villages qui sont és enuirons de Paris de se barricader, & fermer les portes de leurs villages aux coureurs & gens de guerre du parti contraire, qui y voudroient entrer pour piller ou y loger de force, afin de se conseruer, il auroit esté ainsi arresté & ordonné, que l'on le feroit sçauoir à tous les villages. Ledit Sieur Duc de Beaufort ayāt reçeu nouuelles de Monsieur le Duc de Longueuille, qui luy mandoit qu'il seroit dans peu en campagne, & qu'il auoit desia 4000. hommes de pied, & 1500. Gentils-hommes à Cheual, dit qu'il auoit creu deuoir faire part à la Cour de cette bonne nouuelle, dont toute la compagnie auroit eu beaucoup de joye & de satisfaction.

Ce mesme iour ladite Cour auroit donné Arrest, par lequel en consequence de l'Arrest donné à sainct Germain, portant que tous Contracts & obligations passées à Paris, depuis le cinquiesme iour de Ianuier, seroient nuls & de nul effect: ladicte Cour auroit ordonné, que tous lesdits Contrats, & autres actes faits, depuis ledit iour cinquiesme Ianuier, & qui seront faits cy apres, seront executez comme bien deuëment & legitimement faits.

Monsieur le Nain Conseiller en la Cour, ayant fait rapport d'vne Requeste presentée par les Euesques lors à Paris, au nombre de plus de vingt, demandans permission & liberté d'en sortir pour aller resider en leurs Dioceses, & y faire la fonction de leurs charges Episcopales, la Cour auroit renuoyé ladite Requeste en la Chambre des Passeports, pour sur la demande desdits sieurs Euesques estre fait droit à chacun en particulier, auec connoissance de cause: ce fait la Cour se seroit leuée.

Addition. Messieurs les Deputez des Compagnies Souueraines pour la police des gens de guerre, & autres affaires publiques, se seroient trouuez l'apresdînée chez Monsieur le premier President, où ils auroient donné ordre à ladite police, & fait plusieurs Reglemens. Ce mesme iour les Colporteurs ayant publié & vendu par Paris vn Arrest du Parlement de Bretagne contre le Cardinal Mazarin; & ledit Arrest s'estant trouué faux, les exemplaires en furent saisis & déchirez, auec deffenses de le plus exposer.

Du Ieudy quatriesme Feurier.

CE iour toutes les Chambres assemblées, Monsieur Deslandes-Payen auroit dit, & fait rapport, que le Mardy precedent il se seroit transporté au logis d'vn Tapissier, sur l'aduis à luy donné qu'il y auoit quelques tentures de tapisseries de haut prix appartenant au sieur d'Emery, cy deuant Surintendant des Finances; & que le Maistre n'estant pas au logis, il auroit parlé à la maistresse, laquelle luy auroit declaré n'auoir de tapisserie audit sieur d'Emery, qu'vne qui n'estoit pas de consequence, laquelle on luy auoit donnée pour r'accommoder; mais qu'elle sçauoit vn logis ou estoit toute sa vaisselle d'argent, qu'elle luy enseigneroit si elle n'auoit point apprehension que son mary le sçeust, & ledit sieur Deslandes-Payen luy ayant promis de n'en point parler à sondit mary, & mesme qu'il la feroit recompenser: ce qu'elle refusa, disant qu'elle le découuriroit pour le bien public seulement; Elle dit que ceste vaisselle estoit au logis de la Damoiselle Linage, scise en la ruë sainct Mederic, vis à vis la maison de Monsieur le Camus Pontcarré, Conseiller en la Cour, & qu'il y en trouueroit quatre balots: & à l'instant seroit allé ledit sieur Payen en la maison de ladite Damoiselle Linage, laquelle il auroit trrouuée au lit malade; & luy ayant demandé de leuer la main, & declarer si elle n'auoit pas la vaisselle d'argent dudit sieur d'Emery cachée en sa maison, elle l'auroit prié de ne la point obliger à leuer la main, qu'elle n'estoit pas en estat qu'on la pût soupçonner de vouloit mentir, luy declarant qu'il estoit vray qu'elle auoit quatre caisses pleines de vaisselle d'argent, que l'on deuoit venir querir ce iour là mesme, y en ayant vne qu'il trouueroit toute ouuerte, sans pourtant qu'on en eût rien osté. Elle fit conduire ledit sieur Payen au grenier ou estoient les caisses; dont il en auroit trouué vne ouuerte, & toute pleine, comme luy auoit declaré ladite Damoiselle Linage: & dans quelques vnes des autres, auroit trouué de la vaisselle vermeil doré, dont il auroit fait faire inuentaire, dresser procés verbal, & estably garnison en ladite maison, & gardien à ladite vaisselle d'argent, sur ce que Monsieur d'Emery President aux Enquestes son fils, seroit suruenu, & auroit reclamé ladite vaisselle d'argent comme à luy appartenant, demandant ledit sieur d'Emery President, qu'elle luy fust donnée comme en depost: ce que ledit sieur Payen luy auroit refusé, disant qu'il falloit qu'il fut ordonné par la Cour, laquelle il auroit priée de deliberer, sçauoir ce que l'on feroit d'icelle vaisselle, & aussi pour leuer les gardes qu'il auoit posées en la maison de ladite Damoiselle Linage.

Surquoy Monsieur le President le Coigneux auroit dit, qu'encore que ledit sieur d'Emery President aux Enquestes son Gendre, reclamast icelle vaisselle, comme estant partie à luy, partie au sieur d'Emery son pere qui n'estoit point dans le party contraire, & qui mesme auoit payé la taxe à luy imposée comme Bourgeois de Paris, laquelle estoit assez considerable; neantmoins si la Cour desiroit se seruir de ladite vaisselle pour subuenir aux necessitez presentes de l'Estat, & la prendre par forme de prest & d'emprunt, sauf, à luy en faire raison en temps & lieu, qu'il remettoit cela à la prudence de la Cour, puis se seroit retiré, & Messieurs ses deux fils.

Et la Cour ayant deliberé, auroit ordonné que toute ladite vaisselle seroit enuoyée à la monnoye pour y estre fonduë & conuertie en especes d'argent, pour estre employée aux necessitez publiques.

Ce fait la Cour auroit donné Arrest, par lequel elle auroit ordonné, que tous Contrats & autres actes faits & passez par les Notaires du Chastelet de Paris pour emprunts de deniers pour les necessitez presentes, seroient valables, nonobstant toutes Declarations & Arrests du Conseil à ce contraires.

Elle auroit pareillement arresté à la requisition & priere de Messieurs de la Chambre des Comptes, qu'ils seroient admis à la Chambre des Passeports.

Addition.

Addition. Ce iour la police generale auroit esté tenuë à l'ordinaire, suiuant le premier arresté qu'elle seroit tenuë le lendemain de chacun iour de marché pour la police du pain & des viures.

Deux Crocheteurs furent arrestez à la porte sainct Germain chargez de chacun vn coffre qu'ils portoient chez le sieur Rosee Aduocat, ces coffres appartenant à la Duchesse d'Aiguillon: on enuoya querir Monsieur Bitaut Conseiller, qui les ayant ouuerts, & trouué qu'ils estoient pleins de papiers concernans plusieurs rachapts de rentes & droits faits depuis peu à ladite Dame Duchesse d'Aiguillon; il les fit porter au Palais pour en faire l'Inuentaire: il y auoit vn peu de vaissèlle d'argent marquee aux armes de ladite Dame.

Le Mareschal de Schomberg arriué de Catalogne à sainct Germain le iour precedent, auroit dit à la Reyne, que les Prouinces par où il auoit passé estoient toutes en armes.

Du Vendredy cinquiesme Feurier, au matin.

CE jour toutes les Chambres assemblées à l'ordinaire, où se seroient trouuez Messieurs d'Elbeuf & le Coadjuteur de Paris, Monsieur Meliand Conseiller en la Grande Chambre, auroit fait l'ouuerture de la deliberation de ce jour, disant que les Bourgeois de la garde de la Porte, ayant le jour d'hyer visité le bagage de Mademoiselle (pour lequel faire sortir la Cour auroit donné des Passe-ports) & que l'on y auroit trouué deux coffres appartenans au sieur du Vigean, dans l'vn desquels estoient 120. marcs ou enuiron de vaissèlle d'argent: & dans l'autre, des habits de guerre en broderie d'or & d'argent; & vne malle de cuir, dans lequel il y auoit vn lict de camp, appartenant au Mareschal de Grammont, que l'on vouloit faire passer auec ledit bagage de Mademoiselle. Que ledit sieur Meliand auroit fait inuentaire & procez verbal desdites vaissèlles d'argent, & meubles, pour en estre ordonné par la Cour, ainsi qu'elle aduiseroit & iugeroit à propos.

Cette affaire mise en deliberation, & les aduis de tous Messieurs pris sur icelle, il fut arresté que ladite vaissèlle auec les habits, seroient confisquez & appliquez aux necessitez publiques; pource que y ayant deffenses de rien laisser passer sans passeport à peine de confiscation, lesdites choses estoient dans le cas desdites deffenses. Et le lict appartenant au sieur Mareschal de Grammont, luy seroit enuoyé par grace speciale, pour l'obliger à vser de ciuilité aux occasions. Monsieur le President de Thou auroit ouuert cét auis, qui fut suiuy, & representé, que quoy que le lict fut chose de peu de consequence, neantmoins ledit sieur Mareschal se pourroit sentir obligé de ceste ciuilité qui estoit faite à sa personne, & par respect qu'il commandoit le quartier de sainct Cloud, & estoit en estat de pouuoir faire beaucoup de bien ou beaucoup de mal selon les differentes passions qu'il pourroit auoir.

Apres quoy Monsieur Potier, sieur de Blanmenil, President aux Enquestes, auroit dit auoir appris de Madame de Longueuille le iour precedent, que Monsieur son mary luy auoit mandé qu'il estoit fort estonné de n'auoir receu aucune response de

Messieurs du Parlement à plusieurs Lettres qu'il leur auoit escrites, l'asseurant que le Parlement de Roüen embrassoit les interests de celuy de Paris, & qu'il auoit donné Arrest portant cassation du Semestre estably audit Parlement depuis quelques annees : Monsieur le premier President auroit dit, que ceste Cour s'estonnoit aussi de n'auoir receu aucune response à la Lettre circulaire qu'elle auoit enuoyée audit Parlement de Roüen.

Et comme ils estoient sur ce discours d'estonnement recip roque, le sieur Miron Conseiller audit Parlement de Roüen, en qualité de Deputé d'iceluy, auroit demandé d'estre ouy par la Compagnie: on l'auroit fait entrer, ayant pris sa place au Bureau entre Messieurs qui y estoient, il auroit dit qu'il venoit presentement de receuoir vn pacquet du Parlement de Normandie, dans lequel y auoit deux Lettres, vne addressante audit Parlement de Paris, & l'autre à luy Deputé, auec ordre de rendre celle addressante à la Cour, & trois Arrests rendus par sa Compagnie (qu'il a esté à propos d'inserer icy) & ayant ledit sieur Miron donné lesdites Lettres & Arrests, il auroit dit de plus: que sa Compagnie luy donnoit ordre de demander trois choses à ceste Cour. Premierement la jonction & vnion du Parlement de Paris auec celuy de Normandie, afin de trauailler tous vnanimemēt au bien public, & à la conseruation de l'Estat. 2. De donner pareil Arrest que celuy donné pour la suppression du Semestre estably au Parlement de Prouence. 3. Qu'en cas d'accommodement il ne fut rien fait par le Parlement de Paris, sans mettre les interests de sa Compagnie à couuert: & apres auoir rendu lesdittes Lettres & Arrests, se seroit retiré, & lecture auroit esté faite tant desdites Lettres que des Arrests, dont la teneur s'ensuit, mesme de celle enuoyée audit sieur Miron.

LETTRE DE CREANCE DE LADITE COVR DE Parlement de Normandie,

Enuoyée à Monsieur Miron, Conseiller du Roy en ladite Cour.

TRES-CHER FRERE, Nous vous enuoyons la Lettre que nous écriuons à Messieurs du Parlement de Paris, pour que vous ayez à la presenter de nostre part, & les asseurer que nous contribuërons de tout nostre pouuoir au bien public & repos de l'Estat. Nous vous enuoions aussi les Arrests que nous auons donnez, tant pour les affaires generales que pour ce qui regarde les pretendus establissemens du Semestre de ce Parlement, que nous auons trouué si defectueux en leur forme, que nous n'auons fait difficulté de declarer les registremens & verifications desdits Edicts, ainsi que les receptions faites en consequence, nulles & de nul effet ; Les motifs duquel Arrest nous estimons vous estre assez cognus, pour que vous en puissiez entretenir Messieurs du Parlement de Paris, lors que les temps & les occasions vous le permetront, vous enuoyant vn memoire plus particulier de nos intentions, suiuant lequel vous vous conduirez vers Messieurs dudit Parlement, priant Dieu,

TRES-CHER FRERE,

Qu'il vous tienne en sa sainte garde. A Roüen en Parlement le premier iour de

Feurier 1649. Les Gens tenans la Cour de Parlement de Normandie vos Freres. Signé, VAIGNON, Greffier en chef de ladite Cour.

Et au dessus est escrit, A Monsieur Monsieur Miron, Conseiller du Roy en la Cour de Parlement de Normandie, à Paris.

LETTRE DV PARLEMENT DE NORMANDIE envoyée à la Cour de Parlement de Paris.

MESSIEVRS,

Toute la France & les monumens publics sont des tesmoins trop asseurez de vostre fidelité au seruice du Roy, & de vostre zele à la conseruation & grandeur de son Estat, pour croire que la calomnie ait peû faire impression au contraire dans les esprits des gens de bien & à vostre exemple: les autres Parlemens ont tousiours affermy dans les cœurs des peuples, les veritables sentimens de fidelité & d'obeïssance qui sont deus à la Majesté Royale. Nous vous remercions de la part que vous nous auez donnée de vos resolutions en ce dernier rencontre, que vous tesmoignez auoir l'approbation de tant de Princes, Ducs & Pairs, & Officiers de la Couronne interessez au repos & grandeur de cette Monarchie; Et vous asseurons que comme l'authorité que le Roy a mise en nos mains, ne tire sa vigueur & sa puissance que de sa Souueraineté, Nous employerons ainsi que vous tous, les moyens à nous possibles pour empescher la naissance d'vne guerre ciuile, & pour la conseruation de sa personne & de son authorité. Pour à quoy paruenir, nous conserueron's tousiours auec vous cette parfaite intelligence que vous desirez de nous, qui sommes,

MESSIEVRS,

Vos bons Freres & amis les Gens tenans la Cour de Parlement de Normandie. Signé VAIGNON, Greffier en chef de ladite Cour.

Et au dos est escrit, A Messieurs, Messieurs les Gens tenans la Cour de Parlement de Paris, A Paris.

Ce 1. iour de Feurier 1649.

ARREST DE LA COVR DE PARLEMENT DE Normandie, sur la reuocation du Semestre de ladite Cour.

Extrait des Registres de la Cour de Parlement.

LA Cour, les Chambres assemblées, assistans en icelle le Seigneur Duc de Longueuille Gouuerneur pour le Roy en la Prouince de Normandie, & le Sieur de Beuuron Lieutenant General audit Gouuernement, s'estant fait representer l'Edit du mois de Ianuier mil sixcens quarante & vn, portant creation de plusieurs Officiers en ladite Cour, pour estre tenuë à l'aduenir par deux seances & ouuertures Semestres, au preiudice de son ancienne institution establie en vne seance continuë, à la supplication des trois ordres de la Prouince par le Roy Louis douziesme à l'instar du Parlement de Paris : Ledit Edit registré, non en plain Parlement, comme doiuent estre tous les Edits & volontez des Roys selon les formes anciennes & loix du Royaume, ains par Commissaires tirez du corps du Parlement de Paris le seiziesme d'Auril ensuiuant, & dont la Commission n'auoit esté registrée audit Parlement : La Declaration du deuxiesme May audit an, portant dispense octroyée aux pourueus des charges de la nouuelle creation dudit Edit pour exercer leurs charges en l'aage de vingt-deux ans, aussi registrée par lesdits Commissaires le vingt-huictiesme Iuin audit an : Autres Lettres de dispense du dix-septiesme Decembre mil sixcens quarante-cinq, octroyées pour receuoir vn desdits Officiers à l'aage de dix-neuf ans, & autres dispenses particulieres au dessous de l'aage porté par ladite dispense generale, obtenuës contre & au preiudice des Ordonnances verifiées en toutes les Cours Souueraines, & Declaration registrée en ladite Cour le vingt-vniesme Mars 1639. portant defenses d'auoir esgard à telles dispenses : Autre Declaration du cinquiesme iour de Mars 1642. registrée le huictiesme May ensuiuant, par autres Commissaires tenans ladite Cour, substituez à ceux du Parlement de Paris, contenant qu'à la reception desdits Officiers de ladite nouuelle creation, il n'assisteroit qu'vn tiers de l'ancienne creation, & deux tiers de la nouuelle, suiuant laquelle les receptions desdits nouueaux pourueus auroient esté faites : Autres Lettres-Patentes en forme d'Edit du 14. Feburier 1643. portant reuocation dudit Semestre comme dommageable à la Prouince & aux subjets du Roy, & contraire au premier establissement de ladite Cour, sans aucune clause de nouuelle creation ny de validation des receptions de ceux qui auoient esté receus esdites charges nouuelles. Arrest du Conseil du 30. Aoust 1645. interuenu sur les requestes des traitans & Officiers receus de ladite nouuelle creation, portant restablissement dudit Semestre sur enoncez esdites requestes plaines de suppositions. Autre Arrest signé en Commandement du 20. de Septembre ensuiuant, faisant defenses aux Presidents & Conseillers tenans lors la Chambre des Vacations de ladite Cour, de plus exercer, & à tous autres Officiers dudit Parlement de faire aucune fonction iusques au premier iour de Mars ensuiuant, à peine de crime de faux & desobeïssance, signifié auec le precedent à l'Aduocat General de ladite Cour, le 30. dudit mois. Autres Lettres en forme d'Edits, l'vn du 8. Septembre audit an, en consequence dudit Arrest du 30. Aoust, portant restablissement dudit Semestre & des Officiers suprimez par ledit Edict du 14. Feburier 1643. & l'autre donné à Fontainebleau au mois d'Octobre ensuiuant, portant creation de sept autres Officiers de Conseillers en ladite Cour, registrez les 10. & 27. dudit mois audit temps des Vacations, sans conuoquer le Parlement, par trois Maistres des Requestes, & les Officiciers de ladite nouuelle creation qui estoient demeurez suiuant ledit Edit du 14. Feburier 1643. Extraict des Registres de ladite Cour des dernier Aoust & 2. Octobre 1645. premier Mars 1646. deuxiesme Mars 1647. & deuxiesme Mars mil six cens quarante-huict, contenant les Declarations de

nullité

nullité dudit establissement & restablissement de Semestres, & de tout ce qui s'estoit fait au prejudice des formes anciennes: La matiere mise en deliberation; Tout consideré, LADITE COVR, sous le bon plaisir du Roy, a declaré & declare les registremens, tant desdits Edits du mois de Ianuier 1641. Feburier 1643. & Octobre 1645. que desdites Declarations & receptions des pourueus desdites charges de nouuelle creation, & tout ce qui s'est ensuiuy nuls, & de nul effet, comme faits contre & au prejudice des anciennes Ordonnances & loix du Royaume: Faisant inhibitions & defenses ausdits pourueus d'en faire aucune fonction, & aux subjets du Roy de les reconnoistre en ladite qualité. ORDONNE que ledit Parlement sera tenu en la mesme forme & maniere qu'il estoit en l'année 1639. & que tres-humbles remonstrances seront faites à sa Majesté, de la consequence & importance desdits Edits. Et sera le present Arrest leu & publié à la Barre de la Salle du Palais, & les Vidimus d'iceluy enuoyez par les Baillages & Vicomtez, pour y estre pareillement leus, publiez & registrez. Fait & arresté à Roüen, en ladite Cour de Parlement, les Chambres assemblées, le 27. iour de Ianuier 1649. Leu, & publié à la Barre de la Salle du Palais, le trentiesme dudit mois & an.

Signé, VAIGNON.

AVTRE ARREST DE LADITE COVR DE PARLEMENT DE Normandie, portant defenses de faire aucunes leuées ny logement de gens de guerre, sans ordre & attache de Monsieur le Duc de Longueville, Gouuerneur pour le Roy en ladite Prouince, ny faire aucunes leuées de deniers, sans Commission du Roy, registrée aux Compagnies Souueraines.

Extrait des Registres de la Cour de Parlement.

LA COVR, toutes les Chambres assemblées, present le Seigneur Duc de Longueuille Gouuerneur de Normandie, le Sieur Marquis de Beuuron Lieutenant General pour sa Majesté en ladite Prouince, & les deputez des autres Compagnies Souueraines; Sur l'aduis à elle donné des pilleries, extorsions & violences faites tant aux enuirons de la ville de Roüen qu'ailleurs en la Prouince, Desirant pouruoir au bien du seruice du Roy, repos & tranquillité de ladite Prouince, A ordonné & ordonne qu'il en sera informé en cette Ville, par les Conseillers Commissaires à ce deputez, & sur les lieux par les Iuges ordinaires. Fait inhibitions & defenses à toutes personnes de quelque qualité & condition qu'elles soient, de faire aucunes leuées ny logements de gens de guerre en icelle, sans ordre & attache dudit Seigneur Duc de Longueuille: Et en cas de contrauention, enjoint à tous Gouuerneurs & Capitaines des Places, Maires & Escheuins des Villes, Gentils-hommes & Communautez, de courre sus, prester main forte & obeïr à ceux qui y seront preposez par ledit Gouuerneur, ou par les Lieutenans Generaux de sa Majesté en la Prouince, Fait aussi defenses audits Gouuerneurs & Capitaines des Places, Maires & Escheuins; Gentils-hommes & Communautez de receuoir aucunes trouppes, ny leur fournir aucuns viures, armes ou munitions de guerre: Et où aucuns se seroient emparez d'icelles sans attache dudit Gouuerneur, Enjoint de s'assembler au son du tocsin, pour les en chasser & mettre hors. A pareillement fait inhibitions & defenses de faire aucunes leuées de deniers sans Commission du Roy registrée aux Compagnies Souueraines, ausquelles la connoissance en appartient. Et sera le present Arrest imprimé, leu, publié & affiché où il appartiendra, & enuoyé par les Bailliages pour estre leu aux Parroisses de cette Prouince. Fait à Roüen en ladite Cour de Parlement, toutes les Chambres assemblées, le 30. iour de Ianuier 1649.

Signé, VAIGNON.

AVTRE ARREST DE LADITE COVR DE PARLEMENT DE Normandie, Pour l'ordre & conduitte de tous les deniers qui se leuent en ladite Prouince.

Extraict des Registres de la Cour de Parlement.

LA COVR, toutes les Chambres assemblées, assistans en icelle, le Seigneur Duc de Longueuille, Gouuerneur pour le Roy en la Prouince de Normandie, & le Sieur de Beuuron, Lieutenant General audit Gouuernement, & les Deputez des autres Compagnies Souueraines : Sur l'aduis donné à ladite Cour des courses & pilleries qui se font en diuers lieux de cette Prouince, Desirant pouruoir à la seureté & au recouurement des deniers du Roy, A ORDONNÉ que les deniers des Tailles, Taillon & autres Creuës, seront conduits & voicturez sous bonne & seure garde: à sçauoir ceux de la Generalité de Roüen aux Bureaux generaux establis à Roüen : & ceux de la Generalité de Caën, aux Bureaux generaux establis à Caën: Et pour le regard des deniers des Aydes, Gabelles, Traites Domanialles & Foraines & tous autres droits, qui se perçoiuent pour le Roy, seront pareillement conduits sous bonne & seure garde : à sçauoir ceux de la Generalité de Roüen aux Bureaux des Commis Generaux des Adjudicataires & Fermiers establis audit Roüen: & ceux de la Generalité de Caën, és mains desdits Commis Generaux establis audit Caën : & pour ce qui est des deniers des Tailles, Taillon, Subsistances, Aydes, Gabelles & autres cy-dessus, de la Generalité d'Alençon, demeureront és mains des Receueurs & Commis particuliers, & defenses à eux de les voicturer jusques à ce qu'autrement en ait esté ordonné. FAIT à Roüen en ladite Cour de Parlement, toutes les Chambres assemblées, le premier jour de Février mil six cens quarante-neuf.

Signé, VAIGNON.

Apres la lecture faite des susdites Lettres & Arrests, le sieur de Baresme Conseiller, & Deputé au Parlement de Prouence, auroit pareillement demandé d'entrer, venant de receuoir vn Courrier enuoyé par sa Compagnie, auec vne Lettre de Creance à luy addressante pour prendre creance à tout ce que luy diront ledit Courrier nommé Tyran; & ayant ledit sieur de Baresme esté mandé, & pris mesme place & sceance que le Deputé de Roüen, a dit estre deputé de sa Compagnie, de laquelle il auoit ordre de demander à la Cour la jonction & vnion à leurs interests,

& leur assistance pour la suppression du Semestre estably par force & violence en leur Compagnie, laquelle il auoit cy deuant demandée; & en cas que la Cour l'eust déja fait de l'en remercier comme il faisoit tres-humblement de la part de sa Compagnie, laquelle protestoit de ne rien faire que par les ordres de ceste Cour; puis auroit dit que le nommé Tyran enuoyé exprés par sadite Compagnie auoit apporté nouuelle que le Lundy dix-huitiesme Ianuier, le Comte D'alais Gouuerneur de Prouence aduerty par plusieurs Couriers de l'enleuement du Roy, auec ordre de se rendre maistre de la ville d'Aix, & en suitte de toute la Prouince, pour executer ce dessein, & mesme se saisir de plusieurs Conseillers du Parlement, & des plus qualifiez estant en ladite ville d'Aix, auroit par vn de ses gardes fait commencer vne querelle au Laquais du sieur Senier Conseiller, sous pretexte que le Laquais n'auoit pas salüé ledit Comte D'alais, en presence duquel ledit garde luy auroit donné vn soufflet, & vn coup d'épée dans la cuisse, ce qui ayant causé grande rumeur par toute la ville, & le bruit en estant paruenu iusques à Messieurs les Conseillers, ils se seroient retirez chez le President d'Oppede, où ils se seroient plaints de ceste iniure faite à vn Laquais de Messieurs, qui faisoit voir qu'on en vouloit aux maistres, quoy qu'on les ait tousiours entretenus de parolles, leur faisant esperer la reuocation du Semestre. Ceste affaire ayant fait grand bruit, Monsieur l'Archeuesque d'Arles, le Comte de Carces, & le President Seguiran se seroient entremis de l'accommoder, & pour cét effet auroient parlé au Comte Dalais, qui apres plusieurs allées & venuës, auroit promis le lendemain dix-neufiesme dãs trois iours la reuocation du Semestre, pourueu que les habitans qui auoient déja pris les armes les quittassent; ce que le Comte de Carces se chargea de faire sçauoir à tout le monde; & en mesme temps le President d'Oppede fit congedier tout le monde. Mais le Comte Dalais qui auoit tousiours son dessein, voyant les peuples desarmez, le Mercredy vingtiesme Ianuier feste de S. Sebastien, auquel iour toute la ville est en grande deuotion, & accoustume de faire vne procession solemnelle autour des murs de la ville, pour rendre graces à Dieu de ce qu'il luy plût à pareil iour la deliurer de peste par les intercessions de ce Sainct; auoit dessein quand tout le monde seroit sorty, de faire fermer les portes, & se rendre maistre de la place aux Prescheurs, & en suitte de toute la ville, y ayant fait filer & entrer iusqu'à deux mille hommes, sans que personne s'en fut apperceu: il leur donna ordre de se saisir de ladite place, si tost qu'ils verroient la Procession partir: mais comme tout le monde sortoit, vn paysan ayant entendu dire par des soldats auoir tout visité, il entra en soubçon qu'il y auoit trahison. Il courut à sainct Sauueur en donner aduis, & arrester ce qui n'estoit pas encore sorty, puis alla faire reuenir la Croix qui estoit déja hors la ville, à l'instant tout le monde ayant pris les armes en peu de temps, il se seroit troué dix-huit à vingt mille hommes armez, & ledit sieur Comte de Carces à leur teste, qui d'abord se seroient rendus maistres de ladite place aux Prescheurs, & en suite de l'Hostel de ville, & grande place d'icelle, & forcé ledit Comte Dalais de se rendre à composition auec ses troupes. La Comtesse sa femme, sa fille, comme aussi le Duc de Richelieu qui estoit venu pour fauoriser ceste entreprise, furent arrestez par les habitans, trois Consuls aussi pris; & aussi-tost le Parlement se seroit assemblé, & auroit tenu sa seance, ce qu'il n'auoit osé faire il y auoit treize mois: Si tost que ceux de Marseille auroient eu cét aduis, ils auroient enuoyé à la ville d'Aix offrir dix mille hommes pour leur conseruation, & toutes les autres villes de la Prouince auroient à leur exemple enuoyé offrir leur seruice au Parlement, lequel se joignoit à celuy de Paris, ne desirant agir que par ses ordres, dont il auoit ordre de sa Compagnie d'asseurer la Cour. Apres quoy ledit sieur Miron se seroit retiré, & tous Messieurs esté d'auis de deliberer sur la Lettre du Parlement de Roüen, comme plus ancien que celuy de Prouence: luy faire response & l'asseurer de la jonction & parfaite vnion du Parlement de Paris auec Messieurs dudit Parlemẽt de Roüen. Mõsieur le Coadjuteur estãt aussi d'auis de les conuier de donner pareil Arrest contre le Cardinal Mazarin que celuy de ceste Cour, & d'ordonner par l'Arrest d'vnion qu'il ne seroit rien fait dans la Compagnie en cas d'accommodement sans mettre les interests dudit Parlement de Roüen à couuert, leur donnant pareil Arrest que celuy qui auoit esté donné au Parlement de Prouence; cét aduis auroit esté suiuy de toute la Compagnie, hormis de Monsieur le President de Mesme, qui auroit dit n'estimer pas à propos de mettre & s'obliger de ne rien faire sans mettre l'interest dudit Parlement à couuert, que cela lioit les mains à la Compagnie, laquelle ne pourroit rien resoudre sans entrer en conference auec eux, qu'il faudroit estre tousiours auec leurs Deputez, ou attendre long temps les respõses de Roüen, qui apporteroit grand preiudice aux affaires: adjoustant que ce seroit contrarier aux remonstrances faites par écrit par la Compagnie, & publiées par tout le Royaume, declarant en icelles que le seul interest de la prise des armes pour nostre deffense, estoit pour chasser le Cardinal Mazarin du Ministere du Royaume, comme estant ennemy de l'Estat, & perturbateur du repos public; que de pretendre auiourd'huy d'autres interests que celuy-là, ce seroit vn iuste sujet que pour luy, il faisoit protestation de ne connoistre autre interest que celuy de faire sortir du Royaume cét ennemy de l'authorité Royalle. & auroit passé à l'aduis de faire response au Parlement de Normandie, qu'il y aura parfaite jonction & intelligence de la Cour auec ledit Parlement, au preiudice de laquelle rien ne sera fait qui puisse blesser l'authorité du Roy, le bien de l'Estat, & les interests du Parlement, Que tres-humbles remonstrances seront faites audit Seigneur Roy, & à la Reyne Regente, sur la creation & establissement dudit Semestre, que la Cour a declaré & declare, auoir esté fait contre les Loix du Royaume, & qu'elle ne tiendra ceux qui ont esté admis és charges d'iceluy Semestre que pour personnes priuées. Et suiuant l'Arrest du 28. Ianuier dernier, declare les Officiers des Cours Souueraines, & autres qui feront les establissemens de Semestre nouueaux sans Edits, bien & deüement verifiez en la Cour, indignes & incapables de tous honneurs & priuileges, & d'entrer aux Compagnies Souueraines; & outre arresté que ledit Parlement de Normandie sera conuié de donner Arrest contre le Cardinal Mazarin, pareil à celuy donné en la Cour le 8. Ianuier dernier. Et à l'instant ledit sieur Miron ayant esté aduerty, seroit venu prendre place au Bureau, & Monsieur le premier President luy auroit dit qu'il auoit ce qu'il auoit demandé, luy faisant aussi entendre que la Cour se promettoit de la conduitte dudit Parlement de Normandie, de son zele & affection au bien public, qu'il donnera Arrest contre le Cardinal Mazarin.

Lequel sieur Miron apres auoir entendu la lecture de cét Arrest, auroit remercié la Cour, & l'auroit asseurée qu'il fera sçauoir le tout à sa Compagnie, puis se seroit retiré.

Aussi-tost on auroit fait rentrer le Deputé de Prouence, lequel auroit supplié la Cour de ne rien resoudre ny decider en cas d'accommodement, sans auoir soin des

interests

interests de sa Compagnie, promettant que de sa part il ne sera rien fait que par les ordres du Parlement de Paris, sur quoy la Cour auroit donné pareil Arrest qu'elle venoit de donner en faueur du Parlement de Normandie.

Ce fait Monsieur Courtin sieur de Giury Conseiller, auroit fait rapport que sur l'aduis donné à la Cour de quelques coffres ou il y auoit de la vaisselle d'argent, appartenant à vn homme d'affaire, ladite Cour l'ayant commis pour se transporter au lieu, où il seroit conduit par celuy qui auoit donné ledit aduis; il se seroit transporté le iour precedent au logis de la Dame Despaisses, où s'estant enquis de son Maistre d'Hostel, & autres ses domestiques, s'il n'y auoit pas de la vaisselle d'argent à Catelan dans le grenier dudit logis, ils l'auroient dénié formellement: aussi-tost il seroit monté au grenier au foin, dans lequel il auroit trouué dans deux coffres quantité de vaisselle d'argent, laquelle ayant fait peser par experts, se seroit trouuée monter à 400. marcs, & l'auroit fait inuentorier & transporter chez Monsieur Fayet Conseiller en la Cour, voisin dudit logis. Surquoy ayant esté deliberé, la Cour auroit ordonné que ladite vaisselle d'argent seroit fonduë & monnoyée, pour les deniers en prouenans estre employez aux necessitez publiques;

Apres ceste deliberation, la Cour auroit commis huict de Messieurs, tant de la Grande Chambre, que des Enquestes, à sçauoir Monsieur le President le Cogneux, Monsieur le President de Thou, & Messieurs de Longueil, Ianuier, d'Aurat, Brillac, Petau, le Feure, & Caumartin, pour voir & examiner toutes les lettres & pacquets enuoyez des Prouinces, & y faire response par l'aduis de la Compagnie, à l'esgard des affaires importantes, & auoir soin d'enuoyer les couriers.

Addition. On apprit que le Parlement de Bourdeaux n'auoit pas receu les Lettres circulaires; mais que quelques Conseillers & particuliers de ladite ville de Bourdeaux en auoient receu des copies imprimées, à eux enuoyées par leurs amis qui sont par deçà, & que sur icelles quelques Conseillers dudit Parlement auoient demandé que l'on deliberast, voyant bien qu'il falloit que les originaux eussent esté pris par les chemins.

Monsieur le Duc de Beaufort deffit vne troupe de Coureurs qui voloient & pilloient és enuirons de Bondy, dont plus de trente furent pris, & amenez à Paris.

Or d'autant que dans les susdits Arrests & Lettres du Parlement de Roüen, il est parlé de la response à vne Lettre de cachet, adressante audit Parlement, dont auoit esté porteur ledit sieur Comte d'Harcourt, pour prendre possession du Gouuernement de Normandie, en la place de Monsieur de Longueuille, il a esté à propos d'inserer icy la response, dont la teneur ensuit.

LETTRE DE MESSIEVRS DV PARLEMENT de Normandie au Roy, sur le refus qu'ils ont fait de receuoir le Comte d'Harcourt.

SIRE,

Vostre Majesté aggreera s'il luy plaist, d'estre asseurée par sō Aduocat General, que nous luy enuoyons exprés; que nous auōs receu auec respect les Lettres de cachet du dixseptiesme de ce mois, qui nous ont esté enuoyées par Monsieur le Comte d'Harcourt, de la part de Vostre Majesté, dont luy rendons tres-humbles graces dans la reconnoissance que nous auons de ses grandes qualitez & merites. Mais au mesme temps nous la supplions de receuoir en bonne part, & comme de ses fideles & obeïssans Sujets, nos excuses de la surseance (sous son bon plaisir) à l'execution de ses ordres en ceste Ville, par des motifs & considerations sinceres & importantes au bien de son seruice, dont nous auons informé plus particulierement ledit sieur Comte d'Harcourt, pour faire sçauoir à Vostre Majesté les iustes & fideles intentions de ceste Compagnie: La suppliant tres-humblement de considerer; que comme il luy a pleu confier en ceste Compagnie la principale authorité de ceste Prouince, nous auons creu estre à nostre deuoir d'apporter quelques remises aux ordres portez par ledit sieur Comte, plustost que d'émouuoir par ceste execution presente, de mauuaises humeurs prestes à paroistre dans vos Peuples, alarmez par les bruits qui auoient esté semez de garnisons, qui leur venoient en suitte dudit sieur Comte d'Harcourt: & des apprehensions qu'ils auoient par ces exemples, des mauuais traittemens & violences qu'ils auoient souffertes il y auoit peu de temps, par des gens de guerre qui auoient esté logez en ses fauxbourgs. Ceste consideration, SIRE, a esté de telle importance, qu'en executant sur l'heure les ordres portez par vosdites Lettres, nous hazardions de faire vn effet tout contraire aux intentions de l'authorité & bien du seruice de vostre Majesté. En sorte que fondez sur l'exemple de Henry le Grand d'heureuse memoire, qui en pareil rencontre & semblable motif, auoit bien voulu confier à ceste Compagnie l'authorité du commandement: Nous auons estimé, Que vostre Majesté prendra en bonne part le seruice, que nous auons creu luy rendre, & à la Reyne Regente en ceste occasion, & qu'elle n'imputera point à manquement d'obeyssance le delay, pour quelque temps, de receuoir ledit Comte, iusques à ce que nous ayons veu comme nous ferons, de tout nostre cœur & pouuoir; calmer les mouuemens & inquietudes des Peuples, & faire connoistre à vos Sujets les choses contraires aux bruits qui auoient esté semez, pour les contenir en l'obeyssance de VOSTRE MAIESTÉ. Pour le seruice de laquelle, & de la Reyne Regente nous employerons nos biens & nos vies, comme estans,

SIRE,

Vos tres-humbles, tres-obeyssans, & tres-fideles Sujets & Seruiteurs, les Gens tenant le Parlement de Normandie.

Du 21. Ianuier 1649.

Signé, CVSSON.

Du Samedy sixiesme Feurier.

CE iour toutes les Chambres assemblée à l'ordinaire, Monsieur Bitault Conseiller en la Cour auroit fait rapport des deux coffres, dont est fait cy-dessus mention appartenant à la Dame Duchesse d'Aiguillon, que l'on auoit pris comme le nommé Colet son Solliciteur les faisoit porter chez le Sieur Rosée son Aduocat, & auroit dit en auoir fait Inuentaire en presence de tesmoins, que dans l'vn d'iceux, il se seroit trouué pour enuiron 800. liures de vaisselle d'argent & de fort beau linge: & dans l'autre grand nombre de Papiers dont il n'auoit fait Inuentaire, ains auoit fait sceller lesdits deux Coffres, & les auoit enuoyez en depost chez le Capitaine qui gardoit la porte sainct Germain, où ils auoient esté arrestez: la Cour auroit ordonné qu'Inuentaire seroit fait de ce qui estoit dans lesdits Coffres, en presence de Rosée Aduocat, pour apres estre ordonné ce qu'elle aduiseroit bon estre.

Monsieur Deslandes-Payen Conseiller en la grande Chambre, auroit rapporté que sur l'aduis à luy donné, qu'il y auoit de la vaisselle d'argent appartenant au Cardinal Mazarin dans l'Eglise des Bernardins, il s'y seroit trāsporté, & auroit trouué sous l'Autel 12. bras d'argent fort beaux ornez de figures de Mores, cōme aussi quelques Papiers de negotiatiōs des Sieurs Cantarini, Vanelli & Ludouici; entre autres vne promesse de 14000. liures qui luy auoit esté dōnée en gage, pour des lettres de change que Cantarini auoit à luy: Et que dans iceux papiers il estoit fait mention de 2000. marcs de vaisselle d'argent blanc 1500. de vermeil doré, d'vn fil de 25. perles fort belles & fort grosses, d'vn autre de 30. perles vn peu moindres, & 4. perles en poire tres-belles, dont ledit Sieur Payen auroit dit auoir fait inuentaire, & qu'il estoit daduis de faire exacte recherche desdites vaisselle d'argent & perles. Apres quoy Monsieur le premier President auroit demandé à Monsieur Laisné Conseiller en la grande Chambre, le procez verbal qu'il auoit dressé de la perquisition par luy faite chez ledit Cantarini, & de ce qu'il y auoit trouué pour deliberer de tout ensemble, à quoy ledit Sieur Laisné auroit respondu & promis de se tenir prest de cette affaire pour le premier iour; & ainsi il auroit esté arresté qu'apres que ledit Sieur Laisné auroit fait son rapport, il seroit deliberé tout ensemble ce que l'on feroit desdits bras d'argent, comme aussi d'vne monstre ou horloge d'or massif, enrichie de plus de 1600. diamans appartenant au Cardinal Mazarin, qui estoit entre les mains d'vn nommé Formes engagée pour 15000. liures.

Apres quoy on aduertit la Cour, que Monsieur le Procureur General auoit receu, il y auoit 2. ou 3. iours, des lettres de son Substitut à Orleās pour responce aux lettres à luy enuoyées par le Parlement, & qu'il n'en auoit encore dōné aduis à la Cōpagnie, laquelle aussi-tost auroit mādé ledit Sieur Procureur General, lequel entré, auroit dit que la Compagnie n'a pas accoustumé de luy faire rendre compte des responses que luy font les Substituts aux lettres qu'il leur enuoye, & que s'il eust creu que la Compagnie eust desiré auoir la response à la susdite lettre Circulaire, il la luy auroit fait voir, & qu'au 1. iour il l'apporteroit à la Cour, adjoustant qu'il n'auoit pas estimé à propos le deuoir faire crainte de faire sçauoir les mauuaises nouuelles, que par prudence il estoit en telles rencontres necessaire de dissimuler: puis se seroit leué.

Addition. On mandoit de sainct Germain, que Pigneranda Secretaire & Plenipotentiaire d'Espagne, y estoit attendu pour traiter de la paix auec l'Archiduc Leopold, & qu'à cet effet on luy auoit enuoyé les Carrosses du Roy & de la Reine, qu'on luy donnoit assurance de rendre à l'Espagnol & au Duc de Lorraine, tout ce que nous auions pris depuis la guerre declarée, à condition que toutes les troupes Espagnolles & Lorraines viendroient contre Paris.

Le Dimanche septiesme Feurier.

CE iour le Parlement ne s'assembla point, & il ne se passa rien de considerable, le Marquis de Sillery arriua à Paris, auec quelques vns de ses amis pour se joindre à la deffense de la cause publique.

Le Lundy huictiesme Feurier.

CE iour toutes les Châbres assemblées a l'ordinaire, Messieurs Talō, Meliand & Bignon Aduocats, & Procureur General, estāt entrez en la grand'Chambre, ledit Sieur Talon auroit dit à Messieurs, que le Ieudy precedent le Sieur Procureur General auroit reçeu vne lettre à luy addressante de son Substitut à Orleans, laquelle il auoit en main, & par icelle il luy mandoit, pour responce à celle que ledit Sieur Procureur General luy auoit cy deuāt escrite, en luy addressant le pacquet ou estoiēt les deux Arrests contre le Cardinal Mazarin, des 8. & 10. Iāuier, & les deux lettres Circulaires de la Cour addressantes au Bailly & Gouuerneur, & aux Maire & Escheuins de ladite Ville d'Orleans, qu'il auoit rendu lesdites lettres, lesquelles ayant esté portées à la Chambre du Conseil du Presidial, se seroient assemblez le Sieur Desourds Marquis d'Alluye Gouuerneur de ladite ville, le Lieutenant General & autres Officiers dudit Presidial: ledit Gouuerneur auroit dit que le Roy dés sa sortie de Paris arriuée le 6. Ianuier, luy ayant enuoyé lettres de cachet portant deffences de deferer à aucuns ordres & Arrests du Parlement, lesquelles il auroit fait voir aux Officiers, il ne pouuoit ni ne deuoit faire ouuerture dudit pacquet, ains se sentoit obligé de l'enuoyer à sainct Germain, à quoy le Lieutenant General & autres Officiers auroient consenty, & au mesme temps l'auroit enuoyé à sainct Germain, sans que ledit Lieutenant General eust voulu permettre d'en faire l'ouuerture, ny ordonner que lesdits Arrests seroient enregistrez, au contraire qu'audit Presidial auroit esté depuis peu de iours registré vn Arrest du Conseil, donnant pouuoir aux Presidiaux de iuger toutes sortes d'affaires de leur ressort souuerainement, & sans appel, dont ledit Substitut donnoit aduis audit Sieur Procureur General, offrant luy enuoyer l'original de ladite lettre de cachet s'il le desiroit. Apres quoy ledit Sieur Talon auroit conclud, que si la Cour le trouuoit à propos, il feroit enuoyé audit Substitut d'Orleās des Duplicata desdites Lettres & Arrests, auec injonction de les faire registrer au Greffe dudit Presidial, dans trois Iours à peine de punition exemplaire. Adjoutant qu'il couroit bruit d'vne Declaration donnée à sainct Germain, portant suppression du Parlement, & mesme que les mots d'interdiction du Parlement estoient inserez dans vne lettre de cachet du Roy à Messieurs de la Ville, en suite de sa sortie de Paris, que s'il se trouuoit quelque expedient de faire quelques pas, & quelques demarches vers la Reyne, pour luy faire des remonstrances sur les affaires; Qu'il estimoit que cela pourroit produire quelque ouuerture d'accommodement au reste. Ce fait lesdits Procureurs Talon, Meliand & Bignon se seroient retirez, & la compagnie apres lecture faite de la lettre dudit Substitut d'Orleans auroit deliberé.

Monsieur le premier President auroit dit qu'il estimoit à propos de deliberer sur les conclusions des gens du Roy, Mõsieur Crespin Doyen du Parlement, auroit esté d'aduis de deputer vers la Reyne, pour luy demander la paix & l'accommodement des affaires, & au mesme instant se seroit esleué vn grãd bruit & murmure dans la Compagnie; plusieurs des Messieurs criant tout haut, que cette proposition de deputer vers la Reyne estoit vne partie faite, & qu'il n'y auoit aucune apparence de la receuoir en l'Estat present des affaires, ny mesme quand elle seroit receuable, d'y deliberer en l'absence de Messieurs les Generaux, sans les abandonner & trahir; Monsieur le premier President pour appaiser ce bruit qui dura fort long-temps, auroit dit qu'il trouuoit tres-bon de remettre cette proposition à vne autre fois, quand Messieurs les Generaux seroient presens. Au mesme temps, Monsieur le Prince de Conty que l'on auoit enuoyé prier de venir prendre sa place seroit entré, auquel Monsieur le premier President ayant fait le recit de tout ce qui s'estoit passé ce iour-là en la Compagnie, & tesmoigné que comme Messieurs les Generaux s'estoient tous joints auec ladite Compagnie, qu'elle auoit estimé que l'on ne pouuoit faire aucune proposition d'accommodement ny autre de cette qualité sans blesser l'vnion, & qu'il estoit fort satisfait de ce que l'on n'y vouloit point entendre sans les appeller, puis qu'eux auroient aussi promis de ne rien faire de leur part sans les ordres de ladite Compagnie.

Ce fait mondit Sieur le premier President auroit proposé de deliberer sur l'autre chef des conclusions de Messieurs les gens du Roy, en ce qui concernoit les lettres du Substitut d'Orleans, à quoy auroit esté employé le reste de cette matinée.

Monsieur Cheualier auroit representé dans son aduis, que toutes les affaires qui se sont faites à sainct Germain, ayant esté pleines de fourbes & de mauuaise foy, il falloit abandonner la pensée d'opiner sur la proposition de deputer presentement, faite touchant l'accomodement, & qu'à l'esgard du Substitut d'Orleans, il le falloit interdire de sa charge pour n'auoir pas obei à la Cour.

Monsieur Broussel auroit dit que par la proposition, on vouloit donner le change à la Cour pour eluder la deliberation sur l'importance de l'affaire presente, qui faisoit voir la desobeïssance des Officiers de la ville d'Orleans, de la fidelité, de laquelle il estoit necessaire de s'asseurer, & auroit esté d'auis d'enuoyer vn second duplicata des Arrests & lettres Circulaires au Substitut d'Orleans, auec inionction de les faire registrer au Greffe, à peine de desobeïssance; & en cas de refus interdire tous les Officiers dudit Presidial, & attribuer la fonction au plus prochain Presidial ou Preuostez estans dans l'obeïssance.

Presque tous Messieurs de la grande Chambre, auroient esté de l'aduis de Monsieur Brussel, iusqu'à Monsieur Hennequin de Bernay, lequel ayant voulu remettre sur le tapis la proposition d'accommodement, auroit dit qu'il croioit que tous Messieurs tant ceux qui l'approuuoient, que ceux qui la rejettoient auoient bonne intention, qu'il estimoit qu'il falloit tousiours rechercher les voyes de paix auec son Roy, auquel on ne pouuoit trop faire de submissions: comme il vouloit continuer, il auroit esté interrompu par vn grand bruit de tous Messieurs qui se seroit esleué, lequel estant appaisé, il auroit dit que ses pensées estoient sinceres, mais qu'il suiuroit celles des autres, quand il passeroit à la pluralité, luy estant libre de dire son aduis, lequel pouuoit estre suiuy, ou ne le pas estre, qu'il estoit d'auis des conclusions pour tous les deux Chefs, qu'il estimoit ne se pouuoir diuiser.

Messieurs de Bauquemar, Perrot, de Hodic, Molé, du Tillet, de Bragelonne, & le Coigneux Presidens aux Enquestes, & Requestes, d'auis des conclusions.

Monsieur Charton President au Requestes, auroit esté d'auis de Monsieur Brussel, & qu'à l'esgard de la proposition d'accommodement, il auoit creu deuoir faire l'interruption qu'il auoit faite, la proposition se trouuant pour lors perilleuse, dangereuse, & mesme injurieuse.

Monsieur de Thou President aux Enquestes, auroit esté de mesme aduis, pour le premier Chef touchant les Iuges d'Orleans, & à lesgard de ladite proposition, dit qu'elle ne deuoit point estre faite, non seulement sans Monsieur le Prince de Conry & Messieurs les Generaux, mais aussi sans Monsieur de Longueuille & les Parlemens de Roüen & de Prouence, auec lesquels il y auoit Arrest de jonction, que la paix deuoit estre le souhait de tous les gens de bien, mais qu'il falloit qu'elle fut honneste & seure autant qu'il se pourroit, que pour le premier cela estoit facile en y appellant tous les interressez, & pour le second que cela dependoit de la prudence de ceux qui seroient commis par la Cour pour ce subiet.

Monsieur Loisel auroit esté de l'aduis de Monsieur Broussel à lesgard de l'affaire d'Orleans, & dit à lesgard de la susdite proposition, qu'il estimoit que c'estoit vn jeu joüé, l'ouuerture en ayant esté faite par les gens du Roy, au lieu d'estre venus rendre compte à la Compagnie des lettres qu'ils auoient esté obligez de faire tenir dans les Prouinces, ce qu'ils n'auroient fait qu'apres auoir esté mandez, & que la Compagnie l'auoit sceu d'ailleurs; qu'il voyoit bien que cette proposition estoit appuyée dans la Compagnie quoy qu'elle fust perilleuse, & hors de saison en l'estat present des affaires, où il ne falloit penser qu'à se deffendre courageusement, à quoy il falloit employer son bien & sa vie, puisque l'on attaquoit l'vn & l'autre.

Tout le reste des Conseillers, tant de la Grande Chambre, que des Enquestes, & Requestes auroient esté de l'vn desdits aduis.

Monfieur le Prefident de Nouion auroit efté d'aduis de ne point parler de la propofition qu'en prefence de Meffieurs les Generaux, & de Monfieur de Longueuille;
& à l'efgard de l'affaire d'Orleans, auroit efté d'aduis de decerner vn veniat contre
les Officiers du Prefidial d'Orleans,& en cas de refus d'obeyr, de les interdire,& attribuer la fonction de leurs charges, au plus prochain Prefidial qui fe feroit maintenu dans l'obeyffance & le refpect qu'il doit à la Cour.

Monfieur le Prefident de Believre, de mefme aduis, à l'efgard de la propofition,
& de l'auis de Monfieur Bruffel; & à l'efgard de l'affaire d'Orleans, de faire deffenfes à tous les Prefidiaux de iuger fouuerainement, hors les cas à eux attribuez par les
Edits & Ordonnances.

Monfieur le Prefident de Nefmond auroit dit, que de bonnes propofitions n'e-
ftoient point à rejetter, telles qu'eftoient celles de la paix, mais qu'il falloit cependant fe mettre en eftat de fe deffendre; auffi qu'il falloit appeller Meffieurs les Generaux: Et quant à l'affaire d'Orleans, s'il falloit chaftier quelqu'vn, ce n'eftoit point
tant le Subftitud qui auoit peut eftre fait fon deuoir (qui n'auoit qu'à requerir) que
les Officiers qui auoient ordonné, contre lefquels fon auis feroit bien de decreter:
mais qu'il falloit auparauant y enuoyer vne feconde fois, & que fuiuant leur refpon-
fe, la Cour ordonneroit ce qu'elle aduiferoit bon eftre.

Monfieur le Prefident le Coigneux auroit dit; que toutes propofitions de cefte
qualité eftoient iniurieufes & defaduantageufes en cefte faifon; & que pour faire vn
accommodement auantageux à l'Eftat, & honorable à la Compagnie, deux precautions eftoient neceffaires: 1. Il falloit fe mettre en eftat d'vne deffenfe forte & fuffi-
fante contre l'oppreffion prefente, & qu'il ne falloit parler de paix que les armes à la main. 2. Qu'il eftoit non feulement raifonnable de ne point parler de paix
fans les Generaux; mais mefme iniufte de la faire fans les y appeller: Que d'en vfer autrement, fe feroit trahir la caufe commune, abandonnant tant d'illuftres Princes &
Seigneurs, qui eftoient venus facrifier leurs vies & leurs biens pour le bien de l'Eftat,
& l'intereft de cefte Compagnie, & qui à l'heure qu'il parloit eftoient aux mains
contre les ennemis de l'Eftat: Et à l'égard de l'affaire d'Orleans, auroit dit, qu'il falloit pluftoft attirer les Officiers à eux, que de les éloigner; & qu'il falloit encore leur
enuoyer vn duplicata des Arrefts & Lettres, & leur enjoindre à peine d'interdiction
de leurs charges, de les faire enregiftrer au Prefidial, qu'en cas de refus, la Cour y
pouruoyroit.

Meffieurs le premier Prefident, & le Prefident de Mefme, auroient efté de l'auis
defdites Conclufions: & neantmoins il auroit paffé à ordonner que les Arrefts & Lettres de la Cour feroient derechef enuoyées aux Officiers du Prefidial & Preuofté,
Maire & Efcheuins d'Orleans, & à eux enjoint de les receuoir, faire regiftrer incef-
famment à peine d'interdiction: leur faire tres-expreffes inhibitions & deffenfes de
receuoir & reconnoiftre autres ordres contraires à ladite Cour, donnez pour maintenir l'authorité du Roy, & la tranquillité publique: leur faire auffi deffenfes de iuger d'autres matieres, que de celles à eux attribuées par les Edits verifiez en cefte Cour:
& enjoindre au Gouuerneur de ladite ville, & aux fujets du Roy de tenir la main à
l'execution de l'Arreft, à peine d'eftre declarez perturbateurs du repos public: cét
Arreft ainfi dreffé, la Cour fe feroit leuée; & l'aprefdifnée la police fe feroit tenuë à
l'ordinaire, en la Chambre fainct Louys.

Addition. Ce iour le sieur de Clanleu qui auoit esté mis en garnison dans Charenton par Monsieur le Prince de Conty, luy ayant enuoyé dés le matin donner aduis que Messieurs le Duc d'Orleans & Prince de Condé, marchoient auec sept à huict mille hommes de pied, & trois à quatre mille cheuaux, & du canon, à dessein de l'attaquer; aussi-tost Messieurs d'Elbeuf, de Beaufort, & Mareschal de la Motthe Hodancourt donnerent ordre de faire sortir leurs trouppes pour s'y opposer, & aller au secours: Les ordres en furent donnez auec toute la diligence possible; mais cóme il ne se peut pas faire qu'vne armée diuisée par ses quartiers, puisse si tost estre assemblée & marcher: Ces Messieurs arriuez à la veuë du Chasteau de Vincennes aduiserent proche iceluy que l'armée des Princes estoit déja passée, & rangée en bataille sur vne eminence, qui luy donnoit cét aduantage qu'elle ne pouuoit estre attaquée que par vn défilé: Conseil de guerre tenu sur le champ dans Picquepusse, il ne fut pas trouué à propos de combattre, veu le desaduantage des lieux, ny de passer outre, attendu que Charenton estoit déja pris; l'attaque ayant esté faite dés les huict heures du matin par plusieurs endroits, mesme par les jardins, que l'on n'auoit peu faire retrâcher à cause des grandes gelées, & par iceux les ennemis estans entrez, donnerent l'épouuante à ceux de dedans, obligeans le sieur de Clanleu de se retirer & retrancher vers le Pont auec peu des siens, où il fut tué de plusieurs coups apres auoir refusé le quartier qui luy estoit offert par vn Officier du Regiment de Persan, qu'il tua de sa main deuant que mourir: les soldats apres sa mort n'ayant plus fait aucune resistance, plusieurs se sauuerent par la riuiere dans des bateaux; les autres furent pris & dépoüillez, le bourg pillé, & le feu mis en quelques maisons, de rage que ceste prise n'estoit ny glorieuse ny aduantageuse aux assiegeans. Le Duc de Chastillon, le fils du Comte de Saligny aussi du nom de Coligny, les sieurs de Pois, Neuuille, & Quinserot, Capitaines au Regiment de Nauarre, & plus de trente Officiers, tant dudit Regiment que des autres, auoient esté tuez ou blessez à mort par la forte resistance qu'auoient fait les assiegez au premier assault qui leur auoit esté liuré, en ayant eu peu de tuez, mais bien quelques Officiers pris, entr'autres le sieur Petitiere maistre de Camp d'vn Regiment d'Infanterie, qui apres auoir repoussé le Regiment de Nauarre, depuis le pont iusques an Temple, où il trouua de la caualerie, à laquelle il fut obligé de se rendre, & quelques Officiers de son Regiment, le sieur Bagnolt aussi Maistre de Camp fut blessé & pris, deffendant le poste qu'il gardoit; mais il trouua moyen de se sauuer, quelques autres Regimens prirét d'abord la fuitte. Mais sur tout le Sieur Marquis de Cugnac y fit des merueilles de sa personne & auec son Regiment, qui par quatre à cinq fois reprit l'espée à la main, son poste, & se sauua miraculeusement sur vn glaçon.

Or ledit Bourg de Charenton n'estant pas vn poste à pouuoir garder, Monsieur le Prince l'abandonna le lendemain apres auoir fait rompre le Pont; on croyoit aussi, & il y auoit beaucoup d'apparence, qu'il n'auoit fait cette attaque, sinon pour attirer les Parisiens à vne bataille, se promettant de les défaire; ce qu'il eust fait si la prudence des Generaux n'y eust preueu; car voyant le peril tout euident en ceste attaque, ils firent rentrer les troupes & la milice de Paris qui estoit sortie en assez grand nombre, puis sans perdre temps le Marquis de Noirmonstier fit sortir la caualerie par les portes de S. Victor & S. Marceau, pour aller faire venir vn conuoy qui estoit preparé à Estampes, & duquel il sera parlé en apres.

Dés

Dés le soir la nouuelle de ceste prise fut portée à S. Germain, toute la Cour au lieu de s'en réjouyr fut fort attristée par la perte que la France faisoit en la personne de Monsieur de Chastillon, & des autres cy dessus.

Du Mardy neufiesme Feurier.

CE iour les Chambres se seroient assemblées à l'ordinaire, où se seroient trouuez Messieurs les Duc d'Elbœuf & Coadjuteur, où il auroit esté arresté & ordonné, que les douze bras d'argent dont le rapport auroit esté fait dés le septiesme du courant, seroient employez aux necessitez publiques: Et en suite l'on auroit parlé du desordre qui se trouuoit aux leuées qui auoient esté faites des gens de guerre; qu'il y auoit vn mois que l'on deuoit auoir fait quelque effort pour ouurir vn quartier de ceux qui sont tenus par ceux du party contraire; & que quand on en auoit fait des plaintes à Messieurs les Generaux, ils s'excusoient sur ce que faute d'argent, la milice qui deuoit estre leuee n'estoit pas en estat: Sur quoy Monsieur le President de Nesmond auroit pris la parole, & dit, qu'il y auoit payement fait actuellemẽt pour vnze à dix mil hommes de pied, & pour trois à quatre mille cheuaux; & qu'auec ce nombre d'Infanterie & de Caualerie l'on pouuoit aysément attaquer vn quartier, & ouurir quelque passage: Que si ce nombre ne se trouuoit pas complet, qu'il y eût des passe-volans, que les Chefs, Capitaines, & Officiers qui auoient receu les deniers de la paye pour faire les leuées, en deuoient respondre & rendre compte. A quoy Monsieur le premier President auroit adjoûté, que comme estant l'vn des Directeurs dudit payement, il sçauoit certainement qu'il y auoit des quittances pour le nombre d'Infanterie & de Caualerie allegué par Monsieur le President de Nesmond, & qu'il falloit faire rendre compte à ceux qui auroient receu, & prendre vn iour & vn lieu certain pour faire la reueuë generalle de toutes les troupes leuees, afin de voir & reconnoistre si le nombre d'hommes payez se trouueroit complet; & comme chacun parloit diuersement du lieu de la reueuë, & de l'ordre qu'il y falloit obseruer; Monsieur de Champlastreux Conseiller d'Honneur, fils dudit sieur premier President auroit dit, qu'il falloit faire la reueuë hors la ville apres deux iours de marché, sans donner iour certain de ceste reueuë, n'y ayant point d'autre expedient pour empescher la l'abus des Officiers, & sçauoir le nombre de gens de guerre qui sont sur pied.

En suite Monsieur le Duc d'Elbeuf auroit dit, qu'à son égard, & de Messieurs ses enfans, ils estoient prests de rendre compte des leuees qu'ils auoient faites, & de faire voir que leurs Regimens estoient complets, & offert de seruir d'exemple le premier à en rendre raison à la Cour; Que le iour precedent leurs Regimens estoient sortis pour aller deffendre Charenton, qu'ils estoient en fort bon estat, & en bon ordre, qu'il y estoit & Messieurs ses enfans à la teste; que Messieurs les autres Generaux y estoient aussi; Sçauoir Monsieur le Prince de Conty, Monsieur le Duc de Beaufort, & Monsieur le Mareschal de la Mothe: mais qu'ayans veu l'armée de Monsieur le Prince de Condé en bataille, postée auantageusement, paroissant estre au moins de vnze mille hommes; & ayans tenu conseil de guerre pour sçauoir s'ils donneroient bataille ou non, il auroit esté resolu tout d'vne voix de ne le pas faire, & de ne pas hazarder la vie du grand nombre d'Infanterie des Bourgeois de Paris, qui estoient sortis sous les armes, dont il ne pouuoit assez loüer le cœur & le courage, de crainte de faire crier leurs femmes & leurs enfans, au cas que la perte fut arriuée de beaucoup d'entr'eux qui estoit ineuitable, estant impossible d'aller attaquer l'armee ennemie sans la deffaite de nos premiers bataillons, & de la plus grande partie du reste qui ne pouuoit y aller que par vn déffilé: qu'au reste, il est vray que la place estoit perduë; mais qu'elle n'estoit pas de garde, & que le sieur de Clanleu y auoit fait tout ce qu'vn homme de bien & d'honneur pouuoit faire; & que les deux Regimens de Villebois, & de Beauneau, auoient lasché le pied, & mesmes que leurs Mestres de Camp ne s'estoient pas trouuez pour les commander, & estoiét demeurez dans Paris, qui auoit esté la cause de la prise de la place, qu'il se promettoit que nostre milice estant en estat, l'on feroit bien-tost vn effort, & vtile pour ouurir vn quartier; Ce fait la Cour se seroit leuée.

Addition. Le Marquis de Noirmonstier allant pour faire venir le conuoy qui estoit vers Estampes, fit rencontre du Marquis de Ferracieres Monbrun, du Baron d'Alaix, & de cinq ou six autres, qui l'ayant apperceu s'enfuïrent par vn village dans lequel ledit sieur Marquis de Noirmonstier qui les poursuiuoit les prit, & les enuoya le lendemain à Paris.

Deux de Messieurs les Conseillers du Parlement estant allez aux Blanc-manteaux, auroient trouué dans vne caue de l'Eglise quatre cassettes pleines de papiers, appartenans aux sieurs Marin & Bonneau; le Procureur du Roy du Chastelet, fils dudit Bonneau, ayant dit que ce n'estoient que bagatelles; ces Messieurs les Conseillers respondirent; que puis que ces papiers n'estoient pas de consequence, il ne luy importoit pas qu'ils fussent enuoyez au Parlement: ce qui fut fait, & l'on verra en iceux beaucoup d'intrigues, de traictez de partis, & d'autres affaires.

Monsieur d'Elbeuf alla à Charenton auec deux pieces de canon faire refaire le Pont, & en chassa deux cens hommes que Monsieur le Prince auoit laissez dedans.

On disoit que Monsieur de Longueuille estoit en campagne auec vingt mille hommes, & qu'il mandoit qu'il seroit bien-tost à Paris ou aux enuirons.

Du Mercredy dixiesme Feurier.

Ce iour toutes les Chambres assemblées, le principal soin de la Cour auroit esté employé à pouruoir à la subsistance des gens de guerre, & aduiser aux moyens d'auoir de l'argent pour leur entretien; sur quoy il y auroit eu plusieurs aduis donnez, lesquels auroient esté presque tous suiuis. 1. Que pour pouruoir à ladite subsistance des gens de guerre, il falloit faire des taxes sur chaque Bourgeois, lesquelles seroient modiques, & se payeroient par mois. 2. Que le Parlement renouuelleroit la taxe simple de Corbie; ce qui auroit passé, comme aussi de conuier les autres Compagnies de faire la mesme chose.

Monsieur le President le Coigneux auroit sur ce fait entendre à la Cour, qu'ayant exactement calculé combien il falloit chaque mois pour l'entretien & payement d'vne armée de quatorze mille hommes de pied, & de quatre mille cheuaux; il auroit trouué qu'il falloit tous les mois 400000. liures.

Addition. Ce iour dés le matin le Duc de Beaufort sortit auec 300. Cheuaux, pour fauoriser vn conuoy que le Marquis de Noirmonstier estoit allé le Lundy precedent faire aduancer, ayant ioint ledit Marquis : & comme ils marchoient auec le conuoy au delà de Huissoux, ils apprirent que le Mareschal de Grammont paroissoit auec 2000. Cheuaux & autant de fantassins, & qu'il se campoit en la plaine de Ville-Iuifue, pour empescher ledit conuoy de passer: aussi-tost, ils auroient donné aduis au Mareschal de la Motte, lequel se rendit en peu de tẽps à Ville-Iuifue, où estant il fit son possible pour attirer le Mareschal de Grammont à vn Combat; mais bien loin de l'accepter, il se retira, laissant partie de ses troupes audit lieu, & l'autre partie alla pour empescher ledit conuoy au derriere du village de Vitry, par où il deuoit passer. Monsieur de Beaufort se destacha auec quelques vns des siens, & passant audit Vitry, trouua au sortir plusieurs escadrons de Caualerie qui vinrent à luy, entre autres le Regiment de Cauallerie du Cardinal: & bien qu'il n'eust auec luy que ses gardes & quelques Caualiers, il chargea ledit Regiment, en essuya le salue, & tua d'vn coup d'espée à la gorge le Sieur de Nerlieu qui le commandoit, homme de grande reputation & merite, lequel estoit armé de toutes pieces, quoy que ledit Sieur Duc de Beaufort, n'eut pas ces armes deffensiues, qu'vne Hongreline de velours noir : ce qui mit ledit Regiment en telle desroute, que plusieurs furent tuez tant dedans que hors ledit village; les autres espouuantez se retirerent, & le Conuoy fut conduit à Paris & en fort bon ordre: il estoit de 1200. Bœufs, 800. Moutons, 600. Porcs, & quantité de Cheuaux de somme chargez de bled & de farine.

Le bruit estant venu à Paris, que Monsieur de Beaufort estoit aux mains auec les ennemis, le Bourgeois dit qu'il falloit aller le secourir; & sans attendre le commandement qui fut donné par apres, plusieurs sortirent auec deffilez, & allerent droit au lieu où l'on disoit que se donnoit le Combat : en moins de deux heures, il se trouua entre Ville-Iuifue & Paris, plus de 25000. hommes resolus de se bien battre si l'on eust eû besoin d'eux: mais ils rencontrerent Monsieur de Beaufort qui reuenoit, lequel les remercia, estant tres-satisfait de voir l'affection des Parisiens, qui de leur costé tesmoignerent beaucoup de ioye, de voir qu'il n'estoit point blessé, & que le Conuoy commençoit à entrer dans Paris, plus de 200. du party contraire ayant esté tuez en cette rencontre, ou ce Duc ne perdit qu'vn Caualier.

Du Ieudy onziesme Feurier 1649.

CE iour toutes les Chambres assemblées à l'ordinaire, Monsieur de Berniere, Maistre des Requestes, au oit dit que luy ayant esté donné aduis, qu'en la maison des Religieuses Angloises, il y auoit de la vaisselle d'argent au Cardinal Mazarin, il s'y seroit transporté, & auroit trouué pour 6000. liures ou enuiron de vaisselle d'argent, appartenant audit Cardinal, & grauée de ses armes.

Deux Escheuins seroient venus demander protection pour le Preuost des Marchands, & eux contre les menaces du peuple qui se plaignoit, que le Duc de Beaufort ayant le iour precedent enuoyé dés le matin demander de l'Infanterie pour fauoriser le susdit Conuoy. Le Preuost des Marchans n'auoit donné les ordres pour prendre les armes & sortir qu'apres midy, estant vray que ledit Preuost des Marchans n'auoit esté aduerti que sur le Midy, parce que celuy qui estoit venu le matin, n'auoit esté addressé qu'à Monsieur le Mareschal de la Motte Houdancour.

Les Escheuins sortis, Monsieur de Brillac Conseiller en la Cour, auroit mis sur le tapis la proposition d'accōmodement, asseurant que Messieurs seroient bien receus s'ils vouloient faire quelque demarche, qu'il en auoit parole, & de bons garends; Que cet accommodement; se deuoit souhaiter de tout le monde, & qu'on deuoit le procurer : la disette estant tres-grande & l'argent fort rare; Que le Bourgeois ne voulant plus payer de taxes tout tomberoit sur le Parlement; si bien qu'il estoit tres expedient de ne pas attendre l'extremité, & de s'accōmoder pendant qu'on le pouuoit honorablement & vtilement: Sur quoy Monsieur Charton President aux Requestes luy ayant demandé de nommer ses garends, il auroit respondu qu'il le feroit si la Cour luy ordonnoit apres, auoir deliberé.

Monsieur Seuin Conseiller auroit dit, Que cette proposition estoit bonne, & qu'il ne falloit pas la rejetter; A quoy Monsieur Charton auroit encore repliqué, qu'elle se renouuelloit tous les iours, quoy que la Cour dés l'ouuerture d'icelle y ayant amplement deliberé l'eust rejettée ; & ces deux Messieurs deffendans leur opinion auec chaleur, la Cour auroit remis au lendemain d'en deliberer & aduiser. Si Messieurs les Generaux priez de venir prendre leur place, & ne venant point, on ne laisseroit de passer outre à la deliberation.

Le iour precedent de releuee, ladite proposition auroit esté aduancée dans le Conseil de Ville par Monsieur Aubry President en la Chambre des Comptes, qui auroit dit auoir asseurance des autres Compagnies qu'elle sera aggrée; qu'il estimoit à propos que le Sieur Preuost des Marchans allast le lendemain au Parlement faire ladite proposition; ce qu'il auroit refusé, & dit qu'il ne le feroit point sans assembler les corps des Marchands, & ledit Sieur Preuost des Marchans n'auroit point parole de ladite proposition.

Du Vendredy douziesme Feurier.

CE iour les Chambres assemblées, ou se seroit trouué Monsieur le Coadjuteur, vn nommé Michel commandant la Compagnie qui estoit en garde à la porte sainct Honoré, seroit venu à la porte de la Grande Chambre, & auroit demandé à entrer; y estant, auroit aduerty la Cour qu'il venoit d'arriuer à la porte de sainct Honoré vn Herault, reuestu de sa cotte d'armes, & baston semé de fleurs de Lis à la main auec deux Trompettes, lequel demandoit à entrer pour parler à la Cour, & qu'il auoit trois pacquets à rendre, l'vn à Monsieur le Prince de Conty, l'autre au Parlement, & le troisiesme aux Preuost des Marchands & Escheuins de ceste ville, ausquels il auoit aussi ordre de parler : Sur ce la Cour auoit enuoyé Boisleau Greffier au Parquet de Messieurs les Gens du Roy les māder. Monsieur le Procureur General seroit venu en la Grande Chambre, auquel Monsieur le premier President auroit fait sçauoir l'arriuee dudit Herault, & demandé s'il vouloit dire quelque chose, ou requerir pour le deub de sa charge: à quoy ledit sieur Procureur General auroit respondu, que ceste occurrence estant toute extraordinaire & de grande importance, il estoit besoin d'vser de beaucoup de circonspection & de prudence; qu'vn Heraut vestu de sa cotte d'armes enuoyé par le Roy, ne pouuoit estre renuoyé sans estre entendu; mais que si la Cour trouuoit quelques expediens pour remedier aux maux qui pourroient s'ensuiure, il estimoit estre de sa prudence de les employer; puis se seroit retiré.

Et la Cour auroit arresté auant que deliberer, d'enuoyer prier Messieurs le Prince de Conty, & les Generaux, de venir prendre leurs places pour deliberer sur ceste affaire; Messieurs le Meusnier & Grasteau Conseillers, auroient esté deputez, puis auroit ladite Cour ordonné audit Capitaine Michel de retourner à la porte, hors de laquelle & dedans le Fauxbourg estoit le Heraut attendant la responce de la Cour, luy ayant esté dit par Monsieur le premier President, que la Cour estoit tres-satisfaicte de sa conduitte, & qu'elle luy feroit paroistre à l'occasion.

Messieurs le Prince de Conty & Duc de Beaufort seroiēt venus peu de tēps apres, & Monsieur le premier President leur ayant fait sçauoir l'arriuée de ce Heraut, auroit dit, qu'il falloit deliberer, & voir si on le receuroit ou non.

Monsieur Crespin Doyen du Parlement, & Monsieur Cheualier auroient dit, qu'il falloit l'entendre, & en cela témoigner l'obeyssance toute entiere au Roy.

Monsieur Broussel au contraire auroit esté d'auis de ne le point entendre; mais d'enuoyer les Gens du Roy vers le Roy & la Reyne, les supplier de faire par eux sçauoir leurs volontez à la Compagnie, & leur representer qu'vn Herault n'est iamais enuoyé par vn Souuerain, qu'à vn autre Souuerain, & non à des sujets.

Monsieur Coquelay auroit esté d'auis de ne point entendre le Heraut, & d'enuoyer les Gens du Roy vers le Roy & la Reyne, leur remonstrer que la

Cour ne peut n'y ne doit le receuoir; que le refus qu'elle fait n'est point vn crime, mais vn respect pour rendre à leurs Majestez toutes les submissions possibles; & que les Herauts n'estant enuoyez qu'à des Souuerains ennemis, ou à d'autres ennemis, & le Parlement ny la Ville de Paris n'estant ny l'vn ny l'autre, il estoit d'auis de ne pas escouter ledit Heraut, mais d'enuoyer faire de tres-humbles submissions de leur obeïssance & fidelité au seruice de leurs Majestez, desquelles la Cour deuoit esperer plustost des graces, que des paroles pleines de frayeur & de menaces, & des marques d'indignation.

Monsieur Mainardeau auroit adjousté à cet aduis (duquel il auroit esté) que par cet enuoy d'vn Heraut (qui estoit de la part du Cardinal & non du Roy) ledit Cardinal vouloit pretendre estre Criminels ceux qui ne le sont pas.

Le reste de Messieurs de la grande Chambre auroit esté de l'vn desdits aduis.

Monsieur Ruelá Maistre des Requestes, auroit esté de l'aduis de Monsieur de Brussel, sinon qu'il falloit deputer de Messieurs du Parlement, afin que s'il estoit besoin de repliquer ils le pussēt faire; ce que Messieurs les Gēs du Roy ne feroient pas, & ne diroient que ce qui leur seroit ordonné par la Cour.

Messieurs Perrot, de Hodicq, Charton & Molé de l'vn des trois aduis, Monsieur Charton auroit esté de celuy de Monsieur de Broussel.

Monsieur de Thou auroit esté de l'aduis de M. de Broussel, & dit que les Heraults n'estoient enuoyez qu'aux Souuerains ou aux Ennemis, que le Parlement n'estoit ny l'vn ny l'autre, qu'il n'estoit d'aduis de le receuoir par respect, & que c'estoit vn piege que la premiere ligne du placcart dernier ietté par les rües, portoit, que le Parlement vouloit vsurper l'autorité souueraine; & que pour la conuaincre de ces crimes, on vouloit les surprendre à receuoir ce Herault, pour dire qu'ils se faisoient traitter des Souuerains: quelques vns des Messieurs auroient esté d'aduis d'entendre le Heraut, & d'enuoyer aussi les gens du Roy à la Reine, d'autres à enuoyer les gens du Roy, & faire attendre le Heraut, iusqu'à leur retour, & cependant le traitter fort bien sans le faire entrer dans la ville.

Monsieur Coulon auroit esté d'aduis de ne point entendre le Heraut, disant ne falloir rien escouter de ce qui venoit de sainct Germain, qu'auparauant le Cardinal Mazarin ne fut sorti hors le Royaume, suiuant l'Arrest contre luy rendu.

Cet aduis auroit esté suiui de Messieurs le Prince de Conty & Duc de Beaufort.

Quant à Messieurs les Presidens, Monsieur de Nouion, auroit esté de l'aduis de Monsieur de Broussel.

Mōsieur le Presidēt de Bellievre auroit esté d'auis d'enuoyer le Procureur General seul, disāt qu'il pouuoit durāt leur absence suruenir à des affaires de telle cōsequence, qu'ils pourroiēt auoir besoin des cōclusiōs des gēs du Roy, c'est pourquoy il estimoit necessaire que les gēs du Roy demeurassent, & que ledit Sieur Procureur General representeroit à la Reine, que ce n'estoit pas par refus, mais plustost par respect que le Parlemēt a jugé ne deuoir entēdre le Heraut; que ce n'est pas la forme dont les Roys ont coustume de traiter leurs Parlemés, & leurs peuples, de leur faire sçauoir leurs volontez par des Herauts, mais par des Declarations, & des lettres patentes, laquelle n'auoit point esté obseruée depuis la sortie du Roy par le Conseil de sainct Germain qui auoit vsé, & vsoit encor en cette rencontre de formes extraordinaires & inoüies.

Monsieur le President de Nesmond auroit esté d'auis d'enuoyer tous les gens du Roy, disant qu'en ce faisant la Cour tesmoigneroit plus de respect au Roy que si elle n'y enuoyoit que l'vn d'eux, veu mesme que l'on les y auoit enuoyez tous trois incontinent apres la sortie du Roy de Paris.

Monsieur le President de Mesme auroit esté d'auis, si Monsieur le premier President en vouloit prendre la peine, qu'il acceptast luy mesme ceste deputation, pour aller en personne trouuer la Reyne, & luy representer les veritables sentimens de la Compagnie; asseurer sa Maiesté de la continuation de son obeyssance & fidelité, la supplier de leur faire entendre sa volonté de sa propre bouche, & nō pas par vn Heraut qui n'est iamais enuoyé par vn Souuerain à ses suiets; & que s'il n'auoit agreable de faire ce voyage, qu'il estoit de l'aduis de monsieur de Broussel, mais qu'auparauant, monsieur le Procureur General écriroit à monsieur le Chancelier pour prendre le iour & l'heure de l'audiance de la Reyne, & que l'on feroit demeurer le Heraut hors la porte, iusqu'à ce que l'on eust responſe, lequel on traiteroit fort bien & ciuilement. En fin il auroit passé à ne point receuoir ny entendre ledit Heraut, & à enuoyer les Gēs du Roy à S. Germain vers la Reyne pour luy dire que si la Cour n'auoit point entēdu ledit Heraut, ce refus estoit plutost vne marque d'obeyssāce, & de respect, que de mépris; les Herauts n'estāt enuoyés par des Princes Souuerains, qu'à d'autres Souuerains, ou à des ennemis: Que les corps des Cōpagnies de la ville de Paris, n'estant ny l'vn ny l'autre, ledit Heraut n'y auoit deu estre receu ny entēdu, & supplier la Reyne, de leur faire sçauoir sa volonté de sa propre bouche, & asseurer sa Majesté de la continuation de leur fidelité au seruice du Roy & du sien, & de leur obeïssance.

La deliberation finie, & ce que dessus ainsi arresté, la Compagnie auroit mandé Messieurs les Gens du Roy, lesquels seroient entrez, & monsieur le premier President leur auroit dit l'arresté de la Compagnie. Monsieur Talon Aduocat du Roy auroit respondu, qu'ils estoient tousiours prests d'obeyr à la Cour, & d'executer ses ordres, & qu'ils la supplioient de leur donner leurs instructions par écrit pour les suiure & executer ponctuellement. Monsieur le Procureur General auroit adiousté, qu'il falloit pouruoir à leur seureté, & auoir des passeports & saufconduits de sainct Germain, autrement qu'ils n'estimoient pas que leurs personnes fussent en seureté; Monsieur le premier President luy auroit repliqué, que la Cour n'auoit pas creu qu'ils eussent besoin d'autre seureté que le Heraut, qui pouuoit s'en retourner auec eux, neantmoins qu'ils pouuoient prendre toutes les precautions necessaires, puis leur auroit donné ordre d'aller rendre responſe au Heraut, & luy dire la cause du refus que la Cour faisoit de l'entendre.

Apres quoy deux Escheuins seroient entrez, & dit que l'on auoit amené sur les vnze heures cette nuict derniere vn nommé le Cheualier de la Vallette troué en Carosse, semant par la ville des libelles diffamatoires imprimez qui tendoient à sedition, dont il y auoit information faite par le Preuost des

Marchāds & interrogatoires dudit de la Vallette qu'ils apportoiēt à la Cour dans vn sac, auec autant desdits imprimez; sur quoy auroit esté commis Monsieur le Meusnier pour ouïr & interroger ledit de la Vallette, puis la Cour se seroit leuée, ceste deliberation ayant duré iusques à trois heures apres midy.

Dudit iour de releuée.

Addition. L'arriuée du susdit Heraut nommé Mignonuille, fut cause que la Cour ne delibera point sur la proposition qu'auoit faite le iour precedent Monsieur Brillac Conseiller ainsi qu'il auoit esté arresté: Les affaires auoient changé de face, & cette deputation estoit vn acheminement à quelque accord selon le bon ou mauuais traictement que l'on feroit à Messieurs les gens du Roy; il n'estoit plus question que d'executer l'arresté de ce iour, estimé de tout le monde le plus iudicieux qui fust possible de rendre en cette occurrence où il y auoit lieu de tout mauuais soubçon: on n'auoit pû descouurir ny apprendre ce qu'apportoit ce Heraut, il disoit bien apporter de bonnes nouuelles, mais il estoit suspect, & l'on deuoit croire qu'il disoit cela pour estre escouté; l'opinion commune estoit qu'il venoit signifier les Declarations données au Conseil le 23. Ianuier, dont on auoit desja entendu quelque bruit, ou qu'il apportoit quelque autre nouuelle contraire à la paix, si bien que dans cette incertitude, le refuser par des motifs de submissions & par des raisons d'obeïssance, a esté vne action qui fera admirer à iamais la prudence de cette auguste Compagnie.

Or pour executer lesdits Arrests, Messieurs les gens du Roy seroient allez trouuer ledit Heraut en vne Hostellerie hors la porte saint Honoré, où il attēdoit la response de la Cour, dās vne Chābre, en laquelle ils auroiēt monté & trouué ledit Heraut vestu de sa Cotte d'armes la tocque en teste, laquelle il n'osta point pour saluer ces Messieurs, y ayant seulement porté la main & incliné la teste; ils luy auroient dit que la Cour auoit resolu de ne le point faire entrer, & qu'elle les auoit deputez pour aller vers la Reyne, luy en faire entendre les raisons; le Heraut auroit demandé que cette response luy fust donnée par escrit, ce que ces Messieurs auroient refusé, & dit qu'ils escriroient à Monsieur le Chancelier; ce qu'ils auroient fait, & à Monsieur le Tellier aussi, pour auoir des passeports & saufconduits.

Le Sieur Petit qui estoit venu auec ledit Heraut s'estant chargé des lettres de Messieurs les gens du Roy à Messieurs le Chancellier, & le Tellier, Secretaire d'Estat, seroit allé les porter à sainct Germain sans attendre ledit Heraut, qui passa le reste du iour & la nuit dans ladite Hostellerie, où il fut bien traité, & connut que la disette n'estoit pas si grande à Paris qu'on se l'imaginoit à sainct Germain.

Ledit Heraut auoit demandé qu'on le laissast entrer pour aller parler à Messieurs les Preuost des Marchands & Escheuins, le Capitaine de la porte leur fit sçauoir; & apres auoir deliberé sur ce qu'ils auoient à faire en cette occurrence, ils deputerent deux Escheuins luy dire que la ville ne pouuoit le receuoir, dont elle iroit rendre raison & faire les excuses à leurs Maiestez.

Le Samedy treiziesme Feurier 1649.

CE iour toutes les Chambres assemblées, la Cour ayant employé ses premiers soins à examiner plusieurs propositions, pour leuer les taxes faites & imposées sur les particuliers pour la subsistance de l'armée ; il auroit esté arresté & ordonné, qu'aux payemens des taxes faites sur les Partisans & gens d'affaire, tels gens seroient contraints par saisie de leurs biens, meubles & immeubles, & mesmes par corps : Et à l'esgard de celles faites sur les Bourgeois, qu'elles seroient leuées auec ciuilité, selon la discretion & prudence de Messieurs les Commissaires.

Apres quoy Monsieur de Maisons Conseiller en la Cour, Colonnel de son quartiers, le Capitaine qui commandoit lors à ladite porte sainct Honoré, estant entré auec le Hausse-col, & couuert en ladite premiere qualité de Conseiller, dist que le iour precedent comme il estoit en garde à ladite porte, le Herault duquel on auoit parlé le matin dudit iour, apres auoir fait chamade l'auoit sommé de le faire parler à Monsieur le Prince de Conty, pour luy donner vn paquet de la part du Roy; auquel dit Herault ayant ledit Sieur Maisons fait responce qu'il alloit sçauoir la volonté dudit Seigneur Prince, y estant allé aussi-tost, l'ayāt troué & informé de ce que dessus, luy auroit dit qu'il n'auoit autre volonté ny response à faire, que celle du Parlement; Ce qu'ayant ledit Sieur de Maisons rapporté audit Herault, il luy auroit reparti, qu'il vouloit donc parler à la ville, pour laquelle il auoit semblable pacquet; pour raison dequoy ledit Sieur de Maisons retourné à l'Hostel de ville, en ayant donné aduis à Monsieur le Preuost des Marchands; iceluy, apres auoir tenu Cōseil, luy auroit fait response, qu'ils auoiēt arresté d'enuoyer vers ledit Herault deux Escheuins, pour luy faire excuse de ce qu'ils ne pouuoient receuoir ledit pacquet, & le prier d'obtenir de leur part de la Reyne vn passeport, pour luy aller faire entendre les raisons de ce refus: Ce qu'estant ledit Sieur de Maisons retourné dire audit Herault, iceluy ayant derechef fait donner chamade, & sommé la ville, se seroit pour lors retiré : Et le matin apres vne troisiesme chamade, & sommation audit Sieur de Maisons par ledit Herault de receuoir lesdits pacquets, sur le refus, par ledit Sieur de Maisons, & protestations par ledit Herault d'en charger son chamade, (c'est à dire son procez verbal) en auroit mis trois sur la barriere, addressans le premier au Parlement, le second à Monsieur le Prince de Conty, & le troisiesme à la ville; & aussi-tost seroit reparti pour sainct Germain. Ce que voyant ledit Sieur de Maisons, il auroit commandé à sa Compagnie de se tenir toute sous les armes, auec deffenses de toucher ny laisser approcher personne desdits pacquets iusques à ce qu'il en eut aduerti la Compagnie, & receu d'icelle les ordres.

Surquoy monsieur le premier President ayant dit audit de Maisons que la Cour luy feroit response si tost qu'elle en auroit opiné; iceluy demeuré, & l'affaire mise en deliberation, auroit esté troué bon d'en aduertir Messieurs le Prince de Conty & Generaux pour assister à la deliberation; & à cest effect Messieurs le Meusnier & Viole deputez, partis au mesme temps, & peu apres retournez auec ledit Seigneur Prince & Monsieur le Duc de Beaufort,

Monsieur le premier President leur ayant declaré le motif pour lequel on les auoit prié de venir prendre leur place,& adiousté en consequence qu'il croyoit à propos de charger desdits pacquets ledit Sieur de Maisons pour les garder, iusques à ce que la Cour eut aduisé au retour des Gens du Roy, ce qu'elle en feroit. La proposition agrée de toute la Compagnie, ledit Sieur premier President l'auroit fait entendre audit Sieur de Maisons, lequel seroit demeuré par ce moyen chargé desdits trois pacquets clos & cachetez comme ils auoient esté laissez, & s'en seroit retourné à ladite porte.

Cette affaire expediée, la Cour auroit trauaillé à l'affaire du Cheualier de la Vallette, & auroit commis Messieurs le Meusnier & Doujat Conseillers, pour proceder incessamment à l'instruction du procez dudit Cheualier de la Vallette: interrogatoire, recollement & confrontation des tesmoins, pour estre fait ledit procez & iugé Lundy prochain, & cependant que de ses biens meubles, & vaisselle d'argent saisis, inuentaire seroit fait pour estre ordonné ce que de raison en iugeant le procez, nonobstant oppositions ou appellations quelconques, & sans preiudice d'icelle.

Ledit iour de releuée.

MEssieurs le Meusnier & Doujat, auroient trauaillé à l'instruction dudit procez Criminel, ayant mandé le Sieur de la Noué Substitut de Monsieur le Procureur General, de se trouuer au Greffe Criminel, pour donner des conclusions, au nom de Monsieur le Procureur General au recollement & confrontation des tesmoins, ce qui auroit esté fait.

Le Dimanche quatorziesme Feurier.

Ce iour le Parlement ne se seroit point assemblé.

Le Sieur Petit n'estant point encor de retour, & n'ayant donné aucun aduis de son arriuée à sainct Germain, ny si on deuoit esperer les passeports, Monsieur le Procureur General auroit sur les dix heures du matin fait partir vn autre Courrier auec d'autres lettres à Messieurs le Chancellier, & le Tellier, pour auoir saufconduit: ce Courrier auroit esté arresté à sainct Denys iusques au Lundy midy, si bien qu'il seroit arriué fort tard à sainct Germain, où estant arriué Monsieur le Tellier luy auroit fait donner des gardes, voulant qu'il donnast ses lettres en plain Conseil, ce qu'il auroit fait apres qu'on luy auroit osté ses gardes, & donné liberté de se pourmener attendant la response.

Il estoit arriué le soir precedant vn Gentil-homme, de la part de Monsieur le Duc de Longueuille, asseurant que ses leuées s'aduançoient fort, & qu'il seroit en campagne pour venir deça auec dix mille hommes, dans la fin du mois.

Messieurs les Preuost des Marchands & Escheuins, firent vne Ordonnance, par laquelle ils ordonnerent aux chefs d'Hostel, & à ceux qui ne tiennent que des Chambres ou portions de maisons, d'aller aux gardes ordinaires & extraordinaires des portes, quand ils seroient commandez par leurs Capitaines ou Colonels à peine de huict liures parisis d'amende s'il n'y a excuse legitime. Deffense de quitter le corps de garde, sans congé, à peine d'amende & de confiscation d'armes, comme aussi de tirer l'espée ny commettre aucun desordre à peine de la vie.

Le Lundy quinziesme Feurier.

CE iour toutes les Chambres assemblées, ou se seroient trouuez Messieurs le Prince de Conty, les Generaux & le Coadjuteur, Monsieur de Bailleul Conseiller dist d'abord, que par la ville le peuple faisoit grand bruit, de ce que quelques vns disoient qu'on vouloit faire sortir la Ralliere & l'Aulné Graué, & qu'il estimoit à propos de leur donner des Commissaires: A quoy Monsieur le premier President ayant reparti; qu'estans conduits en la Conciergerie, on leur feroit leur procez aussi tost. Sur la Requeste presentée par Mõsieur le Mareschal de la Motte-Houdancour, tendant à estre reçeu Conseiller d'honneur, & auoir seance & voix deliberatiue au Parlement, attendu qu'en qualité de General il estoit necessaire qu'il assistast à beaucoup de deliberations, ce qu'il ne pouuoit ny en cette qualité de General ny comme Mareschal de France, s'il n'y estoit reçeu Conseiller; la Cour auroit deliberé: Quelques vns de Messieurs auroient esté d'auis de luy donner seance & voix deliberatiue *ad tempus* durant seulement les affaires presentes, les autres au contraire auroient dit, que ce seroit luy faire injure de le receuoir de la sorte, & auec cette restriction, Que cet honneur estoit deub non à sa qualité de General ou de Mareschal de France, mais à sa personne & à son merite particulier, à quoy il auroit passé, à condition qu'il obtiendroit des lettre de sa Majesté dans six mois: Et en mesme temps ayant esté fait entrer en la grãde Chambre, il y auroit presté le serment de Conseiller d'honneur; puis le premier Huissier luy ayant mis son espée ainsi qu'il a coustume de faire aux Ducs & Pairs, quand on les reçoit, Monsieur le premier President luy auroit dit; Monsieur prenez vostre place comme Conseiller en la Cour, & non pas comme Mareschal de France, par ce qu'en cette qualité vous n'y auez point de sceance; ce fait ledit Sieur Mareschal de la Motte auroit pris sa place au dessus de Monsieur le Coadjuteur.

Et à l'instant auroit esté proposé de faire vne seconde taxe de moitié de la premiere, pour leuer des gens de guerre dont on auoit grand besoin, à cause que les troupes estoient affoiblies par la perte de Charenton, ou trois Regimens s'estoient perdus, partie pris, partie desbandez; & aussi que les Officiers à qui on auoit donné l'argent pour faire les leuées, n'auoient pas fait entierement leur deuoir; Sur quoy Messieurs les Generaux auroient dit, qu'il falloit obliger les Officiers qui n'auoient pas satisfait à leurs Traittez à rendre les Regimens & Compagnies cõplettes; & à faute de ce, les punir & chastier: qu'ayant fait la reueuë de leurs Regimens tant d'Infanterie que de Caualerie, ils les auroient trouuez en bon estat, & que si dans la reueuë qui se feroit leurs Officiers se trouuoient auoir fait fripponnerie, ils consentoient qu'ils fussent punis tous les premiers.

Apres quoy la Cour voulant trauailler au iugement du procez criminel fait au Cheualier de la Vallette, Monsieur le premier President auroit dit, que Monsieur le Duc de Boüillon luy auoit enuoyé vne lettre, que Monsieur le Prince de Condé luy auoit escrite; par laquelle leuë, ledit Seigneur Prince aduoiioit l'action dudit Cheualier de la Vallette (quoy qu'elle fust bien criminelle) disant ne deuoir estre traitté sinõ comme prisonnier de Guerre, attendu que ce qu'il auoit fait, il en auoit eu ordre du Roy (ou plustost des Ministres:) Et sur ce deliberé, & l'aduis des Generaux pris, la Cour auroit arresté qu'il seroit sursis au iugement de cette affaire, attendu les inconueniens qui pourroient arriuer si on condamnoit ledit Cheualier, ce qu'il ne pouuoit esuiter si le procez estoit jugé, attendu la consequence & enormité du crime: il estoit à craindre que ceux du parti contraire ne se vengeassent sur des personnes d'autre consideration, & d'autre merite, que ledit Cheualier, quand il leur en tomberoit entre les mains.

Apres cela il auroit esté proposé & deliberé si on vendroit sa vaisselle d'argent, & ses meubles: la Cour auroit arresté & ordonné, que la vaisselle d'argent, trouuée appartenir audit Cheualier de la Vallete, seroit portée à la monnoye pour estre conuertie, & l'argent employé à la leuée & subsistance des gens de guerre; & que le reste des meubles demeureroit saisi & arresté, iusques à ce qu'autrement la Cour en eust ordonné.

L'on fit plainte à la Compagnie de quelques lettres qui auoient esté surprises, par lesquelles on donnoit aduis à S. Germain de tout ce qui se passoit à Paris, des manquemens au fait de la guerre, & fautes qui se commettoient tant à S. Germain qu'à Paris, des remedes pour les reparer & n'y plus tomber, & des moyens pour venir à bout des entreprises, & reduire Paris au poinct que le desiroient ses ennemis. Messieurs Broussel & Mesnardeau, auroient esté commis pour informer de la verité, & des autheurs d'icelles, pour en faire rapport à la Cour, & en suitte ordonner ce que de raison.

Addition. Tout le monde estoit fort en peine de ce que les passeports n'arriuoient point, & qu'il n'y auoit aucunes nouuelles du premier ny du second Courier.

Du seiziesme Feurier.

CE iour toutes les Chambres assemblées à l'ordinaire, la Cour auroit mis son principal soin, à aduiser aux moyens d'auoir de l'argent, & à pouruoir à l'execution des taxes faites & à faire, pour la subsistance des gens de guerre; & pour ce elle auroit commencé par ordonner que les taxes payables tous les mois, pour la subsistance de cette Ville & Faux-bourgs, comme Bourgeois à l'exception des Presidens, Conseillers, & Officiers des Cours Souueraines, & autres Officiers des Compagnies, qui voudront payer pour ladite subsistance, les taxes faites & ordonnées suiuant celle de Corbie.

Lesquelles taxes faites & à faire, seront tenus tous particulieres sans aucune exception.

Et dautant que de ces taxes on ne se pouuoit pas promettre vn argent bien content, il auroit esté proposé par Monsieur le Duc de Beaufort de faire vendre le sel qui estoit dans les greniers, & le donner à bon marché; que c'estoit vn moyen d'auoir promptement de l'argent: mais cette proposition n'auoit esté resoluë, n'estant iugé à propos de toucher presentement au sel, à cause du prejudice que cela apporteroit aux Officiers & Rentiers, qui ont leurs gages & rentes assignées sur iceluy.

Cette

Cette proposition examinée, il s'en seroit fait vne autre, qui estoit de vendre les meubles & liures du Cardinal Mazarin ; & deliberé sur icelle, il auroit passé à l'égard des meubles, & ordonné qu'ils seroient incessamment vendus : mais pour ce qui est des liures, il y auroit eu plusieurs aduis ; les vns de n'y point toucher pour le present, d'autres de la donner à la Sorbonne : Monsieur de Boilleau de la donner au Chapitre de Nostre-Dame en payant quelque somme honneste. Monsieur le President de Thou dit, qu'elle estoit desia destinée au public, que par consequent il estoit d'auis de la conseruer ; & que les Bibliotheques n'estant cōsiderables qu'entant qu'elles estoient entieres, ce seroit vn dommage irreparable pour les Lettres, de la dissiper ou diuiser ; & d'autres de la reseruer en quelque lieu pour le Parlemēt & le public ; mais il auroit passé que ladite Biblioteque demeureroit, sauf à ordonner ce qu'il appartiendra & plaira à la Cour, apres la vente des autres meubles.

Addition. Ce iour dés le matin il arriua vn conuoy à Paris, de plus de cinquante charretes de bled, & quantité de cheuaux de Somme amenez de Chastres, & conduit par le Marquis de la Boulaye.

Pour faire passer ce conuoy, il y eut quelque combat entre le sieur Dufaye Capitaine au Regiment dudit Marquis de la Boulaye, sorty le soir precedent de Paris auec sa compagnie, & celle du sieur des Essars aussi Capitaine audit regiment, & deux cens Cheuaux du party contraire, qu'il rencontra proche de Huit-souls, auquel il eut tout d'auantage, ayant mis ses ennemis en fuitte, dont quelques-vns furent tuez, & fait passer à leur veuë le Conuoy, dont on mena partie à l'Hostel de Neuers, pour faire du pain de munition pour ses soldats.

Le sieur de Bourgogne Gouuerneur de Brie-Comte-Robert, estant sorty auec vne partie de sa garnison, rencontra le regiment de Bourgogne qu'on appelloit cy-deuant de Conty, lequel il deffit, en ayant pris cent ou six vingt ; de là estant allé en quelques villages voisins, où il y auoit des Caualiers qui couroient & volloient, par tout aux enuirons de Brie, il en prit vne trentaine mettant le reste en fuitte, & le pays ainsi nettoyé, auroit fait arriuer force petits Batteaux chargez de bled, farines & pain, venus de ces costez-là, par Villeneuf sainct George.

Comme l'on attendoit le retour du Courier auec impatience, estant arriué le soir, il fut receu auec joye apportant les passeports & sauf-conduits de sainct Germain, d'où il n'estoit party qu'à vne heure de releuée, n'ayant pû obtenir plustost ses dépesches : Il apporta des Lettres de Messieurs le Chancelier & le Tellier, addressantes à Messieurs les gens du Roy, à chacun en particulier, & à chacun vn passeport.

Et pour ce qui est des passeports, ils portoient mandement de la part du Roy, & de la Reyne Regente, à tous Lieutenans, Generaux, Colonels, Capitaines & autres Officiers, de laisser passer, aller & venir seurement les sieurs Talon, Meliand, & Bignon, Conseillers, ses Aduocats & Procureur General, auec leur train, carrosses, cheuaux & esquipages. Les passeports ainsi receus, ces Messieurs se disposerent de partir, comme ils firent le lendemain à sept heures du matin.

Du Mercredy 17. Feurier, iour des Cendres.

CE iour sur les sept heures du matin, Messieurs Talon, Meliand & Bignon, Aduocats & Procureurs Generaux, seroient partis de Paris pour aller à S. Germain, suiuant l'arresté du Parlement du 13. du present mois : Ils arriuerent à S. Germain sur les deux heures apres midy, ayant esté escortez vne partie de chemin par le Mareschal de Grammont, ainsi qu'il se verra dans la relation de leur voyage & de toute leur negotiation, dont ils feront le narré cy-apres le 19. de ce mois.

Partie de la garnison du Bois de Vincennes, estant allée le iour precedent pour faire quelques efforts, & tascher de surprendre le Pont de Charenton, en fut repoussée auec perte de celuy qui commandoit la trouppe, & de quelques-vns des siens; & ce iour les mesmes estant encor venus à mesme dessein, & n'ayant pas mieux reüssi que le precedent, auroient en se retirant mis le feu en deux maisons, pour marque de leur hostilité.

Du Ieudy dix-huictiesme Feurier.

CE iour les Chambres assemblées à l'ordinaire, monsieur le President de Nouion ayant fait le recit de ce qui s'estoit passé au dernier Conseil de guerre; & comme on auoit trouué à propos de créer vn Preuost des Bandes, quelques-vns de Messieurs tesmoignerent qu'ils estoient allez en plusieurs lieux, sur de mauuais aduis, n'y ayant rien trouué; & en suitte monsieur Mesnardeau enquis s'il auoit interrogé ceux qu'on auoit trouuez quelques iours auparauant chargez des lettres dont est parlé cy-dessus, ayant respondu qu'ouy, ledit sieur President de Nouion auroit dit qu'il luy en estoit tombé vne entre les mains, escrite par le sieur Cohon Euesque de Dol, au Cardinal Mazarin, dont il croyoit que la lecture deuoit estre faite à la Compagnie : A l'effect dequoy l'ayant baillée à celuy des Messieurs qui tenoit lors le Bureau; il en fit la lecture : la teneur estoit telle & en cette forme.

COPIE DE LA LETTRE DE L'EVESQVE DE DOL, au Cardinal Mazarin.

IE donnay hier vn Billet à monsieur d'Antin, qui me fut enuoyé par monsieur l'Archeuesque de Toulouse, si son Eminence l'a veu, elle sçait maintenant que les semences de la paix sont venuës par deçà : le Parlement prendra la loy qui luy sera donnée, i'en ay eu reuelation par la bouche des Chefs, qui veulent bien qu'elle soit secrettement communiquée à Monseigneur : Et ie la luy descouure auec vn plaisir extrême, ne souhaittant rien en ce monde auec tant de passion, que de voir ses ennemis abbatus à ses pieds, & conuaincus par la grandeur de son courage, & par les effets de sa clemence. Il faut pour vne bonne fois regler l'authorité, & Iurisdiction de ces gens de chicane, pour commencer vn nouueau regne, dont la gloire & la joye n'en soient iamais interrompuës : Ie consens de mourir & mourray satisfait, quand i'auray veu son Eminence couronnée de la main de ses persecuteurs. Ie sçay de bonne part qu'entre les Generaux, deux des plus fiers en apparence, deuiendront les plus doux, & se rendront à la premiere atteinte qui viendra de la Cour. Les nouuelles de Normandie se debitent icy auec beaucoup de contrarieté: hier sur les vnze heures du matin, le Duc de Luynes pour tenter viuement la fermeté de monsieur de Cheureuse, luy porta la coppie d'vne depesche pretenduë, par laquelle monsieur de Longueuille asseure auoir genereusement refusé l'Espée de

Connestable, promet à ce party de ne l'abandonner iamais, & de luy enuoyer 2000 Gentilshommes, 2000 Cheuaux souldoyez, & 10000. hommes de pied, le tout dans le 20. de ce mois. D'autres aduis que ie tiens plus fideles, portent que monsieur de Longueuille suiura bien-tost monsieur de Matignon, de Lisieux & de Canisi, qui ont enuoyé à la Reyne pour l'asseurer de leur fidelité, & luy offrir des trouppes. Monsieur l'Euesque d'Aire qui se rendra dans peu de iours prés de son Eminence, l'informera des sentimens de monsieur de Cheureuse, & acheuera de viue voix le discours que luy fit le Duc de Luynes, touchant monsieur le Duc de Lorraine; auprès duquel le Duc d'York a veu Madame de Cheureuse passant par Bruxelle. Cela merite vn secret & vne longue conference: monsieur de Laune sert Monseigneur vtilement, & ardemment porté en toutes les negotiations qui se presentent à faire pour sa cause, mais sur tout en ce qui regarde la maison de Cheureuse, de laquelle il nous tire des lumieres & des aduis qui sont tres-importantes. Acheuons cette paix restablissant l'autorité du Roy, & la creance de nostre Reyne incomparable, apres cela son Eminence comblée d'honneur & de satisfaction, verra son repos affermy pour iamais, auec la gloire & la fortune de l'Estat.

Signé, C. E. D. D.

A Paris, ce 16. Feurier 1649.

Apres la lecture faite de cette Lettre, la Cour auroit deliberé & ordonné, que l'on arresteroit en leurs maisons & donneroit des Gardes audit sieur Euesque de Dol, & au sieur Euesque d'Aire nommé en icelle, pour les empescher de se sauuer & obseruer leurs actions: Auroit ladite Cour commis Messieurs Laisné & le Nain Conseillers, pour interroger lesdits Euesques sur le contenu de cette Lettre, & la faire reconnoistre par ledit sieur Cohon: & sur ce que le sieur de Laulne Conseiller au Chastellet, estoit visiblement reconnu estre de leur cabale, & auoir intelligence auec le Cardinal Mazarin; trahissant pour le seruir, son honneur, sa patrie & les seruices de la maison du Duc de Cheureuse, dont il estoit Intendant: La Cour auroit contre luy decreté prise de corps, & enuoyé en son logis pour le prendre: mais soit qu'il eust esté aduerty où qu'il se sentist coupable, il auoit abandonné son logis, & s'estoit retiré en l'Hostel de Cheureuse, afin de prendre son temps pour sortir de Paris, ce qu'il fit le lendemain matin s'estant trauesty, & seroit allé à sainct Germain.

Apres cela la Cour auroit ordonné à tous les Quarteniers de cette Ville de Paris, de porter ou enuoyer incontinent & sans delay, ce qui reste entre leurs mains des taxes de 30. liures, & de 150. liures, & autres taxes par eux receuës des particuliers Habitans de cette Ville: comme aussi ce qu'ils receuront cy-apres desdites taxes, és mains de Sebastien Cramoisy & Iean Baptiste Forné, ou l'vn d'eux qui en bailleront quittance.

Addition. Ce mesme iour de releuée Messieurs les Conseillers commis pour la susdite Lettre, se seroient transportez au logis duditsieur Cohon, pour l'interroger sur icelle, & sur ses intelligences auec le Cardinal Mazarin. Il auroit refusé de respondre, disant, qu'vn Euesque ne doit respondre qu'à des Subdeleguez du Pape, duquel seul il est justiciable; & nonobstant toutes sommations desdits Conseillers, leurs raisons, & menaces de luy faire son procez, comme à vn muet, il auroit tousiours refusé de respondre; si bien qu'apres auoir mis le Sceau à son Cabinet, ils se seroient transportez au logis du sieur Euesque d'Aire, lequel auroit d'abord refusé pareillement de respondre: mais enfin pressé par ces Messieurs auroit subi l'interrogatoire, & des-aduoüé l'Euesque de Dol: disant n'auoir aucun commerce auec luy, ny aucune intelligence auec le Cardinal Mazarin, ayant protesté que sa responsе ne preiudicieroit point aux priuileges Ecclesiastiques, ausquels il n'entendoit point deroger, ny leur faire tort: apres quoy Messieurs les Commissaires se seroient retirez.

Messieurs les gens du Roy arriuerent de sainct Germain, sur les trois heures apres midy; tout le monde estant en peine de sçauoir le particulier de leur voyage, & quelle reception on leur auoit faite, dont ils ne vouloient rien dire, se reseruant d'en faire le narré le lendemain à la Cour.

Du Vendredy dix-neufiesme Feurier 1649.

CE iour toutes les Chambres assemblées, ou se seroient trouuez Messieurs le Prince de Conty, les Ducs de Beaufort & de Brissac, le Mareschal de la Motte, & le Coadjuteur de Paris: apres main leuée accordée par la Cour, au nommé de Fresne d'vne somme de 14000. liures trouué chez luy, prouenuë de la vente d'vne maison par luy faite peu auparauant. Monsieur le Nain auroit dit, que suiuant l'arresté du iour precedent, ils estoient allez Monsieur Laisné & luy pour interroger les Euesques de Dol & d'Aire; que le premier n'auoit voulu respondre, le Sieur d'Aire apres plusieurs contestations auoit respondu aux protestations ordinaires que ses responses ne luy pourroient nuire ny preiudicier, ny à la iurisdiction Ecclesiastique; comme il apparoissoit par les procez verbaux qu'ils auoient dressez; & à l'esgard du Sieur de Laulne que ne l'ayant trouué chez luy, ils auoient tout saisi.

En suitte Monsieur le Prince de Conty auroit dit, qu'il y auoit vn Gentil-homme au Parquet des Huissiers enuoyé de la part de l'Archiduc Leopold auec lettre de creance, pour dire à la Cour que l'Archiduc auoit esté recherché de la part du Cardinal Mazarin, de faire paix entre les deux Couronnes, aux conditions de remettre au Roy d'Espagne toutes les conquestes sur luy faites, & d'opprimer le Parlement & Paris comme rebelle. Que ledit Archiduc n'y auoit voulu entendre, ne trouuant seureté de traitter auec vn Ministre condamné par le Parlement où les traittez de paix deuoient estre omologuez: Que l'Archiduc proposoit de rendre le Parlement arbitre de la Paix.

Monsieur le Prince de Conty, ayant acheué son discours, Messieurs les Gens du Roy seroient entrez; & auroient dit par la bouche de Monsieur Omer Talon Aduocat dudit Seigneur, qu'il y a huict iours qu'ils receurent ordre de la Compagnie, pour aller vers le Herault qui estoit hors la porte sainct Honoré, luy faire entendre la Declaration de la Cour, ce qu'ils executerent à l'instant; & ayant trouué vn particulier nommé Petit qui tenoit compagnie audit Herault, ils le prierent de se vouloir charger des lettres qu'ils estoient obligez d'escrire à la Cour, pour donner aduis à la Reyne de leur deputation, & obtenir les seuretez necessaires pour leur voyage; ce que ledit Petit ayant promis à l'instant, & en sa presence, ils escriuirent à Monsieur le Chancellier & à Monsieur le Tellier Se-

cretaire

cretaire d'Estat, pour auoir les passeports necessaires pour aller & venir à sainct Germain, escorte pour les conduire & reconduire, & la route qu'ils deuoient tenir; desquelles lettres n'ayant point eu de responce, ny le Samedy ny le Dimanche iusques à midy, ils creurent estre obligez d'escrire pour vne seconde fois, & d'enuoyer vn Courier exprez pour auoir responce, laquelle ne leur fut renduë que Mardy à quatre heures apres midy; de sorte qu'ils partirent Mercredy matin sur les huict heures, assistez d'vne vingtaine de gardes de la ville qui les conduisirent iusques hors la porte, où ils trouuerent vn Trompette du Roy qui les attendoit, sous la foy duquel ils allerent seuls iusques au haut de la montagne de Chaillot, auquel lieu ils rencontrerent deux brigades de la Compagnie de Cheuaux legers de la Reyne, commandée par le Mareschal des logis qui les escorta dans le bois de Boulogne, & iusques à la derniere porte, à laquelle ils rencontrerent les compagnies des gardes de Monsieur le Mareschal de Grammont qui les attendoit; & ledit Sieur Mareschal de Grammont en personne, lequel mit pied à terre, & entra dans leur Carrosse, leur rendans beaucoup de ciuilitez; les conduisit à sainct Cloud dans son logement, & leur donna pour quelque temps le couuert, à cause de l'injure du froid & de la Neige, & puis fit monter à cheual ses gardes qui les conduisit iusques à Ruel, auquel lieu ils trouuerent vne nouuelle escorte de Cheuaux legers du Roy qui les conduisirent à sainct Germain, auquel lieu ils descendirent chez Monsieur le Tellier Secretaire d'Estat, lequel leur bailla son Carrosse pour aller chez Monsieur le Chancellier, auquel ils firent entendre le sujet de leur deputation, & le prierent de demander leur Audience à la Reyne; ils l'attendirent iusques à sept heures du soir, auquel temps ils furent aduertis par le sieur de Sainctot qui les conduisit au Chasteau, & trouuerent la Reyne dans son Cabinet, assise & proche d'elle tout le Conseil assemblé. Et apres l'auoir saluée, ils luy dirent,

HARANGVE DE MONSIEVR TALON A LA REYNE.

MADAME,

Vendredy dernier lors que le Parlement estoit assemblé en la maniere accoustumée, il fut aduerti qu'vn Herault reuestu de sa cotte d'Armes, & de ses autres habits de ceremonie, demandoit à entrer dans la ville pour parler à la Cour de la part de vostre Majesté; cette nouuelle impreueüe surprit toute l'Assemblé, iusques à ce que y ayant esté fait quelque reflexion serieuse, ils estimerent que cette action estoit vne tentatiue; Que vostre Majesté vouloit esprouuer la fidelité de ses suiets, sçauoir quelles estoient leurs pensées & leurs inclinations en ce rencontre, s'ils ne s'estoient point mescogneus, & s'ils voudroient bien traitter auec le Roy leur Maistre, autrement que des sujets ont coustume de receuoir les ordres de leur Souuerain; de sorte que lors qu'ils ont differé, ou plustost qu'ils n'ont osé receuoir le Herault qui leur estoit enuoyé, ç'a esté par respect, pour tesmoigner l'obeissance & la soubmission qu'ils recognoissent deuoir à vostre Majesté, sçachant bien que des personnes de cette condition ne s'enuoyent qu'à des Souuerains ou à ceux qui le pensent estre; Que lors que ne pouuant faire cognoistre leurs volontez par les voyes communes & ordinaires, ils sont obligez de se seruir de ces truchemens publics, lesquels estant porteurs de marques extraordinaires, le droit des gens & le consentement de tous les peuples les authorise. Mais à Dieu ne plaise, Madame, que nous soyons en cet estat, & que la pensée de vanité ou l'esprit de domination nous soit monté dans la teste, & que nous ayons d'autres inclinations que celles que doiuent auoir de tres-humbles sujets & Officiers de vostre Majesté, lesquels par cette consideration se sont abstenus d'écouter le Herault qui leur estoit enuoyé, de crainte qu'il ne leur fust imputé à la posterité d'auoir entrepris quelque chose au de là de l'exercice & de la fonction legitime de leurs charges: Au contraire ils nous ont donné charge d'auoir l'honneur de voir vostre Majesté sans autre equipage que celuy de vos Robbes, qui sont les marques de nostre profession, le caractere exterieur de la Magistrature que vostre Majesté nous a communiquez, auec lesquels nous esperons flechir son couroux & son indignation, appeller de sa puissance à sa bonté, & luy demander la justice qu'elle ne refuse à personne.

L'Escriture nous enseigne que la Majesté diuine estant offensée contre son peuple, & le voulant chastier, le premier des Pontifes, se faisant mediateur entre Dieu & les hommes, ne se seruit d'autres armes que de la priere qu'il auoit sur les levres, & de l'Encensoir qu'il tenoit à sa main: Il auoit pour toute sorte de defenses les habits de sa profession auec lesquels il s'opposa à la colere du Ciel, & resista à la violence & à la necessité qu'il deuoit apprehender, ce qui rendit son intercession efficace & glorieuse.

Quant à nous, Madame, nous abordons vostre Majesté l'amertume dedans l'ame & l'humilité dans le cœur, pour la supplier d'auoir agreable les excuses de son Parlement qui a differé d'entendre son Herault, de crainte d'offenser la Royauté, & de faire preiudice au point de la Souueraineté, de la conseruation duquel ils sont jaloux plus que tous les hommes du monde: & au surplus ils nous ont chargé de protester à vostre Majesté l'obeyssance, les respects & les soubmissions toute entiere du Parlement.

APRES quoy la Reyne ayant commandé à Monsieur le Chancellier qu'il nous fist entendre sa volonté, il nous dit que sa Majesté auoit satisfaction toute entiere des paroles & des asseurances que nous luy auions données; mais qu'elle ne pouuoit en estre absolument contente, si elles n'estoient suiuies & accompagnées d'effets veritables, apres lesquels nous pourrions esperer les tesmoignages de sa bien-veillance toute entiere; & dans la conseruation de l'authorité Royalle, l'asseurance de tous les particuliers: Qu'encores qu'elle ne peût cognoistre les Arrests du Parlement pour des deliberations d'vne Compagnie Souueraine, attendu l'estat present des affaires, qu'elle ne changeroit pas neantmoins de volonté, & que nous esprouuerions tousiours les effets de sa bien-veillance quãd nous nous mettrions en nostre deuoir, dont sa Majesté donnoit ces premieres asseurances par la seureté qu'elle promettoit des personnes & des fortunes de tous les particuliers sans en excepter vn seul.

Apres quoy Monsieur le Duc d'Orleans prenant la parole, nous dit qu'il s'estonnoit fort que le Parlement ne rendist pas promptement ses obeyssances à la Reyne, veu qu'il y estoit obligé en toute sorte de façons, & qu'il en auoit tousjours donné les exemples; pouuant au surplus se promettre de la bien-veillance de la Reyne toute sorte de bons traictemens, & pour le general de la Compagnie, & pour tous les particuliers: En suite Monsieur le Prince nous dit, qu'il n'auoit rien à adiouster à ce qui nous auoit esté representé de la part de la Reyne & de Monsieur le Duc d'Orleans; Que nous pouuions asseurer le Parlement que la Reyne n'auoit autre intention que le bien de l'Estat & la conseruation de l'authorité Royalle, dans laquelle est contenu le salut du peuple & la fortune de tous les particuliers. Ainsi nous estans retirez nous auons esté obligez de coucher à sainct Germain, & d'en partir le lendemain, apres auoir esté visitez de plusieurs personnes de grande condition, qui tesmoignerent auoir grande satisfaction de ce commencement de negotiation. Nous prismes aussi congé de Monsieur le Chancelier, & sommes retournez par la mesme voye & auec la mesme escorte, & croyons estre obligez de tesmoigner à la Cour la satisfaction publique du peuple qui tesmoignoit mille benedictions sur le suiet de nostre voyage : Et lequel nous inuitâmes de continuer ses prieres pour la prosperité du Roy & la tranquilité publique du Royaume.

Monsieur le premier President leur ayant dit, Que la Cour leur sçauoit gré de la peine qu'ils auoient voulu prendre, qu'elle s'en souuiendroit aux occasions : Il leur a dit qu'il y auoit plus, & que Monsieur le Prince de Conty, venoit de donner presentement aduis à la Cour d'vn Gentil-homme enuoyé par l'Archiduc Leopold ; & leur ayant fait le narré cy dessus, leur auroit dit, qu'estant vne affaire de consequence, il estoit necessaire qu'ils prissent des conclusions; sur quoy ils auroient demandé temps d'en conferer : & s'estans retirez, tost apres rentrez, auroient dit qu'ils n'ont rien à adjouster à la relation par eux faite, sinon qu'ils ont reçeu dans leur voyage grands tesmoignages de bonté, & lesquels ils croïent deuoir estre recüeillis auec respect ; Que la Reyne non seulement n'a pas eu desagreable les excuses de la Compagnie en ce qui regarde l'affaire du Herault, mais qui plus est pour les submissions generales qu'ils auoient portées. Non seulement la Reyne leur a rendu des tesmoignages generaux de satisfaction, mais elle y a adjousté des asseurances particulieres pour la fortune, & les personnes de tous, sans nul excepter ; de sorte que si ses bonnes volontez sont reçeuës auec honneur, & qu'il plaise à la Cour faire vne deputation considerable, ils esperent que cela pourra produire vn grand effet : & pour tesmoigner à la Reyne, les bonnes intentions de la Compagnie, estimoient que la Cour luy deuoit faire entendre l'enuoy de ce Gentil-homme, duquel la Cour leur auoit fait honneur de leur parler, & lequel l'on doit differer d'entendre iusques à ce que la Cour ayt receu la responsedu Roy; & lesdits Gens du Roy retirez, la matiere mise en deliberation, ladite Cour auroit arresté & ordonné, Que ledit Enuoyé sera oüy en sa creance; Et apres l'auoir entendu, qu'il en sera donné aduis au Roy & à la Reyne Regente par deputez, lesquels leur feront entendre que par respect la Cour n'a rien deliberé sur le dire dudit Enuoyé qu'elle ne sçache leurs volontez; qu'à cette fin ladite lettre leur seroit portée auec ce qui seroit dit par ledit Enuoyé, qu'il bailleroit par escrit signé de luy : suppliront ledit Seigneur Roy, & ladite Dame Reyne, de faire retirer les trouppes des enuirons de Paris, & de laisser les passages libres pour la commodité des viures. Et que de ce seroit donné aduis audit Duc de Longueuille, aux deputez des Parlemens de Roüen, & d'Aix, & aux Compagnies Souueraines de Paris : à l'instant le commis au Greffe, à la charge du Conseil, a esté chargé de sçauoir dudit Enuoyé quelle charge & creance il auoit. Et ayant esté rapporté qu'il auoit lettre de creance, addressante à la Cour de la part dudit Archiduc, a esté fait entrer ledit Enuoyé, qui a pris place au bang du Bureau & proche vn de Messieurs, assis & couuert, presens les Gens du Roy mandez, s'est leué & descouuert, a presenté à la Cour vne petite lettre cachetée dont la teneur ensuit.

MEssieurs, Ie vous enuoye le Porteur de cette qui vous dira de ma part, ce que ie luy ay enchargé, & ainsi ie vous prie de luy donner entiere foy & credence, & sur ce ie prie Dieu de vous auoir
Messieurs, en sa saincte garde de

Brusselle le 10. Feurier 1649.

Vostre tres-affectionné, LEOPOL DE VVILL.

Et au dos est escrit,

A Messieurs, Messieurs les Presidens & gens tenans la cour de Parlement à Paris.

Ladite Lettre ouuerte, ledit Enuoyé assis & couuert a esté leuë; apres ladite lecture monsieur le premier President luy a demandé ce qu'il auoit à dire. Et aussi-tost à fait son recit duquel la teneur ensuit.

Proposition faite par moy soubsigné à Messieurs du Parlement, de la part de Monseigneur l'Archiduc Leopold le 19. Feurier 1649.

APres auoir presenté ma lettre de creance, i'ay dit, que ie ne pouuois douter que ma veuë ne fut agreable à la Compagnie, puis que i'apportois les offres de la paix tant desirée par toute la Chrestienté, & si necessaire à la tranquilité des deux Couronnes; Qu'il estoit vray que depuis deux ans le Cardinal Mazarini ne l'auoit pas voulu conclure, quoy qu'il eust pû le faire auec des conditions aduantageuses à la France, mais que depuis la sortie du Roy hors de Paris, ledit Cardinal auoit recherché & proposé vn accommodement auec des conditions qui estoient fort aduantageuses à l'Espagne, ayant tesmoigné que son principal motif estoit de chastier, ainsi qu'il disoit, les rebelles du Parlement, & mettre Paris à la raison, apres qu'il auroit joint les forces de France & d'Espagne par le moyen de cette Paix. Que neantmoins le Roy Catholique mon Maistre n'a pas estimé qu'il fust ny seur ny honneste d'accepter des offres en cette saison, ayant iugé qu'il ne luy seroit pas honorable de prendre cette occasion de contribuer à l'oppression d'vne si auguste Compagnie, & de la ville Capitalle du Royaume; Que le Roy mon Maistre n'auoit pas creu non plus qu'il y eust seureté de traiter auec vn homme condamné & declaré ennemy du Roy & de l'Estat par Arrest d'vn Parlement, qui doit registrer & verifier les traittez de Paix pour les rendre surs & autentiques: mais comme le Roy mon Maistre ne veut tirer aucun aduantage des occasions presentes que d'vne paix equitable & ferme; il m'a enuoyé vers Messieurs du Parlement, qu'il sçait estre attachez aux vrais interests du Roy tres Chrestien & de son Estat, & ou reside principalement son authorité legitime pour leur offrir d'estre les arbitres de la Paix. Et que volontiers le Roy mon Maistre se soubmettra à leur iugement: Que s'ils en veulent estre les Iuges il laisse à

leur

leur chois, de deputer de leur Corps en tel lieu qu'ils voudront eslire, mesmes à Paris si bon leur semble, ou le Roy mon Maistre enuoyera ses deputez pour y traitter & conclure vne bonne paix & raisonnable, qui donne le repos & la tranquilité perdurable aux deux Couronnes : auquel Traité sera aussi compris le Duc de Lorraine, qui n'a pas voulu s'accommoder auec ledit Cardinal pour contribuer à l'oppression dudit Parlement & de la ville de Paris, mais est demeuré joint au party d'Espagne. Cependant ie declare qu'il y a desia dix-huit à vingt-mille-hommes qui s'assemblent sur la Frontiere, donnant parole qu'ils n'entreprendront rien sur les terres du Roy Tres Chrestien, ny sur les places qui sont sur lesdites Frontieres. Ce qu'on auroit pû faire dans le mauuais estat auquel elles se trouuent, ne restant que deux cens hommes dans Perone, autant dans sainct Quentin, & beaucoup moins dans le Castelet, & les autres à proportion. l'offre aussi de la part du Roy mon Maistre toutes lesdites troupes au Parlement pour sa conseruation s'il est besoin, auquel cas le Parlement en vsera, en la maniere qu'il iugera le plus à propos, soit en les faisant conduire par des Officiers François qui seront de sa dependance, soit en prenant toutes les autres precautions qui pourroient oster toutes craintes que lesdites trouppes pussent agir autrement que pour le seruice & selon les bonnes intentions du Parlement. Et au cas que ledit Parlement n'eust pas besoin desdites trouppes pour se deffendre, ie donne parole au nom du roy mon Maistre qu'elles demeureront sur les Frontieres sans rien entreprendre, pendant que ladite Paix se traittera. Ie prie la Compagnie de deliberer sur ma proposition & mes offres, & me rendre response pour la faire à mon Maistre, Signé Dom Ioseph de Illescas Arnolfiny.

Cette deliberation auroit duré iusques à cinq heures du soir en laquelle il y eust plusieurs aduis, les vns de renuoyer le Gentil-homme, d'autres d'enuoyer la lettre de Creance à sainct Germain, & en fin il auroit passé que puisque ledit Enuoyé n'auoit qu'vne lettre de Creance, il pouuoit estre ouy pour apres en donner aduis à sa Majesté ainsi qu'il est dit cy dessus.

Addition. Dés le matin on fut aduerti que le iour precedent, les habitans de la Ville de Melun auoient tué vne partie de la garnison auec laquelle le Sieur de Laborde leur Gouuerneur les tourmentoit & maltraitoit, & qu'ils l'auoient contraint de se retirer dans le Chasteau, où ils le tenoient assiegé, & demanderent qu'on leur enuoyast du secours & quelqu'vn pour les commander : Cette garnison estoit composée, partie des Espagnols pris l'an passé à la bataille de Lens, que ledit Sieur de la Borde auoit tirez du Chasteau, où ils estoient detenus prisonniers de guerre & les auoit armés : & partie d'vn Regiment qu'il leuoit en ladite Ville, forçant les passans capables de porter les armes de prendre employ & s'enroller en iceluy : auec ces troupes d'Espagnols & de François, ledit Sieur de la Borde opprimoit lesdits habitans, & neantmoins, sur ce qu'ils demandoient vn chef, quelques iours apres le Marquis de la Boulaye y estant allé auec deux cens Cheuaux, ils luy refuserent les portes apres auoir arresté son Mareschal des logis, qu'il auoit enuoyé auec leurs deputez, & quelques vns de ses Caualiers les aduertit du iour qu'il deuoit estre à eux : en suite dequoy lesdits habitans s'accommoderent auec leur Gouuerneur, & le Marquis de la Boulaye s'en alla par le pont de Samoy vers Estampes.

Ce mesme iour le Marquis de Noirmonstier voulant faire conduire à Paris vn Conuoy qu'il auoit fait tenir prest à Brie Conte-Robert, il y auoit desia quelques iours, & sçachant que le Comte de Grancé venoit du costé de Lagny pour s'y opposer, il mit le Prince de Marsillac auec enuiron 60. Cheuaux dans la vallée de Grosbois, pour empescher ce Comte de passer auec ordre de ne point sortir de son poste, qui luy estoit aduantageux, & par où il falloit necessairement que les ennemis passassent en defilé, & ce Prince si tost qu'il apperçeut ceux du parti contraire sortit de son poste & alla les attaquer: il y perdit quelques vns des siés, y fut blessé d'vn coup de pistollet, & le Comte de Rohan second fils du Marquis de Durcas aussi d'vn coup de pistolet à l'espaule, & d'vn coup de mousquet dãs le costé, apres auoir fait l'vn & l'autre merueille de leur personne. Aussi le Marquis de Silleri fut pris prisonnier. Cependant le Marquis de Noirmonstier ayant aduis de ce qui s'estoit passé entre le Prince de Marsillac & le Comte de Grancé, voulant faire passer son Conuoy, le fit filer du costé de Villeneuue sainct George, marchant auec ses gens par le grand chemin, & par les enuirons de Grosbois à la veuë du Comte de Grancé qui n'osa l'attaquer: il vint ioindre son Conuoy dans la plaine vers Boissy & Creteil, & le conduisit tout entier iusques à Paris, où il arriua à vnze heures du soir: il estoit de 450. charretes de bled & farine, & quantité de Cheuaux de somme qui furent iusques à trois heures apres minuit à passer.

Ce fut ce mesme iour que l'on eut les premieres nouuelles de la mort du Roy d'Angleterre.

Le Samedy vingtiesme Feurier 1649.

CE iour toutes les Chambres assemblées, où se seroient trouuez Monsieur le Prince de Conty, le Duc de Beaufort & autres Generaux, & le Coadjuteur, la Cour en consequence de l'arresté du iour precedent auroit trauaillé à la deputation vers la Reyne, pour la remercier de la bonne reception qu'elle auoit fait à Messieurs les Gens du Roy, la prier de faire voir des effects des bonnes paroles qu'elle leur auoit données, & pour cet effet leuer le blocus de Paris, comme aussi pour porter à sa Majesté la coppie de la lettre de l'Archiduc Leopold, & de la creance de l'Enuoyé de sa part, auec autant de ce que ledit Enuoyé auoit dit à la Cour, qui estoit inseré dans les registres d'icelles & signé de sa main: dire à la Reyne que le Parlement par respect entier n'auoit pas voulu rendre response, ny méme deliberer tant sur la lettre de Creance, que sur le discours dudit Enuoyé sans luy donner aduis de tout, & sçauoir sa volonté, à laquelle ils estoient prests d'obeïr, & luy tesmoigner qu'ils sont fidelles seruiteurs du Roy.

Il y eut quelques aduis à luy porter la feuille, mais il auroit passé à ne porter que la copie signée du Greffier, & auroient esté nommez pour cette deputation Messieurs le premier President & le President de Mesme, & vn Conseiller de chaque Chambre, tant des Enquestes que des Requestes, sçauoir Messieurs Violle pour la grand Chambre, de Cumont, le Coq, Catinal, Mesnardeau, & de Palluau pour les Enquestes, & Monsieur le Fevre pour les Requestes. Apres quoy auroient esté mandez les Gens du Roy, lesquels Monsieur le premier President auroit aduertis de soigner à enuoyer querir des passeports, ce qu'ils auroient promis & se seroient retirez.

En suitte plusieurs de Messieurs auroient fait rapport de leurs diligences à vifiter les lieux qu'on leur auoit indiquez, où il y auoit de l'argent sans autre succez sinon d'vne saisie faite chez le Curé de sainct Sulpice de quelques deniers & vaisselles d'argent appartenant au Sieur Fromont Secretaire des Commandemens de Monsieur le Duc d'Orleans, de laquelle la Cour auroit donné main leuée en consideration, & par le respect deu à la personne de mondit Seigneur le Duc d'Orleans.

Il auroit aussi esté ordonné que l'on prendroit pour employer aux affaires presentes vne somme de 60000. liures qui estoit entre les mains de quelques marchands de vin, prouenant des droits d'entrée, à la reserue de ce qui en appartenoit à l'Hostel Dieu de cette Ville de Paris.

Monsieur de Beaufort ayant pris la parole, dit qu'il estoit important d'empescher qu'on enleuast les poudres & munitions qui estoient en l'Arsenal, estant tres constant qu'elles diminuoient de iour à autre. Il dit de plus, qu'il estoit asseuré de 600. Gentils-hommes, & de presque autant de Suisses qui ne demandoient qu'à prendre ce party, & entrer dans leurs troupes, en leur donnant asseurance de subsistance; qu'il estoit tres-bien aduerti que plusieurs Conseillers ont empesché des entreprises suscitées par ceux du parti contraire, qui cherchent toutes les occasions pour executer contre luy quelque mauuais dessein: sur ce vn des Messieurs auroit dit, qu'il s'est trouué dans la ville des billets, où la teste dudit Sieur de Beaufort estoit mise à prix de 150000. liures, ledit Sieur de Beaufort auroit reparti que ce seroit peu de luy, pourueu que tout allast bien, & que sa mort fust suiuie d'vne paix generalle. Monsieur le Coadjuteur auroit aussi adjouté qu'il estoit dans le mesme malheur, son Carosse ayant esté il y a quelques iours attaqué par huict hommes inconnus & armez, qui ne l'ayant trouué dedans questionnerent fort le Cocher du lieu où estoit ledit Sieur Coadjuteur, quand il reuiendroit, & par où il passeroit sans qu'il ait peû descouurir quelles gens c'estoient.

Plusieurs de Messieurs auroient dit que c'estoit vn malheur commun & vne conspiration generalle, ayant chacun raconté qu'il y auoit eu de pareils attentats sur leurs personnes.

Apres cela lecture auroit esté faite des interrogatoires de ceux qui auoient esté trouuez chargez des lettres susdites, & emprisonnez pour ce subject: mais ils auoient esté si bien instruits dans la prison, ou auparauant, qu'il fut impossible d'en descouurir les autheurs, quoy que le soubçõ tombast tousiours sur quelques vns de la Compagnie, & sur leurs parens qui s'estoient sauuez la nuit apres que lesdites lettres furent prises.

Addition. On eut nouuelles que le Chasteau de Lesigny appartenant au Duc de Luynes auoit esté pris, & pillé par le Comte de Grancé, apres l'auoir battu quelques iours auec du Canon, estant vn Chasteau tres-bien fossoyé, que le Connestable de Luynes son pere auoit pris plaisir de faire bien accommoder, & meubler richement; Chasteau où toute la Cour alloit au temps qu'il estoit en faueur, si bien que ledit Comte de Grancé, ou celuy qui commandoit pour luy, y fit grand butin, en suite ceux dudit parti se saisirent des Chasteaux de Seruon, Villemenon, & autres qui sont és enuirons de Brie, tesmoignans qu'ils auoient dessein d'assieger cette ville apres en auoir pris toutes les aduenuës.

Vne compagnie du Regiment des gardes Suisses vint prendre party pour Paris, &

. . . . . . Capitaine en icelle presta le serment en l'Hostel de ville, promettant douze cens Suisses moyennant 40000. liures.

Quelques iours auparauant il auoit esté arresté au Conseil de guerre que l'on leueroit vn Regiment de 1500 hommes, dont monsieur le Duc de Luynes seroit Maistre de Camp; Que le Regiment seroit composé de Soldats tirez de toutes les Colonnelles, dont chacune feroit vne Compagnie, & qu'il porteroit le tiltre de Regiment de Paris, souldoyé & entretenu par les Habitans, qui à cet effet contribueroit selon leur volonté. Suiuant cette resolution on commença d'en faire incessamment la leuée, les Capitaines des quartiers allans en toutes les maisons recueillir ce que chaque particulier vouloit donner volontairement, tant pour la leuée & armement, que pour la subsistance & entretien dudit Regiment.

Du Dimanche vingt-vniesme Feurier.

CE iour le Parlement ne fit aucune assemblée, parce que c'estoit le premier Dimanche de Caresme, & qu'il ne suruint aucune affaire pressée; il ne se passa rien de considerable, & n'y eut aucune nouuelle.

Du Lundy vingt-deuxiesme Feurier.

CE iour toutes les Chambres assemblées, où se seroient trouuez Messieurs le Prince de Conty, les Ducs d'Elbeuf, de Beaufort, le Mareschal de la Motte, & le Coadjuteur, lecture auroit esté faite de la Creance de l'Enuoyé de l'Archiduc Leopold, laquelle il auoit donnée par escrit ainsi qu'il luy auoit esté dit, le 19. du present mois, n'ayant lors exposé que verballement ce qu'il auoit eu ordre de son Maistre de dire à la Cour, laquelle Creance auoit esté inserée & enregistrée, ainsi qu'il a esté cy-deuant remarqué au iour qu'il fut entendu.

Apres cette lecture il en auroit fait vne autre, de certain Arrest du Conseil, par lequel toutes les maisons de campagne appartenant aux Officiers de Parlement & Cours Souueraines, & autres Officiers residens en cette Ville de Paris, estoient cottisées & taxées à des sommes immenses, auec injonction de les payer, au sieur Longuet Tresorier extraordinaire de la guerre, à la premiere demande qui sera faite desdites taxes, suiuant le roolle qui estoit imprimé, & dont fut fait pareillement lecture, à faute dequoy les biens meubles, qui se trouueront dans lesdites Maisons seroient pillez & vendus, mesme les Bois-Taillis & de Haute-Fustaye, coupez par les gens de guerre, ausquels lesdits roolles estoient donnez par départemens. Surquoy ayant esté deliberé, la Cour auroit fait tres-expresses inhibitions & deffenses, à toutes personnes d'executer les taxes portées par ledit roolle imprimé, à peine de la vie, & cas de contrauention ausdites deffenses: la Cour auroit ordonné qu'il sera procedé par droit de represailles, sur tous les biens, maisons, terres & heritages des contreuenans, & des chefs qui auront commandé, permis & souffert les contrauentions & actes d'hostilité.

Monsieur le Duc de Beaufort en opinant sur cette affaire, auroit dit que iusques à present ce party auoit fait la guerre trop ciuilement, dont ceux du party contraire auoient pris toutes sortes d'auantages, ayant commandé & commis, comme chacun a veu, a veu, tous actes d'hostilité, depuis le commencement iusques à present: en sorte que l'on pouuoit dire que les menaces qu'ils faisoient, tenoient de la nature des canons & tonnerres, qui tuent auant que d'estre ouys: mais qu'il falloit que chacun se saignast en ses biens, pour trouuer des forces à y resister, & faire la guerre autrement que par le passé; protestant qu'il n'espargnera ny ses biens, ny sa vie pour empescher l'effet de ces menaces: à quoy plusieurs de Messieurs auroient reparty que la deffense estoit iuste & naturelle, & qu'il n'y falloit rien espargner. Monsieur de Machault Conseiller, auroit adiousté que dans le besoin d'argent que l'on auoit, il estoit honteux d'auoir moderé les taxes faites sur les gens d'affaire, que l'on sçait estre regorgez du sang du peuple; & ayant nommé Boneau, dont la taxe auoit esté reduite à 1000. liures, vn de ses enfans qui est Conseiller en la Cour, se croyant animé d'vn iuste ressentiment, entendant parler de son pere, l'interrompit, & dit qu'il ne sçauoit pourquoy on en vouloit à son pere, qu'il n'auoit pas acquis son bien dans les affaires: Surquoy monsieur Bitault auroit pris la parole, & dit qu'il trouuoit estrange qu'il interrompist Messieurs, quand ils opinent, à quoy l'autre ayant respondu fort aigrement, il fut reprimendé comme il se deuoit, & quoy que par plusieurs fois il demandast pardon de la faute qu'il pouuoit auoir faite, il fut obligé à se retirer, & a s'absenter de la Compagnie pour vn temps.

Apres cela quelqu'vn auroit encor fait plaintes à la Cour de quelques soldats qui auoient esté dans des maisons de cette Ville, demander de l'argent sur de faux pretextes. Pour à quoy remedier, la Cour auroit fait inhibitions & deffenses tres-expresses, à toutes personnes de quelque qualité & condition qu'elles soient d'aller és maisons des particuliers de cette Ville & Faux-bourgs, pour demander & exiger des deniers, si ce n'est en presence de deux Conseillers de ladite Cour; à peine de la vie contre les contreuenans. La Cour auroit encor ordonné qu'il sera incessamment fait recherche des moyens d'auoir de l'argent, pour l'armement & subsistance des gens de guerre.

Puis apres monsieur le Duc d'Elbeuf ayant dit que sçachant l'affliction de la Reyne d'Angleterre, il estimoit que la Compagnie trouueroit bon de deputer vers elle, pour luy faire compliment & la consoler; ce qui auroit esté aggreé de tous, & arresté que monsieur le President de Bellieure & deux Conseillers, iroient tesmoigner à ladite Dame Reyne, le ressentiment de la Compagnie, & la part qu'elle prenoit à son desplaisir: apres quoy la Cour se seroit leuée.

Addition. Les Conseillers commis pour examiner les aduis, & se transporter aux lieux qui leur seroient indiquez; estant allez à S. Iacques du Haut-Pas, y trouuerent mille marcs de vaisselle d'argent.

Ils allerent aussi à l'Hostel de Saint Paul, où ils trouuerent quantité de vaisselles d'argent, pierreries, pieces de cabinet, & autres raretez, que le sieur de Chauigny auoit fait cacher, & murer sous vn escalier: il fut fait inuentaire de tout, pour en faire rapport à la Cour au premier iour.

L'apresdinée monsieur le President de Bellieure, suiuant l'arresté du matin, auroit esté & les deux Conseillers vers la Reyne d'Angleterre, se condouloir de la mort du Roy son mary.

On commença la vente des meubles du Cardinal Mazarin, trouuez en son Palais de cette Ville, pour estre continuée incessamment, ainsi qu'il auoit cy-deuant esté ordonné par Arrest de la Cour.

Du Mardy vingt-troisiesme de Fevrier.

CE iour toutes les Chambres assemblées, Messieurs estonnez de ce que les Passeports n'estoient point encor arriuez, manderent Messieurs les gens du Roy pour en apprendre la cause; lesquels estant entrez auroient dit auoir enuoyé vn Courier à Saint Germain, aussi-tost qu'ils en auoient receu l'ordre de la Compagnie; que le Courier n'estoit point de retour, & qu'ils ne sçauoient la cause de son retardement; Que si la Compagnie le trouuoit à propos, ils renuoyroient vn second Courier, ce qui fut agreé. Monsieur le premier President auroit promis de partir aussi-tost qu'il auroit ses Passeports, & ne rien déguiser à la Reyne de la verité, & de l'estat present des affaires; que si elle refusoit de donner les effets de ses bonnes paroles, qu'il estimoit qu'il falloit prendre tout secours qui seroit offert à ce party, pour sa iuste deffense.

En suitte de ce lecture auroit esté faite de la Lettre enuoyée par monsieur le Prince, à monsieur le Duc de Boüillon, de laquelle est parlé cy-deuant; ensemble d'vn mandement du Roy, signé de Guenegault, par lequel il paroissoit que le Cheualier de la Vallette, n'auoit semé les billets que par ordre du Roy, ce qui auroit empesché de passer outre au Iugement dudit Cheualier de la Vallette, lequel auroit esté en suitte transferé de la Conciergerie à la Bastille.

Apres cela quelques-vns des Messieurs auroient dit, qu'on auroit trouué quantité de vaisselles d'argent appartenant au Preuost de Lisle, prisonnier dans la Bastille, de laquelle vne partie luy auoit esté donnée en gage, pour argent qu'il auoit presté.

Sur quoy ayant esté deliberé, il auroit esté arresté de confisquer de ladite vaisselle qui se trouueroit appartenir audit Preuost de Lisle, & l'enuoyer à la monnoye pour estre conuertie en especes, & l'argent employé à la leuée & subsistance des Gens de guerre, & que le surplus seroit pareillement conuerty, pour les deniers en prouenans estre pris à constitution au profit de ceux qui s'estoient trouuez l'auoir donné en gage audit Preuost de Lisle.

Monsieur Desla..des-Payen auroit fait rapport à la Cour, que sur les aduis à luy donné, il s'estoit transporté à l'Hostel de S. Paul, logis ou demeure le sieur de Chauigny, & y auoit trouué en vne cache fort secrette, quantité de meubles & vaisselle d'argent, & vermeil doré, & autre choses precieuses & de grand prix, dont il auroit fait Inuentaire, & auroit laissé le tout en garde à vn Prestre qui est demeurant en ladite maison, à quoy la Cour auroit remis de deliberer vn autre iour, puis s'estoit leuée.

Addition. Les passeports arriuerent sur les quatre heures du soir, les noms en blanc, à cause qu'ils n'auoient pas esté à S. Germain: aussi tost monsieur le premier President enuoya vn Courrier porter les noms des Presidens & Conseillers Deputez, afin de remplir les passeports, auec ordre audit courrier de reuenir toute nuict, parce qu'il desiroit aller le lendemain coucher à Saint Germain.

On eut lettre de monsieur de Longueuille, par lesquelles il mandoit que son armée estoit en estat de marcher, quand de Paris on enuoiroit vn chef pour la commander; ne pouuant & n'osant quitter la Prouince, ou sa personne estoit necessaire, tant pour s'opposer au Comte d'Harcour, & empescher les rauages qu'il y faisoit, que pour maintenir tousiours les peuples dās l'obeyssance du Roy, & dans le bon sentiment où ils estoient.

Monsieur de Vautorte fut mandé par le Cardinal Mazarin, pour aller à S. Germain d'où il fut enuoyé en Flandres, moyennant quelque accommodement auec l'Archiduc, mais il en retourna quelques iours apres auec peu de bruit l'Archiduc ne voulant traitter pour les raisons alleguées par son Enuoyé.

Du Mercredy vingt-quatriesme Feurier.

CE iour toutes les Chambres assemblées extraordinairement, à cause qu'il estoit feste de Saint Mathias, monsieur le premier President ne s'y estant point trouué, parce qu'il se preparoit pour son depart, & Messieurs ayant jugé à propos de voir les Passeports, leurs termes, & en quelle forme ils auoient esté enuoyez, deputerent deux Conseillers vers mondit sieur le premier President, pour le prier de venir prendre sa place, lequel entré & placé, apres auoir esté informé par monsieur le President le Coigneux, de la raison pour laquelle la Compagnie l'auroit enuoyé prier de venir, il auroit representé le Pacquet des Passeports, & dit que le matin le sieur Procureur General luy ayant apporté, il l'auroit ouuert pour en voir le contenu, que la suscription & addresse en estoit faite seulement (à Messieurs) par leurs noms, sans aucunes qualitez : mais aussi sans les mots (cy-deuant Conseillers) que c'estoit beaucoup que ces termes des-auantageux fussent retranchez, & qu'allant rendre leurs soûmissions à leur Souuerain, il ne falloit pas estre si exacts, ny auoir esgard à de si petites circonstances; que dans l'esperance qu'ils auoient d'vn bon succez, il falloit mettre la main deuant les yeux & dissimuler iusqu'au retour, & s'ils ne rapportoient de bonnes paroles, l'on feroit esclatter les ressentimens: que l'on sçauoit l'arresté du dernier iour pour en prendre l'auantage en son temps, au cas que les demarches du Parlement soient inutiles & sans effect. Dequoy tous Messieurs s'estant contentez, auroient prié ledit sieur premier President & les autres Deputez, de ne parler qu'en presence & deuant le Roy & la Reyne, ce qu'il auroit promis & dit, en suite que quantité de notables Bourgeois estoient allez le prier, de ne point mener monsieur Deslandes-Payen, qui auoit esté Deputé, qu'asseurement on ne le lairroit point passer à la Porte, encor que luy-mesme se soit offert, & qu'il ait desiré y aller ; de l'aduis commun de la Compagnie, il auroit esté arresté qu'il demeureroit : apres quoy monsieur le premier President & les Deputez, seroient sortis de la Chambre, ayant fait rencontre d'vne grande multitude de peuple dans la Grande Sale, disant que monsieur Payen ne deuoit point aller, qu'il receuroit à S. Germain quelque mauuais traittement; monsieur le premier President leur dit, il demeurera, la Cour l'a ainsi arresté.

Monsieur le premier President retiré, les Lettres de dispense d'aage obtenuës par monsieur le President de Nesmond, pour monsieur son fils, auroient esté rapportées & enterinées tout d'vne voix. Puis sur la plainte faite que plusieurs couroient les Portes de Paris pour sortir, apres auoir esté refusez aux vnes, & s'estre desguisez,

La Cour auroit ordonné deffenses à toutes personnes de se desguiser pour sortir, à peine de la vie, & que les meubles, carosses & equipages appartenant à telles personnes, seroient & demeureroient confisquez, comme aussi tous ceux qui tenteroient vne Porte, apres que leur Passeport auroit esté refusé à vne autre : & que l'on passeroit d'oresnauant par les Portes S. Michel & S. Martin. Messieurs les Generaux auroient aussi esté priez de donner ordre, que les Soldats ne fissent aucun desordre dans les Faux-bourgs.

Addition. Lesdits sieurs Presidens & Conseillers Deputez, partirent de Paris sur les dix-heures du matin, ils firent rencontre proche les Bons-Hommes, du sieur de Saintot qui les attendoit, pour les conduire à Ruel, & les y faire loger: le Mareschal de Grammont les receut au hault de la Montagne de Nigeon ; & leur ayant rendu de grandes ciuilitez, les conduisit iusques à Saint Cloud, & leur donna escorte iusques à Ruel, où ils sejournerent & coucherent, suiuant l'ordre qu'ils auoient receu par ledit sieur Saintot.

Ce iour Messieurs les Generaux auec la plus grande partie des trouppes, sortirent par les portes de Saint Martin & de Saint Denis, comme aussi les Compagnies de Bourgeois, & allerent dans la France faire venir des bleds, ayant à cét effet donné ordre d'aduertir, & prier tous ceux qui auoient des chariots de les enuoyer, & de l'argent, pour acheter du bled au Bourget, au Mesnil, & aux enuirons ; ce qui se trouua peu de battu fut tost enleué, & l'on remit au lendemain d'y retourner, n'ayant laissé d'apporter toute la nuit du pain, du bled, du bestial, & pris quelques Caualiers qui estoient dans les Villages, pour faire des courses & empescher les Païsans d'apporter des viures à Paris ; ceux de Gonnesse refuserent l'entrée de leur Ville, s'excusant sur la deffense qu'ils en auoient de monsieur le Prince de Condé, à peine d'estre mis à feu & à sang.

Ce mesme iour arriuerent à Paris de la part du Roy & de la Reyne, le Commandeur de Souuré, de la part de monsieur le Duc d'Orleans, & de Madame le Duc Damuille & le Comte de Flammarin ; & de la part de monsieur le Prince de Condé, le Cheualier de Grammont, pour complimenter la Reyne d'Angleterre, & la consoler de la mort du Roy d'Angleterre son mary.

Du Ieudy vingt-cinquiesme Feurier.

CE iour toutes les Chambres assemblées à l'ordinaire, apres quelques propositions touchant le proccez des Euesques d'Aire & de Dol, ensemble du sieur de Laulne Conseiller au Chastelet : La Cour auroit commis deux de Messieurs, pour interroger les nommez la Railliere, & Launay Graué prisonniers.

En suitte monsieur le President de Nesmond auroit fait recit de la sortie du iour precedent par la porte Saint Denis, & du sujet d'icelle, qui n'estoit que pour faciliter vn conuoy, & empescher les trouppes de monsieur le Prince de sortir ; que cinquante ou soixante Suisses auoient esté pris, & amenez prisonniers en cette Ville, où estoit arriué quantité de bled toute la nuit. Puis auroit dit que ledit iour d'hier auroit esté pris vn homme desguisé en habit d'Hermite auec vn petit garçon, qui portoit des Lettres, & deux autres qui jettoient des Placards : surquoy la Cour auroit deputé deux de Messieurs pour les interroger.

Monsieur Thibœuf auroit aussi dit, que le iour precedent il y auoit eu peu de pain

pain au marché des Halles, nonobstant qu'on eust distribué quantité de bleds aux Boulangers, lesquels s'excusoient sur la difficulté de faire moudre, & l'empeschement de cuire que leur faisoient les soldats, qui estoient logez dans les Faux-bourgs: surquoy il auroit esté arresté que l'on y donneroit ordre, & mesmes fait plusieurs propositions pour y remedier.

Apres cela la Cour auroit arresté que l'on ne mettra point de prisonniers hors de la Bastille sans Arrest; puis ayant parlé des longueurs qu'apportoit le Parlement de Normandie, à donner de ses nouuelles, elle se seroit leuée.

Addition. Le chemin de la porte Saint Martin estant libre, il vint force prouisions de tous les Villages, & les Bourgeois qui auoient amené force bleds le soir precedent sortirent encor ce iour, & en amenerent plus grande quantité de Gonnesse, qui ouurirent les portes à monsieur le Mareschal de la Motte, apres vne seconde sommation, de ne point faire de composition aux Habitans, s'ils se laissoient forcer: les premiers qui y entrerent en eurent bon marché; mais ceux de la Ville voyant la presse, en augmenterent le prix: il y eut ordre que tout seroit mené à la Halle, & que ceux qui l'auoient esté querir n'en auroient que le quart pour eux, le surplus vendu, afin que tout le monde en pûst auoir; n'estant pas iuste que ceux qui n'auoient point de chariots n'en eussent pas, l'argent rendu selon le prix qu'auoit esté acheté le bled; & par ce moyen le menu peuple en acheta chacun selon son pouuoir, & fut soulagé par l'abondance qui estoit arriuée, montant à plus de 12. cens chariots. Quoy que ce qui fut porté aux Halles, fut vendu tres-cherement, par la faute, à ce que l'on croyoit, de quelques Commissaires du Chastelet, faisant tourner à leur profit particulier la plus value des bleds & farines, le mettant à plus haut prix qu'ils pouuoient: apres que les Conseillers de la Cour qui auoient donné l'ordre furent retirez.

On eut aduis que le Comte de Grancé assiegeoit la Ville de Brie-Comte-Robert.

Du Vendredy vingt-sixiesme Feurier.

CE iour toutes les Chambres assemblées, où se trouuerent Messieurs le Prince de Conty, les Ducs d'Elbeuf, de Beaufort, Mareschal de la Motte, & le Coadjuteur de Paris. Monsieur le President de Nesmond auroit representé à la Compagnie, que pour satisfaire aux prieres de plusieurs notables Bourgeois de cette Ville de Paris, qui estoient venus vers luy se plaindre de ce que l'on n'enuoyoit point de secours à la Ville de Brie-Comte-Robert, qui estoit assiegée par le Comte de Grancé; & que luy sieur President en ayant fait grande instance au Conseil de guerre, Messieurs les Generaux n'en auoient pas esté d'aduis, d'autant que le party contraire auoit deuant cette place, cinq mille hommes de pied & trois mille cheuaux: outre d'autres trouppes que le Mareschal du Plessis y faisoit filer des enuirons de Saint Denis; Que si l'on y enuoyoit on seroit obligé necessairement de donner bataille, laquelle estoit douteuse, & de la perte d'icelle s'ensuiuoit la ruïne totale de ce party, qu'il ne falloit pas hazarder: veu mesmes que cette place nous estoit presque inutile & peu considerable, à present que les Chasteaux des enuirons d'icelle estoient occupez par des Gens-d'armes qui pouuoient facilement empescher la liberté des chemins, & les conuois qui viendroient de ce costé-là: adjoûtant qu'il n'en falloit plus rien attendre, le païs estant pillé, ruïné, ou presque espuisé par les conuois que l'on en auoit fait venir à Paris; Que les Habitans de Melun qui auoient refusé garnison, nous ostoient tout le commerce de la Brie, & en rendoient la Ville inaccessible à nos trouppes : Neantmoins & nonobstant ces raisons, plusieurs de Messieurs auroient esté d'aduis de secourir cette place : monsieur Charton auroit dit qu'il y falloit aller teste bessée ; à quoy Messieurs les Generaux auroient respondu qu'elle estoit peut-estre prise, ou qu'elle le seroit auant que nôtre armée y fust: que le sieur de Bourgogne le Gouuerneur se deffendroit autant qu'vn homme de courage le pouuoit faire, si bien qu'en fin il fut arresté que l'on n'enuoyroit point au secours, à cause des raisons susdites.

Cette proposition donna lieu à plusieurs de Messieurs de representer que le pain encherissoit fort, & que le peuple à la longue pourroit murmurer, surquoy la Compagnie voulut deliberer, & voir quel expedient l'on deuoit prendre sur ce sujet; mais n'y trouuant aucun remede certain & possible, elle s'arresta particulieremét à faire quelques reglemens de Police au dedans de la ville pour gagner temps, & subuenir aux necessitez les plus pressantes, attendant le retour de Messieurs les deputez, priant cependant Messieurs les Generaux, de pouruoir à la leuée des troupes, & les rendre autant bonnes & complettes qu'ils le pourroient.

Et pour le reglement de Police, la Cour ordonna que six de Messieurs les Conseillers se transporteroient aux portes, pour receuoir le bled qui arriueroit, & le faire conduire aux Halles, & la mettre ordre que tout le monde en puisse auoir pour son argent sans confusion.

Monsieur de Laffemas Maistre des Requestes, fut aussi commis par la Cour pour auoir esgard à la Police par toute la ville, principalement pour le pain, bleds, & farines, sur la plainte faite au Parlement, que le Lieutenant Ciuil & les autres Officiers du Chastelet, n'auoient pas de creance aupres du peuple, & qu'ainsi ils ne pouuoient pas s'en bien acquitter.

Addition. Monsieur le Marquis de Noirmontier qui auoit passé la nuit à Daumartin auec 1500. Cheuaux, manda dés le matin à Paris qu'il auoit fait battre des bleds par tout les enuirons; que si l'on vouloit enuoyer querir des bled, mener des charettes & chariots, il y en auoit suffisamment : sur cette nouuelle chacun y courut, il sortit force Chariots & Cheuaux de somme, & plus de 15000. Bourgeois auec fusils pour leur faciliter les passages: il arriua de Daumartin, Gonnesse & des enuirons plus de bled encore que le iour precedent; le tout mené à la Halle, & distribué pour de l'argent conformement à l'ordre qui auoit esté prescrit par la Cour.

On eut nouuelles que la ville de Brie s'estoit renduë à composition, sçauoir que les Officiers sortiroient auec le Gouuerneur armes & bagage, & les Soldats la vie sauue: & qu'au prejudice de ce traicté, si tost la Garnison sortie de la place, les ennemis auroient tiré dessus, tüé vne bonne partie d'icelle, & contraint l'autre de prendre parti; que le S. Bourgogne eust esté tüé, sans les Officiers du Regiment de Picardie ses voisins & amis, qui l'auoient sauué, & luy auoient donné escorte pour le conduire iusques à Charenton: le siege auoit duré trois iours deuant cette place, le Gouuerneur ayant d'abord abandonné la ville pour se retirer dans le Chasteau, tant à cause qu'elle n'estoit pas forte pour y pouuoir tenir, que par ce qu'il n'auoit pas de monde suffisamment pour la garder : le manquement de foy, & le traicté violé par le Comte de Grancé faschoit plus que la perte de cette ville.

Le soir Messieurs les Deputez retournerent de sainct Germain, il estoit si tard que l'on ne pût rien apprendre de leur negotiation.

On auoit jetté & semé par Paris la nuit precedente force placards & libelles tendants à esmouuoir le peuple à sedition, qui neantmoins ne seruirent qu'à augmenter son affection en faisant ainsi vn contraire effect.

Le Samedy vingt-septiesme Feurier 1649.

CE iour toutes les Chambres assemblées, où se seroient trouuez Monsieur le Prince de Conty, les Ducs d'Elbeuf, de Beaufort, de Luynes, & de Brissac, le Mareschal de la Motte, & le Coadjuteur à l'Archeuesché de Paris. Monsieur le premier President auroit fait à la Cour, le narré de sa deputation; & dit qu'estant partis le Mercredy 24. de ce mois sur les dix heures du matin accompagnez de quelques Archers de la Ville & gardes du Mareschal de la Motte, ils auroient rencontré à Chaillot proche le logis qui estoit au feu Mareschal de Bassompierre, le Sieur Saintot Maistre des Ceremonies, qui les attendoit auec 200. Cheuaux pour leur presenter l'ordre du Roy, qui portoit de les cõduire & faire coucher à Ruel, & d'en partir le lendemain à neuf heures du matin pour aller à sainct Germain, & reuenir coucher à Ruel; Qu'au Bois de Boulogne ils auroient aussi fait rencontre du Mareschal de Grammont, auec escorte qui les auroit conduits iusques à Sainct Cloud, d'où estant sortis autre escorte les auroit menez à Ruel, ou le Sieur Saintot leur seroit venu dire que l'ordre estoit changé, & qu'ils deuoient coucher à sainct Germain. Ils partirent de Ruel, & estant arriuez à la Conciergerie, Monsieur le President de Longueil les y auroit reçeus, ou quelque tẽps apres le Sieur de Guenegault Secretaire d'Estat les seroit venus querir pour les mener à l'audiãce qui leur fut donnée en vne grãde Chambre assez mal meublée; la Reyne estant sous vn dais & vn marchepied haut d'vn demy pied, n'y ayant que trois autres personnes auec elle, sçauoir Monsieur le Duc d'Orleans debout, à son costé droit; Monsieur le Prince, à la gauche; & le Cardinal Mazarin derriere; que luy Sieur premier President auroit fait sa Harangue & representé,

Que l'enleuement de la personne du Roy, auoit esté fait par vn Conseil prejudiciable à son autorité, que depuis ce iour fatal la face de l'Estat auoit esté changée, les affections du Prince conuerties en marques d'indignation par les actes d'hostilité, qui ont esté exercez sur ses subiects, lesquels on auoit obligez de prendre les armes par la necessité d'vne iuste deffence, autorisée par toutes sortes de loix : dans ses orages les plus fidelles & affectionnez au seruice du Roy auoient esté surpris & contraints de prendre employ contraire à leur profession, comme il arriue dans vn vaisseau battu de la tempeste, ou la violence de l'orage empesche les Mariniers d'entendre la voix du pilote, & de suiure ses ordres, lequel apres le calme ne s'offense pas de ce qui s'est fait dans le tumulte pour le salut commun. Qu'au milieu de ces desordres on auoit essayé de conseruer le respect à sa Majesté ; & si bien la Compagnie auoit esté obligée de receuoir vne lettre de l'Archiduc Leopold, & entendre la Creance de l'Enuoyé de sa part, elle n'auoit pas voulu luy faire responsé, non pas mesmes entrer en deliberation sur cette affaire, la remettant toute entiere à sa Majesté d'en ordonner : & comme elle auoit tesmoigné estre satisfaite des premieres soûmissions, qui luy auoient esté renduës par les gens du Roy, le Parlement se pouuoit promettre des effects de sa bonté, en faisant retirer les trouppes à vingt lieuës de Paris, accordant l'ouuerture des passages des viures d'vne si grande Ville ; Que c'estoit le moyen le plus asseuré pour ouurir les cœurs de ses sujets, de la fidelité desquels la Compagnie luy faisoit de nouuelles protestations, & de la sienne en particulier.

Il s'estoit encor fort estendu sur le sujet de l'Enuoyé, representant à la Reyne, les raisons que le Parlement auoit euës de l'entendre, & sur l'ouuerture des passages; suppliant derechef sa Majesté de faire voir par cet octroy, les effects des bonnes paroles qu'elle auoit données aux gens du Roy.

A quoy la Reyne respondit en peu de paroles, qu'il eust esté plus aduantageux pour la France, & honorable pour la Compagnie de n'auoir pas receu l'Enuoyé de l'Archiduc Leopold : mais estant vne chose faite qu'il y faut chercher remede & trouuer les moyens d'vne bonne paix ; Qu'elle ne pouuoit pas faire plus ample responsé à cause de l'indisposition de monsieur le Chancelier, & qu'elle leur feroit par escrit : apres quoy lesdits sieurs Deputez se seroient retirez, & auroient eu loisir & la liberté de visiter qui bon leur a semblé.

Messieurs le premier President & President de Mesmes, auroient visité Messieurs le Duc d'Orleans & le Prince de Condé, auec lesquels ils auroient eu ce iour-là & le lendemain de longues conferences, pour aduiser aux moyens d'vn bon accord; ou monsieur le premier President auroit beaucoup insisté sur l'ouuerture des passages : à quoy monsieur le Duc d'Orleans auroit respondu qu'il y auoit à Paris des bleds pour plus d'vn mois, & qu'il sçauoit bien tout ce qui s'y faisoit. Enfin apres beaucoup de contestations, Messieurs le Duc d'Orleans & le Prince, auroient promis & donné parole, que l'on déboucheroit tant par eauë que par terre, aussi-tost qu'ils se porteroient à quelque accommodement, & qu'ils l'auroient arresté en Parlement, donnant plein pouuoir aux Deputez qui seroient nommez de leur part, de traiter auec ceux qu'il plairoit à la Reyne de nommer, & au lieu qu'elle choisiroit plus commode, à vne conference, pour euiter la longueur de conferer & rapporter.

Le lendemain ils auroient demandé à voir la Reyne, laquelle auroit pris diuerses excuses, & leur auroit enuoyé par escrit sa responsé, laquelle contenoit trois feüillets de papier, puis seroient parties pour reuenir à Paris.

Ce rapport ayant esté fait par monsieur le premier President, & lecture de la responsé de la Reyne, il auroit esté arresté que le Parlement s'assembleroit l'apresdisnée, pour deliberer si l'on deputeroit suiuant que la Reyne le desiroit : apres quoy la Cour se seroit leuée.

Et l'apresdisnée monsieur le Prince de Conty auroit enuoyé s'excuser, & prier

la

la Compagnie de remettre au lendemain huict heures du matin, ce qui luy auroit esté accordé, & Messieurs auroient deliberé sur quelques propositions de police.

Addition. La Conference que Messieurs les Presidens auoient euë auec Messieurs les Princes, sans y appeller les autres Deputez, faisoit murmurer tout le monde: Et lors que Messieurs estoient assemblez, le Palais estoit tout plein de peuple, criant nous sommes trahis, on a fait des Conferences secretes, ou l'on n'a pas voulu que ceux qui parlent pour le peuple assistassent: plusieurs disoiét mesme, & on le croyoit ainsi, que le Cardinal Mazarin auoit assisté à la Cõference, qu'elle auoit duré plus de quatre heures: ce peuple crioit point de paix, qu'on nous mene à S. Germain nous y voulons aller querir nostre Roy.

On apprit que le Mareschal de Ranzau qui auoit esté mandé sous pretexte de luy vouloir donner employ, & se seruir de luy en ces troubles, auoit esté arresté prisonnier à S. Germain, que l'on auoit enuoyé le sieur de Palluau à Dunkerque, se saisir de cette place.

Le Dimanche vingt-huictiesme Feurier.

CE iour toutes les Chambres assemblées extraordinairement, à cause de la remise qui auoit esté faite par l'indisposition de monsieur le Prince de Conty, où se seroient trouuez Messieurs le Prince de Conty, les Ducs d'Elbeuf, de Beaufort, de Luynes, de Brissac, le Mareschal de la Motte, & le Coadjuteur. Monsieur le premier President, aprés auoir fait rapport de quelques mauuaises paroles tenuës contre luy, & contre monsieur le President de Mesmes, par certains seditieux, sur le sujet de la plainte faite contr'eux, de ce qu'ils auoient euë conference particuliere, auec Messieurs le Duc d'Orleans, & le Prince de Condé, & s'estre chargés de retirer le papier iugé injurieux à la Compagnie par les plus sensez; aussi auoit il esté dressé par Monsieur le Chancelier, à ce qu'on disoit, qu'ils auoient apporté en forme de respõse de la part de la Reyne: Auroit proposé & demãdé les aduis si l'on viendroit à vne Conference auec des Deputez de la part de leurs Majestez, & si on deputeroit du Parlement (ainsi que la Reyne le souhaitoit) donnant aux Deputez plein pouuoir de resoudre & conclure, sur les propositions qui seroient faites de part & d'autre: ou si on les obligeroit d'en donner aduis à la Compagnie, auant que de rien conclure: Il auroit passé à deputer, auec plein pouuoir: à quoy Messieurs les Princes & Generaux auroient consenty: Monsieur le Duc de Beaufort, ayant dit en opinant, que si on ne pouuoit s'accorder, il falloit mieux faire la guerre que par le passé.

Quelques-vns de Messieurs ayant representé & dit, en opinant, qu'il estoit à craindre que cette conference ne causast prejudice à ce party, destournant ceux qui auroient intention de se joindre au Parlement & le fortifier, lesquels n'auroient garde de se declarer, voyant que l'on estoit en termes d'accommodement; Que si on ne s'accordoit, ils ne seroient plus aprés dans cette volonté; Que c'estoit peut-estre vn artifice du party contraire, pour refroidir ces esprits, & eluder leur bonne volonté.

D'autres ayant esté d'aduis qu'on donnast pour premier article, à Messieurs que l'on deputeroit, la Declaration du mois d'Octobre, & l'Arrest du 8. Ianuier, dont ils ne se pourroient departir.

D'autres n'ayant pas esté d'aduis de donner plein pouuoir pour les inconueniens qui en pourroient arriuer, & qui estoient fort à craindre.

Neantmoins l'affaire & toutes ces raisons bien examinées, il auroit passé d'vn commun consentement, à ordonner que conference sera tenuë en lieu seur, tel qu'il plaira au Roy & à la Reyne Regente; Qu'à cette fin y assisteront quatre Presidens de ladite Cour, vn ou deux Generaux, deux Conseillers de la grande Chambre, vn Conseiller de chacune Chambre des Enquestes, & vn des Requestes, vn Maistre des Requestes, aussi deux de chacune des Compagnies Souueraines de cette Ville, & le Preuost des Marchands, ou en son absence l'vn des Escheuins : Lesquels auront plein pouuoir de traiter & resoudre, ce qu'ils iugeront par leur prudence, & qui sera trouué plus propre, vtile & conuenable pour le bien de l'Estat, soulagement des peuples, & particulierement de cette Ville de Paris; authorité des Compagnies & conseruation des interests de ceux qui ont tesmoigné fidelité & affection, en cette occasion si importante : Dont sera donné aduis au sieur Duc de Longueuille, ausdites Compagnies Souueraines de Paris, aux Deputez des Parlemens de Roüen & d'Aix en Prouence; au Preuost des Marchands & Escheuins : Et seront les Gens du Roy, deputez pour aller vers ledit Seigneur Roy, & ladite Dame Reyne Regente, pour leur faire entendre le present arresté, & les supplier de la part de ladite Cour; Que suiuant sa porole donnée les passages soient ouuerts, pour la liberté des choses necessaires en cette Ville : Et ont esté deputez Messieurs le premier President, les Presidens de Mesmes, le Coigneux & de Nesmond ; Messieurs de Longueuil & Mesnardeau, Conseillers en la grande Chambre; de la Nauue, le Cocq, Bitault, Viole & Palluau des Enquestes ; & le Febvre des Requestes.

Cela ainsi arresté & ordonné estant question de nommer les deputez, y eust grande contestation, car il est bien difficile que dans vn grand corps les esprits ne soient partagez, & les affections differentes : chacun vouloit nommer selon son inclination particuliere; plusieurs mesme desirans auoir part à l'honneur & à la gloire de faire la paix, insisterent pour estre du nombre : quelques vns estoiẽt d'auis de ne pas chãger ceux qui y auoient desia esté, & c'est cette nomination & la difficulté qui s'y rencõtra qui fut cause que l'Assemblée dura depuis huict heures du matin, iusques à cinq heures du soir, tout Paris estant en vne grande impatience d'en sçauoir le resultat : mais en fin tout se termina, & les deputez cy-dessus, furent nommez au contentement de toute la Compagnie & du peuple, qui se promettoient tout ce que l'on peut attendre des personnes de cette integrité; s'assurant en leur conduite, qu'ils ne passeroient rien qui pust blesser le bien public, ny l'honneur & l'interest de la Compagnie.

Pendant cette deliberation, il y auoit vne foulle innombrable de peuple dans le Palais & aux enuirons, quoy que l'on y eust mis des gardes par tout, & que le Bourgeois fust armé, & de corps de gardes, eussent esté posez par tous le quartiers, tout ce peuple crioit nous sommes vendus, on nous trahit, on veut faire vne paix pour nous sacrifier : point de paix, disoit-il, qu'on nous mene à sainct Germain, nous irons querir nostre bon Roy, point de conference secrette.

Cela fut rapporté dans l'Assemblée : que ce peuple insolent menaçoit mesmes quelques vns de la Compagnie : Monsieur de Beaufort sortit pour le contenter de paroles, & l'asseurer que tout se termineroit au contentement de tout le monde; & quand la deliberation fut acheuée, mondit Sieur de Beaufort & Monsieur le Coadjuteur, furent priez de sortir les premiers, ce qu'ils firent, & le Parlement en suitte, n'y ayant eu apparence aucune de mouuement; & e peuple estant si calme, qu'il sembloit ne pas auoir lieu de s'alarmer, quoy qu'vn de Messieurs les Presidens pensant sortir auant l'Assemblée finie eust esté contraint de rentrer bien surpris de ce qu'il auoit entendu, & ainsi la compagnie se retira en esperance que de ce resultat produiroit vne paix à Paris & aux enuirons, suiuie d'vne generalle.

Fin du Mois de Feurier.

Lecteur on trauaille à te donner dans peu de iours le Iournal du mois de Mars, & dans iceluy la Paix.

SVR la Requeste presentée à la Cour, Il est permis à Geruais Alliot & Iacques Langlois, d'imprimer le Iournal de ce qui s'est fait au Parlement, & deffences à toute autre, à peine de cinq cens liures d'amende; Signé RADIGVES.

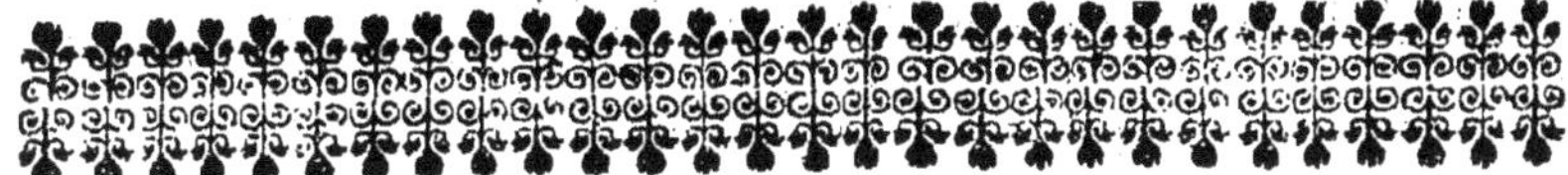

SVITTE DV IOVRNAL,

Tant de ce qui s'est passé au Parlement à Paris, qu'à sainct Germain pendant la Conference, & autres lieux.

Le Lundy premier iour de Mars.

CE iour toutes les Chambres assemblées, sur ce qui fut dit par quelqu'vn de Messieurs, que les Preuost des Marchans & Escheuins de cette Ville faisoient difficulté de s'obliger en leurs propres & priuez noms pour la somme de 40000. liures, suiuant que la Cour leur auoit ordonné, peu de iours auparauant Monsieur Perrot President en la quatriéme des Enquestes, & l'vn des Conseillers de Ville, fut chargé de les aduertir de la part de la Cour de le faire, autrement qu'il y seroit pourueu le lendemain. Aussi-tost Monsieur Benoist Conseiller & autres de Messieurs Deputez par les quartiers pour la leuée des taxes faites sur les particuliers, donnerent aduis que le petit peuple payoit assez librement ce qui luy estoit demandé, mais que les personnes de condition n'en vouloient entendre parler, ces Messieurs demandans que la Cour eust à y pouruoir.

Apres quoy lecture auroit esté faite de l'arresté du iour precedent; & à l'instant seroient entrez Messieurs les Gens du Roy, lesquels dirent auoir escrit le iour precedent à Monsieur le Tellier, si tost qu'ils en auoient receu l'ordre de la Cour; Que le Courier estoit de retour, & auoit apporté responce, laquelle ils venoient faire voir à la Compagnie: la Lettre fut leüe, & contenoit en substance la ioye qu'il auoit en son particulier d'vn tel acheminement à la paix, Que la Reyne demandoit qu'on luy enuoyast copie de ce qui auoit esté arresté en la derniere Assemblée: Surquoy Monsieur le premier President fit entendre ausdits Sieurs les Gens gens du Roy, que l'intention de la Cour estoit qu'ils allassent vers la Reyne demander quel lieu il luy plaisoit choisir pour la Conference, comme aussi la supplier selon la parole donnée de commander l'ouuerture des passages. Et les Gens du Roy ayant supplié la Cour de leur faire deliurér autant dudit arresté, pour satisfaire au contenu en la lettre dudit sieur le Tellier, & demandé s'ils concluroient quelque chose; ledit sieur premier President & le sieur President de Mesmes leur expliquerent derechef ce qu'ils auoient à faire, aduis qu'il leur auoit esté desia declaré; & qu'ils pouuoient s'asseurer qu'on leur accorderoit vn passage, mais qu'il estoit de leur prudence de juger s'il estoit suffisant pour fournir à Paris les viures necessaires, & d'en demander vn autre en cas qu'ils ne le iugeassent pas tel; ce qui leur estant refusé ils deuoient accepter celuy qui seroit offert, & qu'à la premiere proposition qu'on feroit à la Conference, on en demanderoit vn entier par la riuiere, duquel on pûst tirer tout le soulagement necessaire dans la ville: Et lesdits Gens du Roy ayant derechef insisté à quelque explication sur ces paroles, quoy qu'elles fussent assez clairement enoncées, la Compagnie jugea qu'ils auroient bien voulu se descharger de cette commission; Neantmoins s'estant retirez sans autre responce, Monsieur le President de Mesmes proposa à la Compagnie si elle trouueroit bon que Monsieur le premier President escriuist à Messieurs le Duc d'Orleans & le Prince pour ladite ouuerture des passages, ce qui fut aggrée; & ledit sieur premier President s'estant retiré à cet effet, Messieurs les Maistres des Requestes lors à l'Assemblée dirent que de leur corps ils auoient deputé Monsieur Brissonet, puis on donna ordre à l'vn des quatre Secretaires de la Cour d'aller aduertir les Compagnies Souueraines, de deputer chacune deux d'entr'elles pour maintenir leurs interests à la Conference.

En suitte lecture auroit esté faite d'vne Lettre apportée au Parlement de la part de Monsieur de Longueuille, dans laquelle chacun admira la ciuilité de ce Prince, en voicy la teneur.

LETTRE DE MONSIEVR LE DVC DE LONGVEVILLE, à Messieurs du Parlement de Paris.

MESSIEVRS,

Ie prends part à la satisfaction que Messieurs de ce Parlement ont receüe par vos dernieres. Ils ont beaucoup estimé vos Remonstrances, & fait grand cas de vos Arrests: Mais ils se tiennent particulierement obligez de celuy que vous auez donné pour la suppression de leur Semestre, qui tenoit la Iustice de cette Prouince dans vne estrange confusion. L'on ne peut rien adiouster au desir qu'ils ont de viure auec vous dans vne parfaite intelligence; Et bien que leur inclination & l'interest qu'ils ont au salut de l'Estat, les excite assez à conseruer cette vnion, ie fais agir tous mes soins pour entretenir cette correspondance, & pour auancer le secours que nous desirons vous donner auec plus d'impatience, que vous n'en auez de le receuoir. Le seruice du Roy, le bien du Public, la gloire de rendre à vostre Compagnie la liberté qu'elle perd pour la conseruer à la France, & l'honneur de secourir tant de Personnes Illustres, & tant de gens de bien assiegez dans Paris, sont d'assez puissans motifs pour m'empescher de perdre vn vn seul moment de temps que ie dois à cette genereuse entreprise. I'espere aussi que vous connoistrez bien-tost auec quelle diligence nous nous employons à preparer toutes les choses necessaires pour nostre dessein, dans lequel ie chercheray les moyens de vous tesmoigner que ie suis,

MESSIEVRS,

Vostre tres-humble & tres-affectionné seruiteur, HENRY D'ORLEANS.

A Roüen ce 25. Feb. 1649.

Aussi-tost le sieur Myron Conseiller & Deputé du Parlement de Normandie seroit entré & placé au lieu ordinaire du Burreau à l'opposite de Messieurs les Presidens; auroit presenté de la part dudit Parlement vne Lettre auec cinq Arrests, dont lecture auroit esté pareillement faite & dont voicy la Coppie.

LETTRE DE MESSIEVRS DV PARLEMENT DE Normandie, à Messieurs du Parlement de Paris.

MESSIEVRS,

Vostre derniere depesche nous a fait voir la continuation de vostre fidelité par vos Remonstrances, de vostre generosité par vos Arrests, de vostre correspondance par vos Lettres. Nous auons donné ces Actes au Public, afin que toute la France ayant reconnu vos Submissions, vostre Iustice & vos Raisons, se dispose à suiure vos Iugemens, & à se joindre auec nous, pour s'opposer à l'injuste oppression d'vne Compagnie dont toute l'Europe a souuent consulté les Oracles. Nous prenons part à vos plaintes, & nous y pouuons adjouster le miserable estat de ce Parlement, que l'on auoit rigoureusement deschiré, sans aucun crime, que d'vne obeyssance aueugle. Les desordres de cette Prouince, le desespoir des Femmes violées, la misere des Villages pillez, & les feux de nos maisons bruslées, éclatent assez par tout le Royaume, pour iustifier les defenses legitimes que nous preparons contre ces violences; Et neantmoins dans les tumultes du temps, & dans la confusion des armes, nous redoublons nos vœux & nos respects enuers nostre Prince; & nous protestons auec vous, que la seule passion de conseruer son authorité, son Estat & la liberté publique, nous oblige auec autãt de necessité que de douleur, à nous seruir des derniers remedes, dont l'amertume passera quelques iours dans vne agreable douceur. Nous vous enuoyons les Arrests que nous auons donnez, pour vous faire connoistre les soins que nous auons d'imiter vostre conduite, & d'auancer le secours que vous auez desiré. Monsieur le Duc de Longueuille employe continuellement son courage, son credit & ses peines pour vn si iuste dessein, & les autres Compagnies Souueraines n'oublient rien pour le faire reüssir. Nous esperons en fin que dans peu de iours les Troupes de la Normandie seront en estat de nous ouurir les passages, & nous rendre vne libre communication, dans laquelle nous tascherons de vous donner autant de satisfaction par l'vnion inuiolable & sincere dont nous vous asseurons, que nous auons de ressentiment de celle que vous nous promettez, & des Arrests que vous auez donnez. Nous n'auons pas voulu rien arrester sur la conuocation des Estats, que nous n'ayons appris ce que vous en aurez ordonné. Les affaires plus pressantes nous ont empesché iusques icy, de donner l'Arrest que vous souhaitez: ce sera le sujet de l'vne des premieres Assemblées, dont vous pouuez attendre vne resolution conforme à vos sentimens, puis qu'ils sont pleins de Iustice, & que nous voulons viure auec vous dans vne intelligence qui ne souffre iamais aucune diuision. Nous sommes,

MESSIEVRS,

Vos Freres & bons amis, Les Gens tenans la Cour de Parlement de Normandie.

Signé, VAIGNON, Greffier en chef de ladite Cour.

A Roüen ce 22. Feburier 1649.

ARREST PORTANT QVE TOVS LES DENIERS QVI SE trouueront entre les mains des Comptables & Fermiers, seront apportez en l'Hostel commun de la Ville de Roüen.

Extraict des Registres de la Cour de Parlement.

LA COVR, les Chambres assemblées, assistans en icelle le Seigneur Duc de Longueuille, Gouuerneur pour le Roy en cette Prouince de Normandie, le Sieur Marquis de Beuuron, Lieutenant General audit Gouuernement, & les Deputez des autres Compagnies Souueraines: Desirant pouruoir à la seureté des Deniers publics, & faire qu'ils soient vtilement employez pour le seruice du Roy, le bien & vtilité publique; A ORDONNE' & ordone, Que tous Comptables & Fermiers apporteront incessamment en l'Hostel commun de cette Ville de Roüen, tous les deniers dont ils seront saisis, à la reception desquels, & verification d'iceux sur les bordereaux, seront preposez par les Escheuins de cette Ville de Roüen, trois notables

Bourgeois, lesquels auront chacun vne clef du coffre dans lequel ils seront deposez: Et pour éuiter aux abus qui se pourroient commettre en la perception des deniers des Receptes qui sont en party, ordonné qu'auec les Receueurs commis par les Adiudicataires, seront preposez des Controlleurs en chaque Recepte, pour tenir fidele registre de ce qui se perceura ausdits Bureaux, à ce que lesdits deniers puissent estre portez chaque iour audit Hostel de Ville. FAICT à Roüen en ladite Cour de Parlement, les Chambres assemblées le troisiéme iour de Feurier mil six cens quarante-neuf.

Signé, VAIGNON.

ARREST PORTANT QVE LE SEL QVI SE TROVVERA dans le Grenier & Magasin du depost de la Ville de Roüen, sera vendu, & les deniers en prouenans, employez pour le seruice du Roy & conseruation de la Prouince.

Extraict des Registres de la Cour de Parlement.

LA COVR, les Chambres assemblées, assistans en icelle le Seigneur Duc de Longueuille, Gouuerneur pour le Roy en la Prouince de Normandie, le Sieur Marquis de Beuuron, Lieutenant General audit Gouuernement, & les Deputez des autres Compagnies Souueraines: Sur ce qui a esté representé qu'il se commet plusieurs abus & maluersations au faict des Gabelles en cette Prouince, & que le faux-saunage est à present si frequent, que s'il n'y est pourueu, la Ferme des Gabelles, dont le Roy a tousiours receu grand secours, demeurera presque inutile, & particulierement en ce temps que la Prouince est remplie de Troupes: Lequel abus prouient tant des miseres qu'extresme necessité du Peuple, que du prix excessif & des nouuelles augmentations qui ont esté mises sur le Sel depuis plusieurs années, encores qu'aux Prouinces plus esloignées de la Mer, & pour la fourniture desquelles il conuient faire beaucoup plus de frais, on aye esté contraint, pour les causes cy-dessus, d'y donner de la diminution, A joindre qu'au moyen d'vne moderation considerable, qui couperoit pied ausdits abus & maluersations, le Roy n'en tireroit pas moins de secours de cette Prouince qu'il a fait cy-deuant: Et veu la necessité presente des affaires, A ORDONNÉ & ordonne, Que le Sel estant dans le Grenier & Magasin de depost de cette Ville & Faux-bourgs, sera vendu & distribué aux Habitans d'icelle & lieux circonuoisins, par les Officiers ordinaires dudit Grenier, pendant quinze iours prochains & consecutifs de la publication du present Arrest, au prix & sur le pied de dix liures le boisseau; A laquelle vente & distribution sera procedé par lesdits Officiers à tous iours & heures pendant ledit temps, Pour estre les deniers qui en prouiendront mis és mains de ceux qui seront commis & preposez pour cét effet, & employez vtilement pour le seruice du Roy & conseruation de la Prouince: Enjoint aux

Officiers des Greniers à Sel, chacun endroit soy, de tenir exactement la main pour empescher le faux-saunage, & proceder à l'encontre de ceux qui en seront preuenus, suiuant la rigueur des Ordonnances. Et sera le present Arrest leu, publié & imprimé. FAICT & arresté à Roüen en ladite Cour de Parlement, les Chambres assemblées le troisiesme iour de Feurier mil six cens quarante-neuf. Et publié à la Barre de la Salle du Palais le 4. iour dudit mois & an.

Signé, VAIGNON.

Lecture & publication du contenu au present Arrest, a esté faite à son de Trompe & cry public par les Carefours & Places publiques de cette Ville de Roüen, par nous Huissiers du Roy en ladite Cour de Parlement, sous-signez, ce quatriesme iour de Feurier mil six cens quarante-neuf, presence d'Alexandre Coüillard, Trompette ordinaire, assisté de trois autres Trompettes; Signé, Grauerel, le Courtois, de la Porte, & le Tac.

ARREST PORTANT QVE LES VILLES BOVRGS ET villages fourniront des Soldats.

Extraict des Registres de la Cour de Parlement

LA Cour, les Chambres assemblées, où estoient le Seigneur Duc de Longueuille, Gouuerneur pour le Roy en la Prouince de Normandie; le sieur Marquis de Beuuron, Lieutenant General pour le Roy audit Gouuernement, Et les Deputez des autres Cours Souueraines; Desirant pouruoir à la seureté publique : & empescher les violences & pilleries qui se commettent en cette Prouince, A ordonné & ordonne, que tous les villages & bourgs declos, payans, année derniere, pour Taille, Taillon, Subsistance & autres droicts, la somme de cinq cens liures & au dessous, fourniront chacun vn homme de pied, armé d'espée & de mousquet; & celles imposées à mil liures, deux hommes, & ainsi au dessus à proportion, desquels ils respondront & qu'ils seront tenus de rendre aux lieux d'assemblée qui sera faite en la ville où est le Siege de chacune Eslection, par deuant le porteur des Ordres & Commissions dudit Seigneur Duc de Longueuille, duquel ils retireront certificat pour leur valoir de Quittance de la somme de cinquante liures pour chacun homme, en diminution de leur impost à Taille, & ce dans la huictaine du iour de la publication du present Arrest, qui sera faite dans chacun des Sieges des Eslections de cette Prouince, & faute par eux de fournir lesdits hommes armez audit temps, lesdits Parroissiens & Habitans y seront contraints par toutes voyes deuës & raisonnables, & comme pour les propres affaires du Roy, sans qu'il leur en soit fait aucune diminution sur leurdit impost à Taille : Et enjoint aux Presidens & Esleus de cettedite Prouince, de faire proceder incontinent & sans delay à l'execution du present Arrest & publication d'iceluy aux Prosnes de chacune Parroisse. Fait à Roüen en ladite Cour de Parlement, les Chambres assemblées, le cinquiéme iour de Février 1649.

Signé, VAIGNON.

ARREST POVR FAIRE VENDRE LE SEL DV GRENIER de Caën.

EXTRAICT DES REGISTRES DE LA COVR de Parlement.

LA Cour, les Chambres assemblées, assistant en icelle le Seigneur de Longueuille, Gouuerneur pour le Roy en la Prouince de Normandie, Le Sieur Marquis de Beuuron Lieutenant General audit Gouuernement, Et les Deputez des autres Compagnies Souueraines: Sur ce qui a esté representé qu'il se commet plusieurs abus & maluersations au fait des Gabelles en cette Prouince, & que le faux saunage est à present si frequent, que s'il n'y est pourueu, la Ferme des Gabelles dont le Roy a tousiours receu grand secours, demeurera presque inutile, & particulierement en ce temps que la Prouince est remplie de Troupes: Lequel abus prouient tant des miseres, qu'extrême necessité du peuple, que du prix excessif, & des nouuelles augmentations qui ont esté mises sur le Sel depuis plusieurs années, encores qu'aux Prouinces plus esloignées de la Mer, & pour la fourniture desquelles il conuient faire beaucoup plus de frais, on ait esté contrainct pour les causes cy-dessus, d'y donner de la diminution; A joindre qu'au moyen d'vne moderation considerable, qui couperoit pied ausdits abus & maluersations, le Roy n'en tireroit pas moins de secours de cette Prouince qu'il a fait cy deuant: Et veu la necessité presente des affaires, A ORDONNE' & ordonne, que le sel estant dans les Greniers & Magazins de dépost de la Ville de Caën sera vendu & distribué aux Habitans d'icelle, & des Faux-bourgs & lieux circonuoisins, par les Officiers ordinaires dudit Grenier, pendant quinze iours prochains & consecutifs de la publication du present Arrest, au prix & sur le pied de dix liures le boisseau; A laquelle vente & distribution sera procedé par lesdits Officiers à tous iours & heures pendant ledit temps, pour estre les deniers qui en prouiendront mis és mains de ceux qui seront remis & preposez pour cét effet, & employez vtilement pour le seruice du Roy & conseruation de la Prouince: Enjoinct aux Officiers des Greniers à Sel chacun endroit soy, de tenir exactement la main pour empescher le faux-saunage, & proceder à l'encontre de ceux qui en seront preuenus, suiuant la rigueur des Ordonnances: Et sera le present Arrest, leu, publié, & imprimé. FAIT & arresté à Roüen en ladite Cour de Parlement, les Chambres assemblées, le huictiéme iour de Fevrier mil six cens quarante-neuf.

Signé, VAIGNON.

ARREST PORTANT QVE LES PARROISSES qui ne pourront fournir vn homme, en seront exemptes payant cinquante liures, & celles qui en doiuent fournir dauantage, en payant à proportion.

EXTRAICT DES REGISTRES DE LA COVR de Parlement.

SVr ce qui a esté representé à la Cour, les Chambres assemblées, où estoient le Seigneur Duc de Longueuille, Gouuerneur pour le Roy en la Prouince de Normandie, Le Sieur de Beuuron Lieutenant General audit Gouuernement, Et les Deputez des autres Compagnies Souueraines; Qu'il y a beaucoup de Parroisses qui ne pourroient fournir des Gens de pied, ordonnez estre leuez en chacune d'icelles par l'Arrest du cinquiesme de ce mois: LADITE COVR a ordonné & ordonne, que les Parroisses qui ne pourront fournir lesdits gens de pied, seront tenus payer la somme de cinquante liures, pour & au lieu de chacun homme de pied, entant que celles imposées l'année derniere aux Tailles iusques à la somme de cinq cens liures; Et pour les autres imposées à la somme de mil liures, la somme de cent liures au lieu de deux hommes de pied; Et les autres estans imposées à plus ou moins que lesdites sommes, à proportion: Et à cette fin, Ordonne que dans trois iours apres l'arriuée du porteur des Ordres & Commissions dudit Seigneur Duc de Longueuille, en la Ville où est le Siege de chacune Election, les Esleus seront tenus de faire fournir par les Parroisses chacun endroit soy, ou les hommes ou lesdites sommes; A ce faire seront les Collecteurs & Habitans contraints par les voyes portées par la Declaration du Roy du vingt-deuxiesme Octobre dernier, dont lesdits Esleus dresseront certificat contenant le nom des Parroisses qui auront fourny lesdits hommes, & de celles qui auront payé lesdites sommes au defaut desdits hommes, lequel ils enuoyeront audit Seigneur Duc, huictaine apres; Et ordonne que les deniers que lesdites Parroisses payeront, seront reçeus par les Receueurs des Tailles de chacune Election, ou Commis à la Recepte d'icelles, dont lesdits Receueurs & Commis donneront Quittances ausdites Parroisses, pour leur estre lesdites sommes, ou le nombre d'hommes qu'elles fourniront, desduis & rabatus sur les premiers deniers de leurs Tailles, Taillon & Subsistances: Et seront lesdits deniers payez par lesdits Receueurs, suiuant les Ordonnances signées dudit Seigneur Duc, & visées par les Deputez des Compagnies de cette Ville, en vertu desquelles ils en demeureront bien & valablement déchargez. Faict à Roüen en ladite Cour de Parlement, les Chambres assemblées, le vingt-deuxiesme iour de Feurier 1649.

Signé, VAIGNON.

Apres

Apres laquelle lecture ledit sieur Myron Deputé adiousta qu'il apportoit à la Compagnie la commission enuoyée audit Parlement de Normandie, pour la conuocation des Estats au quinziesme du courant en la ville d'Orleans; afin qu'il plust à la Compagnie y deliberer, & luy donner aduis de ce que ledit Parlement auoit à faire en cette rencontre; aussi-tost ladite commission fut donnée à vn de Messieurs qui tenoit le Bureau pour en faire la lecture, mais elle fut interrompuë par la raison des inuectiues iniurieuses qui y estoient dés le commencement, contre l'honneur de cette Compagnie; & Monsieur le President de Mesmes qui lors presidoit prenant la parole, par vn discours autant eloquent que iudicieux, fit entendre audit Deputé que iamais les Parlemens n'alloient à ces conuocations d'Estats, comme estant au dessous d'eux; mais seulement que ce qui y estoit arresté leur estoit enuoyé pour le verifier aux modifications qu'ils iugeoient necessaires; neanmoins qu'il aduançoit cela de son mouuement, & que la Compagnie en delibereroit. Apres quoy ayant ledit sieur Deputé repris la parole, il supplia la Cour que dans l'accommodement il ne se passast rien au prejudice dudit Parlement de Normandie, & que les interessez par le moyen de la ionction deuoient estre communs; adioustant que l'armée de Monsieur de Longueuille estoit composée de 4000. hommes de pied & de 1500. cheuaux, auec l'argent pour la subsistance; Que dés le Dimanche precedent ladite armée auoit pris sa marche vers Eureux, & demandoit vn de Messieurs les Generaux pour la conduire: ledit sieur de Mesme tesmoigna audit Deputé la satisfaction qu'auoit la Compagnie dudit Parlement de Normandie, qu'à leur égard ils auoient donné l'argent de leurs bourses pour l'entretien & subsistance de leur armée, & que tout ce qu'ils auoient à faire dans vn commun interest, estoit de buter à l'ouuerture des passages, pour auoir communication les vns auec les autres, l'asseurant qu'il ne se feroit rien à la Conference où les interests dudit Parlement ne fussent entierement conseruez.

Ledit sieur Deputé se seroit retiré, & Monsieur d'Elbeuf auroit dit, que le iour precedent vn homme auoit fait grand bruit à sa porte, & ne parloit que de poignarder, feignant vn desespoir causé par la necessité; auquel il auoit fait donner deux pistolles pour se suruenir; & n'ayant cessé ce langage, il l'auoit fait arrester & mener à la Conciergerie: Monsieur Charles Conseiller dit qu'il auoit esté interrogé ce matin.

Aussi-tost le sieur de Bourgogne auparauant Gouuerneur de Brie-conte-Robert, seroit entré pour demander iustice à la Compagnie, de l'infidelité du Comte de Grancé, qui au preiudice & contre les termes de sa Capitulation par escrit, auoit pratiqué en sa sortie tous les actes d'hostilité imaginables, tant contre luy & sa garnison, que contre les habitans, & qu'il y auoit perdu tout son bagage. Monsieur de Mesmes luy fit response, que la Compagnie le remercioit de ses bons seruices, qu'aux occasions elle luy en feroit paroistre ses ressentimens, qu'il voudroit estre en puissance de venger l'infidelité & l'inexecution de la Capitulation à luy octroyée, mais qu'il falloit s'addresser à Messieurs les Generaux qui y auoient plus de pou-

uoir; & comme il acheuoit ces paroles, seroit retourné Radigues q
noit d'auertir les Compagnies Souueraines de deputer deux d'entr
suiuant le commandement qu'il en auoit receu de la Cour; lequel ra
ta auoir trouué Messieurs des Comptes & de la Cour des Aydes, q
auoient dit qu'ils deputeroient; qu'au grand Conseil il n'y auoit t
qu'vn Greffier, qui luy auoit promis d'en aduertir Monsieur le Pre
de Pommereux; apres quoy la Cour se seroit leuée.

Du Mardy deuxiesme iour de Mars.

CE iour sur les six heures du matin, Messieurs les Gens du Roy p
rent pour aller à sainct Germain, porter à la Reyne l'arresté de la C
& comme les Deputez estoient nommez auec plein pouuoir, selo
l'auoit desiré sa Majesté, & la supplier de faire déboucher les passages,
me il auoit esté promis si tost que les Deputez seroient nommez.

A l'heure ordinaire les Chambres s'estant assemblées, où se seroient
uez Messieurs d'Elbeuf, de Beaufort & de la Motte-Houdancour, &
sieur le premier President ayant esté seigné pour quelque indispos
Monsieur le President de Mesmes qui presidoit, auroit dit que Mo
de Beaufort auoit eu aduis, que chez vn de Messieurs estoit caché le
d'vn Partisan; & sur ce ayant esté deliberé, auroient esté deputez Me
Meliand & de la Nauue Conseillers pour s'y transporter, sans neant
mener aucuns Gardes ou Archers, par le respect qui est deu à Messieu

Apres cela ledit sieur President de Mesmes auroit dit, que le iour p
dent de releuée on auoit tenu Police generalle, en laquelle s'estoit fa
cture de l'Arresté de la Cour le Dimanche precedent, tous les Deput
Compagnies Souueraines presens; ceux du Chastelet, de l'Hostel de
les Messieurs & Gardes des Marchans, & vne grande foule de peuple;
chacun auoit tesmoigné vne grande satisfaction, comme aussi de la
position faite pour la paix Generalle; & de ce que plusieurs de Mes
estoient commis pour aller aux marchez & autres lieux, où l'on auro
uis qu'il y auroit du bled, pour en faire faire la distribution aux Boular

Si tost que Monsieur le President de Mesmes eût acheué de parler,
sieur de Champlastreux Conseiller d'honneur, auroit dit que la nuic
cedente Monsieur le premier President son pere auoit receu deux lett
Messieurs le Duc d'Orleans & le Prince; pour response à celles qu'i
auoit escrites; que n'ayant pû venir à cause de son indisposition, &
ayant voulu faire l'ouuerture qu'en presence de la Cour; il luy auoit d
charge de les apporter à la Compagnie pour voir le contenu en icelles;
tost auroit esté dit qu'il falloit enuoyer prier Monsieur le Prince de C
de venir prendre sa place, ce qui auroit esté fait; & Monsieur le Presid e
Mesmes auroit dit, que ce n'estoit pas la forme d'ouurir en plein Parle
les lettres qui s'addressent à des particuliers; neantmoins puisque
sieur le premier President les auoit enuoyées, & qu'il desiroit qu'elles fu
leües en presence de toute la Compagnie, il le trouuoit à propos; j

qu'il estimoit qu'elles estoient sur les affaires presentes : elles furent mises sur le Bureau, & Monsieur le Prince de Conty estant arriué lecture en auroit esté faite : Elles portoient en substance, que Messieurs les Princes n'auoient pas promis de déboucher tous les passages, mais vn seulement si tost que la Conference seroit commencée pour fournir à Paris le bled necessaire par chaque iour ; dont ledit sieur premier President diroit la quantité aux Gens du Roy ; & que rupture aduenant de cette Conference sans rien decider, toutes choses retourneroient en leur premier estat, & ce passage seroit rebouché : à cela s'esleua grand bruit & murmure de tous Messieurs, qui confusément disoient, que ce n'estoit pas la parole qu'auoit apportée Monsieur le premier President, & sur laquelle la Compagnie auoit deputé auec plein pouuoir. Messieurs d'Elbeuf & de Beaufort dirent que c'estoit la suitte de l'infidelité de Brie, & qu'apres cela il falloit joüer de son reste & faire la guerre, comme ceux du party contraire la faisoient. Messieurs demanderent à Monsieur le President de Mesmes ce qui en estoit, & si Messieurs les Princes n'auoient promis de déboucher les passages, ainsi que Monsieur le premier President l'auoit entendre à la Compagnie, ce qui fait estoit contraire à ce que les susdites lettres portoient. Monsieur le President de Mesmes respondit qu'il ne sçauoit pas bien ce qui auoit esté promis, & si les passages se deuoient ouurir du iour de la Conference commencée, ou bien du iour qu'elle seroit arrestée par la Cour : & Messieurs luy ayant dit qu'il estoit demeuré d'accord du rapport qui auoit esté fait par Monsieur le premier President, il dit qu'il croyoit cela estre vray ; que le remede estoit de se preparer à les auoir de force, & qu'il estimoit à propos que Monsieur le premier President escriuist derechef audit sieur Duc d'Orleans & Prince pour les faire ressouuenir de leur parolle.

Pendant ces interlocutions Monsieur de Champlastreux fut prié d'aller vers Monsieur le premier President, sçauoir de luy plus particulieremẽt ce qui en estoit : il rapporta que ledit Sieur premier President asseuroit que Messieurs les Princes auoient donné parole d'vn passage du moment que la Conference seroit arrestée, & qu'il l'auoit ainsi escrit dans le registre qui estoit entre les mains du Greffier : joint que Monsieur le President de Mesmes qui estoit lors present, en pouuoit aussi rendre tesmoignage, & que mesmes il auoit insisté sur la quantité de bled necessaire pour nourrir Paris chasque iour, ayant dit & representé qu'il en falloit au moins 200. muids, qu'il maintenoit & maintiendroit par tout cette parole : surquoy deliberé, Monsieur de Longueuil auroit esté nommé pour aller chez ledit Sieur premier President, le prier d'escrire ausdits Sieurs Duc d'Orleans & Prince, & les supplier de rappeller leur memoire, & donner l'ouuerture d'vn passage, & de donner aduis aux Gens du Roy qui estoient partis, comme dit est le matin, que l'intention de la Compagnie estoit de n'entrer en aucune Conference que ladite parole ne fust executée, n'y ayant pas lieu de traiter auec asseurance, puisque la premiere parolle donnée estoit si tost violée.

Cela ainsi arresté, la Cour auroit trauaillé à d'autres affaires. Monsieur de Beaufort dit qu'il y auoit long temps qu'il auoit donné aduis que plusieurs Gentils-hommes demandoient des Commissions pour leuer des gens de guerre, en leur promettant de prendre dans les receptes des Prouinces, l'argent necessaire, qu'il estoit à propos d'en deliberer; ce qui auroit esté fait, & arresté, que Monsieur le Prince de Conty donneroit lesdites Commissions, & aduiseroit auec six de Messieurs aux moyens les plus prompts.

Monsieur le President de Mesmes, apres cela auroit dit, que Messieurs des Comptes, ayant dessein de deputer plus grand nombre que celuy porté par l'Arresté, il seroit à propos de les mãder pour conferer auec eux, & preuenir vne confusion dans la Conference; ce qui ayant esté remis à l'apresdînée, ledit Sieur President de Mesmes auroit adjousté, que le Preuost des Marchans & Escheuins demandoient qu'auec eux il y eust quelques Bourgeois des plus notables; Et les Tresoriers de France, qu'il y en eust deux d'entre eux puisque leur Compagnie auoit contribué, & s'estoit cottisée comme les autres, & qu'ils viendroient le demander à la Cour, laquelle aussi tost se seroit leuée.

Dudit iour de releuée.

CE mesme iour les Chambres s'estant de rechef assemblées, & Monsieur le President le Coigneux ayant presidé en l'absence de Messieurs le premier President, & le President de Mesmes; Monsieur de la Naue Conseiller auroit dit, que s'estant transporté chez Forçoil, il y auroit trouué quelque vaisselle d'argent appartenant à Catelan & Marin, qu'il pretend luy auoir donnée engagée pour argent presté: sur quoy la Cour ayãt deliberé, elle auroit ordonné qu'il le iustifiera, & cependant que la vaisselle d'argent du Preuost de l'Isle, saisie & arrestée quelque temps auparauant, sera portée à la Monnoye pour estre conuertie, & l'argent employé à la subsistance & entretien des gens de guerre, puis apres ladite Cour auroit arresté de mander par vn Huissier les Preuost des Marchands & Escheuins de la ville, pour leur demander leur taxe de Corbie, ensemble les Officiers du Chancelier.

En suite dequoy ayant esté dit que les Cabaretiers deuoient au Roy vne somme de cent mille escus, pour le droit sur chasque muid de vin, qu'ils ont debité & vendu, laquelle ils offroient, moyennant qu'il leur fut fait quelque remise; Cette proposition auroit esté mise en deliberation, en laquelle il alloit passer à mander Messieurs de la Cour des Aydes, pour en deliberer auec eux, parce qu'ils auroient desia pris connoissance de cette affaire, si quelques vns de Messieurs n'eussent remonstré que cela tireroit à consequence. Monsieur de Beaufort ouurit vn aduis lequel fut suiuy, sçauoir est que mandant lesdits Sieurs de la Cour des Aydes & Messieurs des Comptes, pour les prier de reduire aux termes de leur traicté, le nombre de leurs deputez, la Cour prendroit occasion de communiquer ausdits Sieurs des Aydes ladite proposition, & presenter leurs aduis. Et à l'instant Radigues auroit esté chargé d'aduertir, tant lesdits Sieurs des Comptes, que des Aydes; Et le reste du temps employé à parler de l'ordre qui auoit esté donné pour faire trouuer du pain le lendemain au marché, & à iuste prix.

Outre les lettres que Monsieur le premier President auoit escrites à Messieurs les Ducs d'Orleans & Prince, Monsieur de Champlastreux alla sur les quatre heures de releuée auec vn Trompette à Sainct Germain, les prier de se souuenir, & tenir la parole qu'ils auoient donnée, & ne pas refuser, ceste satisfaction au public, puisque tous estoit en termes d'accommodement qui pourroit estre rompu par ce refus.

Le Mercredy 3. Mars 1649.

CE iour toutes les Chambres assemblées, où se seroient trouuez Messieurs les Ducs d'Elbeuf, & de Beaufort, le Mareschal de la Motte, & le Coadjuteur de Paris. La Cour ayant esté aduertie que les Officiers du Chastelet estoient à la porte suiuant le mandement qu'ils auoient receu le iour precedent, elle les auroit fait entrer: & Monsieur le President le Coigneux qui presidoit alors leur dit, Qu'encore que lors de Corbie, ils eussent payé vne taxe de 42000. liures, neantmoins dans l'occasion pressante en laquelle chacun auoit volontairemét contribué, ils n'auoient encor payé que 12000. liures, & les ayant exhortez de satisfaire au reste le plustost que faire se pourroit, le Lieutenant Ciuil auroit respondu, qu'audit temps de Corbie, tous les Officiers du Chastelet, Conseillers, Notaires, Commissaires, Procureurs, Greffiers, Huissiers, Sergens, & autres contribuerent tous ensemble, ce qui fit cette notable somme qui a paru à la Cour: mais qu'en l'occasion presente, il n'en a pas esté de mesme, qu'il a par plusieurs fois assemblé tous les susdits Officiers pour les exciter à vne contribution considerable; Mais que la plus grande partie des Notaires & Procureurs n'ont rien voulu payer, & que tous les Commissaires pretendent estre exempts de taxes à raison des courses qu'ils sont obligez de faire pour la Police de la ville, si bien que la somme qui a esté mise entre les mains de Monsieur le Preuost Conseiller en la Cour (laquelle estoit assez grosse, & plus que lors de Corbie) auoit esté fournis par les Lieutenans & Conseillers: à quoy ledit Sieur President le Coigneux leur auoit reparti, qu'il falloit derechef assembler tous les Officiers, & les exhorter de se seigner en cette occasion, & les ayant fait retirer,

Aussi tost seroient entrez Messieurs des Comptes & de la Cour des Aydes, & placez, sçauoir, le Sieur Aubry President de la Chambre des Comptes au costé droit au dessus de Monsieur le Doyen, & le Sieur President de la Cour des Aydes entre les deux Maistres des Comptes au Barreau, & les Conseillers de la Cour des Aydes en suitte: Ledit Sieur President le Coigneux leur auroit dit, que bien que le Roy ne les eust mandez à la Conference, neantmoins leurs interests estát cómuns par le moyen de la jonction & tendans tous à mesme but de maintenir l'autorité Royalle, & soulager les peuples, ils auoiét ordonné qu'ils y auroient part, & pourroient y deputer deux d'entre eux auec plein pouuoir, qu'ils ne deuoient trouuer mauuais qu'on les bornast à si petit nombre, puisque c'estoit pour éuiter la confusion, & que dans vne affaire de cette qualité, il ne falloit pas s'attacher aux formes; à quoy ledit Sieur President Aubry, parlant pour luy & les autres, auroit respondu n'auoir autre charge de leur Compagnie, sinon d'entendre la proposition qui leur seroit faite par la Cour; mais qu'estant 150. Officiers, ils n'estoient iamais allez en Deputation en moindre nombre que de deux Presidens & 4. Maistres: Qu'à l'Hostel de Ville dont il estoit le Doyen, depuis 21. an à son grand desplaisir, ils auoient arresté d'y en deputer 4. & qu'ainsi la Chambre ne pouuoit pas en deputer moins, veu que dans son origine elle deuançoit mesmes le Parlement.

Monsieur Dorieux President de la Cour des Aydes, dit qu'encor que sa Compagnie ait fait vne plus grande deputation, neantmoins luy faisant rapport de ce qui venoit d'estre dit, il asseuroit la Cour qu'elle passeroit par dessus toutes formalitez en vne affaire de cette importance, & où il s'agissoit du repos de toute la France. A quoy Monsieur le Presidēt le Coigneux luy auroit reparti qu'il l'en supplioit, pour ne point obliger la Cour a recommencer vne nouuelle deliberation sur le nombre des deputez, & à chāger l'Arresté, ce qui causeroit du retardement aux affaires qui estoient en assez bon chemin; adjoustant qu'encor que la Chambre soit fort ancienne, elle ne l'est point en comparaison du Parlement, qui a commencé auec la Monarchie composé de tous les grands du Royaume.

Aussi tost Monsieur Viole President aux Enquestes auroit pris occasion de prier Monsieur Dorieux de dire à la Cour, si dans la Compagnie il auoit esté arresté quelque chose qui fust contraire aux propositions faites chez Monsieur le premier President peu auparauant touchant les Cabaretiers, & les sommes de deniers qu'ils doiuent payer pour chasque muid de vin qu'ils debitent, dequoy il auroit esté remis à parler au Conseil de guerre & de finances. Et ledit sieur President le Coigneux, voyant les Gens du Roy entrer, auroit dit ausdits Sieurs des Comptes & des Aydes, qu'ils eussent a arrester leurs deputez; & que la Cour alloit entendre les Gens du Roy en leur rapport.

Quoy que lesdits Sieurs des Comptes & des Aydes eussent bien souhaité d'entendre ce qui seroit dit par les Gens du Roy, voyant neātmoins qu'à leur occasion ils retenoient leur parole, ils se seroiēt leuez & retirez, & aussi tost Monsieur Talon portant la parole, dit que le iour d'hier sur les 6. heures du matin, ils estoient partis de Paris ayant trouué à la porte S. Honoré vn Trompette, auec lequel seul ils estoient allez iusques au bois de Boulogne, où ils furent arrestez par des vedettes, lesquels par quelque respect pour la Robbe leur dirent qu'ils alloient aduertir de leur approche, & aussi tost leur vint escorte qui les conduisit iusques à sainct Cloud, en suitte à Chattou, puis à sainct Germain, où estant arriuez, ils firent tost apres demander Audience à la Reyne; elle leur fut donnée à trois heures au mesme lieu qu'ils l'auoient eue la derniere fois, ils dirent qu'ils estoient venus asseurer sa Majesté, des respects de son Parlement, & la supplier de donner pour la Conference vn lieu seur & tel qu'elle iugeroit à propos, & cependant suiuant qu'il auoit esté promis que les passages fussent ouuerts. Surquoy la Reyne d'vn visage gay leur dit qu'elle estoit bien aise de ce premier pas d'obeyssance, & qu'elle en feroit quatre de douceur, & ce qu'elle pourroit pour la paix; Qu'elle vouloit que la Conference se tinst le lendemain à Ruel à vnze heures, où Monsieur le Duc d'Orleans se vouloit trouuer; Qu'elle accordoit le passage de Corbeil pour faire entrer tous les iours la quantité de viures, qui seroit iugée necessaire par Messieurs les Princes; & s'estant aussi tost leuez, les traitans d'vne bonté extraordinaire, elle les auroit menez dans vn autre cabinet où estoient lesdits Princes, desquel ils ne pûrent obtenir que cent muids de bled par iour, qu'ils leur dirent estre desia chargez, & soubs le pont prests à partir, & qu'aussi tost on y auoit depesché vn homme pour aller donner ordre de les faire venir dés le iour que le prix y auoit esté mis à 12. liures 10. sols, & qu'ils apportoient passeport pour trois personnes, pour enuoyer les faire venir, & que le lendemain escorte attendroit les deputez à huict heures à l'entrée du bois de Boulogne.

Monsieur le President le Coigneux remercia les Gens du Roy de leur negotiation: Apres quoy les Preuost des Marchans & Escheuins de la ville, mandez & entrez, il leur auroit dit qu'ils eussent à trouuer de l'argent & s'obliger en leur nom comme auoient fait les autres Compagnies; sur quoy l'Escheuin Fournier ayant dit qu'ils n'en pouuoient trouuer, que neantmoins ils chercheroient encor.

Puis seroit entré Monsieur le premier President, auquel le recit fait de ce qu'auoient rapporté Messieurs les Gens du Roy; Monsieur de Beaufort prenant la parole, auroit dit, que le premier article de la Conference deuoit estre l'ouuerture d'vn passage, generalement pour tout bled, vin, bois, charbon, foin, auoine, & autres choses necessaires, que les Princes seroiét forcez de l'accorder par la diuision qu'ils sont obligez de faire de leurs troupes, & la necessité où ils se voyent de faire la paix.

Apres cela lecture auroit esté faicte des Passe-ports, où le mot de, *par iour*, ne s'estant pas trouué, les Gens du Roy auroient esté mandez pour sçauoir s'ils ne s'estoient point trompez; lesquels entrez auroient dit qu'ils ne s'estoient pas contentez de la parole, mais qu'ils l'auoient pris par escrit: ledit sieur premier President dit, que s'il en auoit fait autant, on ne luy auroit pas joüé la piece qu'on luy a faicte; il chargea lesdits sieurs Gens du Roy de renuoyer en diligence à sainct Germain querir vn Passeport, & asseurer que les Deputez ne manqueroient de se rendre le lendemain à l'heure & au lieu donné.

Monsieur d'Elbeuf dit, que Monsieur le Prince de Conty auoit remis au lendemain pour aduiser à leur deputation, laquelle quand ils ne feroient point, ils croyent que dans l'honneur de leur jonction & Vnion, le Parlement conseruera leurs interests, dont ils se sont tousiours rapportez à son jugement, ne s'estans mesmes engagez dans le party que pour le deliurer du Naufrage auquel on le vouloit faire perir. Monsieur de Beaufort dit la mesme chose, adioustant qu'il n'auoit iamais eu autre but que l'authorité du Roy, l'honneur de la Compagnie, le soulagement du peuple, &

l'execution de l'Arrest du huictiesme Ianuier dernier, & de celuy de 1617.

En suitte on auroit parlé de la Police du pain, & mandé les Escheuins pour leur donner les Passeports, & l'ordre d'enuoyer à Corbeil faire venir ledit bled promis chaque iour.

Ce iour les Deputez furent nommez en toutes les Compagnies, & se disposerent tous pour partir le lendemain.

DV PARLEMENT AVOIENT ESTÉ NOMMEZ LORS DE L'ARRESTÉ.

Messieurs les Presidens

Molé premier President, de Mesmes, le Coigneux, & de Nesmond.

Monsieur Brissonnet *Maistre des Requestes nommé par sa Compagnie,*

Messieurs les Conseillers

De Longueil, Mesnardeau, de la grande Chambre.
Viole. Le Fevre.
Bitault. De la Nauue.
Le Cocq. De Palluau.

De la Chambre des Comptes furent deputez Messieurs

Nicolai premier President.
Deparis l'Escuyer Maistres des Comptes.

De la Cour des Aydes, Messieurs

Amelot premier President.
Bragelonne, Quatr'homme, Conseillers.

De la ville furent deputez, Messieurs

Fournier premier Escheuin.
Heliot, Barthelemy Conseillers de Ville.

Il fut arresté au Conseil de la Police, que le bled qui viendroit de Corbeil seroit payé par Messieurs de la Ville, & mis dans des lieux, auquel il seroit distribué aux Boulangers pour le prix du Marchand, à condition de ne vendre le pain qu'au prix qu'il se trouuera reuenir, les frais & leur peine payée.

Partie de l'armée de Monsieur le Prince de Condé fit reueüe dans la pleine de sainct Denys, sur le bruit qui couroit que l'Auant-garde de celle de l'Archiduc auoit paru sur la frontiere du costé de Laon.

On apprit à Paris, que le Mareschal de Rantzau mandé à sainct Germain sous pretexte de se vouloir seruir de luy, y auoit esté arresté & fait prisonnier, & qu'il estoit soigneusement gardé dans vne des Chambres du Chasteau.

Le

Le Ieudy quatriesme Mars 1649.

CE iour dés le matin Messieurs les Deputez cy-dessus nommez, tant du Parlement que des autres Compagnies, se rendirent chez Monsieur le premier President, d'où ils partirent pour aller à Ruel, lieu assigné pour la Conference.

Les Chambres s'assemblerent à l'heure ordinaire, où Monsieur le President de Bellieure presida en l'absence des autres Presidens, quatre d'iceux ayant esté deputez, & Messieurs le Bailleul & de Maisons ayant tousiours demeuré à sainct Germain depuis que le Roy auoit esté enleué de Paris; si bien qu'il ne restoit pour lors de Messieurs les Presidens que Messieurs de Bellieure & de Nouion. La Cour donc ainsi assemblée auroit receu & examiné plusieurs propositions faites pour aduiser aux moyens de trouuer de l'argent, sur lesquelles auroit esté deliberé sans rien resoudre ny arrester, ny mesmes sur celle de donner Arrest contre ceux qui tenoient des troupes pour le parti contraire, contre celui-cy.

En suitte de ce les Deputez du Parlement de Prouence auroient demandé d'estre entendus : iceux entrez & placez au lieu ordinaire, dirent, qu'ayant appris par l'arresté de la Cour du dernier iour de Fevrier, que la Compagnie les y auoit compris, & auoit ordonné qu'il leur seroit donné aduis dudit arresté; ils estoient venus vers la Compagnie en apprendre les sentimens, & la supplier de leur dire ce qu'ils auoient à faire en ce rencontre, ne voulant rien tenter sans luy en auoir demandé aduis, protestans n'auoir autre pensée que celle qui leur sera inspirée par cette Compagnie, à la prudence de laquelle ils auoient abandonné & abandonnoient derechef tous leurs interests, puisque la jonction à laquelle ils ont esté receus les a rendus communs auec ceux de cette Cour : Ausquels Monsieur le President de Bellieure auroit respondu, que la Cour y alloit deliberer; & que s'ils fussent venus plustost Messieurs les Deputez eussent emporté leurs intentions pour les proposer à la Conference. Iceux retirez, & cette affaire mise en deliberation, il auroit passé tout d'vne voix de leur dire qu'ils ayent à donner leurs memoires; & aussi-tost remandez & entrez, ledit sieur President de Bellievre leur auroit fait sçauoir la resolution & arresté de la Cour, dequoy l'ayant remerciée se seroient retirez. Vn Trompette apporta Passeport pour 200. muids de bled pour le iour precedent & celui-cy : la Cour auroit commis plusieurs de Messieurs les Conseillers pour se transporter chez les Boulangers, afin de voir quelle quantité de bleds & farine ils auoient; puis ladite Cour auroit arresté que les 100. muids de bled qui arriueront par iour seront mis en l'Arsenal, pour y estre distribuez à la discretion desdits Commissaires, aux Boulangers & Patissiers, au prix du Marchand, afin qu'ils donnent le pain au prix qu'il reuiendroit, leur peine payée & frais remboursez: puis ayant arresté qu'il seroit tenu Police l'apresdinée, la Cour se seroit leuée.

Addition. Il n'arriua ny bled ny farine, quoy que le iour precedent vn

Escheuin fust allé à Corbeil donner ordre d'en faire charger & arriuer, dont chacun murmuroit assez, s'imaginant que l'on vouloit manquer de parole, comme l'on auoit desia fait, & amuser le peuple de Paris de vaines esperances pendant que les prouisions qui y estoient se consommeroient.

Les Generaux firent sortir toute l'armée de Paris auec canon, munitions d'Artillerie, de pain, & toutes choses necessaires pour vn siege: Ils logerent l'Infanterie à Ville-juif & au chasteau de Bisestes, la Caualerie à Vitry & à Yury, & firent construire vn Pont de batteaux sur la riuiere de Senne au port à l'Anglois, lequel estoit tout preparé n'y ayant qu'à le placer, ce qui fut fait dans ce iour, & pour la garde de ce Pont qui se demontoit par les deux bouts, & ne se montoit sinon quand ils vouloient faire passer dessus: ils auoient au milieu de la riuiere vn batteau couuert à l'espreuue du mousquet, dans lequel il y auoit deux cent mousquetaires & deux pieces de Canon; la nuict vn des Generaux coucha à Ville-juifue, où il y auoit aussi vn peu de Caualerie: Vn Mareschal de Camp ou Lieutenant General coucha à Vitry, & le General de la Caualerie à Yury: ce qui fut obserué par apres chacun y allant à son tour, & y demeurant trois iours & trois nuicts, tant que l'armée a tenu ce poste-là.

On sçeut que le Mareschal de Rantzau auoit esté interrogé par Monsieur le Chancelier, n'ayant voulu respondre au sieur .... qu'il luy auoit esté donné pour Commissaire, & qu'il se mit en furie, sur ce qu'il luy demanda s'il n'estoit pas vray qu'il auoit voulu traitter de la place où il estoit Gouuerneur auec les ennemis de l'Estat, à quoy il respondit en colere, qu'il estoit de naissance à ne pas faire de trahison, que iamais ceux dont il descendoit n'auoient eu vne si lasche pensée.

Dudit iour 4. ce qui s'est passé à la Conference à Ruel.

CE iour Messieurs les Deputez partis, comme dit est, & arriuez à Ruel sur les quatre heures du soir. Incontinent apres le sieur Saintot seroit allé trouuer Monsieur le premier President, chez le sieur Croiset où il estoit logé, & luy auroit dit que Monsieur le Duc d'Orleans l'attendoit pour commencer la Conference; Que les Deputez de la Reyne estoient, Monsieur le Duc d'Orleans, Monsieur le Prince, Monsieur le Cardinal, Monsieur le Chancelier, Monsieur de la Meilleraye, Monsieur le Tellier, Monsieur l'Abbé de la Riuiere, Monsieur de Brienne. Que le Parlement auroit sceance à la gauche, & en suitte de Monsieur le Prince: Monsieur le premier President auroit fait response qu'il alloit mander les Deputez de toutes les Compagnies, pour leur faire entendre le nom des Deputez de la Reyne & l'ordre de la sceance où il trouuoit de la diffidulté, ne croyant pas que Monsieur le Cardinal assiste à la Conference: Le sieur Saintot auroit reparty que la Reyne desiroit qu'il y fust, & que l'ayant choisi pour Deputé, le Parlement ne pouuoit pas le trouuer mauuais, puis que sa Majesté n'empeschoit pas que tous ceux nommez par le Parlement fussent à la Conference; Que ce n'estoit point aux subjets de donner la loy au Souuerain, qu'on eust à declarer si on n'entendoit pas qu'il y fust, sinon que Monsieur le Duc d'Orleans s'en retourneroit à sainct Germain : Messieurs les Deputez estant venus & ayant demeuré ensemble virent bien que cette responce alloit à la rupture ; ils prierent le sieur Saintot quand il fut retourné, d'aller dire à Monsieur le Duc d'Orleans qu'il trouuast bon que l'Assemblée luy rendist ses deuoirs, & qu'elle l'informeroit des raisons par lesquelles ledit sieur Cardinal deuoit estre exclus de la Conference. Monsieur le Duc d'Orleans leur auroit fait dire qu'il n'estoit point venu pour receuoir des complimens, mais pour donner la paix à la France, & qu'il falloit que le sieur Cardinal fut à la Conference ; les Deputez luy manderent derechef qu'ils ne pouuoient y consentir, & qu'ils le prioient que deux luy en fissent entendre les raisons : M. le Tellier leur fut enuoyé pour les apprendre, auquel M. le premier Presidét auroit dit en presence de tous Messieurs, que l'Assemblée ne pouuoit admettre ledit sieur Cardinal qui estoit condamné, comme perturbateur du repos public, & que s'estoit contre luy que se faisoit la Conference. Monsieur le Tellier repartit que si c'estoit leur intention, il auoit charge de Monsieur le Duc d'Orleans, de leur dire qu'il s'en retourneroit à sainct Germain, & qu'eux Deputez pouuoient retourner à Paris, repetant cela trois fois ; & que son Altesse Royalle alloit monter en Carosse : Surquoy Messieurs lesdits Deputez resolurent de s'en retourner aussi demander escorte, puis se retirerent en leurs logis.

Le Vendredy cinquiesme Mars 1649.

CE iour toutes les Chambres assemblées, partie de la matinée auroit esté employée à la reception de deux Conseillers, dont l'vn est fils de Monsieur le President de Nesmond, & l'autre de Monsieur de Mesmes sieur d'Irual Conseiller d'honneur.

Apres quoy seroit entré vn Escheuin de cette Ville, lequel auroit dit que dans Corbeil il ne s'estoit trouué que 100. muids de bled, que l'on faisoit descendre par la riuiere, & que les Marchands ne vouloient le donner au prix qui auoit esté arresté ; Qu'il estoit necessaire d'auoir des Passeports pour en faire venir de Melun, & autres endroits où il s'en trouueroit : Surquoy Monsieur le President de Bellieure auroit esté prié d'escrire à Monsieur le premier President, & luy donner aduis de ce que dessus, afin qu'il mist ordre que l'on eust la satisfaction promise : ce qui auroit donné lieu à quelques propositions pour la Subsistance. Vn de Messieurs auroit proposé de faire quelque gratification au sieur de Bourgogne, pour le recompenser de la perte qu'il auoit soufferte en sortant de Brie-conte-Robert, par l'infidelité du Comte de Grancé, qui luy auoit pris & pillé son équipage, contre & au preiudice du traicté signé, & de la parole qu'il auoit donnée : la Cour auroit remis à vn autre iour d'en deliberer, pour aduiser ce que l'on feroit des six Caualles de carosse, appartenantes au sieur de Nouueau ; lesquelles auoient esté saisies à la porte S. Honoré, comme on vouloit tenter de les faire sortir sans Passeport ; Elles furent confisquées & en suitte Arrest rendu, portant que l'on prendroit des armes en tous les lieux où il s'en trouueroit.

Sur le soir il arriua enuiron 80. muids de bled dans le batteau de Melun, qui estoit peu de chose pour 300. muids deubs pour Mercredy, Ieudy, & ce present iour. Messieurs les Commissaires le firent descharger & porter dans l'Abbaye des Celestins pour estre distribué aux Boulangers, ausquels on auoit enuoyé des Billets pour aller en prendre à seize liures le septier; les Marchands n'ayant voulu le donner à moindre prix.

Dudit Vendredy 5. Mars à la Conference de Ruel.

CE dit iour Messieurs les Deputez croyant la Conference rompuë, sur les discours que leur auoit fait Monsieur le Tellier, auoient tous dés le matin donné ordre pour leur depart; ils allerent à la Messe, & au retour se seroient rendus chez Monsieur le premier President, où estant ils estimerent que Monsieur le Duc d'Orleans n'estant point parti, il y auoit apparence que tout n'estoit pas rompu, & que la Conference se pourroit renoüer: & comme ils deliberoient pour voir ce qu'il y auoit à faire, seroit arriué le sieur de la Roussiere; qui dit que Monsieur le Duc d'Orleans desiroit parler à Monsieur le premier President & President de Mesme; il fut trouué à propos qu'ils y allassent pour sçauoir ce que Monsieur auoit à leur dire, & resolu qu'ils reuiendroient l'apresdinée, pour entendre quelle estoit l'intention de son Altesse Royalle.

Ces Messieurs estant retournez incontinent apres disner chez ledit sieur P. President; il leur auroit dit, Que sur la difficulté d'admettre ledit sieur Cardinal, on proposoit de donner deux Deputez de la part de la Reyne, & deux de la part de l'Assemblée; que dans vne Chambre de son Altesse Royalle au Chasteau de Ruel, conferoient sur les propositions qui estoient faites & à faire de part & d'autre, qui apres en feroient rapport aux autres deputez de la Reyne & des Compagnies; Que la forme de la Conference seroit telle: le sieur Saintot hors la Chambre où estoient les Compagnies en vn passage attendroit les deux Deputez d'icelles; lesquels estans audit passage, ledit sieur Saintot iroit aduertir Messieurs le Chancelier & le Tellier, qui attendroient en la Chambre de son Altesse Royalle, lesquels viendroient en la Chambre destinée pour la Conference, en laquelle seroient introduits les deux Deputez: & là Messieurs le Chancelier & le Tellier assis aupres la table du costé du feu, les deux autres de l'autre costé, se feroient les propositions de part & d'autre. Sur ce deliberé auroit esté resolu & arresté que l'on iroit rendre les rapports à Monsieur le Duc d'Orleans, & que l'on nommeroit des Deputez pour conferer auec les siens; Que l'Assemblée des Compagnies se tiendroit au logis de Monsieur le premier President, & que les Deputez qui seroient nommez iroient au Chasteau le iour suiuant, & que la premiere fois on ne parleroit de rien que d'auoir les bleds deubs pour le Mercredy, Ieudy, Vendredy & Samedy, parce qu'ils venoient de receuoir la lettre susdite, qui leur apprenoit que lesdits bleds n'auoient pas esté fournis.

Aussi tost cette resolution prise, ces Messieurs seroient allez au Chasteau vers Monsieur le Duc d'Orleans; M. le premier President luy ayant fait son compliment en presence des Sieurs deputez de la Reyne, ledit sieur Cardinal proche la cheminee, seroient passez en vne Chambre en laquelle deuoient conferer les deputez particuliers, & de là en vne autre, ou deuoient estre toute l'Assemblée des Compagnies. Aussi tost ils auroient deputé pour ce iour M. le Presidét le Coigneux & le Presidét Viole, ce qui ne fut pas plustost fait, que le Sieur Saintot leur seroit venus dire que son Altesse Royalle auoit nommé Messieurs le Chancelier, & le Tellier: & comme ils alloient en la Châbre pour se plaindre sur l'inexecutiõ de la promesse des bleds, auroient rencontré monsieur de Champlastreux, qui estoit porteur de lettres du Sieur Laisné Intendant de Iustice à Corbeil, que luy auoit baillées Mõsieur le Prince, par lesquelles on pretendoit iustifier de la diligence faite pour les bleds; mais cette lettre ne iustifiant rien de la liuraison, ayant fort insisté apres plusieurs allees & venuës, auroient obtenu 400. muids de bled, qui seroient pris moitié à Corbeil, & moitié à Lagny, dont passeport furent à l'heure mesme expediez, & mis és mains d'vn des Escheuins, pour donner l'ordre necessaire à les faire arriuer à Paris.

Puis apres auroit esté faite la proposition, pour l'ouuerture d'vn passage pour les autres choses necessaires; & de la part de la Reyne, vn assauoir que le Parlement iroit à S. germain pour y faire sa fonction pendant vn tẽps, apres lequel le Roy le cõgedieroit; Qu'il ne feroit aucunes Assemblées de Chambres pendant trois ans, sinon pour les Mercuriales & receptions d'Officiers; Que pas vn Officier du Parlemẽt n'assisteroit à l'Assemblée des Chambres qu'il n'eust 20. années de seruice, & que les Assemblées ne se feroient que par la resolution de la grande Chambre.

Puis ces Messieurs auant que se separer auroient commis pour dresser leurs propositions, M. le President le Coigneux, le President Viole, de Longueil, de Paris, de Bragelonne, & Fournier, puis se retirerent en leurs logis.

Le Samedy 6. Mars 1646.

CE iour les Chambres assemblées ou estoit le Duc de Luynes, la Cour trauaillant à receuoir & examiner plusieurs propositions pour trouuer de l'argent; seroit entré vn Escheuin de cette ville, lequel auroit dit auoir receu passeport, pour faire venir de Corbeil 50. muids de bled par iour, & pareille quantité de Lagny; Qu'ayant enuoyé audit Corbeil, il s'en estoit peu trouué, & qu'il ne croyoit pas qu'il y en eust dauantage à Lagny: Il dit aussi que le Courier enuoyé par Monsieur le President de Bellievre, le iour precedent, auoit esté arresté à sainct Cloud par le Mareschal de Grammont, quoy qu'il eust vn Trompette auec luy, ce qui estoit violer le droit des gens: ce discours dont Messieurs furent fort surpris causa grande esmotion dans l'Assemblée, tous ayant vnanimemẽt dit qu'il falloit arrester à Paris tous ceux du parti contraire: & pour cét effet la Compagnie pria Monsieur le Duc de Luynes, d'aller prier Monsieur le Prince de Conty de la part de la Cour d'en donner les ordres: Et aussi tost seroit sorti ledit Sieur de Luynes, lequel peu apres retourné, auroit rapporté que ledit Sieur Prince de Conty estoit allé disner au Camp de Villejuifue, & auec luy Monsieur le Mareschal de la Mottehoudancour.

Ensuitte dequoy Monsieur le President de Bellievre dit, qu'il auoit escrit à Monsieur le premier President à Ruel, suiuant l'ordre qu'il en auoit eu de la Compagnie, à ce que la liberté des chemins fust entiere pour aller & venir de Paris à Ruel, & qu'il ne croyoit pas que cela pust estre refusé.

Puis apres auroit esté mis en deliberation, sçauoir ce que l'on feroit d'vne monstre, & de quelques bras d'argent trouuez appartenir au Cardinal Mazarin, lesquels Cantarini son Banquier auoit reclamez, pretendant luy auoir esté donnez en nantissement de quelque argent qu'il auoit presté audit Cardinal; surquoy il auroit esté arresté & ordonné, que la monstre, & lesdits bras seront vendus, & sur l'argent en prouenant Cantarini remboursé de ce qu'il iustifieroit auoir presté dessus, le surplus employé à la subsistance & entretien des gens de guerre.

On publia par Paris vne Ordonnance de M. le Lieutenant Ciuil, portant cōmandement aux Boulangers suiuant l'ordre qu'ils auoient receu d'aller à l'Arsenal prendre du bled à seize liures le septier, de faire cuire incessamment du pain, y mettre leur marque & le poids, & donner le gros pain blanc à deux sols la liure, celuy d'apres à dix huict deniers, & celuy pour les pauures à vn sol, enjoignant aussi aux Boulangers de petit pain de garder cette Ordonnance à peine de grosse amande, & aux Conseillers de tenir la main à ce qu'elle soit executée.

On receut des lettres de monsieur de Longueuille, par lesquelles il mandoit que son armée estoit sortie de Roüen, pour venir de ces costez-cy, Qu'elle estoit de 6000. hommes de pied, & de 4000. cheuaux; qu'apres en auoir fait faire la reueuë, il estoit retourné à Roüen, où il auoit escrit la lettre.

On apprit que la Conference estoit commencée, qu'il y auoit eû contestation d'abord sur ce que le Cardinal Mazarin y vouloit assister, à quoy Messieurs les deputez ayant genereusement resisté, ledit Cardinal auoit esté contraint de s'en retourner à sainct Germain.

Dudit iour 6. Mars à la Conference à Ruel.

CE iour Messieurs les deputez qui estoient à Ruel, seroient allez sur les dix heures du matin à la Conference, où ne pût se trouuer monsieur le premier President à cause qu'il estoit indisposé; estans tous assemblez dās la Chambre audit Chasteau, monsieur le President de Mesmes auroit dit, que monsieur le premier President luy auoit donné vne lettre de la part de monsieur le President de Bellievre, laquelle auoit esté apportée le Vendredy au soir par monsieur de la Roussiere, premier Gentil-homme de la Chābre de monsieur le Prince de Conty, dont la teneur s'ensuit.

MONSIEVR,

Il est midy, il n'y à point de bled arriué à Paris par la riuiere, & nous n'auons receu du Sieur Lesné non plus que du Sieur Lestot Escheuin, que des procez verbaux, qui nous apprennent, qu'il n'y a pas de Magazin à Corbeil, Melun ny Montreau, tel que l'on s'estoit imaginé, & que difficilement on pourra tirer par cette riuiere les quatre cent muids de bled que nous deuriõs desia auoir receus: & comme cet article est non seulement le premier, mais le fondement de la Conferẽce, sans l'establissemẽt duquel & l'execution de bonne foy, l'on ne peut entrer en la discution d'aucune chose, la Cour m'a chargé du mauuais estat auquel est cette affaire, afin qu'en estant aduerti, & par vous Monsieur & Messieurs les autres deputez, il y soit pourueu. Nous esperõs ce matin receuoir des ordres generaux, pour laisser arriuer en cette ville non seulement les bleds, mais aussi les autres grains, chairs, bois, fourages, & autres choses necessaires pour subsister pẽdant le cours de la Conference, sans qu'il fust plus besoin d'en receuoir vn particulier pour chasque iour; & que les ordres portassent celuy de laisser arriuer pour les trois iours passez, non seulement les trois cens muids de bled, mais toute la quantité que vous auez arbitré se deuoir consommer chasque iour, ensemble des autres denrées, dõt nous attẽdons la liberté des passages, tant par l'vne que par l'autre des riuieres, & par la terre s'il se pouuoit, pour la facilité de les faire assembler: nous esperons que vous nous ferez auoir vn passeport general pour ceux que nous chargerons du soing, mesmes pour vn de Messieurs les Conseillers si la Cour iugeoit necessaire de luy commettre: Il vous plaira, Monsieur, faire commettre à la liberté du Commerce d'icy à Ruel.

A Paris ce 5. Mars.

Apres que lecture de cette lettre entenduë par la Compagnie, elle auroit resolu que les deputez du iour precedent iroient parler aux autres deputez, & se plaindre de l'inexecution des promesses dudit bled, à quoy ils auroient respondu que l'ordre estant donné on le pouuoit executer, & qu'ils estoient tous prests d'en donner de nouueaux, & des passeports.

Ce fait on auroit fait lecture des propositions dressées par Messieurs les susdits deputez qui estoient telles.

Premiere proposition du Parlement.

Leurs Majestez seront tres-humblement suppliées d'accorder dés à present l'ouuerture des passages pour toutes sortes de viures & denrées, comme aussi la liberté du Commerce, estant absolument necessaire pour la conseruation de la ville de Paris.

Deuxiesme proposition du Parlement.

Leurs Majestez seront aussi tres-humblement suppliées, pour paruenir à la paix generalle, de vouloir deputer des personnages de probité & suffisance, entre lesquelles il leur plaira choisir aucuns officiers du Parlement.

Troisiesme proposition des Compagnies.

Comme aussi le retour du Roy dans Paris, ce qui peut le plus calmer les esprits, & restablir la tranquillité publique; leurs Majestez tres-humblement suppliées de vouloir honorer Paris de leur presence aussi tost que la Conference sera terminée.

Ces propositions ayant esté trouuées bonnes, aussi tost elles auroient esté portées aux deputez de son Altesse Royalle, & on auroit fait la lecture de celles qui auoient esté données de l'autre part : elles estoient en ces termes.

Premiere proposition de son Altesse Royalle.

Le Roy ayant transferé la seance du Parlement à Montargis pour les raisons qu'il a cy deuant declarées, & depuis trouué bon que lesdits Officiers se rendissent dans trois iours à sainct Germain prés sa personne, pour y tenir son lict de Iustice; sadite Majesté veut que ladite translation soit executée, & pour cet effect donner toutes sortes d'asseurances pour les personnes, charges & biens de ses Officiers, lesquels demeureront & feront la fonction de leurs charges prés la personne de sa Majesté, iusqu'à ce que par icelle en aye esté autrement ordonné.

Deuxiesme proposition de son Altesse Royalle.

Qu'il ne sera faite aucune assemblée des Chambres dudit Parlement pendant trois années sans la permission expresse de sa Majesté, si ce n'est pour les mercurialles & receptiós d'Officiers de la Compagnie, sans qu'auscites Assemblees, il puisse estre traicté dautres affaires: lesdites trois années passees, nul desdits Officiers du Parlement ne pourra se trouuer esdites Assemblees, qu'apres vingt annees de seruice. Toutes les Chambres ne pourront estre assemblées pour quelque cause & occasion que ce soit, qu'elle n'aye esté iugée legitime par la grande Chambre, à laquelle seule appartient d'en iuger.

Ayant esté deliberé sur les susdites propositions il auroit passé tout d'vne voix que l'on n'y pouuoit entendre; & aussi tost cette responce portée aux deputez de son Altesse Royalle, on auroit fait plainte de ce que le Sieur de la Roussiere auoit esté arresté, & demandé qu'on luy donnast la liberté de venir exposer sa creance. Monsieur le Tellier a dit, que le Sieur de la Roussiere estant homme de condition, pouuoit estre venu pour quelque negotiation autre que de lettres; Que si on le desiroit entendre on le feroit venir; & aussi tost le Sieur Saintot estant allé le querir, on l'auroit fait entrer & donné séance derriere monsieur le Presidét le Coigneux; il dit n'auoir autre chose à dire à la Compagnie, que ce qu'il auoit dit à monsieur le premier President, pour le fait des bleds promis, puis se seroient retirez, ayant arresté de reuenir l'apresdinée.

Messieurs les Deputez s'estát transportez l'apresdinee au Chasteau, comme ils y attendoient la responce à leurs propositions, son Altesse Royalle, Monsieur le Prince, & monsieur le Tellier entrerent en la Chambre où ils estoient, Monsieur le Duc d'Orleans s'estant approché de la table, & au milieu d'icelle debout & couuert, les autres demeurez aussi debout & testes nuës, leur auroit dit qu'il auoit rendu responce à leurs demandes, & qu'ils n'en auoient point fait aux siennes, que c'estoient des longueurs affectées; mais que pour derniere resolution, le Roy se departoit de la translation du Parlement, se contentant qu'il aille en corps y tenir vn lict de Iustice, pour y authoriser la Declaration qui seroit faite, laquelle ne contiendroit que les articles dont on demeureroit d'accord; Que le Roy moderoit les 3. années

de

de deffenses de s'assembler à deux, & les 20. ans de seruice à 10. y ayant pour la Tournelle vn reglement de seruice qui pouuoit donner lieu à celuy-cy, qu'ils eussent à luy en rendre responce le lendemain à 8. heures, autrement qu'il s'en retourneroit à sainct Germain, protestant de tous les malheurs qui doiuent arriuer à la France qu'ils en seroient responsables, s'ils n'accordoient ce qu'il demandoit. Monsieur le Prince ayant fait la mesme protestation, Monsieur le President de Mesme luy auroit fort genereusement respondu, apres auoir remercié son Altesse de la bonté qu'elle auoit tesmoignée; Qu'il la suplioit de croire que les longueurs ne procedoient que de l'inexecution des promesses données, n'y estant encore arriué aucuns viures à Paris. Messieurs les Princes l'interrompant, dirent qu'ils n'estoient pas marchands de bleds; puis ledit sieur President de Mesmes auroit poursuiuy, & dit que la Transaction du Parlement estoit sans exemple; Que pour des soubmissions ils en auoient tousiours fait & en feroient autant que de bons & fidelles seruiteurs & Officiers en doiuent à leur Roy; & qu'à l'esgard de la deffence des Assemblées elle estoit contraire à l'institution & establissement du Parlement; Que qui disoit Parlement disoit Conference & Assemblée; Que lors de la ligue les Enquestes auoient beaucoup contribué par leur Arrest à l'affermissement de la loy Salique, qui auoit asseuré la Couronne au deffunct Roy Henry le Grand son pere, qui en auoit depuis tesmoigné toute sorte de gratitude à la Compagnie. Monsieur le Duc d'Orleans repartit, que la Compagnie auoit entendu ce qu'il auoit dit; & Monsieur le Prince prenãt la parole, dit; Que ce qui auoit esté fait alors auoit esté courageusement fait, mais que le temps estoit changé, & qu'à present les affaires du Roy requeroient, que ce qu'auoit proposé monsieur le Duc d'Orleans fust executé, puis se seroient retirez. Apres quoy ces Messieurs n'ayant pas bien pris les termes de la proposition, auroient enuoyé prier qu'elle leur fust donnée par escrit; ce fait, qu'on auroit leu les Apostilles mises sur les propositions qu'ils auoient données.

Sur la premiere, sa Majesté l'accorde tres-volontiers pour estre executée si tost que le Parlement aura rendu au Roy l'obeyssance qu'il luy doit, & noublira rien pour faire que le commerce soit restably dans la Capitale ville de son Royaume.

Sur la seconde, sa Maiesté l'accorde tres-volontiers, & ne fera rien en cela qu'elle n'aye pratiqué par le passé, ayant employé à la negociation de la Paix Munster, Messieurs Dauaus & Seruien, qui sont personnes de suffisance esprouuées; Que si les Espagnols veulent traiter à Munster ou sur la frontiere, à quoy la fin des desordres presens contribueroit beaucoup; le Parlement obeyssant sa Maiesté y enuoyera ses deputez, & fera l'honneur à la Compagnie de choisir quelqu'vn de son Corps

Sur la troisiesme, sa Maiesté l'accorde encor tres-volontiers, & a plus d'impatience que qui ce soit de retourner à Paris, ce qu'elle fera si tost que les choses seront en l'estat qu'elles doiuent estre, ayant non seulement entiere disposition à pardonner les fautes des Habitans de ladite ville, mais mesmes à leur confirmer leurs priuileges, & les faire joüir comme tous les autres peuples du Royaume, de toutes les graces qu'elle leur a departies, & nommément de celles qui sont portées par la Declaration du mois d'Octobre dernier.

La Compagnie ayant veu ces propositions, auroit remis au lendemain d'en deliberer, & enuoyé les deputez à Monsieur le Duc d'Orleans le prier de le trouuer bon, attendu l'abscence de Monsieur le premier President, lequel respondit, que l'on auoit desia deliberé sans luy; lesdits deputez seroient tous allez chez Monsieur le premier President, lequel venant d'estre seigné, les pria de remettre la deliberation au lendemain, & qu'il y assisteroit, dont la Compagnie demeura d'accord, ayant arresté que ce seroit sur les 7. heures, afin de rendre responce à son Altesse Royalle.

Le Dimanche 7. Mars.

CE iour Messieurs du Parlement ne s'assemblerent point, & il ne se passa rien digne de remarque: ce iour il arriua vn Enuoyé de la part du Mareschal de Turenne, duquel il sera parlé au iour suiuant.

Ledit iour 7. Mars en la Conference à Ruel.

CE iour Messieurs les deputez des Compagnies estant assemblez, Monsieur le premier President ainsi qu'il auoit esté resolu le soir precedent, Monsieur le President de Mesme dit, qu'il auoit vne Lettre des sieurs de Barenne & Andrée, deputez du Parlement de Prouence, à ceux du Parlement de Paris, dont fut fait lecture.

MESSIEVRS,

Ayant receu l'aduis de l'arresté de vostre Compagnie du dernier du passé pour la Conference de Ruel, nous ayant fait l'honneur d'y comprendre les interests de la nostre, suiuant ce qui nous a esté prescript, nous vous adressons les articles & pretentiõs de nostre Corps, conformes aux instructions & pouuoir à nous enuoyez necessaires pour restablir le repos auec le seruice du Roy en nostre Prouince: & comme il vous a pleu agreer l'vnion de nostre Corps auec le vostre, nous esperons, Messieurs, de vostre zele & bonne volonté, que vous prendrez le soin de nous procurer de la bonté du Roy & de la Reyne Regente le contenu ausdits articles, & les passe-ports pour en faire instance à l'égard des autres Compagnies: & d'autant qu'on pourroit auancer que nostre Compagnie a voulu traiter, nous vous asseurons, Messieurs, auoir aduis certain qu'elle a sursis à tant de propositions, jusques à ce qu'elle eust receu nos Lettres: & apres que nous auions obtenu l'Arrest d'Vnion, tous nos paquets & les vostres ayant esté arrestez long-temps, elle est maintenant informée, & vous asseurez qu'elle ne se separera jamais du dessein de suiure vos ordres & vostre exemple; ils nous sont trop auantageux pour faire paroistre nostre passion & fidelité au seruice du Roy : la nostre, Messieurs, en particulier, est de vous supplier d'agreer nos obeyssances, & de croire que nostre gloire plus parfaitte, c'est d'estre,

Messieurs,

Vos tres-humbles & tres-obeyssans seruiteurs Barenne, Andrée, deputez du Parlement de Prouence.

Apres la lecture de ceste Lettre, Monsieur le President de Mesme ayant fait le recit à Monsieur le premier President de ce qui s'estoit passé le iour precedent à l'Assemblée & à la Conference, & de ce qu'a dit Monsieur le Duc d'Orleans, il fut deliberé sur cet arresté, sur le premier article: que Messieurs du Parlement iront en corps à sainct Germain si tost que la paix sera faite en remercier le Roy & la Reyne: Que là se tiendra vn lict de Iustice où sera publiée la Declaration dressée sur les articles, dont les deputez de part & d'autre seront demeurez d'accord sans y faire autre fonction de leurs charges, qu'ils retourneront faire incontinent apres à Paris.

Sur le second article, que les Ordonnances & Declarations verifiées au Parlement, des mois de May, Iuillet & Octobre 1648. seront executées, & que n'y estant rien innoué, le Parlement ne fera aucunes assemblées, sinon pour les Mercuriales & receptions d'Officiers pendant la presente année 1649.

Et sur le troisiéme article; Que le Roy & la Reyne seront tres-humblement supliez de n'y point insister.

Le sieur Saintot estant venu à l'Assemblée, fut prié d'aller chez Monsieur le Tellier faire plainte de ce qu'vn Courrier auoit esté retenu à sainct Cloud, depuis 7. heures du soir jusques au matin; & a ledit sieur Saintot presenté vn papier cacheté, dans lequel estoient des articles, qui la lecture estant faite, ont esté mis entre les mains de Messieurs les Deputez cy-dessus nommez, pour dresser des articles de l'Assemblée, seruant de responce à ceux qu'auoit apportez ledit sieur Saintot; ils delibererent en suitte sur la Lettre enuoyée par Monsieur le President de Bellieure, cy-deuant enoncée, & arresterent que l'on insisteroit pour auoir quelques passages ouuerts pendant la Conference, pour amener à Paris toutes choses necessaires, ayant deputé Messieurs le President de Nesmond & Mesnardeau, pour aller faire entendre leur arresté à Messieurs le Chancelier & le Tellier.

Le Lundy 8. Mars 1649.

CE iour toutes les Chambres assemblées à l'ordinaire, où se trouuerent Messieurs le Prince de Conty, les Ducs de Beaufort, de Luynes, de Brissac & le Coadjuteur à l'Archeuesché de Paris: la Cour auroit ordonné que la vente des meubles du Cardinal Mazarin seroit incessamment continuée, & les deniers en prouenans mis entre les mains de Cramoisi, & Formé cy-deuant commis pour la recepte des deniers destinez & leuez pour la subsistance & entretien des gens de guerre, ausquels les deniers de ladite vente seroient baillez, nonobstant toutes oppositions qui pourroient estre ou auoir esté formées, sauf aux opposans & creanciers de se pouruoir ainsi qu'ils aduiseront bon estre sur les autres lieux dudit Cardinal Mazarin : ayant aussi ladite Cour moderé la taxe des Huissiers commis pour faire icelle vente, & de ceux qui les assistent. En suitte de quoy Monsieur le President de Bellieure auroit demandé à Monsieur de Laffemas, Maistre des Requestes, si Messieurs de sa Compagnie s'estoient assemblez pour le payement de leur seconde taxe; lequel ayant respondu que non, & que ce seroit pour le premier iour, ledit sieur President l'auroit prié de l'en aduertir, de n'y pas manquer.

Aussi tost lecture auroit esté faite des responses du Parlement aux Lettres de Monsieur de Longueuille & du Parlement de Normandie, & l'Ordonnance pour l'enuoy d'icelle.

Monsieur le Prince de Conty auroit pris la parole, & dit que le sieur Duc de Bouillon estant indisposé, l'auoit prié de faire entendre à la Compagnie qu'il auoit receu le iour precedent Lettres de Monsieur le Mareschal de Turenne son frere, lequel s'offroit auec ses troupes pour le seruice du Roy, de la Cour, & du public, contre l'injuste oppression de l'ennemy de l'Estat. A quoy ledit sieur Coadjuteur auroit adiousté, que desia le sieur Mareschal de Turenne auoit passé le Rhin il y auoit dix iours auec 400. Cheuaux & 500. hommes de pied : mais que pour empescher ce juste dessein & l'y trauerser, on auoit donné à sainct Germain vne Declaration ou Arrest, par lequel ledit sieur Mareschal estoit declaré criminel de leze-Majesté; Que mesmes l'on auoit cherché & tenté les moyens de se saisir de sa personne & destourner ses troupes, ayant à cét effect ledit Cardinal Mazarin donné ordre pour faire tenir au General Erlach 800000. liures, qui n'auoit jusques à present desbauché qu'enuiron 1000. hõmes, dont plusieurs estoient retournez vers ledit sieur de Turenne, d'où se pouuoit connoistre le mauuais dessein dudit Cardinal, qui lors qu'il est question de son interest particulier & de maintenir en son vsurpation, espuise les Finances du Roy; mais lors qu'il s'agit du bien de sa Majesté & de toute la France, & de conseruer nos conquestes, il ne se trouue aucun argent pour les gens de guerre. Qu'il estoit deub au Mareschal de Turenne trois montres &

demies, dont on luy auoit promis le payement par la paix d'Allemagne: Que ledit sieur Mareschal requeroit estre joint aux interests du Parlement, & que ce qui auoit esté fait contre luy à sainct Germain fust declaré nul, & luy conserué en sa personne, fortune & biens, auec pouuoir d'entrer en France auec ses troupes pour la deffence de ceste ville: & qu'ordre fust donné pour la subsistance d'icelle: ledit sieur Coadjuteur ayant de plus dit qu'il falloit faire quelque effort pour enuoyer de l'argent audit sieur de Turenne pour sesdites trouppes, afin d'euiter les desordres qu'elles pourroient commettre sur les chemins, si elles n'estoient point payées, comme aussi pour empescher qu'elles ne soient gagnées par le party cõtraire. Surquoy Messieurs les Presidens de Bellieure & de Nouion, ont dit qu'il falloit dresser vn Arrest sur la Declaration presentement faitte par les sieurs Prince de Conty & Coadjuteur, preuoyant bien que personne ne seroit d'aduis contraire; Que l'on y trauailleroit ce jourd'huy, & que demain cela seroit fait: mais tous Messieurs ayant dit qu'il ne falloit point differer ceste affaire, à l'instant elle fut mise en deliberation, & la Cour auroit donné Arrest, par lequel elle auroit declaré l'Arrest du Conseil ou Declaration, si aucune y a contre ledit sieur Mareschal de Turenne nulle & de nul effet: ordonné que sans y auoir esgard, il aura tous passages libres pour entrer auec ses troupes en ce Royaume, pour le seruice du Roy, la deffence de la Cour, de ceste ville & du public: enjoint à tous Officiers & sujets du Roy de luy obeyr, leur faisant deffences de l'empescher en quelque sorte & maniere que ce soit: ordonné en outre qu'il demeurera joint aux interests de ladite Cour & de ceste ville; cependant qu'il sera incessamment fait fonds pour fournir & ayder à la subsistance desdites troupes, luy permettant de prendre les deniers des receptes des lieux où il passera, jusques à la somme de 300000. liures pour la subsistance de son armée, dont sera donné aduis au sieur Duc de Longueuille, & à tous qu'il appartiendra.

Cét Arrest ainsi donné & signé du Tillet: ce iour mesme sur la plainte qui a esté faitte à la Cour, que lesdits sieurs de Courcelles, Lauerdin, d'Anuilly & autres leuoient des troupes és Prouinces d'Anjou & du Maine, & qu'ils prenoient à cét effet l'argent des receptes, ladite Cour auroit donné Arrest, portant inhibitions & deffences aux sujets & à tous autres de quelque qualité & condition qu'ils soient, de faire aucunes leuées de gens de guerre, qu'en vertu des Commissions du Roy & attaches du Parlement: à tous Gentils hommes & autres de prendre employ sous eux à peine de la vie, & d'estre degradez de Noblesse; & à tous Receueurs de leur deliurer aucuns deniers ny s'en desaisir que par ordre de ladite Cour; & en cas de contrauention, enjoint ausdites Communes de s'assembler au son du Tocsin & leur courir sus.

Ledit sieur President de Bellieure ayant receu Lettres de Monsieur le premier President, par lesquelles il mandoit qu'il ne s'estoit encore rien fait en la Conference, sinon quelques propositions qui n'estoient pas resoluës, le priant qu'il asseurast la Compagnie que les deputez en conserueroient l'honneur & les aduantages; ceste Lettre leuë en plaine Assemblée du Parlement, ledit sieur President de Bellieure auroit esté remercié par la Compagnie, & prié de faire responsе audit sieur premier President, & le prier de n'entendre plus à aucunes propositions nouuelles, & de ne rien resoudre sur les anciennes qu'il n'ait eu nouuelles du Parlement; Que tous les arrerages du bled promis auroient esté entierement fournis & liurez, n'en estant arriué que 180. muids sur 600. qui estoient escheus, & que les passages ne soient desbouchez pour les autres victuailles & necessitez; comme aussi les chemins rendus libres pour aller & venir de Paris à Ruel, sans que les courriers puissent estre arrestez ny foüillez, & leurs pacquets ouuerts & visitez.

Dudit iour 8. à la Conference à Ruel.

CE iour Messieurs les deputez des Compagnies estant assemblez chez Monsieur le premier President, Monsieur le President de Nesmond auroit dit, Qu'il auoit esté le iour precedent auec Monsieur Mesnardeau chez Monsieur le Chancelier, le prier suiuant la parole donnée que l'on ouurist quelques passages; Que Monsieur le Chancelier luy auoit promis de le faire entendre ce iourd'huy à Monsieur le Duc d'Orleans; puis apres les sieurs Fournier & Heliot, Escheuins & deputez de la ville, presenterent à l'Assemblée vne Lettre enuoyée de Paris.

Lecture faitte de ceste Lettre, lesdits sieurs Fournier & Heliot furent chargez de voir Monsieur le Tellier pour obtenir vn ordre general pour les conuois desdits bleds, ce qu'ils firent; & l'ayant obtenu l'enuoyerent à Paris.

Apres quoy ce fit la lecture des Articles apportez le iour precedent par le sieur Saintot, de la part de Monsieur le Duc d'Orleans, tels qu'ils sont icy inserez.

Premierement, Que les Officiers de la Cour de Parlement & des autres Compagnies, Messieurs les Maistres des Requestes qui seront nommez par sa Maiesté au nombre de vingt cinq, se retireront en tel lieu qu'il plaira à sa Maiesté leur prescrire, sans qu'ils puissent rentrer en la ville de Paris ny autres lieux que ceux qui leur seront ordonnez, ny faire aucune fonction de leurs charges iusques à ce qu'il en soit autrement ordonné par sa Maiesté.

Secondement, Que tous les Arrests qui ont esté rendus par ladite Cour depuis le sixiesme Ianuier dernier, tant pour affaires generalles que particulieres, ensemble celuy de Iuillet 1648. concernant les impositions verifiées en la Chambre des Comptes & Cour des Aydes, seront cassez & reuoquez, & les minutes & grosses tirées des registres de ladite Cour pour estre remises és mains de sa Maiesté.

Troisiesmement, que les gens de guerre qui ont esté leuez, tant dans la ville de Paris, qu'au dehors, & qui sont encores sur pied, seront cassez & licentiez en vertu des pouuoirs donnez, tant par ledit Parlement, que par la ville de Paris.

Quatriesmement, le Preuost des Marchands & Escheuins, assistez de bon nombre de notables Bourgeois, demanderont pardon au Roy pour les habitans de la ville de Paris, lesquels poseront presentement les armes, sans qu'ils les puissent reprendre que par l'ordre & commandement exprés de sa Maiesté, à laquelle ils iureront de nouueau, de demeurer dans son obeyssance, & de ne se despartir iamais de la fidelité qu'ils luy doiuent, à peine d'estre traitez comme rebelles.

Cinquiesmement, la Cour de Parlement de Paris renoncera à toutes ligues, associations & traittez qu'elle pourroit auoir fait contre le seruice du Roy, tant dedans le Royaume qu'auec les ennemis de ceste Couronne, & sera la Lettre de Creance, ensemble la Creance de l'Enuoyé de la part de l'Archiduc Leopold, tirée des registres de ladite Cour de Parlement, & mise entre les mains de sadite Majesté.

Sixiesmement, tous les deniers, meubles, vaisselle d'argent & papier pris, & enleuez aux particuliers, ou qui auront esté vendus, leur seront rendus & restituez s'ils sont en nature, sinon la iuste valeur d'iceux, dont lesdits particuliers seront creus par serment, tant pour la qualité que quantité. Et pour les deniers des Tailles, Fermes des Gabelles, Aydes, cinq grosses Fermes, Conuoy de Bordeaux qui ont esté pris & enleuez, ils seront rendus à sa Maiesté, & ne pourront lesdits Fermiers des Gabelles, Aydes, cinq grosses fermes & payement des rentes des Tailles, estre poursuiuis ny contraints pour le payement des rentes estans sur lesdites Fermes & Tailles, pendant le temps dont il sera conuenu.

Septiesmement, la Bastille, ensemble l'Arcenal, auec tous les canons, boulets, grenades, poudres & autres munitions de guerre, seront remis entre les mains de sa Maiesté.

Huictiesmement, que les modifications apportées, tant par la Chambre des Comptes, que par la Cour des Aydes, sur la Declaration du mois d'Octobre dernier, seront réuoquées.

Neufiesmement; que l'Article huictiesme, concernant les Comptans soit executé en adioustant, & aucunement interpretant iceluy, les interests & remises seront passez aux Comptes du Tresorier de l'Espargne, en vertu des Arrests du Conseil qui les auront reglez & accordez, & des Quittances des parties prenantes sans aucune difficulté.

Apres lecture faitte desdits Articles, Messieurs delibererent & resolurent que l'on y responderoit par Article, & arresterent d'y faire telle responce.

Au premier que la Compagnie n'y put consentir, estant contraire aux Declarations du Roy & aux Ordonnances.

Au deuxiesme, qu'on ne peut toucher à l'Arrest du mois de Iuillet, comme precedant la Declaration du mois d'Octobre dernier, non plus qu'à ceux qui ont esté donnez iusques au sixiesme Ianuier, n'estant point le suiet de la Conference, à l'esgard des Arrests donnez depuis ledit iour sixiesme Ianuier; Qu'apres qu'il aura pleu au Roy & à la Reyne Regente declarer leurs intentions touchant les Declarations & Lettres de cachet, & autres actes donnez depuis ledit iour, il sera fait responce à l'Article.

Au troisiesme, que l'accommodement fait & le siege leué, l'Article sera accordé, si mieux n'ayme le Roy employer ses troupes à son seruice.

Au quatriesme, que l'Article sera conceu en ces termes; Le Preuost des Marchands & Escheuins, accompagnez de bon nombre de notables Bourgeois, rendront au Roy leur obeyssance & leurs soubmissions, auec protestation d'vne fidelité inuiolable; & poseront les habitans de Paris les armes, l'accommodement fait & le siege leué, ne les ayans prises que pour la necessité de leur deffence.

Au cinquiesme, que cét Article contient deux choses, le premier est inutil, le Parlement n'ayant fait aucuns traittez, ligues, ny associations dedans ny dehors le Royaume. Au second le Roy & la Reyne sont tres-humblement suppliez que l'arresté demeure dans les registres en l'estat qu'il est, estant tres-respectueux, & la proposition ayant esté portée toute entiere à leurs Maiestez sans en deliberer, pour receuoir sur icelles leurs volontez; Mais lesdites Maiestez seront tres-humblement suppliées de trouuer bon qu'il soit respondu audit Enuoyé par le Parlement; que la proposition ayant esté presentée à leurs Maiestez, elles ont donné ordre au Parlement de luy faire entendre, Que si le Roy d'Espagne veut enuoyer des Deputez en lieu qui sera conuenu pour traiter de la paix, leurs Maiestez y en enuoyeront de leur part, dans le nombre desquels elles choisiront aucuns Officiers du Parlement.

Au sixiesme Article, Que les papiers & les meubles estans en nature & non vendus, seront rendus: & pour le surplus de l'Article ne peut estre accordé, au contraire qu'aucuns, ny en general ny en particulier, ne pourront estre recherchez pour raison des choses contenuës en l'Article, sauf à sa Maiesté de faire telle grace qu'il luy plaira à ceux qui seront interessez aux choses contenuës en iceluy.

Au septiesme, Que l'accommodement & le siege leué, il sera executé.

Au huictiesme, ledit Article ne tombe point en la deliberation de la Conference, & n'y peut estre pourueu que par les voyes de droict en la forme ordinaire.

Et pour le neufiesme qu'il ne peut estre accordé aux termes qu'il est couché; & sera sa Majesté tres-humblement suppliée de laisser le jugement des interessez couchez en ligne de compte à la Chambre, à laquelle la connoissance en appartient.

Apres cette lecture Monsieur Amelot premier President de la Cour des Aydes, pria Messieurs du Parlement de leur laisser la connoissance de ce qui estoit de leur jurisdiction; Monsieur le premier President luy respondit, que le Parlement n'a iamais eu dessein d'entreprendre sur la jurisdiction de la Cour des Aydes; Que l'on auoit de coustume en cas de contestation entre les deux Compagnies, de garder cet ordre, lequel deuoit estre tousiours obserué: Sçauoir est que le Procureur General de la Cour des Aydes descendoit au Parquet du Parlement; & en cas que le different n'y fust terminé, vn President, & deux Conseillers de ladite Cour, venoient au Parlement en conferer.

Dudit iour 8. de releuée à Ruel.

APres que Messieurs les Deputez eurent leu & deliberé sur les Articles cy-dessus, ils s'en retournerent; puis s'estant rassemblez incontinent apres disner chez ledit sieur premier President, Messieurs le President le Coigneux & Viole Presidents aux Enquestes, qui auoient esté deputez pour porter les responses faites aux trois premieres propositions de Monsieur le Duc d'Orleans, dirent; Que le iour precedent ayant esté trouuer ledit sieur Duc d'Orleans, il leur auoit tesmoigné n'estre pas satisfait de la response sur la proposition qui regardoit l'Assemblée des Chambres, ne voulant pas que dans la Declaration qui se verifieroit au lict de Iustice, il fust parlé en aucune façon des Declarations de Iuillet & d'Octobre de 1648. Mais que ces Messieurs se contentassent de la parole, que ledit sieur Duc d'Orleans donnoit, qu'elles seroient executées, & qu'en cas de continuation, le Roy en estant aduerti, il y seroit remedié; mais qu'il ne vouloit absolument que ce mot de Contrauention y fust; A quoy eux deputez auoient respondu à son Altesse Royalle, & proposé deux expediens pour ne pas rompre sur vn article, qui ne regardoit que le Parlement. Premierement, Que l'on ne parlast point dans la Declaration de la cessation des Assemblées; mais qu'eux Deputez promettroient verbalement ou par escrit, que n'estant point innoué aux Declarations susdites, le Parlement ne s'assembleroit point; où bien de mettre dans le dispositif de ladite Declaration, qu'il ne seroit fait aucune assemblée des Chambres le reste de l'année, sinon pour les Mercuriales & Receptions d'Officiers, & qu'ainsi il ne seroit innoué ausdites Declarations. Disant lesdits sieur le Coigneux & Viole, que ces deux expediens n'auoient pas satisfait son Altesse Royalle: Surquoy la Compagnie ayant deliberé, arresta que lesdits sieur Deputez iroient vers Messieurs le Chancelier & le Tellier deputez de Monsieur le Duc d'Orleans, & qu'ils feroient en sorte que l'on se contentast de la premiere responce, où que l'on prist l'vn de ces expediens.

En suitte comme se faisoiét là des articles dressez par les sieurs Deputez à ce commis, le sieur Saintot seroit entré, & auroit dit à ces Messieurs, que son Altesse Royalle attendoit la responce, & aussi les susdits Deputez seroient allez trouuer Monsieur le Duc d'Orleans.

Apres cela se fit lecture d'vne lettre du Preuost des Marchands & Escheuins de la ville de Paris, & d'vne autre escrite par Monsieur le President de Bellieure à Monsieur le premier President, en voicy la coppie.

LETTRE DES PREVOST DES MARCHANDS & Escheuins de la Ville de Paris, aux Escheuins Deputez pour la Conference à Ruel.

MESSIEVRS,

Si nous nous voulions arrester au bruit commun, nous aurions desia enuoyé des Mandemens pour assister au *Te Deum* de la Paix, qu'on veut que la Conference où vous estes, aye operé : Mais comme on ne conclud pas des contracts de mariage, sans parler de la mort des futurs conjoints, vous trouuerez bon que nous vous reiterions la priere que nous vous auons faite par nos lettres precedentes, touchant les Passeports des bleds qui nous sont accordez pendant que ladite Conference aura lieu, à cause que les voictures ne s'en aduancent pas selon qu'il seroit à desirer, qui nous fait craindre que la quantité n'en soit à Paris, lors que vous cesserez à Ruel; & que ce qui manqueroit lors ne fust pas de facile conuention, s'il n'y estoit pourueu par anticipation. Faites-nous donc la grace d'en charger vos memoires, à ce qu'il soit accordé, que les grains qui ne seront arriuez à Paris suiuant les quantitez promises, à raison de cent muids par iour, à commencer au 3. Mars iusques à la fin de ladite Conference, y seront voicturez en bonne & seure garde; auec defenses à toutes personnes de les empescher à peine de la vie, & de violer le droict des gens.

Nous sommes icy accablez des Bourgeois & du menu peuple, qui demandét du bled, afin de ne point passer par les mains des Boulangers, à cause de la chereté du pain; ce que Messieurs du Parlement n'ont pas trouué à propos de leur accorder; mais bien leur ont promis qu'ils auroient du pain blanc à deux sols six deniers la liure, le bis blanc à deux sols, & le noir à dix-huict deniers, ce qui les a en quelque façon contentez : leur apprehension est que ce bon marché ne leur dure pas long-temps. Faites-nous la grace de nous croire tousiours,

MESSIEVRS,

Vos tres-humbles & affectionnez seruiteurs, les Preuost des Marchands & Escheuins de la ville de Paris, LE FERON. HACHETE.

De Paris en l'Hostel de ville ce 8. Mars 1649.

Et à costé est escrit; Nous auons apris auant le depart de ce Courier que le Parlement auoit donné Arrest aux fins de cette missiue, dont vous aurez sans doute l'original par son arriuée.

LETTRE DE MONSIEVR LE PRESIDENT de Bellieure, à Monsieur le premier President à Ruel.

MONSIEVR,

Ie vous escriuis au dernier iour ce que Monsieur de Boüillon m'auoit mandé concernant les interests de Monsieur de Turenne; auiourd'huy la Declaration en a esté faite au Parlement, par laquelle il a esté donné à entendre qu'il marchoit en deçà, & que depuis dix iours il a passé le Rhin auec toutes ses troupes, tant Infanterie que Caualerie, à la reserue d'vn Regiment débauché par le Gouuerneur de Brissac, dont partie commençoit à le rejoindre.

La Compagnie est fort en peine de n'auoir point de nouuelles de l'estat auquel vous estes dans la Conference; & les differens bruits qui en courent icy, pourroient aussi-tost produire de mauuais que de bons effets: l'incertitude des nouuelles de cette impatience, agite bien fort ces esprits, qui se fussent ce matin portez à reuoquer le pouuoir de Messieurs les Commissaires, sur ce que nous ne receuons point de bled, & que cependant ils voyent que les affaires s'aduancent fort, si l'expedient n'auoit esté pris de vous donner aduis par cette lettre de cette inexecution, au preiudice de laquelle nous nous sommes tous imaginez, que vous ne voudriez pas que l'on parlast d'aucun autre article, & que vous feriez surseoir la Conference, iusques à ce que nous ayons receu au moins les bleds promis, les chairs, fourages, bois, & autres choses necessaires à la vie, que nous estimons que l'on empesche indirectement qui nous soient apportez: il vous plaira, Monsieur, m'enuoyer auant l'entrée de demain au Palais, dequoy satisfaire à la Compagnie sur ce point, dont elle m'a chargé de vous escrire, & sur celuy dont ie me suis cy-deuant donné l'honneur de vous mander quelquechose, pour la liberté des passages d'icy à Ruel: l'on auoit creu que vos couriers ne seroient pas obligez de passer par le quartier de sainct Cloud, & que le bac de Suresne seroit restably: les difficultez d'auoir de vos nouuelles, & de vous faire sçauoir de celles d'icy, pourroit porter les esprits à donner quelque Arrest, qui rendroit plus difficile l'execution des bons desseins que vous auez. Ie vous escris en haste, & ne pouuant trouuer vostre courier ordinaire, ie vous enuoye celuy-cy, que ie vous prie renuoyer auec response auant le Palais,

MONSIEVR,

Vostre tres-humble & tres-obeyssant seruiteur DE BELLIEVRE.

De Paris ce 8. Mars 1649.

Apres auoir entendu le contenu en ces deux lettres, Monsieur de la Nauue, est prié de porter celle de monsieur de Belliéure à Monsieur le Coigneux, pour la faire voir à M. le Duc d'Orleans, ce fait chacun se seroit retiré; & sur les six heures du soir toute la Compagnie seroit retournée chez monsieur le premier President au mandement qu'il leur enuoya. Messieurs le Coigneux & Viole auroient fait rapport à la Compagnie, qu'ils auoient insisté, & representé à Messieurs le Chancelier & le Tellier, tous les expediens pour accommoder cette affaire, & dit, que pourueu qu'il y eust dans la Declaration des termes contenans & signifians les motifs qui auoient fait consentir Messieurs du Parlement à la cessation des Assemblées, qui estoiét l'execution des Declarations de May, Iuillet, & Octobre derniers, ils le passeroient; Que sur ce monsieur le Chancelier ayant esté trouué monsieur le Duc d'Orleans, il leur auoit mandé que son intention estoit de ne rien châger, donnant parole que les Declarations seroient executees; Que si les Deputez ne le vouloient ainsi, il leur feroit expedier des passeports pour s'en retourner à Paris le lendemain, & que ledit Sieur Duc d'Orleans n'auoit voulu voir la lettre du President de Bellieure, que luy auoit portée Monsieur le Chancelier; sur quoy il fut arresté qu'ils delibereroient le lendemain matin, & monsieur le premier President prié de faire response à monsieur le President de Bellieure.

Le Mardy neufuiesme Mars 1649.

CE iour toutes les Chambres assemblées, où se trouuerent Monsieur le Prince de Conty & autres Ducs; Messieurs le Clerc & Pelletier Conseillers auroient dit, Qu'il n'y auoit encor que 180. muids de bled arriuez, & neantmoins qu'il estoit impossible de les distribuer aux Boulangers à cause du trop grand nombre qu'ils estoient, & qu'il seroit expedient d'en mettre en plusieurs lieux lors qu'il en arriueroit; à quoy Monsieur le President de Bellieure & autres Messieurs auroient reparti, qu'en cela Messieurs les Conseillers deuoient vser de leur prudence, comme ils auoient fait iusques à present.

En suitte plusieurs de Messieurs se seroient plains, que personne ne payoit les taxes: Surquoy la Cour auroit donné Arrest, portant que les Partisans y seroient contrains par corps, & les autres par saisie de leurs meubles.

Aussi-tost la Cour auroit esté aduertie que le sieur Hachet Escheuin estoit à la porte; iceluy ayant esté mandé par ladite Cour, afin de luy rendre raison de ce qui s'estoit passé à Corbeil, pour faire venir en cette ville la quantité de bled promise: Estant entré, il dit qu'il auoit receu lettre de l'Escheuin l'Escot enuoyé audit Corbeil; lequel luy donnoit aduis qu'il y auoit plusieurs batteaux chargez au dessus & au dessous de Melun, & prests à descendre, mais que les Sieurs de Nouaille Gouuerneur & Laisné Intendant de Iustice audit Corbeil, les retenoient & empeschoient de passer outre, ayant mesme monstré audit l'Escot vn ordre de sainct Germain, qui leur enjoignoit de ne plus laisser rien passer; adjoutant ledit sieur Hachet que l'Escheuin enuoyé à Melun y auoit esté arresté, iusques au retour des Marchands qui auoient amené le premier bled en cette Ville; apres quoy il se seroit retiré, & lecture auroit esté faite de la lettre enuoyée par Monsieur le premier President à Monsieur le President de Bellieure; par laquelle apres l'auoir asseuré que les Deputez trauailleroient puissamment pour le bien & honneur de la Compagnie; il mandoit que pour ne se plaindre pas mal à propos & sans raison, il estoit necessaire de voir si le manque de la quantité de bled promise prouenoit de manque de foy, ce qui meritoit vne tres particuliere consideration: Surquoy ayant esté deliberé, & sur la lettre de l'Escheuin, auroit esté arresté de faire surseoir à la Conference, iusques à l'entiere execution des promesses, & à l'ouuerture toute libre d'vn passage, pour faire arriuer bois, charbon, vin, auoine, foin, & autres choses necessaires; & que l'on demanderoit des Passeports pour quatre de Messieurs, afin de se transporter audit Corbeil, Melun & Brie, pour faciliter l'enuoy desdits bleds & autres choses; ayant ladite Cour arresté, que cet Arrest ne seroit point publié iusques à ce que l'on eust response de Monsieur le premier President, auquel il falloit escrire, & luy en donner aduis.

En suitte le sieur Miron Conseiller du Parlement de Normandie & Deputé d'iceluy, auroit demandé d'estre ouy; iceluy entré & placé comme il l'a esté cy-deuant: dit qu'il auoit charge de sa Compagnie de representer à la Cour, que sadite Compagnie s'estonnoit que l'on eust enuoyé des Deputez à Ruel sans luy faire sçauoir; il s'estendit fort sur les loüanges de sa Prouince, du secours d'hommes, d'argent & de viures qu'elle peut fournir, voulant faire croire par son discours, que d'icelle dependoit le salut de la ville de Paris; enfin il conclud qu'il fust permis à sa Compagnie d'enuoyer des Deputez à la Conference, & que la Cour demandast des Passeports pour deux Presidens, & nombre suffisant de Conseillers: iceluy retiré, la Cour auroit remis d'en deliberer au lendemain, n'ayant pas fait grand cas du discours dudit sieur Miron, qui meritoit d'estre renuoyé sans deliberer estant trop hardy.

Puis la Cour se voulant leuer, Monsieur le Prince de Conty dit, qu'il auoit encor à donner aduis à la Cour, d'vne lettre qu'il auoit receüe de Monsieur de Longueuille; par laquelle il mandoit que sans plus de remise, il partiroit le 15. de ce mois auec 7000. hommes de pied & 3000. Cheuaux desquels la marche seroit droit à saint Germain; qu'il n'estoit point necessaire d'enuoyer au deuant de luy pour faciliter son passage, qu'il estoit assez fort pour battre l'armée de monsieur le Prince, si elle vouloit s'y opposer; monsieur de Beaufort ayant adjouté que dans cette Cauallerie il y auoit 1200. Gentils-hommes, il fut arresté qu'on luy manderoit de partir plustost à cause que les affaires pressoient, & qu'à Ruel la Conference estoit sur le point de se rompre.

On auroit aussi parlé de l'affaire de l'Euesque de Dol, qui auoit de nouueau refusé de respondre, & demandé d'estre r'enuoyé à ses Iuges, sur quoy la Cour auroit renuoyé l'affaire au Parquet, & le reste de la matinée auroit esté employée à examiner le Compte de Cantarini; par lequel on pretendoit qu'il estoit reliquataire de 400000. liures sans rien ordonner sur iceluy; par lequel il se voyoit que ledit Cantarini, depuis l'année 1643. auoit enuoyé en Italie vingt-sept millions pour la guerre, 7. millions par l'ordre du Cardinal Mazarin, sans qu'il parust pourquoy, & quatre autre millions qu'il luy auoit donnez icy.

Dudit iour 9. Mars à la Conference qui se tenoit à Ruel.

CEdit iour, Messieurs les Deputez des Compagnies s'estant rendus sur les sept heures du matin, au logis de monsieur le premier President, ayant deliberé sur la response apportée en l'Assemblée, le soir precedent par monsieur le President le Coigneux & Viole, il auroit esté arresté que lesdits Sieurs le Coigneux & Viole, iroient vers monsieur le Duc d'Orleans, luy dire que pour le bien de la paix, & le respect que l'on porte au Roy, à la Reyne, à luy, & à monsieur le Prince, la Compagnie accordoit l'article comme il le desiroit, se promettant qu'elle aura satisfaction sur les autres articles qu'elle donnera, & sur les responses faites aux articles proposez de sa part; Qu'il sera fait registre de la parole dõnée, que les Declaratiõs des mois de May, Iuillet, & Octobre derniers, seront executees, la Compagnie n'ayant consenti & accordé la cessation des Assemblees, qu'en consequence de la parole qu'auoit donné son Altesse Royalle, pour le desir de la paix & tranquillité du Royaume.

Aussi tost ladicte deliberation acheuee, Messieurs le Coigneux & Viole seroient sortis pour aller porter cette resolution à monsieur le Duc d'Orleans; le Sieur Saintot ayant aduerti la Compagnie qu'il deuoit aller disner à sainct Germain.

Et l'apresdisnée ces Messieurs retournez, & assemblez chez monsieur le premier President, Messieurs le President le Coigneux & Viole auroient rapporté auoir esté à monsieur le Duc d'Orleans, luy faire entendre l'Arresté susdit de la Compagnie; laquelle auoit accordé cet article, qui donnoit atteinte à la liberté & autorité du Parlemẽt, par respect au Roy, à la Reyne, à luy, & à monsieur le Prince: Que monsieur le Duc d'Orleans leur auoit respondu qu'en matiere de Conference, si l'on n'estoit d'accord de tous les articles, les autres accordez ne seruoiẽt de rien: M. le Prince auoit dit la mesme chose; à quoy ledit Sieur le Coigneux auroit reparti, Qu'il y auoit des articles contre toute apparence, que la Compagnie ne passeroit iamais; Sur quoy monsieur le Prince l'ayant interrompu, dit, Qu'il ne disoit pas cela comme deputé, & que si cela estoit on sçauroit bien que luy respondre; Que luy Sieur le Coigneux auoit respõdu addressant sa parole à monsieur le Duc d'Orleans, Que quand il seroit encor d'vne condition plus releuée qu'il n'estoit, il ne deuoit pas penser à gagner les cœurs & les affections des peuples, en ne leur donnant que des tesmoignages de haine & de colere: qu'apres ils se seroient retirez.

Cette relation entenduë, & en suite la lecture d'vne lettre en datte de ce iour du Preuost des Marchans aux Escheuins, Deputez, messieurs le President de Nesmond & Mesnardeau, auroient esté Commis pour la porter à monsieur le Duc d'Orleans, & luy faire entendre le subjet que la Compagnie auoit de se plaindre de l'inexecution des promesses, & le prier de les faire cesser.

Le Mercredy 10. *Mars* 1649.

CE iour toutes les Chambres assemblées, la Cour, sur le rapport fait de certaine Requeste presentée par le nommé Gouleau aux fins d'estre maintenu au bail à luy fait par l'Vniuersité de Paris, de Commis general des Postes en la place de Burin, auroit rendu Arrest conforme aux conclusions d'iceluy Gouleau.

Auroit esté proposé de hausser le prix & valeur des deniers, & les faire valoir doubles, mais cette proposition seroit demeurée indecise.

En suitte auroit esté proposé de trauailler au iugement du procez de l'Euesque de Dol: mais s'estant trouué qu'il n'y auoit point encor de Conclusions du Procureur General, iceluy mandé en la Chambre, & enquis de la raison, respondit qu'ayant iugé cette affaire de consequence, il auoit chargé monsieur Bechfer l'vn de ses Substituts, pour l'examiner, & fait aduertir les autres Substituts pour venir auec luy y prendre Conclusions: & quelques vns de Messieurs, luy ayant dit qu'il eust à donner ses Conclusions dans cette matinée, ledit Sieur Procureur General se seroit retiré.

Et l'vn de Messieurs auroit dit, qu'il y auoit dans le seruice de ce party vn nommé Longuet, lequel supplioit la Cour aux occasions, & dans l'accommodement, si quelqu'vn se faisoit, d'y auoir quelque soin de ses interests, à cause qu'il craignoit que l'on prist occasion de luy joüer vn mauuais tour d'vn procez qu'il auoit au Parlement de Bourdeaux, pour homicide de trois hommes par luy pretendu Commis, à quoy Messieurs vnanimement auroient dit, qu'il falloit apporter les soings possibles pour son contentement.

Monsieur le President de Bellievre auroit dit, que suiuant l'ordre & à la priere de la Compagnie, il auoit enuoyé homme de Creance vers Messieurs les Deputez, lequel estoit retourné ce matin sans responsе; Qu'il luy auoit seulement dit de bouche, que sur le midy monsieur le premier President feroit responsе; & qu'aussi tost auoir receu les lettres de la part de la Compagnie, ledit Sieur premier President auoit fait assembler Messieurs les Deputez, ausquels il auoit monstré l'extrait de la lettre de Coffart Escheuin, & qu'aussi tost on auoit fait partir Courier vers Corbeil & Brie, & qu'il tascheroit à la Conference d'obtenir vn passage entierement libre.

En suitte monsieur Charpentier dit, qu'il y auoit grand bruit par toute la ville, à cause que les Boulangers n'auoient point cuit ce iour là, soubs pretexte de n'auoir pû auoir d'autre bled que celuy qu'ils auoient acheté cinquante liures le septier, & qu'ils ne pouuoient bailler le pain au prix qui auoit esté mis par l'Ordonnance, publiée Samedy dernier: ce qui obligea ledit Sieur President de Bellievre de prier Messieurs de Machault & Guillon, d'aller par les marchez dire à Messieurs les Conseillers de mettre tel prix au pain qu'ils iugeroient à propos, ou le laissassent vendre à discretion, afin que par ce moyen l'abondance arriuast dans la ville; Qu'il estoit venu le matin 120. muids de bled, lesquels seroient distribuez le lendemain en destail, & à la petite mesure: & aussi tost lesdits Sieurs seroient partis, & Messieurs auroient donné Arrest portant permission à toutes personnes d'amener à Paris, bleds, farines, pain, &c. en telle quantité qu'ils voudroient les vendre, & debiter à tel prix qu'ils conuiendroient auec les acheteurs: Que les Boulangers de gros & petit pain, en cuiroient depuis vne iusques à six liures pesant, auec deffences d'en cuire de plus grand, afin que le pauure peuple en eust soulagement, & à ce qu'il pût tirer soulagement des bleds qui estoient arriuez & qui arriueroient. Ladite Cour ordonna qu'ils seroient menez aux Halles pour estre vendus aux Boulangers & Patissiers à la grande mesure, & au peuple à la petite; ayant nommé des Conseillers pour estre presens à la deliurance, & en tenir son roolle; auec deffence sur peine de la vie, d'empescher de porter lesdits bleds à la Halle ny les piller.

Depuis le Blocus il n'y auoit point tant eû de bruit à Paris que ce iour-là, par la faute des Boulangers; aussi y en eut il quelques vns d'emprisonnez, qui meritoient bien punition: eux seuls auoient profité durant ce trouble, ayant beaucoup gagné sur le pain qu'ils auoient vendu: & parce que pour le bien du public & soulagement des pauures, on auoit mis la taxe au pain croyant qu'il viendroit iournellement du bled, de despit de voir leur gain borné & diminué, ils ne voulurent pas cuire, quoy que plusieurs eussent eû du bled à l'Arsenal à 16. li. le septier: le peuple irrité de cela vouloit les aller tous piller & saccager, il fallut faire armer le Bourgeois, mettre des corps de gardes à toutes leurs portes & boutiques, & par ce moyen il n'y arriua

point

point de desordre, sinon des cris des pauures qui eurent peine d'auoir du pain ce iour là auquel les riches qui auoient prouision, s'estoient abstenus d'enuoyer au marché le peu qui s'y trouua de pain distribué au menu peuple. Le lendemain il commença d'y en auoir suffisamment, & de là en auant l'abondãce reuint, & l'on peut dire qu'en deux mois & plus que dura le blocus de Paris, la disette n'auoit paru que ce iour là, encor ce ne fut pas manque de bled, car il y en auoit dans la ville pour plus d'vn mois s'il eust esté bien distribué; mais pour auoir voulu trop tost soulager les pauures, se confiant à la promesse qui auoit esté faite, car sans cette ordonnance donnée à bon dessein, il seroit venu des enuirons de Paris du pain & du bled, que ceux qui l'apportoient au peril de leur vie ne pouuoient aller le querir bien loin, & le donner au prix qui auoit esté mis, & le peuple n'en vouloit point acheter esperant en auoir des Boulangers.

Apres que ces Messieurs furent partis pour aller mettre ordre d'appaiser le bruit qui estoit par la ville, il auroit esté proposé de voir quel ordre l'on donneroit, pour le payement des gens de guerre, n'estant pas iuste de payer les Compagnies qui ne se trouueroient entieres qu'à proportion des hommes qui se trouueroient effectifs. Messieurs Fraguier & de Vertamont Cõmis pour la reueuë, dirent que la plus complette des Compagnies n'estoit pas de 32. hommes, ce qui auroit excité vn grand bruit dans la Compagnie, Messieurs disans qu'il estoit honteux d'auoir pris de l'argent, & n'auoir pas satisfait à l'obligation. Le Sieur President de Bellievre auroit dit que Messieurs les Generaux auroient promis de dire au vray ce qu'il y auoit de soldats effectifs en chasque Regiment, & qu'on payeroit suiuant leurs memoires. Et enfin ayant esté parlé de rechef des necessitez de la ville, ledit Sieur President dit qu'il sçauoit certainement, & de ceux qui tenoient les roolles, que depuis cinq semaines il estoit entré 25000. personnes à Paris qui s'y estoient venuës refugier, dont la ville estoit beaucoup surchargée, & qu'il n'estoit pas temps de les faire sortir.

Suite du 10. Mars.

APres cela M. le President de Nouion auroit dit que suiuant l'ordre qu'il auoit receu de la Compagnie, le iour precedent il auoit à la sortie du Palais, prié monsieur le Prince de Conti de luy donner heure, & à Messieurs les Deputez pour trauailler aux Commissions que la Cour auoit arresté d'enuoyer dans les Prouinces: ce que ledit Sieur Prince ayant souhaité estre fait chez ledit Sieur President de Nouion, il y estoit allé l'apres disnée auec monsieur de Beaufort, où ils auoient arresté toutes les Commissions, & de donner 10000. liures pour chasque Regiment de gens de pied, & 8000. liures pour chasque Compagnie de Caualerie; que neantmoins on auoit sursis à la deliurance des Commissions, iusqu'à ce que l'on en eust communiqué à la Compagnie, & dautant que lors de l'Arrest que ledit Sieur Prince s'estoit fait apporter, on auoit arresté de ne les deliurer qu'apres le retour des Gens du Roy de Sainct Germain, mais que la plus grande difficulté estoit que Messieurs des Comptes disoient qu'ils vouloient estre appelez, & auoir communication dudit Arrest, & de ce qui se passeroit en executiõ, autrement qu'ils n'alloüeroient aux Receueurs les sommes que l'on prendroit de temps en tẽps des receptes lors qu'ils rendroiẽt leurs comptes, pour raison dequoy ils auoient estimé qu'il seroit à propos de leur en donner aduis. Sur quoy monsieur de Bellieure se seroit chargé d'en parler aux deux Messieurs des Comptes qui venoient au Conseil de Finance.

En suitte de ce Monsieur le Procureur General, ayant apporté à la Cour les conclusions par luy prises au procez du Sieur Cohon Euesque de Dol, il dit que Hachet Escheuin estoit à la porte qui demandoit à entrer; lequel mandé & entré, auroit dit que le matin il estoit arriué 120. muids de bled, lesquels n'auoient encor pû estre distribuez, à cause du desordre qu'il y auoit au port Sainct Paul, par la disette de pain dans les marchez, à quoy il supplioit la Cour de donner ordre.

Et ledit Escheuin retiré, aussi tost seroit entré le Sieur Miron deputé du Parlement de Roüen, lequel apres auoir asseuré la Cour de l'inclination de sa Compagnie à continuer dans le premier esprit de la jonction, auroit dit que les troupes de monsieur de Longueuille, qui estoient vers Evreux, seroiẽt de present proche de Paris, si l'on auoit enuoyé vn General pour les cõmander; & qu'encor qu'ils n'eussent esté aduertis de la Conference deuant qu'elle ait esté commencée, ils ne l'auoient neantmoins trouuée mauuaise, l'vnion d'affections aussi bien que l'interest leur faisant trouuer bon tout ce qui estoit arresté par la Compagnie: & ayant presenté lettres dudit Parlement, lecture d'icelles faite contenant en substance les remerciemens dudit Parlement de l'aduis qui luy auoit esté donné de la Conference, & priere d'obtenir passeports pour vn President, & nombre de Conseillers pour aller à ladite Conferẽce, & qu'ils y pussent auoir place honorable; Ledit Sieur Miron continuant la parole dit pour nouuelle, que monsieur de Longueuille auoit eû aduis du Parlement de Rennes qu'ils auoient receu auec ioye les lettres & Arrests du Parlement de Paris; qu'ils attendoient que monsieur de la Trimoüille qui estoit aux enuirons de Rennes fust arriué, pour y deliberer & ordonner la jonction auec la Compagnie. Que deux Conseillers du Mans estoient allez à Roüen, asseurer ledit Sieur de Longueuille de leur ville pour le seruice du Roy, & du Parlement: Et ayant ledit Sieur Miron insisté à obtenir lesdits passeports; Monsieur de Bellieure l'ayant remercié de ses bõnes nouuelles, luy auroit dit, que pour les passeports qu'il demandoit, que leurs interests estant joints, les deputez ne feroiẽt rien à leur prejudice, & des memoires qui leur auoient esté donnez. A quoy ledit Sieur Miron ayant reparti, qu'ils n'auoit donné autres memoire que pour ce qui concernoit leur Semestre, n'estant lors instruit de ce qu'il auoit appris depuis, ledit Sieur President luy dit que l'on opineroit sur sa demande; aussi tost ledit Sieur Miron se seroit retiré, & l'on auroit fait quelques propositions pour trouuer de l'argent, lesquelles auroient esté remises à examiner en particulier chez quelques vns de Messieurs.

Dudit iour 10. Mars à la Conference de Ruel.

CE iour dés le matin, Messieurs les deputez pour la Conference estant allez au logis de monsieur le premier President, & là assemblez, Messieurs le President de Nesmond & Mesnardeau auroient rendu raison de la Commission qu'ils auoient receus le iour precedẽt, & dit qu'ils auoient esté trouuer M. le Duc d'Orleans au Chasteau, & luy auoient representé que cy deuant il auoit esté accordé que dés le iour que la Conference seroit arrestée, on laisseroit arriuer cent muids de bled par iour à Paris, neantmoins que depuis le temps que la Conference estoit commencée, il n'en estoit pas arriué 160. muids: Que ce n'estoit faute de bled ny de batteaux, mais par les deffences que l'on faisoit de les laisser passer au prejudice des paroles données, ce qui ostoit toute esperãce des autres paroles. M. le Prince les interrompit, dit qu'il estoit déja passé plus de 250. muids; à quoy ils repartirẽt auoir asseurance du contraire, & qu'il estoit fort estrange que l'on eust enuoyé vne reuocation sur vne difficulté qui s'estoit meuë à la Conference, puis que l'on auoit donné parole aux Gens du Roy, qu'en cas que la Conference se rompist sans rien conclure, on ne laisseroit pas de fournir le bled qui seroit escheu iusqu'au iour de la rupture. Messieurs le Duc d'Orleans & le Prince ayant dit qu'il n'estoit pas vray que l'on eust donné cette parole, & que l'on ne deuoit fournir du bled que selon ce qui se passeroit à la Conference: ils auoiẽt respondu que la Conference n'auoit esté accordée dans le Parlement que sur cette parole, l'inexecution de laquelle donnoit subiect de plainte au Parlement, & au dessein qu'il auoit de reuoquer le pouuoir des deputez. Apres quoy monsieur le Prince parlant fort haut, ils se seroient retirez.

En suitte de cette relation monsieur le President le Coigneux dit qu'il auoit esté voir ce matin monsieur le Duc d'Orleans, non comme deputé, mais comme son ancien domestique; Que monsieur le Duc d'Orleans luy auoit demandé s'il ne vouloit pas finir affaire, & terminer la Conference ce iour là, à quoy il auoit respondu qu'il n'y auoit pas lieu de croire que l'on voulust faire la paix, puisque l'on n'auoit pas tenu la parole promise; Que monsieur le Duc d'Orleans auoit respondu qu'il falloit tout terminer ce iour là, ou au plus tard le lédemain, de crainte qu'il ne se fist des actes d'hostilitez de part & d'autre, qui mettroient les affaires hors d'accommodemẽt; Qu'apres plusieurs discours, & auoir bien deffendu l'interest du Parlement, il auoit dit auec liberté à monsieur le Duc d'Orleans, qu'il pouuoit faire bien du mal au Parlement, mais non pas le forcer à faire vne paix honteuse & desraisonnable.

Monsieur le Coigneux ayant acheué son discours, on leut deux lettres; l'vne de monsieur le Prince de Conty, & la lettre du Parlement du 9. Mars, & l'extrait d'vne lettre escrite par Cotart Bourgeois de Paris, & aussi tost entra le Sieur Saintot, qui dit que monsieur le Duc d'Orleans prioit la Cõpagnie de venir au Chasteau dans la Chambre, ou auoit commencé la Cõference, Que le lieu estoit le plus commode pour les choses qu'il auoit à leur dire,M.le premier President luy a dit que la Compagnie alloit au Chasteau, & pendant que l'on mettoit les Cheuaux aux Carosses, fut leuë vne autre lettre de ce iour escrite par le Preuost des Marchands aux Escheuins deputez, & sur le contenu en icelles lettres a esté arresté que la Compagnie se plaindroit hautement de l'inexecution des promesses,& qu'à faute d'y satisfaire on ne passeroit plus outre à la Conference.

Messieurs les Deputez estans arriuez au Chasteau,& montez en la Chambre susdite,monsieur le Mareschal de Grammont y seroit suruenu, lequel ayant cõplimenté fort ciuilement la Cõpagnie,dit,qu'il desiroit fort la paix, que Messieurs le Duc d'Orleãs, & le Prince estoient dans vn pareil sentimẽt, & qu'il estoit fort aise de la conclure,s'offrant d'y contribuer tout ce qui seroit en son pouuoir. Messieurs luy ont fait plainte de l'inexecution des promesses susdites,& reuocations des ordres dõnez,luy ont fait voir l'Arresté du Parlement de surseoir à la Conference,le priant de faire entendre le iuste sujet de leurs plaintes à M. le Duc d'Orleãs,ce qu'il a promis de faire. Et à l'instant seroit entré le Sieur Saintot, & auroit dit que mõsieur le Chãcelier prioit Messieurs le Coigneux & Viole de venir parler à luy dans vne autre Chãbre, ce qu'ils ont fait,& estans retournez ont dit que monsieur le Duc d'Orleans s'impatientoit d'estre si long temps sans rien terminer,qu'ayant fait entendre le manquement de la promesse qui leur empeschoit de passer outre,monsieur le Chancelier leur demanda leur intention, & qu'ils ont respondu que les Deputez ne peuuent plus agir qu'ils n'ayent nouuelles de l'arriuée des bleds à Paris.

Aussi tost lesdits sieurs le Coigneux & Viole furent mandez par M.le Duc d'Orleans qui leur dit qu'il vouloit faire sçauoir à la Cõpagnie,ce qui auoit donné lieu à la reuocatiõ des ordres pour les bleds,qu'ils n'auoient esté promis que selon que la Conferẽce iroit bien,mais qu'il falloit venir au fõds, & donner des articles:à quoy ils auoient fait response, que le bled deuoit estre entieremẽt liuré & fourny iusqu'au iour de la rupture:que M.le Duc d'Orleans auoit encor repeté qu'il falloit venir au fonds,& qu'on alloit dõner les ordres pour faire passer la quantité de bled promise. Ledit Sieur le Coigneux estant retourné & ayant fait le rapport de ce que luy auoit dit son Altesse Royalle, le Sieur Saintot apporta deux ordres du Roy, l'vn au Sieur de Nouaille commandant dans Corbeil,& l'autre à d'Amboise, commandant dans Lagny, & cinq passeports en blanc, auec vne lettre de monsieur le Tellier au Sieur Mareschal de Grammont, pour la liberté des Couriers des deputez, & ont esté mis entre les mains des Escheuins deputez pour faire leurs despesches.

En suitte la Compagnie ayant deliberé sur les lettres de M.le President de Bellieure,& par l'Arresté du Parlement auroit arresté que Messieurs le Coigneux & Viole iroiẽt vers Messieurs le Chancelier,& le Tellier, leur dire que Messieurs le premier President, & le President de Mesme prendroient l'heure de M. le Duc d'Orleans pour aller le voir apres disner, & M. le premier President ayãt esté prié de faire response à M. de Bellieure,& luy mander l'Arresté de la Compagnie,elle se seroit retirée.

Et l'apresdinée sur les deux heures s'estant assemblée chez Monsieur le premier President, Monsieur le President le Coigneux auroit dit, qu'il auoit esté auec Monsieur Viole vers Monsieur le Chancelier & le Tellier, leur faire entendre l'arresté de la Compagnie, que Messieurs le Chancelier & le Tellier estans entrez en la Chambre de Monsieur le Duc d'Orleans pour luy dire ce qui s'estoit passé; ils estoient rentrez auec des visages rudes & auoient dit que Monsieur le Duc d'Orleans s'offensoit de ce qu'ils s'estoient retirez sans luy en donner aduis, qu'il alloit à sainct Germain, & qu'il reuoqueroit les Passeports pour le bled; à quoy ledit sieur le Coigneux auoit reparti que la Compagnie n'auoit iamais manqué de rendre les respects deubs à son Altesse Royalle, & les rendroit tousiours: mais l'arresté du matin auoit esté fait pour le respect deub au Parlement, qui auoit prié la Compagnie de surseoir à la Conference iusqu'à ce que le bled promis fust entierement fourny, à quoy le Chancelier & le Tellier (s'estans esleuez) auoient reparti que Monsieur le Duc d'Orleans vouloit sçauoir, si les Deputez auoient plein pouuoir ou non, qu'il sçauoit bien que les Generaux faisoient des brigues dans le Parlement pour la reuocation du pouuoir des Deputez, qu'il alloit reuoquer les ordres pour fournir le bled, qu'il demandoit des articles & que si dans vne heure on ne luy en donnoit, il s'en alloit à sainct Germain.

Surquoy la Compagnie deliberant, le Mareschal de Grammont seroit entré dans la Chambre, & auroit dit qu'il demandoit pardon s'il interrompoit la deliberation, mais que s'en retournant à S. Cloud, il n'auoit voulu manquer de prendre congé de la Compagnie; Messieurs l'ayant remercié de ses ciuilitez, se sont plains à luy de la responce de Monsieur le Duc d'Orleans & de son procedé dans la Conference, si tost qu'ils pensoient resister ou debattre leurs interests, on les menacoit de leur faire expedier des Passeports, & de reuoquer les ordres pour les bleds qui sont deubs: & ayant demandé audit sieur Mareschal si lesdits ordres estoient reuoquez, il a respondu qu'il ne le croyoit pas; & à l'instant est entré le sieur Saintot qui a dit n'y auoir point de reuocation; & en suitte ledit sieur Mareschal a protesté que Monsieur le Duc d'Orleans desiroit la paix & que s'ils auoient donné leurs articles elle seroit terminée vne heure apres; Messieurs les Deputez l'ont prié d'y contribuer son possible, ce qu'il a promis & s'est retiré, puis d'vn commun aduis a esté resolu de charger le sieur Saintot d'aller dire à Monsieur le Duc d'Orleans, que l'on alloit trauailler aux articles & que dans ce iourd'huy on les porteroit, & en suitte ont esté leus les articles suiuans,

1. Que Monsieur le Prince de Conty & autres Princes, Ducs, Pairs, Officiers de la Couronne, Seigneurs & Gentils-hommes, Villes & Communautez, & toutes personnes de quelque qualité qu'elles soient qui auront pris les armes pour la deffense & assistance de la ville de Paris, seront conseruez en leurs biens, droits, offices, benefices, dignitez, honneurs, priuileges & prerogatiues, charges & gouuernemens, & en tel & semblable estat qu'ils estoient auant ladite assistance, sans qu'ils en puissent estre recherchez ny inquietez pour quelque cause & maniere que ce soit.

2. Que tous les Arrests donnez tant au Parlement de Paris, qu'autres Sentences & iugemens rendus depuis le 6. Ianuier dernier, seront executez selon leur forme & teneur.

3. Que suiuant l'Arrest de 1617. & l'article de l'Edict de Loudun, la Reine sera tres-humblement suppliée d'enuoyer Declaration au Parlement, portant que nul Estranger ne sera admis dedans le ministere, ny dans le maniment des affaires de l'Estat, si ce n'est pour des considerations importantes au seruice du Roy, ou du merite particulier, & des seruices qu'il auroit rendus à la Couronne.

4. Seront leurs Majestez tres-humblement suppliées d'ordonner, que toutes Lettres & Declarations necessaires pour la suppression des Semestres des Parlemens de Roüen & d'Aix seront expediez : Comme aussi pour le restablissement & reünion à la Cour des Aydes de Paris des Elections qui en ont esté depuis deux ans distraites & attribuées à la Cour des Aydes de Guyenne.

5. Les lettres des 6. & 7. Ianuier dernier escrites au Preuost des Marchans & Escheuins de la ville de Paris apres la sortie du Roy, toutes Declarations & Arrests du Conseil, tant contre le Parlement que Monsieur le Prince de Conty, Ducs, Pairs, Officiers de la Couronne, Seigneurs, Gentils-hommes, & autres personnes de quelques qualité & condition qu'ils soient, seront reuoquez.

6. Seront les Declarations du mois de May, Iuillet & Octobre derniers inuiolablement gardez & obseruez, & les contrauentions à l'execution d'icelles reuoquées & separées : Et ne seront faites aucunes impositions & leuées de deniers, ny creations d'offices pendant la cessation de l'Assemblée des Chambres du Parlement, que par Edits bien & deuëment verifiez, auec liberté de suffrages.

7. Leurs Majestez sont tres-humblement suppliées de descharger l'Eslection de Paris de toutes Tailles, Taillon, Subsistance & Estapes pendant trois années, ensemble des restes qui en peuuent estre deus des années 1647. & 1468.

8. Que les troupes & gens de guerre incontinent apres l'accommodement seront renuoyées sur les frontieres à la reserue de celles qui ont accoustumé estre proche, & pour la garde de leurs Majestez.

9. Sera accordé descharge generale pour les deniers receus tant publics que particuliers, & meubles vendus, comme il sera plus particulierement exprimé dans les lettres, tant à Paris & Roüen, qu'ailleurs.

Les susdits articles leus & mis au net, & Messieurs les premier President & President de Mesmes priez de les porter à Monsieur le Duc d'Orleans, la Compagnie se retira.

Le Ieudy vnziesme Mars 1649.

CE iour toutes les Chambres assemblées, la Cour ayant aduisé aux moyens dont plusieurs furent proposez pour la distribution des bleds qui arriuoient à Paris: Seroit entré vn homme de creance de la part du Duc de la Trimoüille (lequel il dit estre proche de Rennes en Bretagne) offrir pour le seruice du Roy & de la Compagnie 8000. hommes de pied & 2000. cheuaux, qu'il auoit leuez en Poictou & ailleurs, prests à marcher quand il auroit ordre, en luy permettant de prendre les deniers dans les Receptes pour la subsistance d'iceux; dont il auoit desia le consentement des affaires de Poictiers, Niort & autres villes; & luy accordant à cet effect Arrest de jonction & commission; A quoy la Cour auroit respondu audit Enuoyé, qu'elle en delibereroit: Iceluy retiré & l'affaire mise en deliberation, elle auroit donné Arrest conforme à la demande, & tel que celuy de Monsieur de Turenne; receuant à vnion ledit sieur Duc de la Trimoüille & le Sieur Comte de Stissac, de Chaumont, & autres Seigneurs & Gentils-hommes.

En suitte auroit esté proposé de prendre le sel, & de commencer à en faire vendre cent muids à prix raisonnable, laquelle proposition seroit demeurée indecise.

Et Monsieur le President de Bellieure auroit dit, qu'il auoit receu lettre de Monsieur le premier President, par laquelle il donnoit aduis qu'il trauailloit incessamment pour l'ouuerture des passages, & pendant le temps de l'Assemblée en fut apportée vne autre, par laquelle ledit sieur premier President demandoit, qu'attendu qu'on auoit sursis à la Conference, à cause de l'arresté du dernier iour, on enuoyast nouueau pouuoir de continuer & donner aduis si l'on auoit satisfait à la promesse desdits 100. muids de bled par chaque iour; surquoy ayant esté deliberé, il passa que lors que la quantité seroit receüe, ledit pouuoir seroit donné.

Monsieur le President de Nouion prenant aussi-tost la parole, dit qu'il y auoit vn Gentilhomme, lequel pretendant vn droit de quatre escus pour muid de bled, arrestoit tous les batteaux qui venoient de Melun, ce qui estoit peut-estre cause du retardement.

En suitte la Cour auroit donné Arrest d'ajournement personnel, contre Cantarini Banquier, pour auoir fait donner vn exploict à Monsieur de Voisin Conseiller de la Cour, & Commissaire pour la garde des douze bras d'argent saisis, appartenant au Cardinal Mazarin, portant deffences de s'en dessaisir à peine d'en respondre en son propre & priué nom, & decret de prise de corps, contre le Sergent qui auoit esté porteur dudit exploict.

Puis sur la Requeste presentée à la Cour par le nommé Rolland & autres habitans de la ville de Rheims, ladite Cour auroit donné l'Arrest qui ensuit.

Extraict des Registres de Parlement.

VEu par la Cour toutes les Chambres assemblées, la Requeste presentée par François Roland Marchand Bourgeois de la ville de Rheims, tant pour luy que se faisant & portant fort de plusieurs autres habitans de ladite ville au nombre de plus de trois mille, contenant que le Lundy premier Mars dernier seroit arriué en ladite ville de Rheims vn Courier portant plusieurs pacquets de la Cour addressans aux Magistrats tant dudit Rheims qu'autres villes de la Prouince de Champagne pour le restablissement des Postes, lequel Courier ne seroit si tost entré en ladite ville, qu'il auroit esté arresté par le commandement du Marquis de la Vieuuille fils, soy disant Lieutenant pour le Roy au Gouuernement de ladite Prouince de Champagne, sa malle & pacquet saisis, & sa personne menacée du gibet par ledit Marquis de la Vieuuille, nonobstant qu'il fust porteur d'vn passeport du sieur Prince de Conty Gouuerneur de ladite Prouince de Champagne, ce qui ayant obligé ledit Courier de se plaindre du mauuais traittement qui luy auoit esté fait, & du mespris de l'authorité de la Cour, & dudit sieur Prince de Conty, mesme de crier hautement dans la ruë, le peuple se seroit assemblé à sa clameur, & en ayant apris le sujet, auroit supplié ledit Marquis de la Vieuuille de rendre audit Courier lesdits pacquets, ce que n'ayant voulu faire, ledit peuple irrité de l'iniure faite audit Courier, se seroit saisi de la personne dudit Marquis de la Vieuuille, & l'auroit à main forte chassé hors dudit Reims, & quoy que ledit peuple n'ait fait autre chose que ce qu'il a creu estre obligé par le zele qu'il a au seruice du Roy, & l'obeïssance ce qu'il doit aux Arrests de la Cour, qui ne luy permettoient pas de souffrir plus long-temps le commandement d'vn homme, qui est la creature de celuy qui est declaré ennemy de l'Estat & perturbateur du repos public: Neantmoins aucuns des principaux Magistrats de ladite ville de Rheims, preferans quelque interest ou esperance particuliere, au seruice du Roy, à l'obligation du serment qu'ils ont fait en la Cour, & à l'amour de la patrie & de leurs Concitoyens, ont enuoyé à sainct Germain les noms des principaux dudit peuple qui ont assisté à l'expulsion dudit Marquis de la Vieuuille, pour auoir commission de leur faire leur procez souuerainement & en dernier ressort, & entr'autres celuy dudit Roland & des autres Supplians. Ce qui a obligé ledit Roland de se retirer en cette ville pour demander à la Cour sa protection, tant pour luy que pour lesdits autres Supplians, requerant estre receus appellans de toute la procedure qui pourroit auoir esté faite contr'eux & tous autres, tenus pour bien releuez: ordonner que sur ledit appel les parties procederont en la Cour. Cependant que deffenses fussent faites aux Lieutenant General, Ciuil & Criminel du Bailly de Vermandois, à Rheims & autres Officiers, au sieur Marquis de Rothelin Gouuerneur de ladite Ville: Maire ou Lieutenant des Habitans & Escheuins de ladite Ville de Rheims, & à tous autres Iuges & Magistrats de quelque qualité & condition qu'ils puissent

estre,

estre, d'attenter à la personne & biens desdits Supplians, & autres habitans d'icelle ville de Rheims, pour raison & sous pretexte de ce qui s'est passé contre ledit Marquis de la Vieuuille, à peine de la vie. Qu'il leur fust enjoint de faire apporter incessamment au Greffe de la Cour, en laquelle lesdits Supplians offrent de se representer toutes & quantes fois qu'ils en seront requis, les informations qu'ils pourroient auoir faittes pour raison de ce, si aucunes auoient esté faites: & de faire publier l'Arrest de la Cour contre le Cardinal Mazarin, & tous autres Arrests d'icelle Cour à son de trompe par les carrefours de ladite ville de Rheims, sur mesme peine de la vie; sinon qu'il fust permis aux Supplians de les publier & faire publier. Veu aussi les pieces attachées à ladite Requeste; Conclusions du Procureur General du Roy. Tout consideré: LADITE COVR a receu & reçoit ledit Suppliant audit nom appellant, l'a tenu pour bien releué: ordonne que sur l'appel les parties auront Audience au premier iour; seront les informations apportées au Greffre criminel d'icelle, à ce faire les Greffiers contrains par corps. Cependant fait deffenses ausdits Lieutenant General, Ciuil & Criminel de Rheims, Marquis de Rothelin Gouuerneur & tous autres Officiers de passer outre, & d'attenter à la personne & biens dudit Suppliant & autres habitans de ladite ville, pour raison de ce qui s'est passé à l'encontre dudit Marquis de la Vieuuille, à peine de la vie: Enjoint aussi ausdits Officiers faire publier l'Arrest d'icelle donné contre le Cardinal Mazarin, & tous autres Arrests qui leur ont esté & seront cy-apres enuoyez, sinon permet ausdits habitans les faire incessamment publier, à ce qu'aucun n'en ignore. Et sera le present Arrest publié & executé par vertu de l'Extrait d'iceluy, par le premier Huissier, ou Sergent Royal sur ce requis. Fait en Parlement le 11. iour de Mars 1649.

Ainsi signé, RADIGVES.

Dudit iour onziesme Mars, à la Conference de Ruel.

CEdit iour Messieurs les deputez pour la Conference, s'estans rendus dés le matin chez Monsieur le premier President, & là assemblez, Monsieur le premier President auroit dit que le soir precedent il auoit esté auec Monsieur le President de Mesme chez Monsieur le Duc d'Orleans; Qu'ayant esté introduits dans la chambre où estoit Monsieur le Prince & les autres deputez de la Reyne; ledit sieur premier President apres le compliment fait à Monsieur le Duc d'Orleans, luy auoit fait entendre les ressentimens de la Compagnie sur l'inexecution des promesses du bled, & reuocation des ordres donnez pour iceluy faire passer, dés que l'on contestoit ce qui estoit proposé de sa part; Que ce procedé estonnoit fort les deputez qui auoient creu obtenir non seulement la quantité promise, mais vne permission entiere pour toutes les autres choses necessaires à la vie. Que Monsieur le

Duc d'Orleans leur auoit dit, qu'il n'estoit plus question de se plaindre du bled, les ordres ayant esté donnez pour en faire passer la quantité promise: mais qu'il falloit conclure; & que depuis six iours que duroit la Conference, ils n'auoient donné que trois Articles, ausquels il auoit respondu, & leur demandoit les autres. Monsieur le premier President respondit, que dans les trois Articles que la Compagnie auoit receuë de sa part, il y en auoit de si rudes, que si on ne les retiroit, il n'y auoit point lieu d'accommodement: Que le premier touchant l'esloignement de 25. Conseillers ou Maistres des Requestes, ne se pouuoit non plus que celuy du pardon de la ville de Paris; & sur ce que ledit sieur Duc d'Orleans dit, qu'il estoit bien raisonnable qu'on demandast pardon ayant pris les armes; que ledit sieur premier President auoit repliqué, que la ville ne deuoit point demander pardon, n'ayant point failly; qu'elle n'auoit pris les armes que par l'ordre du Parlement, qui estoit seul coupable s'il y auoit de la faute, mais qu'il en estoit bien esloigné, ayant fait prendre les armes aux habitans pour la defence de leurs vies qui estoit naturelle; Que pour ne condamner les armes des vns ny des autres, il falloit vne amnistie de part & d'autre: Monsieur le Duc d'Orleans repartit, qu'il consentoit l'amnistie, mais qu'il falloit inégalité dans le traité, n'estant pas juste que le Roy traitast d'égal auec ses sujets; & quelle difficulté il y auoit que la ville demandast pardon, puis que luy-mesme l'auoit demandé: à quoy ledit sieur premier President respondit, qu'il y auoit distinction des particuliers à des villes & Communautez, & que pour l'inégalité dans le traité, elle y estoit toute entiere, en ce que les deputez supplioient, & que le Roy accordoit; adjoustant que les contestations de part & d'autre s'estoient portées si auant, que Monsieur le Duc d'Orleans demanda des passe-ports pour renuoyer les deputez, & Monsieur le Prince dit qu'il en falloit donner, à quoy ledit sieur premier President auoit reparty en riant, que Monsieur le Duc d'Orleans ne l'auoit pas encore dit; Enfin qu'apres plusieurs discours, Monsieur le Duc d'Orleans & Monsieur le Prince l'auoient prié & Monsieur le President de Mesme, de se retirer en vne autre Chambre, où ils auoient esté l'espace d'vne heure auec Monsieur le Mareschal de Grammont & autres Seigneurs, attendant la resolution de son Altesse Royalle, pendant que l'on tenoit Conseil sur les Articles qu'ils auoient donnez. Apres quoy Monsieur le Chancelier leur seroit venu dire qu'il esperoit vn prompt accommodement, tant des responses qu'ils auoient faites aux Articles à eux enuoyez, que des bonnes intentions de Messieurs les Princes & de leurs fauorables resolutions; & aussi tost auroit esté apportée vne Lettre de Monsieur le Tellier à Monsieur le Mareschal de Grammont, pour faire passer vn basteau chargé de 80. muids de bled, lequel auoit esté arresté à sainct Cloud. En auroit aussi esté apportée & leuë vne autre de Monsieur le President de Bellieure, dattée du 10. de ce mois, à laquelle Monsieur le premier President prie de faire promptement response, & se seroit retiré pour ce sujet. Monsieur le President de Mesmes auroit loüé Monsieur le premier President, de ce qu'il auoit en la Conference parlé fort courageusement de beaucoup de choses; Qu'il auoit maintenu la validité des receptions de Messieurs le Coadjuteur & Mareschal de la Mottehoudancour, que Monsieur le Duc d'Orleans vouloit estre annullées, & donner sa parole, que lesdits Sieurs seroient receus le lendemain de la Declaration publiée; Que son Altesse Royalle disant que le Parlement estoit supprimé, & qu'il falloit le restablir à tous; Monsieur le premier President auoit respondu auec beaucoup de vigueur; Que ceste suppression n'auoit pas esté verifiée; que la puissance des Rois estoit bornée aux Ordonnances & Lois du Royaume, qui desiroient ceste verification: & qu'à l'égard de Monsieur le Coadiuteur, le Parlement auroit vsé de son pouuoir, ayant faculté de le receuoir sans qu'il luy fust besoin de Lettres, puis qu'il estoit Conseiller necessaire; Que pour Monsieur le Mareschal de la Motte, le Parlement auoit ordonné qu'il prendroit des Lettres dans vn temps, ayant en cela deferéce qu'il doit à l'authorité Royalle; Que Monsieur le Duc d'Orleans, ayant dit qu'il falloit aussi donner voix deliberatiue aux autres Mareschaux de France, Monsieur le premier President luy auoit répondu, que quand ils auroient des Lettres, le Parlement les iugeroit; Puis ayant esté parlé de la reception de Monsieur de Beaufort, en la qualité de Duc & Pair; il auoit soustenu, qu'il ne falloit point de Lettres, ayant la demission de Monsieur son pere, & que pour l'Arrest de son absolution & de Chastaigner, ils auroient esté rendus *ex meritis*; Qu'il auoit encor dit, qu'à l'égard des Generaux, il falloit leur donner vn temps pour declarer leur intention: Ayant par apres esté parlé d'emprunter de l'argent au denier dix, il auoit répondu que l'on en delibereroit, laquelle response auoit donné lieu à Monsieur le Prince, de dire, qu'il ne conseilloit pas à Monsieur le Duc d'Orleans de traiter auec ledit sieur premier President, dautant qu'il disoit à tout qu'il en falloit deliberer en l'Assemblée, & au Parlement, au lieu que les paroles de son Altesse Royalle estoient des Loix irreuocables: qu'il s'estoit parlé encor d'autres affaires, & qu'il croyoit tout en estat d'estre bien tost terminé.

Comme Monsieur le Pesident de Mesmes acheuoit, Monsieur le premier President estant retourné, Monsieur le President le Coigneux les auroit remerciez tous deux au nom de la Compagnie, de leur genereuse action, pour laquelle ils auoient mis les affaires en estat d'vn prompt accommodement.

Aussi tost le sieur Saintot entré, auroit dit, que Monsieur le Duc d'Orleans prioit la Compagnie d'aller le trouuer au Chasteau, & incontinent apres, ces Messieurs y estant allez & montez en leur Chambre ordinaire, Monsieur le Comte de Brienne seroit venu les saluër, puis le sieur Saintot seroit venu prier Monsieur le premier President & le President de Mesmes d'aller trouuer Monsieur le Duc d'Orleans: ce qu'ayant fait de l'aduis de la Compagnie, seroient tost apres retournez, & auroient rapporté à la Compagnie, que Messieurs le Duc d'Orleans & le Prince estoient entierement disposez à la paix ; & en mesme temps ledit sieur Saintot auroit apporté deux pacquets à l'Assemblée, en l'vn desquels estoient les articles de Messieurs les deputez des Compagnies, auec les responses ; dans l'autre vn project general de tous les articles de part & d'autre.

Et comme apres la lecture faite desdits articles, la Compagnie deliberoit sur la response, seroient entrez Monsieur le Duc d'Orleans, Monsieur le Prince & Messieurs d'Auaux & le Tellier; Messieurs s'estans leuez, Monsieur le Duc d'Orleans descouuert & debout, leur auroit dit, qu'il venoit leur tesmoigner la ioye qu'il auoit de ce que l'accommodement estoit en termes d'estre fait ; Que comme il y auoit de sa part contribué son possible, il les prioit aussi d'y apporter de leur costé toute sorte de facilité, afin que cét accommodement fit oublier toutes les aigreurs passées. Monsieur le Prince auroit aussi dit d'vn visage gay, qu'il souhaitoit que l'accommodement se fist de bonne grace, & auec franchise de cœur de part & d'autre, Monsieur le premier President auroit remercié Monsieur le Duc d'Orleans de l'honneur qu'il faisoit à la Compagnie, & tesmoigné la satisfaction qu'elle receuoit de voir son visage changé, & sur iceluy les marques de la paix ; & auroit dit à Monsieur le Prince, qu'il sçauoit aussi bien faire la paix que la guerre ; à quoy Monsieur le Prince auoit respondu qu'il auoit fait la guerre à regret, & qu'il faisoit la paix d'vn bon cœur ; Que ce qu'il auoit fait, il auoit creu y estre obligé pour maintenir l'authorité Royalle, puis se seroient retirez, & Monsieur le President de Coigneux auroit dit à Monsieur le Duc d'Orleans, qu'il auoit tousiours asseuré la Compagnie, que son Altesse Royalle n'auoit iamais pû faire mal à personne.

En suitte auroient esté leus derechef les articles de la Compagnie, auec les responses à iceux ; Monsieur le premier President les apostillant de sa main, suiuant ce qui estoit arresté, aussi leu le project general ; l'article qui receut le plus de contestation fut celuy, concernant les emprunts au denier dix pendant la guerre, attendu qu'il desrogeoit à la Declaration du vingt-quatriesme d'Octobre dernier, & qu'il autorisoit vne vsure illicite ; il auroit neantmoins esté arresté de permettre les emprunts au denier douze pour la presente année & la suiuante, attendu la necessité des affaires du Roy, y ayant dans les registres du Parlement des exemples d'emprunter à plus gros interests.

Comme la Compagnie estoit occupée à ceste deliberation, seroit venu vn Courier apportant Lettre de Monsieur le Prince de Conty & de Monsieur le President de Bellieure, lesquelles leuës auroient esté sur l'heure enuoyées & apportées par le sieur Saintot à Monsieur le Duc d'Orleans, lequel tost apres seroit venu en la Chambre où estoit la Compagnie, & Monsieur le Prince auec luy, lesquels dirent à la Compagnie que ces Lettres ne deuoient empescher la conclusion du traité, puis que par iceluy on donnoit du temps à Monsieur le Prince de Conty & aux autres interessez pour y souscrire, puis se seroient retirez, & la deliberation auroit continué; & icelle acheuée, Monsieur le premier President, le President de Mesme & quelques autres des deputez, seroient allez rendre les ciuilitez de la Compagnie à Monsieur le Duc d'Orleans, & les autres se seroient retirez.

Dudit iour de releuée en ladite Conference de Ruel.

CEdit iour Messieurs estans assemblez de releuée audit Chasteau, Monsieur le premier President & le President de Mesme auroient de l'aduis de la Compagnie esté voir Monsieur le Duc d'Orleans, rapporté en estant retournez, que Monsieur le Tellier faisoit rediger par escrit les articles, qu'ils ont fait ce qu'ils ont pû pour les deux; sçauoir premierement d'aller tenir le lict de Iustice; secondement la cessation des assemblées, qu'ils n'auoient pû rien obtenir, qu'on les faisoit valoir enuers la Reyne pour obtenir par vne espece de compensation, qu'elle reuoquast les articles de l'esloignement, des Officiers, & du pardon de la ville; Que l'esperance n'estoit pas encore perduë, de pouuoir obtenir la reuocation, que l'on auoit parlé des articles des deputez du Parlement d'Aix, qui estoient au mois de Ianuier; mais qu'il y en auoit eu d'autres du 21. de Feburier aux deputez dudit Parlement, dont on leur auoit donné copie collationnée, & vne Lettre du Cardinal Bichi, commis pour accommoder ce different; que la suppression du Semestre estoit accordée; que pour le Parlement de Roüen, il falloit attendre la volonté de Monsieur de Longueuille, que le Parlement ne demandoit pas absolument, que le Semestre fust supprimé, mais qu'il fust reüni & incorporé, pour euiter le remboursement que le Roy seroit obligé de faire; qu'ils auoient proposé d'en incorporer vne partie qui feroit le remboursement aux autres.

Puis seroit entré le Sieur Saintot, lequel auroit prié Messieurs le premier President & le President de Mesme de retourner vers Monsieur le Duc d'Orleans; ce qu'ayant fait, ils seroient tost apres, & auroient apporté les articles que Monsieur le Duc d'Orleans leur auoit donnez, qui auroient esté leües & releües; en voicy la teneur, y ayant au commencement ces mots.

Le Roy voulant faire connoistre à la Cour de Parlement, & aux habitans de sa bonne ville de Paris, combien sa Maiesté a agreables les soubmissions respectueuses qui luy ont esté renduës de leur part, auec asseurance de leur fidelité & obeyssance, apres auoir consideré les propositions qui ont esté faites, a volontiers, par l'aduis de la Reyne Regente sa mere, accordé les articles qui ensuiuent.

Articles conclus & arrestez pour la Paix.

1 LE traité de l'accommodement ſigné, tous les actes d'hoſtilité ceſſeront, & tous les paſſages, tant par eau que par terre, ſeront libres, & le commerce reſtably.

2. Le Parlement ſe rendra, ſuiuant l'ordre qui luy ſera donné par ſa Maieſté, à ſainct Germain en Laye, où ſera tenu vn lict de Iuſtice par ſa Maieſté, auquel la Declaration contenant les articles accordez, ſera publiée ſeulement, apres quoy le Parlement retournera à Paris faire ſes fonctions ordinaires.

3. Ne ſera point fait aſſemblée des Chambres pendant l'année 1649. pour quelque cauſe, pretexte & occaſion que ce ſoit, ſi ce n'eſt pour la reception d'Officiers, & pour les Mercuriales, & auſdites aſſemblées ne ſera traité que de la reception deſdits Officiers & Mercurialles.

4. Dans le narré de la Declaration qui ſera publiée, il ſera enoncé que la volonté de ſa Maieſté eſt, que les Declarations des mois de May, Iuillet, & Octobre 1648. verifiées au Parlement, ſoient executées, fors en ce qui concerne le Preſt, comme il ſera expliqué cy-apres.

5. Que tous les Arreſts qui ont eſté rendus par ladite Cour de Parlement de Paris, depuis le 6. Ianuier dernier iuſques à preſent demeureront nuls & comme non aduenus, excepté ceux qui ont eſté rendus, tant auec le Procureur general, qu'autres des particuliers preſens, tant en matiere ciuile que criminelle, par decret & receptions.

6. Les Lettres de cachet de ſa Maieſté, qui ont eſté expediées ſur les mouuemens derniers arriuez en la ville de Paris; comme auſſi les Declarations qui ont eſté publiées en ſon Conſeil; Arreſts dudit Conſeil ſur le meſme ſuiet, depuis le 6. Ianuier dernier, demeureront nuls & comme non aduenus.

7. Que les gens de guerre qui ont eſté leuez, tant en la ville de Paris, qu'au dehors, en vertu des pouuoirs donnez, tant par le Parlement, que par la ville de Paris, ſeront licentiez apres l'accommodement fait & ſigné; & lors ſa Maieſté fera retirer ſes troupes des enuirons de ladite ville, & les enuoyera aux lieux de la garniſon qu'elle leur ordonnera, ainſi qu'il a eſté pratiqué les années precedentes.

8. Les habitans de la ville poſeront les armes apres l'accommodement fait & ſigné, ſans qu'ils les puiſſent reprendre que par l'ordre & commandement expres de ſa Maieſté.

9. Que le deputé de l'Archiduc Leopold qui eſt à Paris, ſera renuoyé ſans reſponſe le pluſtoſt qu'il ſe pourra apres la ſignature du preſent Traité.

10. Que tous les papiers & meubles qui ont eſté enleuez, appartenans à des particuliers, qui ſont en nature, leur ſeront rendus.

11. Que la Baſtille, enſemble l'Arſenal, auec tous les canons,

boulets, grenades, poudres, & autres munitions de guerre, seront remises entre les mains de sa Maiesté apres l'accommodement fait.

12. Que le Roy pourra emprunter les deniers que sa Maiesté iugera necessaires pour les despenses de l'Estat, en payant l'interest au denier douze, durant la presente année & la suiuant seulement.

13. Que Monsieur le Prince de Conty, & autres Princes, Ducs, Pairs, & Officiers de la Couronne, Seigneurs, Gentils-hommes, villes, Communautez, & toutes autres personnes, de quelque qualité & condition qu'elles soient, qui auront pris les armes durant les mouuemens arriuez en ladite ville de Paris, depuis le 6. Ianuier dernier, iusques à present, seront cōseruez en leurs biens, droits, offices, benefices, dignitez, honneurs, priuileges, prerogatiues, charges & gouuernements, & en tel & semblable estat qu'ils estoient auant ladite prise des armes, sans qu'ils en puissent estre recherchez ny inquietez pour quelque cause & occasion que ce soit, en declarant par les dessusdits nommez; sçauoir par Monsieur le Duc de Longueuille dans dix iours, & par les autres dans quatre iours, à compter de celuy que les passages, tant pour les viures, que pour les commerces seront ouuerts; qu'ils veulent bien estre compris au present Traité, & à faute par eux de faire ladite Declaration dans ledit temps, & iceluy passé, le corps de la ville de Paris, ny aucuns habitans de quelque qualité & condition qu'ils soient, ne prendront plus aucune part à leurs interests, & ne les aideront ny assisteront en chose quelconque, sous quelque pretexte que ce soit.

14. Le Roy desirant tesmoigner son affection aux habitans de sa bonne ville de Paris, a resolu d'y retourner faire son seiour au plustost que les affaires d'Estat luy pourront permettre.

15. Sera accordé descharge generalle pour deniers pris, enleuez ou receus, tant publics que particuliers, meubles vendus tant à Paris qu'ailleurs, comme aussi pour la commission donnée pour la leuée des gens de guerre, mesmes pour enleuemens d'armes, poudres & autres munitions de guerre & de bouche enleuez, tant à l'Arcenal de Paris qu'autres lieux.

16. Les Eslections de Xaintes, Cognac, & S. Iean d'Angely distraites de la Cour des Aydes, & attribuées à la Cour des Aydes de Guyenne, seront reünies à ladite Cour des Aydes de Paris, comme elles estoient auparauant l'Edict de

17. Au cas que le Parlement de Roüen accepte le present Traité dans dix iours, à compter de la signature d'iceluy, sa Maiesté pouruoira à la suppression du nouueau Semestre ou reünion de tous les Officiers dudit dernier Semestre, ou de partie d'iceux, au corps dudit Parlement.

18. Le Traité auec le Parlement de Prouence sera executé selon

sa forme & teneur, & Lettres de sa Maiesté expediées pour la reuocation & Suppression du Semestre du Parlement d'Aix & Chambre des Requestes, suiuant les Articles accordez entre les deputez de sa Maiesté, & ceux du Parlement & pays de Prouence, du 21. Feurier dernier, dont coppie a esté donnée aux deputez du Parlement de Paris.

19. Quant à la descharge des Tailles proposée pour l'eslection de Paris, le Roy se fera informer de l'estat auquel se trouuera ladite Eslection, lors que ses troupes en seront retirées, & pouruoira au soulagement des contribuables de ladite Eslection, comme sa Maiesté iugera necessaire.

20. Lors que sa Maiesté enuoyera des deputez pour traiter de la paix auec l'Espagne, elle choisira volontiers quelqu'vn des Officiers du Parlement de Paris pour assister audit Traité, auec le mesme pouuoir qui sera ordonné aux autres.

21. Au moyen du present Traité, tous les prisonniers qui ont esté faits de part & d'autre, seront mis en liberté du iour de la signature d'iceluy. Fait & arresté le 11. Mars 1649.

Apres la lecture de ces Articles, Messieurs le premier President, & le President de Mesmes, ayant dit que Monsieur le Duc d'Orleans prioit que tous les deputez signassent, & mesme Monsieur le Cardinal, la Compagnie auroit dit, que ledit sieur Cardinal ne pouuoit pas signer ayant esté condamné, quoy qu'il fust representé, que par les Articles toutes choses estoient remises en pareil estat qu'elles estoient auparauant le septiesme Ianuier, mais que Monsieur le Duc d'Orleans en prioit la Compagnie, afin de faire voir vne reconciliation parfaite de part & d'autre, ou si la Compagnie ne le vouloit, il proposoit de signer les Articles tout seul, ce qui alloit contre l'honneur deu au Roy, qui auoit nommé les deputez, & blesseroit le respect que l'on doit à Monsieur le Prince, s'il ne signoit pas la paix qu'il auoit negotiée; en ayant passé au plus de voix, il auroit esté arresté, que l'on desferoroit à la priere de Monsieur le Duc d'Orleans, & aussi-tost ils allerent tous en la Chambre de Mondit sieur le Duc d'Orleans, & les Articles cy-dessus furent signez de Monsieur le Duc d'Orleans & de tous les deputez du Roy, & apres de Monsieur le premier President, & des autres, depuis des Compagnies en cét ordre.

Ainsi signez.

GASTON.	LOVIS DE BOVRBON.
Gardinal Mazarin.	Messieurs du Parlement.
Seguyer.	*Molé.*
La Meilleraye.	*H. de Mesmes.*
De Mesmes.	*Le Coigneux.*
De Lomenye.	*De Nesmond.*

De la

De la Riuiere.
Le Tellier.

Messieurs de la Chambre des Comptes.

A. Nicolaï.
De Paris.
L'Escuyer.

Brissonnet.
Menardeau.
Violle.
Le Febure.
Bitault.
De Longueil.
De la Naune.
Le Cocq-Corbeuille.
Palluau.

Messieurs de la Cour des Aydes.

Amelot.
De Bragelonne.
Quatr'hommes.

Messieurs de la ville.

Fournier.
Helyot.
Barthelemy.

A mesure que chacun de Messieurs signoit, Monsieur le Cardinal de l'autre costé de la table luy faisoit la reuerence.

Les Articles signez Monsieur le Duc d'Orleans dit, puis qu'il auoit pleu à Dieu de donner la paix à la France, il prioit Messieurs du Parlement de croire que Monsieur le Cardinal Mazarin n'auoit iamais eu pensée de leur faire aucun déplaisir, & Monsieur le Cardinal preuenant la parole auroit dit, qu'il a tousiours estimé & honoré le Parlement, & tousiours eu dessein de le seruir, tant en general qu'en particulier, & qu'il le feroit paroistre à l'aduenir.

Apres cela Messieurs les Deputez du Roy & des Compagnies se salüerent tous & s'arresterent reciproquement, tesmoignant tous grande satisfaction de l'accommodement, & se separerent sur les neuf heures du soir.

Le Vendredy douziesme Mars 1649.

CE iour toutes les Chambres assemblées à l'ordinaire, où se trouuerent Messieurs le Prince de Conty, le Duc d'Elbeuf, le Mareschal de la Motte & le sieur Coadjuteur à l'Archeuesché. Apres que la Cour eust receu en suruiuance, les sieurs Rancheret Pinon, & donné Arrest en faueur de Monsieur le premier President de la Chambre, le sieur Procureur General entré auroit dit, que l'Escheuin Hachet estoit à la porte qui demandoit à parler à la Compagnie, lequel mandé & entré auroit dit, qu'il croyoit estre de son deuoir de donner aduis à la Compagnie, qu'il auoit receu lettre de son Confrere qui estoit à Ruel, par laquelle il luy mandoit que les articles de la paix estoient signez, & qu'il y auoit esperance que le Roy seroit dans huictaine à Paris: Auquel Hachet Monsieur le President de Bellieure auroit reparti que ces nouuelles estoient fort bonnes, & qu'il y auoit lieu d'esperer que le general & le particulier seroit satisfait : iceluy retiré, ledit sieur President auroit dit, qu'il auoit receu lettre de Monsieur le premier President, qui contenoit que les passages estoient débouchez en consequence de la paix, dont les articles auoient esté signez le iour precedent à neuf heures du soir, & que l'on en dresseroit vne Declaration pour l'enuoyer au Parlement.

En suitte Monsieur le Prince de Conty dit, que luy & Messieurs les Generaux auoient arresté entr'eux de deputer à la Conference pour la conseruation de leurs interests.

Monsieur d'Elbeuf dit, qu'il ne doutoit point des bonnes intentions des Deputez, lesquels auoient esté nommez auec eux & de leur consentement; qu'ils estoient trop gens d'honneur pour ne pas conseruer les interests de tous, tant en particulier qu'en general : Neantmoins qu'apresent qu'ils auoient appris que les interests du Parlement estoient accommodez, eux n'ayant donné aucuns Deputez; ils auoient arresté le soir precedent d'enuoyer vn des Generaux ou autre de leur part, pour y ménager leurs interests; pourquoy ils supplioient Monsieur le President de Bellieure, & Messieurs de leur obtenir à cet effet vn Passeport de la Cour.

Monsieur de la Motte dit, que le retardement à donner des Deputez estoit, qu'ils ne l'auoient pû faire sans en auoir communiqué à Monsieur de Longueuille; que de present ils auoient receu lettre de luy auec pouuoir, & demandoit mesmes vn Passeport pour y enuoyer vn Gentilhomme de sa part, Qu'il leur estoit tombé vn billet entre les mains, dont ils auoient tiré vne coppie fidelle pour faire voir à la Compagnie de quelle façon on donnoit par delà ordre de les traicter; laquelle coppie baillée à celuy de Messieurs qui estoit au Bureau pour en faire lecture. Messieurs de Bellieure & de Nouion dirent, que la forme n'estoit point dans la Compagnie de lire des billets sans nom, sans addresse & sans signature, & par consequent sujets à desadueu; & que Monsieur de la Motte en pouuoit dire la substance. Et ledit sieur de la Motte ayant commencé de dire qu'il portoit ordre au Comte de Grancé, de courir sur les gẽs de guerre & les Generaux; tous les Messieurs demanderent d'où venoit ce billet & où il auoit esté trouué; Ausquels ledit sieur de la Motte respondit qu'il estoit veritable, & qu'il auoit esté surpris : ce que Monsieur le Coadjuteur confirma, & qu'il estoit arriué auec les Passeports addressez à la Ville, pour enuoyer les mandemens & ordres du Roy aux Gouuerneurs des places pour laisser passer librement les viures venant à Paris. Et ne fut ledit billet leu : il contenoit en substance, que la paix estant signée auec Paris, il falloit cesser à leur égard tous actes d'hostilité, mais non auec les troupes, les Generaux n'ayant signé.

Aussi-tost seroit entré le sieur Miron deputé du Parlement de Normandie, pour sçauoir si la Compagnie auoit pris la peine de deliberer sur sa proposition du iour precedent; & en cas qu'elle ne l'eust fait, pour la supplier d'y vouloir deliberer & luy rendre response; auquel Monsieur de Bellieure auroit fait response; Que les Deputez de la Compagnie estoient si bien inſtruits de leurs intereſts, & ſi affectionnez au bien public, & à celuy particulierement de ſa Compagnie, qu'il deuoit eſtre tout perſuadé, qu'ils ne manqueront de ſouſtenir auec rigueur les demandes dudit Parlement de Roüen, & que les affaires ſuruenuës auoient empeſché de deliberer ſur ſes propoſitions, mais que l'on n'y perdroit aucun moment.

Puis ledit ſieur Preſident de Bellieure eſtant preſſé d'eſcrire pour auoir vn Paſſeport pour Meſſieurs les Generaux, la Cour ſe ſeroit leuée.

Ce iour ſur les quatre heures du matin arriua le Courier, qui apporta que Meſſieurs les Deputez auoient, comme dit eſt, ſigné les articles de la paix ſur les neuf heures du ſoir precedent; & vne heure apres en arriua vn autre, qui apporta à la ville douze Paſſeports pour aller en toutes les villes faire ouurir les paſſages par eau & par terre, & donner liberté à tous Marchands & autres, d'aller & venir, hormis aux gens de guerre, à l'eſgard deſquels la liberté n'eſtoit, mais ſeulement à ceux qui voudroient aller pour negocier ou trafiquer: Auſſi-toſt Meſſieurs les Preuoſt des Marchands & Eſcheuins enuoyerent des Archers de Ville en tous les paſſages, porter l'ordre de les faire déboucher, leſquels trouuerent que Meſſieurs les Princes auoient deſia enuoyé en beaucoup d'endroits, & dés ce iour il commença à venir à Paris abondance de toutes choſes.

Le bruit de cette ſignature fut toſt eſpandu par toute la ville, mais bien receu de peu de perſonnes, quand on apprit le contenu aux articles, qu'ils eſtoient au deſaduantage de tout le monde, que le Cardinal Mazarin y auoit ſigné, & que l'Arreſt contre luy eſtoit reuoqué. Meſſieurs les Generaux ſe plaignoient hautement que les Deputez les auoient abandonnez, au preiudice de l'vnion qui les tenoit tous liez d'intereſts.

On ne ſçeut point ce iour-là ce que contenoient les articles, Monſieur le premier Preſident n'en ayant rien mandé, d'où l'on concluoit qu'il n'y auoit aucun aduantage pour le Parlement, ny aucun ſoulagement pour le peuple; Meſſieurs les Deputez retournerent ſur les quatre heures, tout le monde eſtant en impatience tres grande, de ſçauoir ce qu'ils auoient ſigné & ce qui ſeroit le lendemain arreſté en l'Aſſemblée du Parlement.

Dudit iour 12. à la Conference à Ruel.

CE iour dés le matin, les Deputez des Compagnies ſeroient allez en leur particulier, & ſeparément, ſalüer Monſieur le Duc d'Orleans & Monſieur le Prince; & ſur les dix-heures ſeroient allez prendre congé de Monſieur le Duc d'Orleans où eſtoit Monſieur le Prince; Monſieur le Duc d'Orleans leur ayant dit, que la peine qu'il auoit eüe pendant dix iours luy auoit eſté tres-agreable, puis qu'elle auoit produit la paix. Et incontinent apres diſner leſdits ſieurs Deputez ſeroient partis de Ruel & arriuez le ſoir à Paris.

Le Samedy treiziesme Mars 1649.

CE iour toutes les Chambres assemblées, Monsieur le Prince de Conty y estant & Messieurs les Ducs d'Elbeuf, de Beaufort, de Boüillon (qui s'estoit fait porter en chaise estant encore indisposé) le Duc de Luynes, le Mareschal de la Motte, & le Coadjuteur à l'Archeuesché; Monsieur d'Elbeuf d'abord auroit prié Messieurs les Deputez retournez de Ruel, de dire s'ils auoient traicté de quelques interests des Generaux. A quoy Monsieur le premier President ayant voulu respondre par le recit de ce qui s'estoit passé à Ruel, & par la lecture de son procez verbal & des articles, se seroit éleué vn grand bruit de tous les Messieurs, disant qu'il ne falloit entendre ny relation ny lecture d'articles de Paix, qu'elle n'estoit point faite, puis que les Deputez n'auoient pû rien signer au preiudice d'vn Arrest de Surseance à eux enuoyé, faute d'auoir esté satisfaits à la parole qui auoit esté donnée de fournir certaine quantité de bleds; que cet Arrest leur lioit les mains, & s'il y auoit quelques articles signez il ne les falloit point tenir, veu mesmes que l'on n'auoit pû rien faire sans appeller Messieurs les Generaux, auec lesquels le Parlement estoit vni: adjoustant que le Cardinal auoit signé, ce qui n'auoit deu estre souffert, estant condamné. Sur ce Monsieur le premier President ayant repris la parole auroit dit, qu'il trouuoit bien estrange que l'on blasmast vne chose sans l'auoir entenduë, qu'on ne vouloit pas le laisser parler ny luy permettre la lecture de ce qui s'estoit passé à la Conference: il se seroit derechef fait grand murmure, & Monsieur d'Elbeuf auroit dit en fort bons termes, & tesmoigné que Messieurs les Generaux s'estans joincts à la Compagnie, ils n'auoient consideré que l'interest d'icelle & du public, qu'ils y auoient offert leurs personnes, leurs biens, & leurs vies, dans l'esperance d'vne Vnion reciproque, & parfaite, afin de mettre le Parlement à couuert de la vengeance d'vn homme auec lequel il n'y auoit point de reconciliation asseurée: Disant ledit Sr Duc d'Elbeuf, que pour son égard il n'auoit eu autre intention, ny consideré autre interest que celuy du public, que n'ayant pris les armes sinon par Arrest du Parlement & pour la deffense d'iceluy, il les quittera si tost que la Compagnie luy ordonnera, n'ayant rien à demander quand elle sera satisfaite, quoy qu'il eust sujet de se plaindre de la signature des articles, de laquelle on deuoit donner aduis ausdits Sieurs Generaux auant que de rien conclure. Monsieur le Prince de Conty auroit dit presque mesme chose en moins de paroles.

Monsieur le premier President repartit qu'ils auoient tort de se plaindre que l'on ait traicté sans eux, puis qu'ils disoient n'auoir interest que celuy du Parlement, & que la Compagnie leur auoit demandé auant que partir pour la Conference, s'ils desiroient deputer; qu'ils auoient fait response n'auoir rien à y proposer: que neantmoins les Deputez auoient songé à ceux qu'ils auoient fait pour monsieur de Boüillon, &

debattu ses interests, quoy qu'il ne leur en eust point parlé; à quoy ledit Sieur Duc de Boüillon auroit respondu qu'il n'auroit pas pû le faire sans deroger à l'vnion qu'il auoit auec Messieurs les Princes, & autres Generaux, mais que le Cardinal Mazarin demeurant, il trouuoit si peu de seureté en France, pour tout le monde, qu'il supplioit Messieurs luy obtenir vn passeport, pour en sortir luy & toute sa famille. Monsieur le premier President luy auroit respondu, & repeté, qu'à son egard Messieurs les deputez auoient obtenu tout ce qu'il pouuoit desirer, que l'on deuoit examiner ses droits, en faire la supputation, & luy donner en bref ce qui luy a esté promis: que s'ils eussent sceu les pretensions de Messieurs les autres Generaux, & en quoy consistoient leurs interests, ils les auroient proposez & debatus, & tout ce qu'ils auoient pû faire estoit de les comprendre tous en vn article, & que pour le particulier ils auoient quatre iours pour se resoudre à deputer s'ils le desiroient, pour faire vn traicté particulier ou bien entier en celuy qui estoit fait. M. de Boüillon ayant encor repeté qu'il n'auoit donné aucun memoire ny aucune charge, veu qu'il estoit joint auec les autres Generaux, sans lesquels il ne feroit aucun traicté, tous Messieurs les Generaux luy auroient reparti qu'ils n'ont iamais douté de ses bonnes intentions. En suite de ce M. le premier President voulant ouurir le pacquet, où estoient le procez verbal & les articles, il en fut encor empesché par la clameur d'vn grand nombre de Messieurs: disans que le Cardinal ayant signé, il y auoit nullité, puisque la Conference estoit contre luy, & qu'il s'agissoit en icelle de l'Arrest de condemnation donné contre luy: qu'il y auoit lieu de s'estonner que Messieurs eussent souffert vn homme qu'ils ont condamné, conferer auec eux, & signer. Monsieur le President de Mesmes auroit dit qu'il trouuoit estrange cette confusion qu'il falloit entendre le recit que vouloit faire monsieur le premier President deuant que rien blasmer, & que s'il y auoit quelque chose à redire, les Deputez estant de la Compagnie, & presens, ils se soubmettroient à ce qu'elle iugeroit à propos; que lors qu'il fallut signer le traicté, lequel auoit passé à la pluralité de voix, ils auoient mis en balance la dureté des articles auec les incommoditez d'vne guerre Ciuile, que l'estat où les choses estoient reduites, la necessité du menu peuple & le peu de moyens que l'on auoit pour fournir aux frais de la guerre, l'auoient emporté par dessus les considerations contraires.

Monsieur le premier Presidét reprenát la parolle auroit dit, que si Messieurs les Generaux vouloient traicter, ils n'auoient qu'à deputer, qu'il y auoit quatre iours & cessation d'armes, pendant lesquels ils pouuoient enuoyer leurs Deputez pour faire entendre leurs volontez: puis les ayant pressez de donner leur resolution, Monsieur d'Elbeuf auroit dit qu'estans joints au Parlement, & l'ayant dés le commencement fait arbitre de leurs interests, ils s'en estoient rapportez entierement à sa prudence, mais qu'ayant appris que les articles n'estoient auantageux à personne, & qu'il n'y auoit seureté pour le general, ny pour le particulier, ils ne deuoient point auoir esté signez sans les aduertir: à quoy Messieurs de Beaufort &

de la Motte auroient adjouté qu'il falloit chercher les moyens de se deffendre: & monsieur le premier President auroit reparti, que l'on auoit à l'insçeu de la Compagnie, & sans en auoir rien communiqué au Parlement, traicté auec l'Espagnol durant la Conference pour l'appeller, & le faire entrer en France, dont on auoit fait reproche aux Deputez dans la Conference à Ruel, Que depuis peu de iours, le Sieur de Bretigny Escuyer de monsieur le Prince de Conty estoit arresté à Sainct Germain, ayant esté pris & trouué chargé des lettres dudit Sieur Prince de Conty, pour diligenter la marche de l'Archiduc, & du Duc de Lorraine vers ces quartiers: que mesmes le Sieur Marquis de Noirmonstier sans en parler au Parlement estoit parti auec sa caualerie pour commander, faire entrer en France, & conduire les troupes Espagnoles: Que Messieurs les Generaux n'auoient pas deub, sans prejudicier à l'vnion, pratiquer telles menées sans en parler au Parlement: Que l'on sçauoit de plus que l'Enuoyé de l'Archiduc estoit vne affaire concertée, & qu'il a esté trois sepmaines à Paris, auant que de paroistre. A ce discours d'intelligences, de pratiques, & menées inconnuës à la Compagnie, plusieurs de Messieurs auroient esté fort surpris; & le bruit que faisoient les Generaux auroit esté fort addoucy: monsieur de la Motte dit, que lors que l'on traitoit de paix, c'estoit alors qu'il falloit faire meilleure guerre, & que ce n'estoit point vn crime, voyant que les forces manquoient d'vn costé d'en auoir cherché d'vn autre. Monsieur de Beaufort dit, que tant s'en faut qu'il ait souhaité voir l'Espagnol en France, qu'au contraire il sera le premier à s'opposer à sa marche, que l'on sçait bien qu'il n'a d'interest que celuy du public, & rien à demander que le repos de la France; mais qu'il n'y pouuoit pas demeurer, puisque le Cardinal y restoit. Monsieur le premier President luy respondit, que s'il n'auoit point d'interests à proposer, il falloit luy en faire naistre pour l'arrester, que sa presence nous estoit trop chere pour le voir esloigner.

Monsieur le President le Coigneux voyant toutes ces contestations, & qu'elles auoiẽt fort eschaufé les esprits, prenãt la parole auroit dit, que toutes ces disputes ne se deuoient pas agiter en ce lieu, & que chacun trauaillant, quoy que par differens moyens, à l'establissement d'vne bonne paix, il estoit tout prest de retourner auec Messieurs les Deputez pour y faire comprendre Messieurs les Generaux, & le tout estre inseré dans vne mesme Declaration.

Et comme monsieur le President de Bellieure commençoit à parler & appuyer ceste resolution, il auroit esté interrompu par vn grand tumulte qui se faisoit à la porte de la grande Châbre; l'Huissier qui y estoit, dit, que le peuple demandoit M. de Beaufort, ou qu'il enfonceroit les portes: il sortit cõtre l'aduis de quelques vns de Messieurs, & ayãt creu que le peuple fut appaisé il rentra, mais le bruit ayãt recõmencé, M. le Presidẽt de Nouiõ sortit pour voir ce que c'estoit: il trouua vn seditieux nõmé du Boille Aduocat, à la teste d'vne tres grãde foule de peuple auec épées & poignards, lequel portant la parole pour tous, demanda les articles de la paix pour faire brusler par le bourreau (qu'il disoit estre là present) la signature du Cardinal, disant que si les Deputez auoient esté gaignez pour signer auec luy, il les falloit assommer, que s'ils auoient esté forcez, il y auoit lieu de faire brusler cette signature par le bourreau. M. de Nouion bien empesché & ne sçachant faire pour appaiser cette emotiõ qui estoit tres-grande, dit que l'on ne pouuoit pas brusler la signature du Cardinal, sans toucher à celle de M. le Duc d'Orleans, & de M. le Prince, qui seroit vn crime tres-grand, mais que l'on iroit à sainct Germain la faire effacer & oster dans les autres, dont le Duboille se contenta, & monsieur le President de Nouion rentré, encor vn autre incident seroit furuenu.

Le Sieur Miron Conseiller & deputé du Parlement de Roüen, seroit entré dans la grande Chambre sans l'auoir fait demander; & ne s'estant point placé à l'ordinaire, auroit d'abord commencé à faire plainte de ce qu'on auoit fait la paix sans appeller sa Compagnie, ny sans auoir deliberé sur la proposition qu'il auoit faite, il y auoit quatre iours; priant la Compagnie d'y deliberer, & luy donner place quand on feroit le recit de la Conference. monsieur le premier President l'auroit fait retirer, luy ayant dit que ce n'estoit pas les formes d'entrer de cette sorte. & que par les Articles de la paix, le Semestre de Roüen estoit reuoqué en partie d'iceluy.

En suitte monsieur le President de Bellieure auroit repris la parole qui luy estoit demeurée, & de rechef discouru sur la proposition de monsieur le President le Coigneux, la trouuant tres-raisonnable: monsieur le premier President auroit demandé l'aduis à monsieur le Prince de Conty & à Messieurs les Generaux, tous ayant d'vne mesme voix dit, & declaré, qu'ils estoient trop attachez à la Compagnie pour n'en pas suiure les sentimens.

Il auroit esté arresté que les mesmes deputez retourneroient à Ruel, pour traicter des pretensions, & demander de Messieurs les Generaux, & de tous les autres qui s'estoient joints, & declarez pour ce party, afin de les comprendre, & inserer en vne mesme Declaration; à l'effect dequoy lesdits Sieurs Generaux, & autres enuoyerent aussi leurs Deputez, & que ces Messieurs tascheroient d'auoir vn autre papier où le seing du Cardinal ne fust pas.

Cela ainsi arresté en cette deliberation qui auoit duré depuis le matin iusqu'au soir, & messieurs leuez, ils auroient esté aduertis que le peuple faisoit grand bruit dans la Salle, & mesme dans les ruës, disans qu'il vouloit auoir la signature du Mazarin, & la faire brusler par le bourreau: Messieurs de Beaufort, & le Coadjuteur furent priez de sortir pour l'appaiser, ce que n'ayant pû faire, & iceux rentrez, Messieurs auroient encor retardé quelque temps, pendant lequel on proposa à monsieur le premier President de sortir, & Messieurs aussi par des greffes, qui conduisent en son logis, ce qu'il auroit desapprouué, disant; si le peuple est si fort animé, quand il apprendra que nous serons tous euadez, il s'eschaufera dauantage, & nostre timidité luy donnera la hardiesse d'entreprendre, & de venir nous attaquer en nos maisons, ce qu'il n'oseroit si nous tesmoignõs le mespriser: ie veux sortir & aller par le chemin & à la façon ordinaire, & perir plustost que de tesmoigner de la lascheté; & incontinent apres il sortit, & les Presidens, les Huisfiers marchans deuant, y ayant vne telle presse qu'en descendant les degrez ils estoient portez par la foule du peuple: en fin tous les Messieurs se retirerent par differens endroits sans autre desordre, sinon qu'ils entendoient dans les ruës, & par tout des discours insolens qu'il falloit feindre ne pas entendre.

Suite du 13. Mars & la fin de ce qui s'est fait à Paris.

AVssi tost l'Arresté cy-dessus & la Cour leuée, Messieurs les Generaux allerent à l'Hostel de Ville pour conferer ensemble sur leurs demandes, & en dresser les articles afin de les donner à M. le premier President.

Le Dimanche 14. Mars 1649.

CE iour toutes les Chambres où estoient Messieurs le Prince de Conty, les Ducs, Generaux, & autres cy-dessus, monsieur le premier President auroit dit d'abord qu'il auoit assemblé la Compagnie pour ouurir & deliberer sur des lettres enuoyées par le Roy à la Cõpagnie, & aussi tost les Gẽs du Roy entrez, M. Talõ auroit dit que M. le Procureur General auoit reçeu vne lettre de la part du Roy pour la Compagnie, laquelle ayant dõnée à M. Mesnardeau, lors au bureau, qui contenoit que sa Majesté auoit appris l'Arresté du iour precedent, & ne croyoit pas que les Generaux eussent d'autres interests que ceux portez par le traicté signé par les Deputez en qualité de Plenipotentiaires, lequel elle vouloit estre executé, que par apres lesdits Generaux pourroient enuoyer quelqu'vn de leur part à S. Germain pour traitter de leurs interests particuliers s'ils en auoiẽt aucuns. Apres laquelle lecture, M. Talon ayant repris la parole, dit que le Sieur Saintot maistre des Ceremonies, estoit à la porte qui demandoit à parler à la Compagnie pour luy donner deux lettres, l'vne de la part de M. le Duc d'Orleans, & l'autre de M. le Prince, lequel Saintot entré & assis au bureau, ayãt presenté lesdites lettres l'vne apres l'autre, lecture auroit esté faite d'icelles. Elles contenoient qu'ils s'estonnoient du retardement que l'on apportoit à l'execution dudit traicté pour le fait des Generaux, dont les interests, si aucuns auoient, se pourroient trouuer apres le traicté & en execution d'iceluy.

Aussi-tost les Gens du Roy, & le Sieur de Saintot retirez, monsieur d'Elbeuf prenant la parole, auroit dit que le iour precedent, Messieurs les Generaux luy auoient declaré que leurs interests estoient ceux de la Compagnie, & qu'ils estoient prests à souscrire à ce qu'elle ordonneroit: à quoy monsieur le premier President auroit respondu qu'elle leur auoit grande obligation de leurs respects & ciuilitez, & que continuant en ce dessein de sortir d'vn pas si glissant, chacun tres-volontiers entreroit dans leurs interests; qu'ils eussent à considerer que le peuple ne veut plus donner d'argent, qu'il y a peu de viures, & peu de gens de guerre, que l'on est prest d'entrer en vne guerre Ciuile, qui sera difficile à esteindre; Que les articles ont esté leuz dans les autres Compagnies souueraines qui en ont tesmoigné satisfaction, que s'ils auoient esté leuz en cette

Comque s'ils les auoient leus en ceste Compagnie, & les raisons entenduës, suiuant qu'elles sont contenuës au procez verbal qui en a esté dressé châque iour; on ne l'auroit peut estre pas accusé comme l'on a fait le iour precedent: au contraire il y a lieu de croire que l'on auroit satisfait les Deputez, n'y ayant rien fait qu'en leur conscience & à bon dessein, ce que la fin feroit voir.

Monsieur de la Motte auroit dit, que s'ils auoient eu de l'argent, ils auroient fait venir des viures; que pour ses interests il les remettoit à la Compagnie.

Ce qu'ayant esté aussi dit, & presqu'en mesmes termes par Monsieur de Boüillon, Monsieur Charton auroit dit que l'arresté du iour precedent portoit, que Messieurs retourneroient à sainct Germain; & que par consequent les Lettres du Roy ne pouuoient en retarder l'execution.

Surquoy plusieurs de Messieurs ayant dit que cela n'estoit pas; Monsieur le premier President dit qu'il falloit opiner, ledit sieur Charton reprenant la parole, dit; qu'il auoit veu copie du Traité, & qu'il n'y auoit rien que de tres-desaduantageux à la Compagnie & au public; que l'on y auoit disjoint les interests de tous ceux qui s'estoient vnis contre la pensée & l'intention de Messieurs, qui n'ont jamais entendu qu'à vne parfaite & tres-estroite vnion.

Quelques-vns ayant dit qu'il falloit faire lecture dudit arresté, & opiner sur ce qu'il y auoit à faire, Monsieur le premier President auroit repliqué qu'il en auoit enuoyé autant à sainct Germain, & auroit aussi-tost demandé l'aduis à Messieurs Crespin & Cheualier, qui auroit esté de lire le procez verbal & les Articles.

Monsieur de Broussel auroit dit, que le seul interest de la Compagnie estoit le maintien de l'authorité du Roy & la conseruation du public, auquel Messieurs les Generaux s'estoient joints; Qu'il falloit bien prendre garde de ne rien faire qui pust approuuer lesdits Articles, partie desquels alloient à sapper l'authorité de la Compagnie; que par le moyen de l'arresté enuoyé à Messieurs les Deputez, faute d'auoir esté satisfait à la quantité de bleds promise, leur pouuoir auoit esté reuoqué, & ainsi ils l'auoient outrepassé dans la conclusion des Articles; Qu'il estoit asseuré que le procez verbal ayant esté leu dans les autres Compagnies, ils auoient trouué lesdits Articles estranges, & qu'ils marquoient quelque insigne violence ou forte impression sur l'esprit de Messieurs.

Surquoy Monsieur le premier President ayant voulu l'interrompre, pour dire qu'il estoit vray que lesdits Articles auoient esté approuuez desdites Compagnies; jusques là, que les Deputez auoient esté remerciez en leurs logis: ledit sieur de Broussel auroit insisté, qu'il estoit asseuré & certain de ce qu'il disoit, & n'auoit pas accoustumé de rien aduancer, dont il ne fust parfaitement instruit:

qu'il estoit que lesdits Articles auoient esté trouuez estranges; & ainsi, que son aduis estoit de demeurer vnis auec Messieurs les Generaux ; & que lors que Messieurs auroient satisfait à l'arresté du iour precedent, & fait dresser vne Declaration, estant apportée au Parlement on la discuteroit.

L'aduis en suitte ayant esté demandé à tous les Messieurs, les vns allans à demeurer à l'arresté, les autres, à lire ledit procez verbal & les Articles, il auroit passé, que sans s'arrester à la Lettre de Cachet, on feroit lecture du procez verbal & des Articles, pour deliberer sur iceux ; & d'autant qu'il estoit trois heures apres midy ; Messieurs estant assemblez depuis le matin, la deliberation auroit esté remise au lendemain huict heures.

Addition seconde. Le mesme du Boille qui auoit esté le iour precedent au Palais, y retourna encore, mais il en trouua les portes fermées, & les aduenuës gardées par des Compagnies de Bourgeois que l'on y auoit fait venir, & à qui l'on auoit fait prendre les armes par tous les quartiers.

On publia l'ouuerture des passages, & ordre de laisser entrer & sortir les portes de Paris en toute liberté, sans arrester ny foüiller.

Le Mareschal du Plessis, qui commandoit à sainct Denys, escriuit à Monsieur de la Ville, qu'il auoit beaucoup de regret de tout ce qu'il auoit esté obligé de faire, qu'il auoit ouuert les passages, asseurant que l'on pouuoit aller en toute liberté trafiquer dans sainct Denys, qu'il auoit fait pendre deux soldats pour auoir fait insolence à quelques Bourgeois : plusieurs allerent à sainct Denys, mais il n'y auoit presque point de bled.

Il arriua quelques batteaux de Meaux, mais les marchands firent leur plainte, que d'Amboise qui commandoit dans Lagny, leur auoit fait payer deux mille escus en passant, & qu'outrece les troupes du Comte de Grancé qui estoient le long de la riuiere dans des villages au dessous de Lagny, pilloient ou faisoient donner de l'argent aux marchands, qui disoient qu'ils ne viendroient plus si l'on ne mettoit ordre à leur seureté.

Le Lundy 15. Mars 1649.

CE iour toutes les Chambres assemblées à l'heure qui auoit esté arrestée le iour precedent, où se trouuerent Monsieur le Prince de Conty, les Ducs d'Elbeuf, de Beaufort, de Boüillon, de Luynes, de Brissac, le Mareschal de la Motte, & le Coadjuteur; le Palais enuironné de gardes des Compagnies de Bourgeois que l'on auoit fait venir pour empescher que l'Assemblée ne fust troublée. Monsieur le premier President auroit dit d'abord qu'il se falloit escouter les vns les autres dans vn moment qui nous deuoit estre cher, & auquel il s'agissoit du salut ou de la perte & ruine totale du Royaume, que le nerf de la guerre estoit affoibli, les troupes leuées peu suffisantes pour s'opposer à celles du party contraire; & enfin que nous estions hors d'estat de pouuoir soustenir plus long-temps la guerre.

A cela Messieurs le Prince de Conty & de Beaufort auroient respondu, que les troupes estoient en nombre suffisant pour faire ouuerture d'vn passage, & que si l'on assembloit le corps des bons Bourgeois, pas vn ne resisteroit à contribuer en vne occasion si importante.

Et Monsieur de Boüillon auroit adjousté que les troupes estoient à present de huict mille hommes de pied, & de trois mille Cheuaux, plus que suffisantes pour faire ouuerture des passages que l'on desiroit pour fournir Paris de viures & autres choses necessaires; veu mesme l'impuissance du party contraire qui estoit obligé, & commançoit desia d'enuoyer des troupes sur la frontiere, qu'il sembloit qu'on voulust leur imputer de ne l'auoir pas fait dés le commencement qu'ils sont entrez dans les interests du Parlement; mais que ç'auoit esté par prudence, afin de ne pas exposer de nouuelles troupes à la fureur des ennemis; qu'ils ont porté ce retardement auec plus de desplaisir, que Paris n'en a souffert de peine & d'incommodité; qu'ils attendoient pour joindre les troupes auec des vieilles pour apres produire l'effet, tel que l'on pouuoit souhaiter, mais que l'on donnoit si peu d'ordre, que de present mesmes le pain de munition manquoit.

Monsieur le premier President repartit que par l'estat de la reueuë, les troupes ne se trouuoient pas si fortes que l'on venoit de dire, & que tous les passages à present ouuerts valloient mieux que la promesse d'en faire ouurir vn.

A quoy Monsieur de Boüillon & tous les Generaux auroient répondu qu'ils estoient responsables de leur vie de ce qu'ils alleguoient, & qu'estans obligez d'aller à la teste de leurs troupes, ils periroient si ce qu'ils exposoient n'estoit veritable.

En suitte de quoy Monsieur le premier President apres auoit fait vne briéue relation de ce qui s'estoit passé à Ruel, & s'estre remis du destail au procez verbal de la Conference, auroit fait la lecture dudit procez verbal, & des Articles ainsi qu'ils sont inserez cy-dessus, du vnziesme du present mois & iour precedens, depuis le quatriesme qu'auoit commencé icelle Conference, ausquels le lecteur est renuoyé.

Ladite lecture acheuée, Messieurs auroient opiné sur ce qu'il y auoit à faire: Monsieur Cheualier en l'abscence de Monsieur Crespin auroit commencé d'opiner, & esté d'aduis de prier la Reyne de faire dresser la Declaration, pour icelle enuoyée au Parlement, y estre deliberé article par article.

Monsieur Broussel auroit d'abord esté d'aduis de ne point considerer lesdits Articles: mais voyant qu'il y auoit grande contrarieté & diuision dans les opinions, auroit formé celuy auquel tous Messieurs seroient reuenus, & auquel il auroit passé; sçauoir de dresser l'Arrest en ceste sorte.

La Cour, suiuant la Lettre du Roy receuë le iour precedent, accepte l'accommodement & traité; & a ordonné que les Deputez du Parlement retourneront à sainct Germain pour faire instance d'obtenir la reformation de quelques articles d'iceluy traité; sçauoir de celuy d'aller tenir vn lict de Iustice à sainct Germain, prier sa Majesté d'en dispenser le Parlement: de celuy des Assemblées des Chambres, la prier aussi de les permettre en certains cas: & pour l'article des prests, les oster: estant celuy qui choque le plus, & qui donne le plus d'apprehension de mauuais traitemens à l'aduenir; comme aussi pour traiter des interests de Monsieur le Prince de Conty, & de Messieurs les Generaux, qu'ils donneront par escrit pour estre compris dans vne mesme Declaration, si mieux ils n'ayment deputer vn ou plusieurs d'entreux: & de traiter aussi des interests de Monsieur de Longueuille, du Parlement de Normandie, & de tous ceux qui se sont engagez dans ce party.

Cela aussi arresté par l'aduis de Monsieur de Broussel, suiuy de tous Messieurs, apres s'estre dit en opinant plusieurs paroles de chaleur & aigreur, vn de Messieurs dit, que quelques-vns des Deputez auoient mis le Parlement dans le bourbier, & qu'il l'y laissoit; la Cour se leua, ayant trouué au sortir vne si grande multitude de peuple qu'à peine Messieurs & les Presidens pouuoient-ils passer, tout le monde criant la Guerre: quand vn des Messieurs sortoit dans la ruë, il estoit arresté par les Bourgeois mesmes: & par des femmes, demandant, Et bien qua-t'on fait, a-t'on conclu la Paix ou la Guerre? Monsieur de Coré President aux Enquestes, fut pris & mené sur le Quay, proche l'Orloge du Palais par la populace, qui alloit le jetter dans la riuiere, sans Benicour Clinqualier; qui le tira des mains de ce peuple, le mena à son logis, d'où il le fit sortir trauesty. Il auoit esté d'aduis de ne point tenir les articles qu'auoient signez les Deputez.

Du Mardy 16. Mars.

CE iour les Chambres assemblées à l'ordinaire, où estoient tous Messieurs los Generaux cy-dessus, horsmis monsieur le Prince de Conty; Monsieur le premier President auroit dit; Qu'il auoit enuoyé le iour precedent l'arresté de la Compagnie, & escrit pour obtenir des passeports, attendant que la cessation d'armes qui auoit esté accordée pour quatre iours, finissoit le soir, qu'il attendoit responce: Qu'il auoit aussi enuoyé à monsieur le Prince de Conty; sçauoir s'il desiroit renouueller vne surseance d'armes; Que s'il le trouuoit bon, il l'obtiendroit pour huictaine. Monsieur de Beaufort respondit, que cela dependoit dudit sieur Prince de Conty, qui estoit Generalissime.

En suitte auroit esté proposé de lire l'arresté du iour precedent, lequel ayant esté leu, plusieurs de Messieurs, & entre autres monsieur de Machault dit, qu'il y auoit quelque changement, qu'au lieu de mettre faire instance, & obtenir, l'on auoit mis faire instance d'obtenir. Dequoy monsieur le premier President offensé, auroit dit, que cela ne se pouuoit souffrir, qu'il n'y auoit plus rien de certain dans les resolutions de la Compagnie, que l'on y apportoit de iour à autre de nouueaux doutes, puis se seroit leué pour s'en aller; mais estant retenu par quelques vns de Messieurs, & cela ayant causé grand bruit, ledit sieur de Machault auroit dit, qu'il se soubmettoit à tout ce qu'ordonneroit la Compagnie si cela n'estoit: Et quelqu'vn de Messieurs entré, auroit dit que le bruit s'entendoit par tout le Palais, & que le peuple croyoit qu'il y eust diuision dans la Compagnie; Qu'en venant au Palais dans son Carosse auec trois de Messieurs, quatre des gardes qui gardoient le Palais, les auoient couchez en jouë, iurant le nom de Dieu, que s'ils sçauoient qu'il y eust quelqu'vn des trois qui fût Mazarin ils le tueroient. Monsieur le Febure de la quatriesme des Enquestes, auroit aussi dit, que dix hommes tenans pareil discours l'auoient arresté, ce qu'ayant esté encor confirmé par plusieurs autres de Messieurs, ausquels on auoit fait semblables menaces.

Monsieur le premier President auroit dit, que cela se faisoit sur quelques rapports de personnes qui vouloient broüiller la Compagnie, & qu'hyer la robbe de monsieur d'Emery President aux Enquestes, auoit esté déchirée, & luy traisné pour estre jetté dans la riuiere, sans qu'il fut sauué par vn amy qui le poussa dans vne boutique: adjoustant qu'il estoit contre tout ordre, & discipline, de dire que les choses fussent changées, apres qu'elles ont esté leuës & releuës en la Compagnie, & que les mots de faire instance & obtenir estant opposez, il n'estoit pas croyable qu'ils fussent eschappez à la Compagnie.

Monsieur le premier President en eust dit dauantage, si monsieur de Champlastreux ne fust entré, qui auroit dit que le sieur Saintot estoit à la porte, qui demandoit à parler à la Compagnie, lequel entré dit qu'il n'auoit ordre de parler qu'à monsieur le premier President. Et ledit sieur premier President leué & entré en quatriesme auec ledit sieur Saintot, seroit tost apres retourné, & ayant repris sa place auroit dit, qu'il auoit receu lettre de Monsieur le Tellier, laquelle par la lecture que ledit sieur premier President en fit, contenoit la satisfaction qu'auoit receüe sa Majesté de l'arresté du iour precedent, qu'il enuoyoit Passeports pour Messieurs les Generaux, desquels il attendoit dans le iour les Deputez.

Ledit sieur Saintot apportoit aussi vne cessation d'armes pour six iours, laquelle auroit esté renuoyée à Monsieur le Prince de Conty pour l'accepter ou refuser, & ledit sieur Prince de Conty l'auroit prise pour trois iours seulement, sçauoir Mercredy, Ieudy & Vendredy, dans lequel temps il y auoit lieu d'esperer que la paix seroit faite ou tout rompu.

En suitte de ce seroit entré le sieur Myron Conseiller & Deputé du Parlement de Roüen, auquel Monsieur le premier President auroit demandé s'il auoit ordre de sa Compagnie, & auroit ledit sieur Myron fait response, qu'il auoit les Memoires concernans leurs interests; sur quoy ledit premier President luy auroit reparti qu'il pouuoit donc aller à la Conference.

Et aussi-tost Monsieur de Boüillon prenant la parole auroit dit, que les troupes n'auoient ny armes, ny argent pour subsister, qu'il estoit necessaire d'y pouruoir; à quoy ledit premier President auroit respondu qu'il falloit aller au Conseil de guerre chez Monsieur le President de Bellieure, & Radigues Secretaire de la Cour, auroit esté commandé d'aller aduertir les autres Compagnies Souueraines de s'y trouuer: apres quoy la Cour se seroit leuée, ayant arresté qu'au cas que les affaires ne s'accommodassent point, le Parlement demeureroit vny auec Messieurs les Generaux.

Addition. Ce iour Messieurs du Grand Conseil receurent lettre du Roy, par lesquelles sa Majesté les dispensoit de l'ordre à eux cy-deuant enuoyé pour aller tenir le siege de leur jurisdiction en la ville de Mante, leur permettant sadite Majesté de faire & exercer la fonction de leurs charges à Paris, sur lesquelles cette Compagnie assemblée auroit arresté de recommencer le lendemain & l'auroit fait publier au lieu où elle tient sadite jurisdiction.

Messieurs les Preuost des Marchands & Escheuins, firent publier par la ville deffenses d'emporter hors d'icelle aucunes poudres, plomb, mesches & autres munitions de guerre, ayant esté descouuert que plusieurs en emportoient dans des coffres sur des cheuaux & mesmes dans des Carosses, & de ce iour on recommença à foüiller & visiter ce qui sortoit, ce qui n'auoit point esté fait depuis la cessation d'armes, pour voir si l'on emportoit des mesches, poudres, &c.

On eut nouuelles que la ville du Mans s'estoit declarée pour Paris, que Monsieur de la Boulaye y estoit entré le treiziesme de ce mois auec soixante maistres seulement, & en auoit chassé le sieur de Lauardin qui y leuoit des troupes, auec l'Euesque du Mans son frere, qui y fut aussi contrainct d'en sortir; que de là ledit sieur de la Boulaye estoit allé auec son armée vers la Fleche, pour apres aller à Angers, son armée estant de quatre à cinq mille hommes.

Ledit iour 16. Mars & premier de la seconde Conference pour la paix.

CE dit iour Messieurs les Deputez du Parlement partis incontinent apres le disner, pour aller à Ruel y moyenner vn accommodement au contentement de tout le monde, y seroient arriuez sur le soir, ayant esté conduits sans escorte par le sieur Saintot & logez audit lieu par son ordre; sçauoir Messieurs les Presidens dans le Chasteau, & Messieurs les Conseillers dans les meilleurs logis du Bourg. Incontinent apres leur arriuée Monsieur le premier President auroit enuoyé les prier de se rendre chez luy, pour conferer tous ensemble sur ce qu'ils auoient à faire pour le lendemain; Estant assemblez chez ledit sieur premier President, il leur auroit fait entendre que Monsieur le Prince de Conty & Messieurs les Generaux luy auoient mis entre les mains les propositions de leurs demandes & de leurs interests particuliers, & qu'il estimoit que l'on en deuoit faire lecture, afin d'estre mieux instruits & preparez le lendemain; & aussi-tost auroient lesdites propositions esté données à Monsieur Brissonnet Maistre des Requestes, lequel en auroit fait lecture.

Apres laquelle lecture la Compagnie auroit souppé auec ledit sieur premier President qui l'en auoit conuiée, & apres le souper se seroit retiré chacun en son logis, ayant arresté de partir le lendemain sur les huict heures du matin, pour se rendre à sainct Germain à l'heure & selon l'ordre qu'auoit apporté le sieur Saintot, & trauaillerent ainsi que pourrez voir par les procez verbaux, qui sont imprimés au long & de suitte.

Le Mercredy dix-septiesme Mars 1649.

CE iour toutes les Chambres assemblées, M. le President de Nouion qui presidoit par l'indisposition de Monsieur le President de Bellieure auroit d'abord dit, que Messieurs les Generaux ayans demandé six iours de surseance, on en auoit accordé trois, mais qu'ils demandoient la subsistance pour leurs soldats: Surquoy vn des Messieurs auroit dit que cela estoit absolument necessaire pour les empescher de faire des courses & actes d'hostilité, qui seroit manquer à la foy & contre le droit des gents pendant vne suspension d'armes; & ledit sieur President de Nouion auroit dit, qu'il auoit vn memoire pour faire payer ceux qui n'auoient encor payé leur taxe de Corbie; que le iour precedent il auoit esté arresté au Conseil de guerre d'exciter ceux de Messieurs qui n'auoient satisfait, de le faire, dequoy ils auroient esté priez pour le lendemain; & Messieurs les Maistres des Requestes pareillement, à quoy Monsieur de Laffemas auroit respondu qu'il feroit son possible pour faire assembler dans le iour sa Compagnie, mais que l'on faisoit payer les Compagnies Souueraines des doubles & triples taxes & qu'on espargnoit les Partisans, dont aucuns n'auoient encor rien payé. Monsieur l'Allemant dit, qu'il auoit esté arresté au Conseil de guerre le iour precedent, de les enuoyer contraindre dans le iour, & faute de payement enuoyer le lendemain garnison en leurs maisons.

En suitte il auroit esté arresté de mander le Preuost des Marchands & Escheuins, pour leur dire que de 300000. liures qu'ils doiuent payer, n'en ayant payé que 40000. liures, ils deuoient faire effort pour payer le reste & s'obliger en leurs noms.

Cela fait, Monsieur de Broussel auroit rapporté vne Requeste presentée par le sieur de la Iacquiere Mareschal des logis du Marquis de la Boulaye, tant pour lui que pour cinquante deux soldats arrestez prisonniers, & despoüillez contre la foy publique par le Gouuerneur de Melun, pour auoir permission de saisir par droit de represailles, ce qui se trouueroit appartenir audit sieur Gouuerneur: ce qui lui auroit esté permis.

Et en suitte, lecture auroit esté faite d'vne lettre enuoyée par Monsieur de Longueuille du 15. Mars, par laquelle il donnoit aduis qu'ayant appris le traitté de Paix, il auoit fait filer partie de ses troupes vers Evreux & retenoit les autres autour de Roüen: Que le Mans s'estoit declaré, comme feroient plusieurs autres Prouinces; Qu'il auoit eu Passeport pour traicter de ses interests; & que lors que toutes les Compagnies auroient deputé, il y enuoiroit pareillement; & qu'estant vni auec elles, il n'auroit iamais d'autres interests que les leurs: Sur quoy auroit esté arresté, que l'on feroit response audit sieur de Longueuille, & que l'on enuoiroit sa lettre à Monsieur le premier President.

Il estoit desia tant arriué de bled à Paris que l'on ne craignoit point, Que les Marchez en regorgeoient, chacun en ayant fait prouision.

Le Iendy dix-huictiesme Iuillet 1649.

CE iour les Chambres assemblées, Messieurs qui auoient esté commis & priez de receuoir les taxes par les Chambres, ayant dit les auoir receües & porté l'argent chez Cramoisy, à la reserue des Maistres des Requestes, qui auoient promis de s'assembler le matin pour y aduiser; Monsieur le President de Nouion auroit dit, auoir receu lettre de M. le premier President, qui lui mandoit auoir enuoyé des Passeports pour Monsieur de Longueuille, & pour les Compagnies Souueraines de Roüen; qu'il esperoit que tous actes d'hostilité cesseroient; mais que le temps de la suspension finissant le lendemain, si Monsieur le Prince de Conty le souhaittoit, il en demanderoit vne pour quatre iours qu'il se promettoit d'obtenir. Et en mesme temps ledit sieur President de Nouion auroit prié Monsieur le Duc de Luynes de l'aller demander audit sieur Prince de Conty pour en donner la response; Monsieur le Coadjuteur auroit dit, que nonobstant cette suspension, le iour precedent, la maison de son pere auoit esté pillée, que l'on y auoit commis tous les actes d'hostilité & les cruautez imaginables, ce qui fut confirmé par ledit sieur de Luynes, & dit que les Allemans faisoient vers S. Denys des choses qui ne s'estoient iamais veües parmi des Barbares; Monsieur le Clerc Conseiller auroit dit, que les soldats de ce parti commençoient à faire comme les autres, & qu'il y falloit mettre ordre.

Apres cela le sieur Miron deputé de Roüen entré auroit dit, qu'il venoit reïterer à la Compagnie les affections de la sienne, & qu'encor qu'on eust arresté & signé des Articles dans le Parlement de Roüen; que neantmoins estimant toutes les actions de cet Auguste Corps; sadite Compagnie trouuoit bon

bon tout ce qui en partoit : & ayant presenté lettres dudit Parlement, qui contenoit en substance ce qu'il venoit de dire, & que l'on obtint des Passeports pour enuoyer des Deputez dudit Parlement & des autres Compagnies Souueraines ; Monsieur le President de Nouion luy auroit dit, que cette Compagnie auoit tousiours eu en particuliere recommandation tous leurs interests ; Que luy sieur Myron sçauoit bien de quelle façon elle auoit agy, & que les Passeports estoient expediez & enuoyez suiuant l'aduis qu'il en auoit receu de Monsieur le premier President.

Et iceluy Deputé de Roüen retiré, Monsieur Brussel auroit rapporté vne Requeste pour informer de l'enleuement de huict Cheuaux, au prejudice de la trefve & suspension d'armes : ce qu'il auroit obtenu.

Et Monsieur Baudouin Conseiller déchargé de douze bras d'argent pesant enuiron 400. Mars, qu'il auoit portez à la Monnoye suiuant l'ordre qu'il en auoit receu de la Cour le iour precedent.

Ce iour vn bruit qui courut dés le matin que tout estoit rompu, & qu'il n'y auroit plus de trefve, auoit fait encherir le bled, dont il venoit abondance, & chacun redoubloit ses prouisions, d'apprehension que la guerre ne recommençast ; mais les nouuelles qui vinrent de sainct Germain, auroient asseuré du contraire : ce qui auoit donné lieu à ce bruit, estoit que deux mille Allemans sortis de sainct Denys, qui auoient couché à Daumartin estoient reuenus sur leurs pas, & auoient volé tout ce qu'ils auoient trouué en la Campagne & empesché les Boulangers de Gonnesse de venir.

Sur les dix heures du soir seroit arriué vn Courier de sainct Germain, qui apportoit vne suspension d'armes pour quatre iours : aussi-tost Monsieur le President de Nouion seroit allé à l'Hostel de Ville, mener ledit Courier à Monsieur le Prince de Conty. Monsieur le premier President mandoit que l'on offroit aux Deputez du Parlement ce qu'ils auoient demandé ; mais qu'il n'y auoit rien de fait, dautant que l'on demandoit, qu'au cas que Messieurs les Generaux ne peussent s'accommoder, le Parlement se desvnisse d'auec eux, ce qui ne pouuoit pas s'accorder.

Pendant les temps de trefve, tous ceux de la Cour venoient à Paris, fort satisfaits de reuoir que leurs amis n'auoient pas souffert le mal qu'on leur auoit preparé, & qu'à S. Germain on publioit que les Parisiens enduroient.

Le Mardy dix-neufuiesme Mars 1649.

CE iour toutes les Chambres assemblées à l'ordinaire, où estoit Monsieur le Mareschal de la Motte, Monsieur le President de Nouion auroit fait voir à la Cour, la response de Monsieur le premier President à la lettre qu'il luy auoit enuoyée ; lecture d'icelle faite, elle contenoit que ledit sieur premier President auoit donné ordre pour faire cesser tous actes d'hostilitez, qu'il estoit en peine pourquoy Monsieur le Prince de Conty ne demandoit point vne nouuelle surseance, & qu'il l'obtiendroit aussi-tost s'il la desiroit : & Monsieur de Nouion auroit dit, qu'estant allé chez ledit sieur Prince de Conty, & n'ayant pû luy parler, il auoit supplié Monsieur le Coadjuteur de sçauoir son intention ; lequel auoit promis d'en venir ce matin rendre compte à la Compagnie, qu'il estoit cependant necessaire de trouuer de l'argent pour euiter les desordres que les soldats commençoient desia de commettre. Dequoy Monsieur Boucherat Maistre des Requestes se seroit plaint en son particulier qu'ils auoient tout pillé chez luy, dont il auoit fait dresser procez verbal; Sur quoy quelques-vns des Messieurs auroient dit, qu'il y en auoit dans la Compagnie plusieurs lesquels n'auoient pas payé, & qu'il les falloit nommer; à ce Monsieur de Nouion auroit répondu n'estre pas raisonnable, & qu'il aymeroit mieux payer de sa bourse, qu'il falloit seulement les inuiter à ce faire, & auroit aussi-tost prié Messieurs les Maistres des Requestes de rendre raison à la Compagnie de ce qu'ils auoient fait; vn desquels dit, que le iour precedent ils s'estoient assemblez; mais à cause du petit nombre qui estoit à cette assemblée, ils auoient remis à ce iour: & quelqu'vn de Messieurs ayant reparti que c'estoient des remises affectées: Monsieur de Nouion auroit dit, que donnant de si bonnes paroles, il falloit attendre la response du lendemain.

En suitte de ce Monsieur Baron Conseiller auroit fait lecture de l'interrogatoire de Launay Graué; sur lequel ayant opiné, & quelques-vns estant d'aduis de luy faire paracheuer son procez, d'autres à le mettre à la garde d'vn Huissier, & les autres, enfin, à quoy il auroit passé à le condamner à trois mille escus ausquels il estoit taxé, & 3000. li. pour trois mois de subsistance.

Aussi-tost Monsieur de la Motte auroit dit, que Monsieur le Prince de Conty acceptoit la tresve & surseance d'armes, laquelle finissoit le soir de ce iour pour trois iours, pendant lesquels il falloit pouruoir à la subsistance des gens de guerre.

En suitte de ce vn Huissier ayant aduerti, que le sieur de Lislebonne estoit à la porte, & qu'il demandoit à parler à Monsieur le President de Nouion, Guyet Greffier auroit esté commandé d'aller voir ce qu'il desiroit: il dit audit Guyet que Monsieur d'Elbeuf son pere n'ayant pû venir, il l'auoit chargé de venir donner aduis, que le Prince d'Harcour son frere estoit entré à Monstreüil, il auoit creu estre de son deuoir d'offrir la place à la Compagnie: ce que ledit Guyet ayant rapporté audit sieur de Nouion, il l'auroit fait entendre à la Compagnie, laquelle auroit enuoyé aussi-tost remercier ledit sieur de Lislebonne.

Quelques-vns des Messieurs s'estans plains, que la Compagnie ne sçauoit point ce qui se passoit à la Conference, & qu'il falloit enuoyer prier Messieurs les Deputez d'en donner aduis; ledit sieur President de Nouion auroit respondu que cela seroit assez difficile, parce qu'en vn moment vne proposition pouuoit changer plusieurs fois de face, & que lesdits sieurs Deputez ayant plein pouuoir cela seroit inutile.

Apres quoy vn de Messieurs se seroit encor plaint, qu'il y auoit plusieurs batteaux chargez de bled, lesquels estoient au dessus de Melun prests à descendre, mais que les faux-bruits que faisoit courir le parti contraire, détournoient les Marchands de les faire venir; dequoy Monsieur de Nouion auroit esté supplié d'escrire à Monsieur le premier President, pour donner ordre que lesdits batteaux pûssent arriuer à Paris; puis il demanda les Arrest de Cantarini & de Ser-Antoni pour les signer, en payant par eux la somme à laquelle ils ont esté taxez.

Le Samedy vingtiesme Mars 1649.

CE iour toutes les Chambres assemblées à l'ordinaire, où se trouuerent Monsieur le Prince de Conty, Messieurs les Ducs d'Elbeuf, de Beaufort, le Mareschal de la Motte & le Coadjuteur, Monsieur le President de Nouion seul President à cause de l'indisposition de Monsieur le President de Bellieure, qui continuoit depuis quelques iours, M. le Procureur General entré auroit dit, Que les Escheuins estoient à la porte & demandoient à parler à la Compagnie, lesquels mandez & entrez auroient dit, que le Lundy suiuant 22. de Mars, estoit le iour auquel se faisoit ordinairement la procession pour la reduction de la ville de Paris, qu'ils supplioient la Compagnie de leur dire si elle desiroit y assister: A quoy ayant esté respondu par ledit sieur President de Nouion, que la Cour en alloit deliberer, & qu'ils attendissent à la porte: Eux sortis & l'affaire mise en deliberation, auroit esté arresté d'en escrire à Monsieur le premier President, pour obtenir lettre de Cachet du Roy en la forme ordinaire; & aussi-tost lesdits Escheuins mandez & rentrez leur auroit esté dit l'arresté, & qu'ils deuoient payer leur taxe suiuant ce qu'il leur auoit tant de fois esté dit; & qu'ils auoient mesme pris des Quarteniers l'argent qu'ils auoient receu des particuliers: à quoy Fournier ayant respondu que c'estoit pour employer aux affaires publiques, & qu'ils n'en auoient pas profité, leur auroit esté reparti, qu'ils deuoient rendre ledit argent & payer leur taxe au peril de leur Buffet; à quoy ledit Fournier auroit repliqué, qu'il estoit desia trop engagé.

Aussi-tost lesdits Escheuins sortis, Monsieur de Nouion auroit dit, qu'il auoit receu lettre de Monsieur le premier President, qui mandoit que la Reyne auoit receu auec joye la tresve de trois iours; qu'il auoit donné ordre pour faire cesser tous actes d'hostilité, & qu'il falloit faire le mesme à Paris & laisser la liberté des passages; Monsieur le Prince de Conty dit, que l'ordre que l'on auoit apporté d'obliger à prendre Passeport, & qui ne se refusoit à personne; comme aussi de faire visiter les Carosses & bagage, estoit pour empescher que l'on ne transportast hors de Paris l'argent, poudre, plomb, mesches, &c. Comme on auoit fait au commencement que la liberté fut donnée toute entiere pour aller & venir.

Puis Monsieur de Nouion ayant demandé à Messieurs les Maistres des Requestes, ce qu'ils auoient fait touchant leurs taxes; Monsieur de Harlay l'vn d'iceux & le plus ancien de ceux qui estoient ce iour de seruice, dit, qu'ils s'estoient trouuez en si petit nombre, à cause de l'assemblée qui s'estoit faite chez Monsieur leur Doyen, touchant vne lettre qu'ils auoient receu de Monsieur le Chancelier qui mandoit le quartier, qu'ils n'auoient point deliberé: ce qui auroit donné lieu à quelques-vns des Messieurs de dire, qu'il falloit deliberer si on souffriroit lesdits sieurs Maistres des Requestes, abandonner Paris, d'où tout le monde s'en alloit; plusieurs mesmes disans qu'il falloit leur deffendre de sortir: Monsieur le President de Nouion auroit eludé cette deliberation, en disant qu'il falloit voir ce qu'il y auoit à faire touchant ceux, tant de Messieurs les Conseillers, que desdits sieurs Maistres des Requestes qui n'auoient point payé leurs taxes: & sur ce ayant esté opiné, & les vns allant à l'interdiction, les autres à saisir les biens & gages de ceux qui se trouueroient en demeure; il auroit passé à les nommer, si dans Mardy suiuant ils n'auoient satisfait.

En suitte Monsieur le Prince de Conty auroit dit, que lui & Messieurs les Generaux auoient enuoyé le Comte de More à sainct Germain porter leur derniere resolution, de laquelle ils vouloient donner part à la Compagnie; declarant qu'ils n'ont donné leurs pretensions, dont ils ont chargé leurs Deputez, que par la necessité où ils se sont trouuez, de chercher leur seureté, en cas que le Cardinal Mazarin demeure dans le Ministere: & protestent de renoncer à leurs interests particuliers, dés le moment qu'il en sera exclus; mais en cela comme en toutes autres choses, ils se soubmettent au sentiment du Parlement, duquel ils protestent de ne se point vouloir des-vnir: declarant qu'ils ne se sont iamais joincts à cette Cõpagnie que pour la Paix generalle, le soulagement des peuples, & la conseruation de la ville de Paris: que de ce il auoit esté dressé memoire signé de luy sieur Prince de Conty, lequel il auroit requis estre inseré & mis au Greffe de la Cour: A quoy Monsieur de Nouion prenant la parole auroit reparti, que la Compagnie estoit tres-obligée des témoignages de leur bien-veillance, de laquelle, tant enuers la Compagnie, que le peuple, iamais personne n'auoit douté, & que tous estoient dans leurs mesmes sentimens; & tous Messieurs ayant dit, qu'il falloit faire Registre de ladite Declaration, presentement faite par Messieurs le Prince de Conty & Generaux, & en donner aduis à Messieurs les Deputez; Monsieur du Blammenil ayant adjouté, qu'il falloit leur mander que c'estoit aussi la pensée de la Compagnie: la Cour auroit arresté que ladite Declaration sera registrée, & qu'il sera deliuré autant du present acte.

Ledit sieur Prince de Conty dit encor, & asseure que Monsieur de Longueuille sera dans les mesmes sentimens.

Monsieur le Coigneux ayant dit, qu'il auoit aduis du lieu où estoit la vaisselle d'argent du Cardinal Mazarin; la Cour l'auroit commis pour aller la faire enleuer, pour apres en faire son rapport.

En suitte on auroit fait lecture d'vne lettre enuoyée par les habitans de Tours, par laquelle ils tesmoignoient leurs affections enuers le Parlement, & demandoient décharge de la mort d'vn Conseiller de la ville, qui auoit esté tué voulant forcer le Corps de garde. Ayant sur leur Requeste esté mis soit monstré, &c. La Cour se seroit leuée.

Ce fut ce iour que Monsieur de Longueuille prit & se rendit maistre de la ville de Harfleur, & en suitte du Chasteau de Fontaine Martel, où il prit cinq pieces de Canon, qu'il fit mener à Roüen.

Le Dimanche vingt-vniesme Mars 1649.

CE iour le Parlement ne s'assembla point, & ne se passa à Paris rien digne de remarque.

Le Lundy 22. Mars 1649.

CE iour toutes les Châbres assemblées, où estoient monsieur le Duc de Beaufort & Coadjuteur, M. le Procureur General entré, auroit dit que le Sieur Saintot maistre des Ceremonies estoit à la porte, qui demâdoit à parler à la Compagnie: Iceluy entré auroit presenté vne lettre de cachet de la part du Roy, portant dispense à la Compagnie d'assister à la Messe qui se diroit en l'Eglise nostre Dame; mais seulement qu'elle eust à aller aux Augustins en Procession à dix heures. A quoy monsieur le President de Nouion auroit fait response, que l'on ne mâqueroit de satisfaire, ledit Sieur Saintot se seroit retiré, & ledit Sieur President de Nouion auroit dit auoir receu lettres de monsieur le premier President, contenant qu'ils n'auoient encor rien fait, & attendoient tous les iours les Deputez de Roüen, qu'il le prioit de sçauoir de M. le Prince de Conty & des Generaux, s'ils desiroient vne côtinuation de trefue, au subject dequoy la Côpagnie ne s'estant le iour precedent assemblée, il auroit veu ledit Sieur de Conty, qui l'en auoit comme asseuré, l'ayât neantmoins remis à ce iour, iusques à ce qu'il en eust communiqué à Messieurs les Generaux, & qu'il auoit mesmes autre chose à proposer à la Compagnie.

En suitte de ce quelques vns de Messieurs auroient dit, qu'il estoit necessaire, en continuant les surseances, que ceux du parti contraire executassent leurs paroles, & fissent cesser les degats & pillages que le Comte de Grancé commettoit aux enuirons de Creteil, & par tout dans la Brie, comme en pleine guerre: Monsieur de Nouion dit, qu'il estoit juste d'en donner aduis à monsieur le premier President, pour le supplier d'y faire apporter l'ordre.

Et aussi tost M. le Coadjuteur auroit dit, que môsieur le Prince de Conty estant indisposé, l'auoit chargé de dire à la Compagnie, Que hier il receut nouuelles de l'Archiduc, qui luy mande, qu'estant entré en France, il desire de leuer le soubçon que l'on pourroit prendre de sa marche, & faire connoistre à tout le Royaume qu'il y vient chercher la paix, & non pas la guerre: pour cet effect offre d'arrester ses armes, pourueu que la Reine donne des deputez pour terminer tous les differens des Couronnes. Que ledit Sieur Prince de Conty n'auoit pas iugé à propos de laisser passer cette occasion si glorieuse à la France, & si fauorable à la Chrestienté; qu'il auoit pour ce subject enuoyé aux Deputez de sa part, ordre d'insister sur cette proposition, & supplioit la Compagnie d'en considerer l'importance, & de donner le mesme ordre à ses deputez, protestans de ne rien tant desirer au monde, & d'y sacrifier tous ses interests particuliers: Et si l'Archiduc se vouloit preualoir de l'estat auquel se trouuoit presentement la Frâce, declare ledit Sieur Prince de Conty, qu'il est prest de rendre au Roy & au public, tous les tesmoignages d'affection, de seruice, & d'obeïssance que doit vne personne de sa naissance. Surquoy la Cour auparauant que deliberer auroit enuoyé audit Sieur Prince de Conty, de venir prendre sa place, luy ayant mandé qu'il estoit incommodé, l'affaire auroit esté mise en deliberation, & ouy sur icelle le Procureur General, ladite Cour auroit arresté qu'il seroit fait registre dudit Sieur Prince de Conty, & qu'autant en seroit enuoyé aux deputez du Parlement estans à sainct Germain, pour le faire sçauoir au Roy & à la Reyne pour en disposer selon sa volonté.

Cette affaire ainsi arrestée, & le Parlement ayant en icelle vsé de sa prudence ordinaire, il auroit ensuitte esté parlé de tresve demandée : monsieur de Beaufort ayant dit qu'il n'en falloit point s'il n'y auoit de l'argent, estant impossible que les Soldats pussent subsister sans cela, ou en aller chercher; & monsieur de Nouion reparti, qu'il falloit trauailler pour en trouuer: Il auroit esté arresté d'accepter ladite tresve pour trois iours, & d'en escrire à monsieur le premier President.

Les lettres des particuliers escrites de la frontiere de Picardie, vers Laon, portoient que l'arriuée de l'Archiduc estoit de 7000. hommes & 5000. cheuaux, qu'il y auoit vingt pieces de canon, & que de cette armée il ne paroissoit encor rien sinon enuiron 1500. cheuaux de l'auantgarde commandée par Fuensaldagne qui estoient à Pont-Auerre, où il ne se faisoit aucun Acte d'hostilité, & que monsieur de Noirmonstier estoit auec cette auantgarde, le gros estant à Vadancour trois lieuës de Guise, attendant la responce & la lettre cy-dessus.

Ce iour fut publiée à Paris, & en suite enuoyée par tout l'Ordonnance du Roy pour le restablissement du Commerce, ainsi qu'il s'ensuit.

ORDONNANCE DV ROY, ENVOYEE *aux Preuost des Marchands & Escheuins de la Ville de Paris, pour le restablissement du Commerce.*

SVR ce qui a esté representé à sa Majesté de la part des Preuost des Marchands & Escheuins de sa bonne Ville de Paris, Qu'au prejudice de ce qui leur a esté accordé par sa Majesté, aucunes des Villes estans sur les Riuieres de Marne & de Seyne, & autres lieux, d'où il peut venir des bleds à Paris, ont fait difficulté d'en laisser sortir desdites Villes & lieux pour n'auoir pas receu dordre de sa Majesté sur ce sujet; Et voulant y pourtuoir, SA MAJESTÉ par l'aduis de la Reyne Regente sa Mere, A ORDONNÉ ET ORDONNE que les bleds & toutes sortes de grains, vins, & autres viures & denrées quelconques seront tirées & transportées de toutes parts, & passeront en toute liberté & seureté en ladite Ville de Paris, tant par eauë que par terre; Et que le Commerce de toutes Marchandises y sera entierement libre & restably, tout ainsi qu'il estoit auant le present mouuement. MANDANT sa Majesté aux Gouuerneurs & ses Lieutenans Generaux en ses Prouinces & armées, Mareschaux de Camp, ayans commandement sur ses Troupes, Gouuerneurs particuliers de ses Villes, Maires, & Escheuins d'icelles, & tous autres ses Officiers qu'il appartiendra, de tenir la main à l'execution de la presente: & de la faire publier en toutes les Villes & lieux que besoin sera, à ce qu'aucun n'en pretende cause d'ignorance. FAICT à Sainct Germain en Laye le vingtiesme iour de Mars mil six cens quarante neuf. Signé LOVIS, Et plus bas, LE TELLIER.

Collationné à l'Original estant au Greffe de l'Hostel de Ville de Paris par moy Greffier de la Ville soubs signé, pour estre executées selon sa forme & teneur, foy y estant adjoustée comme audit Original, ce vingt-vniesme Mars 1649.

Le vingt-troisiesme Mars 1649.

CE iour toutes les Chambres assemblées, Monsieur de Nouion auroit dit d'abord, que le iour precedent il auoit receu lettre de monsieur le premier President, par laquelle il luy mandoit que la Reyne auoit accordé tresve pour trois iours, & qu'il auoit donné ordre pour faire cesser les pilleries & actes d'hostilité, qui se commettoient par le Comte de Granceé, & mesmes enuoyé lettres de sa Majesté audit Comte, pour faire rendre à monsieur Coulon, ce qui luy auoit esté pris: Que l'on auoit receu l'Arresté du iour precedent, que la Reyne auoit fait response sur la proposition de monsieur le Prince de Conty aux termes du memoire enclos dans ladite lettre, duquel ledit Sieur de Nouion auroit aussi fait lecture, la teneur d'iceluy estoit telle.

La Reyne est bien aise d'apprendre par quelque voye que ce soit la bonne disposition, en laquelle est le Roy d'Espagne, pour la Conference de la paix, entre les deux Couronnes: & comme sa Majesté à fait tout ce qu'elle à pû pour les y conuier, ayãt si long temps fait demeurer ses Plenipotentiaires à Munster, & enuoyé depuis peu à mõsieur le Nonce, & à l'Ambassadeur de Venise, qu'elle estoit encore en cette disposition d'enuoyer ses Deputez pour ce mesme effect: sa Majesté perseuerant en cette bonne resolution nommera, & fera partir ses Ambassadeurs auec plein pouuoir aussi-tost qu'il sera conuenu du lieu ou le traicté se pourra faire, entre lesquels elle choisira quelqu'vn des Officiers de la Cour de Parlement.

En suitte monsieur le President Charton dit, qu'il auoit eu aduis d'vne somme de soixante & tant de mille liures, prouenant du droit de huict sols sur chaque voye de bois, estably par Arrest du Conseil, & leué en vertu d'iceluy; Que cette somme estoit demeurée és mains d'vn des Receueurs à cause que les Partisans n'auoient pû debiter les charges qui auoient esté creées, ausquelles ils auoiẽt attribué ce droit: & que pour examiner & voir si l'on prendroit cette somme, il auoit donné heure pour l'apresdisnée chez monsieur de Bellieure, aux Marchands qui luy auoient donné ledit aduis.

Aussi tost monsieur le Conte Conseiller prenant la parole, dit qu'vn Aduocat nommé Bnard luy auoit apporté lettres de monsieur Thudert Lieutenant General de Poictiers, de laquelle il auroit fait lecture, portant en substãce: Que le porteur estãt à Paris il informeroit mieux des affaires, qu'il ne les luy pourroit escrire: & ayant ledit Sieur le Conte apres ladite lecture adjouté, que ledit Enard demandoit à entrer, lecture faite de rechef de ladite lettre, pour voir si elle pourroit passer pour lettre de Creance, Messieurs auroient dit qu'elle estoit fort ambiguë.

Apres quoy monsieur Courtin ayant pris la parole, auroit dit, qu'ils estoient allez monsieur Vialard & luy chez vn tapissier demeurant à la Greue, lequel auoit aduoüé auoir chez luy des meubles appartenans au nommé Petit, commis du Sieur d'Emery; lesquels ils auoient saisis, iusqu'à ce que par la Cour il en fust ordonné; Qu'il y en auoit bié pour 30000. liures: surquoy interrompu par ledit Sieur Vialar, disant qu'il ne croyoit pas que desdits meubles, il y en eust pour plus de 10000. liures: L'affaire mise en deliberation, il auroit passé à vendre lesdits meubles, pour estre les deniers en prouenans employez à la subsistance & entretien des gens de guerre.

Aussi tost ayant esté demandé à Messieurs les Maistres des Requestes, qui estoient de seruice, ce qu'ils auoient arresté pour le payement de leurs taxes, auroient fait response qu'ils auoient arresté de payer en particulier, c'est à dire, ceux qui estoient à Paris; que neantmoins ils auoient enuoyé à Sainct Germain prier ceux qui y estoiẽt de donner ordre que leur part desdites taxes soit payée, & que ne le faisant pas les presens payeroient dans ce iourd'huy. Et sur ce plusieurs de Messieurs auroient dit, que suiuant l'Arresté il falloit nommer ceux de la Compagnie qui n'auoient pas encor payé, & d'autres reparti que cela ne seroit pas raisonnable; Monsieur de Beaufort dit que ce seroit vne espece d'ignominie, que dans vne Compagnie si Auguste, on fust reduit à nommer ceux de Messieurs qui n'auoient pas payé, n'estant pas croyable qu'il y en ait aucun en demeure: ce qui auroit empesché la nomination requise.

Il auroit en suitte esté proposé & dit, qu'il falloit rendre le reste des meubles du Cardinal Mazarin: monsieur de Nouion ayant dit, que le iour precedent on estoit allé en son logis luy faire reproche, qu'il empeschoit ladite continuation de vẽte, & la deliurance de ce qui auoit esté adjugé; Que messieurs les Commissaires qui estoient presens pouuoient certifier du contraire, & que tout le monde pouuoit sçauoir, s'il auoit vn accez si fauorable auprez dudit Cardinal, pour empescher l'execution d'vn Arrest solennel, qui ordonne ladite vente: Que Messieurs les Commissaires n'auoient qu'à continuer, puis qu'il n'y auoit point d'Arrest au contraire: Et monsieur Doujat l'vn des Commissaires ayant dit, que dés le lendemain on continueroit ladite vente, chacun se seroit escrié, qu'il falloit que ce fust dés l'apres disnée, à quoy il auroit passé tout d'vne voix, quelques vns disans qu'il falloit aussi vendre la Biblioteque, ledit Sieur de Nouion insistant au contraire, attendu qu'il n'y auoit point d'Arrest qui l'ordonnast: sur quoy il auroit passé d'en deliberer au premier iour.

Monsieur de Beaufort auroit changé de matiere, & dit, que tout cela n'apn'apportoit point d'argent, qu'il ne pouuoit aller au camp sans, cela fors les soldats quittant faute de payement, qui estoit toute l'attente des ennemis, & qu'il falloit faire effort pour les tromper: A quoy ledit Sieur de Nouion ayant respondu, qu'il n'y auoit plus que 12000. liures de fonds, ledit Sieur de Beaufort dit, que de present on estoit en estat de faire & entreprendre tout ce que l'on voudroit, qu'il n'en falloit perdre l'occasion, & que les ennemis ne la manqueroient pas s'ils l'auoient semblable: Surquoy s'estant éleué quelque murmure, il fut interrompu par vn des Messieurs, qui dit, qu'il falloit mander Enard qui venoit de Poitiers, & l'entendre: Iceluy entré, & ledit Sieur de Nouion luy ayant demandé s'il auoit lettre de Creance addressante à la Cõpagnie, auroit respondu que non, crainte de mauuaise rencontre; mais que celle addressante à monsieur le Comte deuoit suppleer, & que les Officiers du Presidial, Escheuins & Esleus, & tous les Corps des Mestiers, s'estans assemblez dans les Cordeliers, l'auoient chargé de leur part de venir offrir à la Compagnie leur Ville, leurs biens & leurs vies, pour la conseruation de l'authorité Royalle & du Parlement, lequel ils supplioient leur permettre de leuer du monde, & de prendre à cette fin des deniers dans les Receptes, & leur donner en suitte moyen de faire voicturer le surplus auec seureté en cette ville. Apres quoy ledit Sieur de Nouion ayant respondu audit Enard qu'on le remercioit, & qu'il se retirast, iceluy retiré & retourné au mesme instant, auroit dit qu'il n'estoit pas venu plustost, dautant qu'à Poictiers, on auoit esté vn mois sans auoir aucunes nouuelles de Paris, que l'on croioit n'estre plus; mais qu'ayant receu quelques articles de paix, & ne les ayant pas crû partir du Parlement, ils auoient pris la resolution qu'il auoit exposée à la Compagnie, laquelle iceluy retiré, se seroit leuée sans rien ordonner sur cette affaire.

Le Mercredy 24. Mars.

CE iour toutes les Chambres assemblées, où estoient Messieurs d'Elbeuf, de Beaufort & le Coadjuteur; Monsieur d'Elbeuf auroit dit d'abord, que le Prince d'Harcour son fils, estant entré dans Montreüil, dont il auoit enuoyé asseurer & faire offre à la Compagnie, il l'auoit troué foible de forces & fortifications, pour raison dequoy il supplioit la Cour luy permettre prendre argent dans les receptes, pour mettre ladite ville en estat de deffense; sur quoy ayant esté opiné, il auroit esté arresté qu'il prendroit telle somme qu'il seroit necessaire, en faisant procez verbal de l'estat de ladite ville en presence des Thresoriers de France.

Et en suitte lecture auroit esté faite de la lettre de monsieur le premier President addressée à monsieur de Nouion en ces termes.

MONSIEVR,

En sortant de l'Assemblée, i'ay receu celle que vous m'auez fait l'honneur d'escrire, & ne merite pas vn iugement si fauorable, pour ce qui s'est passé, i'en dois bien dauantage, & à quoy ie ne manqueray iamais à l'entrée de la Conference, i'ay exposé la charge que i'auois de la Compagnie touchant la proposition de la paix Generalle, & loüe hautement la proposition que monsieur le Prince de Conty a prise, en cas que les ennemis se voulussent preualoir de l'estat de la France, & de la submission respectueuse du Parlement, qui reduit le tout à la volonté de la Reyne. I'ay laissé l'acte à monsieur de Brienne qui a eu commandement de la Reyne, d'aller trouuer monsieur le Nonce, & monsieur l'Ambassadeur de Venise, pour leur faire connoistre les intentions de la Reyne, contenuës en la response que ie vous enuoiay hier, afin qu'estant les mediateurs accordez entre les Couronnes, ils les fassent au plustost sçauoir à monsieur l'Archiduc, & de quel lieu il veut conuenir, afin d'y enuoyer aussi tost ses Ambassadeurs ; c'est ce qui s'est pû faire en ce moment si important à nostre repos public, & ou nous tiendrons la main de tout nostre pouuoir, vous asseurant que ie suis,

MONSIEVR,

Vostre tres-humble & obeïssant seruiteur MOLE'.

Le Mardy 6. heures.

APres cette lecture faite, monsieur Voisin auroit dit, & rapporté auoir fait procez verbal des meubles de Petit, & qu'il y auoit opposition par du Four, Receueur des espices de la Chambre pour vne somme de 23000. liures; à laquelle opposition n'ayant eü esgard, la Cour auroit ordonné que lesdits meubles seroient vendus à la reserue d'vn tapis, & d'vn lict que quelques tapissiers auoient vendiquez.

En suite Messieurs Doujat & de Givry Conseillers, ayant esté commis pour aller ledit iour de releuée, voir si l'aduis donné d'vne somme de 100000. liures se trouueroit veritable, on auroit parlé de la Biblioteque du Cardinal Mazarin; & monsieur de Nouion ayant fait tout son possible, pour empescher qu'il n'en fust deliberé, la Cour n'auroit pas laissé d'ordonner qu'elle seroit estimée & prisee, & inuentaire des liures fait par deuant le Commissaire à ce deputé, pour le tout fait & rapporté y estre pourueu.

Monsieur Charton ayant apres pris la parole, auroit dit auoir esté auec monsieur le Febvre, chez monsieur Fleureau Secretaire de....... lequel apres serment par luy fait auroit reconnu auoir à luy enuiron 6000. liures, & au Sieur le Moriniers receueur du Clergé 53000. liures dans vn coffre dont il y auoit saisie par ses creanciers, duquel n'ayant les clefs, & y ayant vn scellé, ils en auroient chargé ledit Fleureau pour les representer toutesfois & quantes qu'il en seroit requis, & le tout remis au Conseil de guerre. Et ayant esté dit par monsieur de Beaufort, qu'il estoit necessaire de recouurer de l'argent pour la subsistance des gens de guerre, autrement que toutes les troupes se debanderoient, monsieur de Nouion auroit reparti que l'on y apporteroit tous les moyens possibles, & que l'on auoit enuiron 30000. liures.

L'apresdisnée deux de Messieurs les Conseillers allerent dans l'Eglise nostre Dame au Sieur Riuiere Chanoine de nostre Dame ou demeure l'Abbé Mondain, où ils trouuerent quelque vaisselle d'argent appartenant au Cardinal Mazarin, & vne Chappelle de Cristal garnie d'or valant plus de 150000. liures.

Deux autres allerent au logis du Prince Prefect de Rome, où l'on auoit donné aduis qu'estoit la vaisselle d'argent du Cardinal Mazarin, ils en trouuerent marquée aux armes dudit Cardinal, non telle quantité qu'on leur auoit dit, ils la firent transporter; & d'autant qu'ils trouuerent quantité de Coffres, ils demeurerent à coucher en ladite maison, de crainte que la nuit on ne les transportast.

Du 25. Mars 1649.

CE iour Feste de l'Annonciatiõ, Messieurs aduertis en leurs maisõs par les Huissiers de l'ordre de M. le Presidẽt de Nouion, M. de Bellieure estant encor indisposé, se seroient assemblez sur les 2. à 3. heures apres midy presens aussi Messieurs les Ducs d'Elbeuf, de Beaufort, de Boüillon, le Mareschal de la Motte, & le Coadjuteur: ledit Sieur President de Nouion auroit dit, qu'ayant receu lettre de M. le premier President sur les 8. heures du matin, il estoit allé chez M. le Prince de Conty luy en donner aduis, & sçauoir s'il desiroit vne nouuelle tresue: dequoy ayant voulu communiquer à Messieurs les Generaux, pour apres le deferer à la Compagnie, il en auoit conuoqué l'Assemblée, afin qu'il pust faire response dés ce iour. Et aussi-tost la lettre leuë qui contenoit des remerciemens audit Sieur de Nouion, de l'aduis qu'il luy donnoit de ce qui se passoit en la Compagnie, & qu'il le supplioit luy mander si l'on desiroit encor vne surseance pour trois ou quatre iours, celle accordee finissant ce iour à minuit; Ledit Sieur de Nouion apres cette lecture pour esclaircir le subjet de ce remerciemẽt, auroit dit que ledit Sieur premier President l'auoit souhaité de luy, parce que tous les iours dans la Conference, on luy reprochoit des choses que l'on disoit se passer dans la Compagnie, que ses aduis faisoient voir estre faulses.

Monsieur de Boüillon en suitte ayant pris la parole, dit que monsieur le Prince de Conty luy auoit donné charge d'expliquer à la Cõpagnie sa pẽsée sur le subject de la tresue, pour apres en estre ordonné par elle ce qu'elle aduiseroit; Que pendãt ces surseãces, ceux de Sainct Germain faisoient aduancer leurs troupes, & principalement celles du General Erlac: que celles qui estoient és enuirons de Paris, alloient partie à Roüen, partie contre monsieur de la Boulaye, & autres lieux, d'où ils sçauoient que l'on pouuoit attendre du secours; qu'ils ne laissoient de piller, & de commettre des actes d'hostilité comme en pleine guerre: qu'à l'esgard des troupes de Paris, elles estoient en bon estat de combattre, mais qu'il falloit les employer ou bien trouuer de l'argent pour les faire subsister; & que n'ayant rien receu depuis vn long temps, ces trefues ne pouuoient seruir qu'à les faire débander: qu'elles seroient en fin reduites en estat de ne rien oser entreprendre; Sur quoy monsieur de Nouion ayant dit qu'il falloit deliberer, & les aduis de plusieurs demandez; Monsieur Payen en rang d'opiner auroit representé qu'il y auoit beaucoup à dire de part & d'autre, mais que n'ayant encor esté faite aucune entreprise de cette part, il estimoit que la trefue ne seroit point inutile; Sur quoy interrompu par Messieurs de Boüillon & de la Motte, disans qu'il sembloit les vouloir entreprendre, qu'ils auoient fait ce que par experience ils auoient iugé deuoir faire & estre necessaire, & animez par quelque bruit qui s'estoit esleué pour preuenir d'autres paroles, & mesme par la repartie dudit sieur Payen, qui dit ne sçauoir pas pourquoy ils l'attaquoient, luy repliquerent que c'estoient ses belles commissions données pour 4. ou 5000. hommes, & qui s'estoient éuanoüis, que c'estoit ce qui auoit causé le retardement, si aucun y en auoit.

Mais les opinions reprises & continuées, vn des Messieurs dit que l'on faisoit à sainct Germain le possible pour allumer vne diuision contre Messieurs les Generaux, que le Procureur du Roy auoit conuoqué & assemblé quelques notables Bourgeois, & leur auoit demandé s'ils ne vouloient pas quitter le parti des Princes, pour celuy du Parlement: Monsieur le President de Nouion l'interrõpant, auroit dit, que cela ne pouuoit estre, n'estant pas au pouuoir du Procureur du Roy de faire telles assemblées: mais iceluy reprenant la parole, dit qu'il sçauoit bien ce qu'il disoit, & que plus zelé que personne au seruice du Roy, il ne manqueroit iamais en ces rencontres de dire la verité, & ce qu'il sçauoit lors qu'il s'agiroit comme à present du seruice de sa Majesté; & concluant son aduis dit, qu'il pensoit que la trefue deuoit se remettre à la prudence de Messieurs les Generaux: & vn autre ayant esté d'aduis de ladite surseance, à la charge qu'au premier acte d'hostilité, on commenceroit la rupture par la demolition de la bastille, tous Messieurs se seroient escriez qu'il y auoit long temps que cela deuoit estre fait; & les aduis tous pris & leus de trois qui auoient esté proposez, il auroit passé à quatre iours de trefue, pendant lesquels Messieurs les Deputez seroient suppliez d'exterminer la Conference, & qu'il seroit informé contre ceux qui faisoient des assemblées particulieres.

Et sur les six heures du soir la Cour s'estant leuée, auroit trouué dans la Salle, & par tout, vne foule innombrable de gens de toutes sortes qui crioient point de trefue, la guerre pour chasser le Mazarin, auec termes insolens, & iettoient mesmes des billets, lesquels portoient qu'il falloit assommer plusieurs qu'ils denommoient.

Du vingt-sixiesme Mars 1649.

CE iour toutes les Chambres assemblées, Monsieur le President de Bellieure ayant recouuré sa santé, & presidant; Monsieur de Thou President aux Enquestes auroit dit, Qu'il y auoit lettres addressantes à Radigües Secretaire de la Cour, d'vn nommé Girault; lequel mandoit audit Radigues, qu'il asseuroit la Compagnie de la ville de Tours & Poictiers, que tous les habitans estoient en armes pour le seruice du Roy & du Parlement, contre les Mazarins, qu'il auoit saisi dans les Receptes 80000. liures d'vne part, & 140000. liures d'autres, dont il dépendroit de la Compagnie d'ordonner & donner des Commissions à cet effect: Surquoy ledit sieur President de Bellieure auroit dit, qu'il falloit faire response, & iceluy répondit qu'il n'y manqueroit; adjoutant ledit sieur de Bellieure, qu'il estoit necessaire de donner des Commissions pour leuer des gens de guerre; à quoy Monsieur le President de Nouion auroit reparti, que les Arrests en auoient esté expediez, & qu'il ne dépendoit à present que de Messieurs les Generaux & Commissaires deputez, de deliurer lesdites Commissions; qu'on luy en venoit demander tous les jours, qu'il renuoyoit à Monsieur de Brussel, lequel sieur de Brussel prenant la parole auroit dit, qu'il en parleroit à Messieurs les Generaux.

En suitte ledit sieur de Bellieure auroit dit, qu'il falloit soigner à la subsistance, & que les 30000. liures du dernier iour n'auoient serui qu'à payer vne partie, qu'il falloit exciter Messieurs les Maistres des Requestes à apporter le reste de leur taxe.

Et aussi-tost seroit arriué vn Courier, qui apportoit lettres à monsieur de Nouion, de la part de monsieur le premier President, qui contenoit que la tresve estoit accordée pour quatre iours, dans lesquels il croyoit que tout seroit terminé; & que ce qui retenoit à present, estoient les interests de Messieurs de Normandie, pour lesquels conclure auec le reste, ils alloient soir & matin à sainct Germain.

Monsieur Pinon Maistre des Requestes prenant apres la parole auroit dit, Que les Gouuerneurs de Lagny & de Corbeil, donnoient des ordres pour faire contribuer les villages à peine du feu, ce qu'il pouuoit asseurer, puis que cela luy auoit esté signifié, & que d'Amboise Gouuerneur de Lagny prenoit des tributs de quinze liures sur chaque muid de bled, & quarante sur chaque muid de vin qui passoient par Lagny, qui estoit vne volerie & vne concussion, dont il n'auoit point ordre, à quoy il estoit necessaire de donner ordre; ce qui auroit esté approuué par tous les Messieurs, & qu'il en falloit chercher les moyens.

Monsieur de Bellieure ayant dit en suitte, qu'on estoit allé chez le nommé Fleuriot, mais que les creanciers auoient enleué les deniers; quelques-vns des Messieurs dirent, qu'il en falloit rendre ledit Fleuriot responsable; puis que par le procez verbal de Messieurs les Commissaires il en auoit esté chargé & quelques autres; que ledit Fleuriot ayant eu la clef, & les creanciers rompu le scellé, ils en deuoient rendre compte, & Messieurs le Roy & Gilbert qui en auoient touché quelque chose; mais que leur appartenant & n'ayant point sceu qu'il y auoit gardien, ils auoient pensé le pouuoir faire.

Le Samedy vingt-cinquiesme Mars 1649.

CE iour toutes les Chambres assemblées, où estoient presens Messieurs le Prince de Conty, Ducs d'Elbouf, de Beaufort, de Boüillon & de Luynes, le Mareschal de la Motte & le Coadjuteur : Monsieur le Procureur General entré auroit dit, estre necessaire de soigner aux prisonniers qui manquoient de pain, comme aussi à la reparation de la couuerture de la grande Salle du Palais. Et aussi-tost auroit rapporté vne Requeste pour vn particulier nommé ..... à ce qu'il ne pût estre contrainct de se dessaisir de la Monstre du Cardinal Mazarin, qu'il ne fust payé de 15000. liures qu'il auoit baillé dessus; & ayant adjouté ledit sieur Laisné, qu'il y auoit d'autres saisies, la Cour auroit ordonné, que sans auoir égard à toutes les oppositions, ladite Monstre sera venduë, ledit ..... prealablement payé de son deub.

En suitte dequoy Monsieur Loysel auroit fait rapport, qu'il auoit troué chez l'Abbé Mondain plusieurs Vases d'Ambre, Cristaux, Tapisserie, & vne Chappelle de Cristal garnie d'Or de tres-grand prix, que le tout estoit reclamé par ledit Abbé Mondain, par vne Requeste en laquelle il prenoit qualité d'Agent de Sauoye, & disoit lesdits Cristaux, Vases, Chappelle & Tapisseries luy appartenir en cette qualité: & aussi-tost auroit esté leuë vne lettre escrite à Monsieur le President de Bellieure, par Monsieur de Brienne de l'ordre & commandement de la Reine; laquelle contenoit en substance qu'il estoit contre le droit des Gents, d'estre allé faire recherche en la maison d'vn Agent de Sauoye, & que les Cristaux, Vase & Chappelle estoient au Roy : Sur quoy la Cour ayant deliberé, elle auroit ordonné que dans le iour il seroit verifié à qui appartenoient lesdites choses saisies.

Monsieur le Prince de Conty prenant en suitte la parole dit, Que la Cour auoit esté informée par leurs bouches; comme ils auoient enuoyé le Comte de Maure à sainct Germain en suitte de leur Declaration & de l'Arrest rendu sur icelle, pour y remettre tous leurs interests, au cas que le Cardinal Mazarin sorte du Ministere; Qu'il supplioit la Cour ordonner à Messieurs les Deputez d'icelle, d'insister conjoinctement & en vertu de l'Vnion auec eux à mesme fin; s'agissant en ce point de l'interest du public, du maintien de l'autorité Royalle, du soulagement des peuples, & de l'honneur de la Compagnie; sur quoy Monsieur de Bellieure dit, que n'ayant esté present, il estoit necessaire qu'il le vist, & aussi-tost le Greffier auroit esté commandé d'aller le querir en son logis.

Pendant lequel temps Monsieur de Beaufort auroit dit, qu'il estoit estrange, que pour vn homme seul tout le Royaume fust en feu & en danger d'vne ruine entiere : & Monsieur d'Elbeuf continuant qu'il estoit certain que par toutes les Prouinces, l'on n'entendoit que crier sur le Mazarin, & que ceux qui n'osoiēt paroistre ny se declarer auparauant les Arrests, auoient esté encouragez par iceux, & n'agissoient que pour les faire subsister & executer; Qu'il n'y auroit seureté en France pour personne, tant que le Cardinal y seroit: Et encore monsieur de Beaufort dit, qu'à la Cour ils faisoient leur possible pour empescher les progrez de Monsieur de la Boulaye, luy ayant enuoyé au deuant le Marquis de Gezé auec 600. Cheuaux qui pilloient & commettoient des cruautez inouyes.

Monsieur Fouquet sieur de Croissy Conseiller auroit dit, que depuis deux iours on auoit tout pillé, non seulement chez luy, mais par tout aux enuirons. Et Mōsieur Coulō, que les lettres de Cachet qu'il auoit du Roy, au lieu d'auoir empesché le pillage de ses maisons, l'auoient causé & aduancé, tout ayant esté pris & pillé iusqu'au plomb des fontaines.

Le Greffier retourné il auroit fait lecture de l'Arrest du 20. de ce mois, contenant la Declaration desdits Sieurs Prince de Conty & autres Generaux inserée cy-deuant, audit iour où il se peut voir; lequel Arrest leu, Monsieur de Nouion auroit dit auoir eu charge de l'enuoyer à Monsieur le premier President; à quoy il auoit aussi-tost satisfait, & croyoit que Messieurs les Deputez l'auoient executé de leur part.

Monsieur de Bellieure dit, que ne s'estant trouué à la deliberation, il auoit esté bien aise d'estre instruit de ce qui s'y estoit passé; Qu'il croyoit que Messieurs les Deputez n'auoient pas manqué de satisfaire à ce qu'ils auoient creu necessaire; & ayant demandé à Messieurs de Conty & Generaux ce qu'il y auoit à faire, & si lors que ledit Comte de Maure auoit parlé dudit Arrest, lesdits Deputez n'auoient pas insisté auec luy, ils auroient respondu que non, & qu'ils auoient passé cela comme chose consommée.

Surquoy Monsieur de Nouion repartit, que ne receuant aucunes nouuelles desdits sieurs Deputez, on ne pouuoit en rien asseurer s'ils y auoient insisté ou non; qu'à son égard il leur auoit enuoyé ledit arresté auec vne lettre specialle à cet effet, & croyoit qu'ils n'y auoient pas manqué. Et Mōsieur de Bellieure dit qu'il se persuadoit sur cette proposition, que l'intention de Messieurs auoit esté, que lesdits sieurs Deputez insisteroient & feroient leur possible pour l'esloignement dudit Cardinal; Que si la Compagnie luy ordonnoit il en escriroit d'abondant ausdits sieurs premier President & Deputez, à ce qu'ils eussent à insister sur ledit Arrest.

Monsieur Molé President aux Enquestes dit, qu'il seroit necessaire de faire des remonstrances de viue voix à la Reyne sur ce sujet, qui causoit la ruine entiere du Royaume; & Monsieur de Nouion dit, qu'il ne falloit point ordonner à Messieurs d'insister sur ledit arresté, dautant que s'ils ne l'obtenoient ils attireroient sur soy l'enuie de tout le peuple, & qu'en faisant les remonstrances proposées par Monsieur Molé, ils demeuroient déchargez.

En suitte les aduis demandez; Monsieur Cheualier auroit esté d'aduis de mander aux Deputez d'insister & de n'entendre aucune proposition que cela ne soit; Monsieur Champront qu'il falloit mander aux Deputez, de prier le Cardinal de se retirer, & s'il n'en vouloit rien faire qu'on ne pouuoit pas l'y forcer ; & la parole estant paruenuë à Monsieur Seuin ; il auroit dit, que chacun opinant en sa conscience, il croyoit que l'Article du Cardinal estant vuidé, & n'en ayant esté parlé lors qu'on fit lecture des Articles de la Paix, mais seulement des trois ; sçauoir du lict de Iustice à sainct Germain, de l'Assemblée des Chambres, & des Prests ; il est honteux à present de vouloir insulter contre : & que l'on vist tous les iours des troupes apostées & des clameurs qui troubloient tout l'esprit des opinions, que son aduis estoit de demeurer *in deliberatis :* nonobstant lequel aduis suiuy de peu, & tous Messieurs estans de l'vn des deux aduis, il auroit passé de 82. contre 40. voix à celuy d'insister ; & la Cour auroit ordonné qu'il seroit fait registre de ladite proposition, autant de laquelle sera enuoyée aux Deputez d'icelle Cour estans à Ruel, lesquels insisteront à ladite proposition du 20. de ce mois, pour l'esloignement du Cardinal Mazarin.

Cela ainsi arresté, Messieurs de Boüillon & autres Generaux ayans dit, qu'il falloit soigner à la subsistance, autrement que les soldats se débandoient ; Monsieur de Croissy se seroit plaint que l'argent se distribuoit sans l'y appeller ; & que n'ayant pas gardé l'égalité, quatre regimens se débandoient faute de payement : A quoy Monsieur de Luynes dit, qu'il l'auoit attendu, & que n'estant venu, ne se voyant en seureté au Camp, il auoit esté contraint d'en vser comme il auoit fait.

Le peuple estoit en grand nombre dans le Palais, pendant que Messieurs estoient assemblez, frappans à la porte de la grande Chambre, & criant : Point de Mazarin, il faut qu'il sorte : & quand il sçeut l'Arrest qui auoit esté rendu ; il en tesmoigna grande joye.

Ce iour vne troupe de Marchands de bled allerent à l'Hostel de Ville faire plainte ; qu'à Lagny d'Amboise le Gouuerneur arrestoit les batteaux qui passoient ; leur faisant payer quinze liures pour chaque muid de bled, & quarante sols pour chaque muid de vin ; Qu'ils estoient resolus de ne plus venir à Paris si l'on n'y mettoit ordre ; Qu'entre Lagny & Paris les troupes du Comte de Grancé estoient tout le long de la riuiere qui tiroient sur eux pour les faire aller à bord ; & qu'y estant ils les pilloient, s'ils ne leur donnoient de l'argent.

Le Lundy vingt-neufuiesme Mars 1649.

CE iour toutes les Chambres assemblées, Monsieur le Procureur General entré auroit dit & fait plainte, que l'on auoit imprimé l'Arrest du iour precedent de deux façons differentes & autrement qu'il n'auoit esté arresté par la Cour, laquelle il supplioit d'ordonner qu'il en seroit informé à sa requeste, auec permission d'emprisonner les Imprimeurs, & saisir les exemplaires : auquel sieur Procureur General, Monsieur le President de Bellieure ayant respondu que la Cour en alloit deliberer, il auroit dit, qu'il auoit receu lettre de Monsieur le premier President, par laquelle il luy mandoit que la tresve finissoit dans ce iour, & que s'il desiroit parler à Monsieur le Prince de Conty pour la continuation d'icelle, elle estoit arrestée à sainct

Germain

Germain; qu'en suitte il s'estoit allé vers ledit sieur Prince, lequel luy auoit dit qu'il falloit auoir de l'argent pour la subsistance, qu'il y auoit bien des inconueniens; Que neantmoins si l'on donnoit ledit jour 36000. liures on la pourroit accorder pour quelques iours, qu'il en confereroit auec Messieurs les Generaux; lesquels s'ils l'accordoient, il faudroit qu'elle fust pour toutes les troupes generallement de sainct Germain. Monsieur de Nouion ayant esté prié d'aller à l'Hostel de Ville, sçauoir dudit sieur Prince de Conty, ce qu'il auoit arresté touchant ladite tresve, & l'asseurer qu'on fourniroit les 36000. liures, seroit aussi-tost party: Et Monsieur de Bellieure auroit fait lecture d'vn memoire qui luy auoit esté donné pour trouuer les moyens d'auoir de l'argent; soit le Buffet de l'Hostel de Ville, l'argent de Gabelle, la taxe de Messieurs les Maistres des Requestes, les deniers que les Marchands Controlleurs de vins auoient entre leurs mains & autres. Sur quoy ayant esté demandé à Messieurs les Maistres des Requestes presens, s'ils auoient payé, Monsieur Renoüart, l'vn d'iceux dit, Qu'il y auoit des taxes sur eux pour plus de 200000. liures, & qu'autrefois ils venoient douze à la grande Chambre & quatre à la Tournelle; Que de present estans reduits à quatre de seruice, il sembloit qu'ils ne deuoient estre surchargez de la sorte, que ceux qui estoient à Paris offroient payer: sur laquelle responsé Messieurs s'estant tous escriez qu'ils deuoient payer & non pas faire des propositions ridicules & hors de saison: Et le payeur des gages mandé, pour sçauoir ce qu'il auoit entre ses mains, & ayant dit, qu'il n'auoit que 12000. liures, auroit esté mis en deliberation si l'on donneroit cette somme à Messieurs les Maistres des Requestes, pour la reprendre en suitte sur leurs gages, & les opinions s'estant trouuées differentes, les vnes à les donner, les autres non; Monsieur Duguay Bagnol Maistre des Requestes prenant occasion des offres faites par Monsieur Menan, en opinant de prester de l'argent ausdits sieurs Maistres des Requestes, en luy donnant ce qui estoit pour eux és mains dudit payeur, dit qu'il prendroit dudit sieur Menan en son propre & priué nom ledit argent, en luy donnant Arrest contre ses Confreres, pour le payement chacun en particulier de ce qui pourroit estre retenu, ce qui luy auroit esté accordé: mais lesdites sommes calculées ne s'estant trouuées monter à celle de 36000. liures qu'il falloit; Monsieur Hennequin dit genereusement qu'il offroit payer le surplus, bien que iusqu'à lors il n'eust payé qu'à regret, qu'on luy enuoyast vn billet, il donneroit aussi-tost l'argent.

Et sur ce discours Monsieur de Nouion retourné dit, Qu'il auoit fait entendre à Monsieur de Conty, comme la Compagnie preuoyant qu'il falloit de l'argent pour la subsistance de l'armée, en continuant la surseance d'armes, y trauailloit, & promettoit de fournir dans le iour ladite somme de 36000. liures, qu'il le prioit demander sa resolution, lequel auoit fait responsе qu'il voyoit les choses en estat de se pouuoir accommoder; que neantmoins il alloit mander Messieurs les Generaux pour en conferer auec eux, & qu'il feroit sçauoir la responsе à la Compagnie. Et l'heure s'auançant sans que cette responsе vint, l'on pria Monsieur Duguay Maistres des

Requeſtes, & Vialart Conſeiller à l'Hoſtel de Ville y prendre la reſolution.

Attendant le retour deſquels, la Cour auroit rendu Arreſt conforme au requiſitoire de Monſieur le Procureur General, pour informer, ſaiſir & empriſonner ceux qui imprimoient ſans permiſſion de la Cour.

En ſuitte l'on auroit fait lecture des lettres apportées de Thoulouſe de la part des ſieurs du Mé & de l'Eſtan Conſeillers au Parlement dudit lieu, auſquels on auoit addreſſé les lettres Circulaires & Arreſts; leſquels donnoient aduis les auoir receus; & outre vne troiſieſme de la part dudit Parlement de Thoulouſe, dans laquelle il y auoit vn Arreſt qui ne contenoit autre choſe, ſinon qu'ils auoient receu le *Duplicata* des Arreſts du Parlement de Paris; Et que ſur iceux ils auoient donné Arreſt, que remonſtrances ſeroient faites au Roy & à la Reine: Sur ce Meſſieurs s'eſtans pris à rire, dirent que c'eſtoit vne rodemontade fanfaronne.

En ſuitte de ce Monſieur Loiſel dit, qu'il auoit receu ordre, que la Reine auoit donné à ſon garde meuble, de retirer ce qui eſtoit chez l'Abbé Mondain, comme à elle appartenant, ce qui auroit eſté ordonné tout d'vne voix. Et Meſſieurs du Gué & Vialart reuenus, ledit ſieur du Gué auroit dit, qu'ils auoient trouué Monſieur le Prince de Conty & Meſſieurs les autres Generaux à l'exception de Monſieur de la Motte; Que leur ayant fait entendre l'intention de la Compagnie, ledit ſieur Prince de Conty leur auoit fait reſponſe, que quant à eux ils eſtimoient ne pouuoir ny deuoir accepter la ſuſpenſion d'armes, dautant qu'elle leur ſeroit par l'euenement tres-preiudiciable, ayant mandé à tous les intereſſez auec eux, qu'elle finiſſoit dans ce iour, qu'ils auoient formé en conſequence des deſſeins deſquels le retardement alloit à la ruine des affaires, que neantmoins il dépendoit de la Compagnie d'en ordonner à ſa volonté, eſtant trop tard pour venir en perſonne eux-meſmes en dire les raiſons; & ayant ledit ſieur du Gué Bagnol adjouté, que quelques-vns d'entre-eux auoient eſté d'aduis de l'accepter pour vingt-quatre heures, & que le lendemain on en delibereroit plus amplement; quelques-vns de Meſſieurs ayant reſiſté d'y deliberer preſentement, il auroit enfin paſſé à accepter ladite treſve pour vingt-quatre heures, puis eſtant deux heures, la Cour ſe ſeroit leuée.

Ce iour Launay Graué fut mis hors de priſon, où il auoit eſté mis faute de payement de ſa taxe, de laquelle partie luy fut remiſe à la recommandation de Monſieur le Mareſchal de la Motte.

Du Boille Aduocat alla au Chaſtelet de la part de Monſieur le Preſident de Nouion, aduertir les priſonniers qui auoient quelque choſe à demander à la ſceance qui ſe deuoit tenir le lendemain, de donner leurs Requeſtes à la Chambre ſainct Louys, ledit iour lendemain dix heures du matin, où ſeroient Meſſieurs, au lieu d'aller au Chaſtelet.

Le Mardy 30. Mars 1649.

CE iour toutes les Chambres assemblées, où estoit monsieur d'Elbeuf & nul des autres Generaux; Monsieur le President de Bellieure dit, auoir receu lettre de monsieur le premier President, contenant qu'il auoit trouué son fils sur le chemin de sainct Germain, qui luy auoit dit ce qui s'estoit passé le iour precedent dans la Compagnie, qu'il croyoit que la tresue ne seroit pas refusée par sa Majesté pour la semaine, & que Mercredy tous les Deputez retourneroient à Paris, pour rendre compte à la Compagnie, de ce qu'ils auoient fait à la Conference; Monsieur d'Elbeuf auroit dit que monsieur le Prince de Conty l'auoit chargé, de venir dire à la Compagnie, que la surseance estoit plus dõmageable que l'on ne pensoit, & qu'ayant escrit à monsieur de Longueuille, & autres du parti, qu'elle finiroit Lundy dernier sans plus de remises, ils ne pouuoient pas se trouuer en deux paroles; Que la Cour en ordonneroit ce que par sa prudence elle aduiseroit bon estre. Monsieur de Bellieure dit, que la Surseance donnée le iour precedent pour 24. heures estoit en esperance, qu'aujourd'huy monsieur le Prince de Conty, & Messieurs les autres Generaux & Ducs se trouueroient en la Compagnie, pour deliberer si on la donneroit ou refuseroit; puis qu'il se rapportoit à la Cour, il falloit deliberer: & ayant demandé l'aduis à monsieur de Brussel, ce iour plus ancien pour l'absence de Messieurs Crespin & Cheualier, il auroit dit qu'il ne falloit plus de Surseance: & monsieur Seuin ayant dit qu'on ne pourroit vser de ce mot, les Chambres assemblées, monsieur de la Tournelle n'y estant point, pour raison dequoy eux mandez & venus, apres leur auoir fait entendre ce qui auoit esté rapporté par monsieur d'Elbeuf & deliberé, il auroit passé à accepter vne tresve encor pour quatre iours, à la charge qu'elle seroit aussi à l'egard de monsieur de la Boulaye, & que ceux du parti contraire ne pourroient aller ny enuoyer au deuant de luy.

En suitte ayant esté dit que les soldats de la porte sainct Honoré auoiẽt pris la somme de 4000. liures qui appartenoient au Preuost de l'Isle, en sortant, & qu'ils demandoient ladite somme estre declarée de bonne prise, & confisquée, ce qui ayant esté ordonné, la Cour se seroit leuée.

Ce mesme iour monsieur de Nouion, & Messieurs de la Tournelle, au lieu d'aller tenir la seance au Chastelet, l'auroit tenuë en la Chambre Sainct Louys vne demie heure, en laquelle il auroit renuoyé toutes les affaires des prisonniers au Lieutenant Ciuil pour les iuger nonobstant oppositions ou appellations quelconques.

Messieurs les Deputez du Parlement qui estoient à Ruel, en partirent ce iour, apres auoir esté prendre congé de la Reyne: Le Comte de Maure auoit mandé qu'ils deuoient arriuer l'apres disnée à Paris, & qu'il estimoit à propos de faire tenir le Bourgeois armé aux lieux par où ils deuoient passer, crainte que le peuple qui ne sçauoit s'il vouloit la paix ou la guerre ne leur fist en suite, ce qui fut fait: ils arriuerent sur les quatres heures apres midy accompagnez du Sieur Saintot qui conduisoit 300. cheuaux pour leur escorte: il y auoit enuiron 4000. mousquetaires de Bourgeois, que l'on auoit enuoyez au deuant d'eux iusqu'à la porte sainct Honoré, le carosse du premier President marchoit en teste suiui de plusieurs autres à six cheuaux, & de plus de 40. carosses des parens & amis de ces Messieurs, qui estoient allez au deuant d'eux, chacun tesmoignant grande satisfaction de leur reforme sur l'opinion qu'ils apportoient le repos vniuersel.

Le Mercredy 31. Mars 1649.

CE iour l'ordre donné pour faire fermer & garder le Palais, à cause que Messieurs les Deputez retournez de Ruel le iour precedent de la seconde Conference pour la paix, deuoient faire la relation de ce qu'ils auoient fait & negocié en icelle.

Les Chambres se seroient assemblées en la maniere & à l'heure accoustumée, où se trouuerent Messieurs le Prince de Conty, les Ducs d'Elbeuf, de Beaufort, de Boüillon, de Luynes, de Brissac, le Mareschal de la Motte & le Coadjuteur. Messieurs les Presidens & Conseillers entrez en la grande Chambre & non encor placez, & monsieur le premier President aduerti que Messieurs de la Chambre des Comptes y entroient, il leur dit que ce n'estoit pas l'ordre d'entrer de la sorte, & qu'ils attendissent vn peu; & aussi tost il auroit fait aduertir Messieurs le Prince de Conty & les Generaux, qui se promenoient dans la grande Chambre, de prendre leurs places, & en suitte lesdits Sieurs des Comptes d'entrer & se placer, sçauoir monsieur le Presidét Aubry à la main droite, au dessus de monsieur le Doyen, & Messieurs les Maistres des Comptes au burreau vis à vis monsieur le premier President: ledit Sieur President Aubry dit, qu'ils estoient deputez de leur Compagnie pour supplier la Cour leur permettre d'estre presens, lors de la relation de ce qui s'estoit fait à Sainct Germain. A quoy ledit Sieur premier President auroit respondu que s'il eust esté aduerti plustost, il l'eust proposé à la Compagnie pour en sçauoir le sentiment, ne pouuant faire response sans auoir demandé & recueilly les aduis de Messieurs; Que s'ils desiroiét sortir, on en libereroit; sur ce partie de Messieurs les Maistres des Comptes ayant dit la demande estre iuste, & ledit Aubry & quelques autres au cótraire ayant soustenu qu'en vne affaire de cette importance, ou tout le monde estoit interessé, il estimoit estre raisonnable, qu'eux qui estoient joints auec la Compagnie, & qui auoient porté partie des charges, participassent aussi à ce qui se faisoit: ledit premier President repartit, Que si la Compagnie l'agreoit d'vn commun vœu, cela se pouuoit faire, sinon qu'il en falloit deliberer, & qu'ils eussent à declarer s'ils pretendoient voix deliberatiue, ce qui ne s'estoit iamais pratiqué: à quoy ledit Sieur Aubry repliqua, qu'il s'en rapportoit à la prudence de la Compagnie. Monsieur le premier President de Mesme dit, qu'il y auoit dans la grande Chambre plusieurs qui y estoient venus pour entendre la relation qui se deuoit faire de ladite Conference, & qu'ainsi il sembloit qu'on ne pouuoit sans quelque espece d'injustice le refuter à Messieurs des Comptes, & quantité de Messieurs les Conseillers, disant confusément qu'il falloit qu'ils se retirassent, & opiner. Monsieur le President de Nouion dit, qu'apres auoir opiné on ne pourroit pas desnier à ces Messieurs ce qu'ils demandoient; qu'il estoit plus glorieux pour la Compagnie l'accorder de grace, que si on le mettoit en deliberation; ce qui passa sans aucune contestation ny aduis au contraire: Messieurs de la Cour des Aydes arriuez, le President placé au dessous de celuy de la Chambre des Comptes, & les Conseillers au dessous des Maistres; monsieur le premier President auroit pris la parole, & dit, que suiuant l'ordre qu'ils auoient receu de la Compagnie, les Sieurs Deputez & luy auoiẽt tenu plusieurs Conferences à Sainct Germain, dans lesquelles ils auoient autant qu'il auoit esté en leur pouuoir, conserué les interests tant en General qu'en particulier de ceux qui s'estoient vnis à la cause commune; Qu'ayant esté inuitez de signer à sainct Germain, ce qui auoit esté arresté & donné par la Reyne, ils s'en estoient excusez; Qu'ils auoient receu auparauant l'entrée, vne Declaration du Roy dressée & scellée suiuant son intention, laquelle auoit esté apportée ce matin par le Sieur Saintot, que de tout ce qui s'estoit fait on auoit dressé vn procez verbal, duquel il falloit faire la lecture: Et aussi tost Boilleau le fils qui auoit ledit procez verbal auroit fait la lecture d'iceluy, qui contenoit en substance,

Que le seiziesme du present mois de Mars, Messieurs les Deputez du Parlement estoient partis de Paris, comme dit est, & arriuez à Ruel le soir du mesme iour, qu'ils ne firent autre chose que lire les demandes de Messieurs les Generaux; Que monsieur le Prince de Conty auoit mises entre les mains de monsieur le premier President. Que le lendemain le Sieur Saintot les estant venus aduertir d'aller à sainct Germain, que la Conference s'y tiendroit, & qu'ils retourneroient tous les soirs à Ruel: ils y allerent; où apres auoir salüé la Reyne, on les auoit introduits en vne Chambre où se deuoient negotier les affaires; Qu'en icelle s'estoient trouuez Messieurs le Chancelier & le Tellier, & autres Deputez du Roy; Qu'ils auoient commencé la Conference par la lecture des pretentions desdits Generaux. Le 18. il ne s'estoit rien fait, sinon arrester que lesdites pretentions seroient discutées, & decidées auant que parler de la reformation des trois articles que lesdits Deputez estoient allez pour demander. Que le 19. lesdits Sieurs Deputez & les Sieurs Ducs de Brissac, de Barriere & de Grecy Deputez des Generaux arriuez à Ruel le soir precedẽt, estoient tous allez à sainct Germain, comme aussi le Sieur Hauquetonuille deputé de monsieur de Longueuille, qu'il ne s'estoit encore rien proposé, dautant que les Deputez du Parlement de Normandie, n'estoient pas encore arriuez, & qu'on les attendoit le soir.

Que le 20. les susdits Deputez estant allez à sainct Germain, y auoient trouué le Comte de Maure, arriué le soir precedent en qualité de deputé de monsieur le Prince de Conty, duquel il disoit auoir esté chargé, comme aussi des autres Generaux, de demander que le Cardinal se retire; que cela estant, ils se departoient de toutes leurs autres demandes: Cette proposition ne s'estoit point faite en l'Assemblée, en laquelle on ne parla que d'vne lettre du Sieur de Legue au Gouuerneur de Guise, par laquelle il luy mandoit l'accommodement de monsieur de Guise estre facile, en donnant à l'Espagnol pour la rançon dudit Duc, la ville de Guise.

Que le 21. il ne s'estoit encor rien fait, monsieur le Chancelier ayant dit qu'il auoit aduis certain, que les deputez de Normandie arriueroient le soir; & que le lendemain on commenceroit à trauailler.

Que le 22. les Deputez du Parlement & des Generaux, estant allez à saint Germain où estoient les Deputez de Normandie, & rendus à l'Assemblée chez monsieur le Chancelier apres la seance desdits Deputez de Normandie, reglée, on leur auoit fait entendre qu'ils eussent à donner leurs pretensions; elles furent leuës, & qu'en suitte le Comte de Maure, auoit donné la proposition contre le Cardinal, à laquelle monsieur le Chancellier ne voulut faire aucune responce, sinon l'interrompant; Que monsieur le Cardinal estoit si necessaire à l'estat, que la Reyne ne le pouuoit oster du ministere sans faire tort au public: Monsieur de Brissac en fit vne autre, sçauoir est d'enuoyer monsieur le Duc de Longueuille traicter de la paix Generalle auec l'Archiduc, lequel auoit escrit à monsieur le Prince de Conty, n'estre entré en France que pour faire la paix; à celle-là monsieur le Chancellier de la part de la Reyne respondit, que quand l'Espagnol auroit esté battu & repoussé des frontieres, alors elle enuoiroit pour traiter de la paix, qu'en suitte les propositions du Sieur d'Hanquerouille auoient esté leuës.

Que le 23. monsieur le premier President auoit presenté en l'Assemblée l'Arresté du Parlement, touchant la lettre enuoyée par l'Archiduc, & son entrée sur la frontiere, & sur la demande d'enuoyer des Deputez, monsieur le Chancelier dit, que la Reyne auoit escrit au Nonce & à l'Ambassadeur de Venise, pour les prier de s'entremettre; Que mõsieur le Chancellier ayant voulu faire examiner les demandes de Messieurs de Boüillon & de la Mothe, le Comte de Maure auoit repris sa proposition de l'esloignement du Cardinal, & dit auoir ordre de n'en souffrir aucune que celle-là ne fust vuidee, ainsi que monsieur le Prince de Conty auoit declaré en plein Parlement; à quoy monsieur le Chancelier n'ayant voulu respondre, Messieurs le Chancellier & la Riuiere, dirent que la Reyne ne pouuoit entendre à cette proposition, laquelle estoit vuidée par les articles signez en la premiere Conference, ausquels on ne pouuoit deroger sans faire injure à Messieurs le Duc d'Orleans, & le Prince qui les auoient signez: & ledit Comte de Maure ayant dit qu'il mettoit ceste proposition en la place de toutes autres pretensions, monsieur le Tellier luy respondit, qu'il apporteroit le lendemain la responce de la Reyne.

Que le vingt-quatriesme Monsieur le Tellier auoit esté à Ruel parler à Monsieur le premier President, auparauant que les Deputez allassent à sainct Germain; Que les Deputez du Parlement s'estoient assemblez à Ruel auec ceux de Normandie, pour lire leurs propositions, & examiner les difficultez qui s'y pourroient rencontrer; Que l'apresdînée estant allez à la Conference, les propositions desdits Deputez auoient esté leuées, & la plus grande partie accordées; Que la Compagnie preste à se leuer, Monsieur le Duc d'Orleans & Monsieur le Prince estoient allez en ladite Assemblée, où Monsieur le Duc d'Orleans dit, que toutes choses seroient bien tost terminées, Qu'à l'esgard de Messieurs de Roüen, Monsieur le Chancelier leur auoit satisfait; & que pour les demandes de Messieurs les Generaux la Reyne en donneroit par escrit sa resolution le lendemain; & que pour la reformation des Articles que demandoit le Parlement, demain les Deputez verroient la Reyne de laquelle ils auroient satisfaction.

Que le 25. tous les Deputez estant allez l'apresdisnée à sainct Germain, apres auoir fait plainte des leuées qui s'exigeoient sur ce qui passoit à Lagny, & autres desordres qui se commettoient, & Monsieur le Tellier respondit que le Roy y apportoit tout l'ordre possible; il fut parlé des propositions de Normandie, & principallement de celle qui portoit la suppression des Semestres, offrant les Deputez qu'il demeurast vnze des Conseillers & vn President, pour faciliter l'accommodement, à quoy Monsieur le Chancelier respondit qu'il en parleroit à la Reyne.

Que le 26. lesdits sieurs Deputez s'estoient rendus le matin à sainct Germain; Il fut parlé de la suppression de Semestre, ceux de Normandie persistant en leurs offres precedents, & M. le Chancelier n'y voulant entẽdre, à cause qu'il falloit 900000. liures pour le rẽboursemẽt des autres qui seroient supprimez. Enfin aprés plusieurs contestations sur le nombre desdits Conseillers qui deuoient rester, & ce qu'ils payeroient pour le remboursement des autres, sans rien resoudre; Que Monsieur le Duc d'Orleans estoit allé à l'Assemblée declarer aux Deputez de Normandie, que puis qu'ils s'opiniastroient à ne rien relascher, qu'il iroit en personne en Normandie les faire obeyr au Roy; qu'ils empeschoient eux seuls la Paix, pour laquelle Messieurs du Parlemẽt de Paris s'estoient montrez plus raisonnables, mais que le mal de la rupture tomberoit entierement sur eux, & que le Roy les mettroit par force à la raison; Qu'apres s'estre leuez sans rien faire, Messieurs les Deputez de Paris auoient esté trouuer ceux de Roüen, & leur auoient fait consentir à 15. Conseillers & vn President; Que Monsieur le premier President estoit allé porter ceste offre à Monsieur le Duc d'Orleans, qui n'ayant pas trouué suffisante pour le remboursement qu'il falloit faire, Monsieur le premier President luy dit, que pour accommoder les affaires, le Parlement de Paris payeroit les deux Conseillers de plus qui estoient demandez par son Altesse Royalle; à quoy M. le Duc d'Orleãs auoit respondu, qu'il aymoit mieux les payer, & tirer de ses coffres trente mille escus, que de faire perdre cela au Roy, & aussi permettre que le Parlement de Paris le paye, si bien qu'il fut arresté que dudit Semestre demeureroient quinze Conseillers qui en payeroient 30000. liures chacun pour le remboursement des autres, & vn President qui payeroit 70000. liures; puis apres Messieurs de Brissac & de Maure, ayant dit que les Generaux se desistoient de toutes demandes si on esloignoit le Cardinal, preferant l'interest public au leur particulier; Qu'en suitte on auoit leu les propositions des Princes, & les responses de la Reyne à icelles.

Que le 27. lesdits Deputez estoient allez à sainct Germain, où les interests des Generaux y seroient leus & examinez l'vn apres l'autre, & en suitte parlé de la reformation des Articles; surquoy Monsieur le Chancelier dit; que Messieurs les Deputez du Parlement verroient le lendemain la Reyne, laquelle leur donneroit toute sorte de satisfaction.

Que le 28. les Deputez ayant receu l'arresté du Parlement du iour precedent, resolurent d'insister à l'expulsion du Cardinal, & d'y apporter toutes les raisons possibles; & comme ils se disposoient pour aller à sainct Germain, Monsieur le Tellier arriua à Ruel, lequel apportoit les responses de la Reyne à toutes les demandes de Messieurs les Generaux; Monsieur le premier President manda Monsieur le Duc de Brissac & les autres, pour leur donner lesdites responses, lesquelles n'ayant voulu accepter qu'ils n'eussent responce à la proposition generalle, pour laquelle Messieurs les Deputez du Parlement deuoient aussi faire instance, Monsieur le premier President reprit lesdites responses, & les rendit à Monsieur le Tellier.

Le ving-neufiesme que Messieurs les Deputez s'estant rendus à sainct Germain, & estant assemblez, Messieurs les Duc d'Orleans & le Prince estoient allez à l'assemblée; Que l'on y auoit examiné quelques Articles restans des demandes faites par les Deputez de Roüen; & iceux vuidez voulant parler de ceux des Generaux, Monsieur le premier President fit rapport à son Altesse Royalle de ce qui s'estoit passé le iour precedent à Ruel, & de l'Arrest du Parlement du Samedy; Surquoy tous Messieurs les Presidens firent chacun vn long discours, où ils representerent les raisons que l'on a de demander l'éloignement du Cardinal, & en suitte tous les Conseillers; Monsieur le Duc d'Orleans dit, qu'il n'y consentiroit iamais & Monsieur le Prince, qu'il estoit inoüy que des sujets voulussent disposer des Ministres de leur Souuerain: Monsieur le Duc d'Orleans dit, qu'il ne falloit plus parler de cela, mais passer aux autres affaires: la reformation des trois Articles fut octroyée, comme il se verra par la Declaration: & Monsieur le Duc d'Orleans fit esperer que la Reyne laisseroit le Gouuernement de la Bastille au fils de Monsieur de Brussel; Que pour les interests des Generaux, ils estoient de grace ou de justice; Que ceux de justice leurs estoient conseruez; Que ceux de grace la Reyne les donneroit selon les merites, & que cela dépendoit de sa pure volonté; & Messieurs les Duc d'Orleans & le Prince ayant promis, que les Declarations de May, Iuillet & Octobre 1648. seroient executées, apres quoy la Conference auoit finy, Monsieur le Tellier ayant puis apres monstré vn projet de la Declaration qui deuoit estre enuoyée au Parlement.

Pendant que cette lecture se faisoit, Monsieur de Boüillon suruenu & placé

placé au dessus dudit sieur President des Comptes, l'ayant interrompuë, & voulant tesmoigner quelque ressentiment, Monsieur le premier President dit audit sieur de Boüillon qu'il auoit des lettres expediées, sans dauantage s'expliquer: puis la lecture continuée & acheuée, la Declaration & deliberation sur icelle, auroit esté remise au lendemain huict heures du matin, sur ce que Monsieur le premier President representa qu'il estoit midy, & qu'il n'y auroit pas de temps pour opiner: icelle remise faite par addresse, afin de n'estre point obligez de faire sortir Messieurs des Comptes & de la Cour des Aydes, qui ne deuoient pas estre presens lors que le Parlement opineroit.

Ce mesme iour le Roy enuoya vne Ordonnance à Paris, pour faire & continuer la garde aux portes de Paris, iusqu'à ce que les choses fussent entierement pacifiées, & tout remis en son premier estat.

DE PAR LE ROY.

TRes-chers & bien amez, Estimant que pour le bien de nostre seruice & le restablissement de la tranquilité de nostre bonne Ville de Paris, il est important que les Habitans d'icelle continuent à faire garde aux Portes; Nous voulons & vous mandons, par l'aduis de la Reyne Regente nostre tres honorée Dame & Mere, que vous ayez à donner les ordres necessaires pour la continuation de ladite garde, iusques à ce que les choses estant entierement pacifiées, l'on la puisse leuer sans qu'il en arriue aucun inconuenient: & la presente n'estant pour autre fin, Nous ne vous la ferons plus longue ny plus expresse. Si n'y faites faute: CAR tel est nostre plaisir. DONNE' à Sainct Germain en Laye le trentiesme iour de Mars mil six cens quarante-neuf. Signé, LOVIS: Et plus bas, DE GVENEGAVD.

Et sur la suscription est escrit:

A Nos tres-chers & bien amez les Preuost des Marchands & Escheuins de nostre bonne Ville de Paris.

Le Ieudy premier iour d'Auril 1649.

CE iour toutes les Chambres assemblées à l'heure arrestée le iour precedent, ou se trouuerent Monsieur le Prince de Conty en sa place ordinaire, au costé droit; apres luy Messieurs les Ducs d'Elbeuf, de Beaufort, de Luynes, de Brissac, le Mareschal de la Motte & le Coadiuteur; & de l'autre costé Monsieur le Duc de Boüillon: ledit sieur Prince de Conty dit d'abord, que luy & tous Messieurs les Generaux auoient tousiours souhaité la paix; qu'ils n'ont pris les armes que pour la donner au public, sans considerer leurs interests particuliers, mais seulement le bien de l'Estat & le repos vniuersel; qu'apresent ils n'auoient point intention d'apporter aucun retardement, ny empescher que la paix soit faite & executée; Monsieur de Boüillon dit qu'il falloit qu'on luy teint ce que Monsieur le Cardinal luy auoit promis, sans particulariser quoy: & Monsieur le premier President luy respondit s'il vouloit qu'il en seroit garent; en suitte Monsieur de la Motte voulant parler du Gouuernement de Seurre qui luy a esté cy-deuant osté, ledit sieur premier President luy repartit, on sçait bien de quelle façon il vous auoit esté donné.

Et continuant la parole, apres auoir fait eloge à tous Messieurs les Generaux, & donné quelque trait de loüange à chacun d'eux en particulier; il dit qu'il falloit faire lecture de la Declaration, qui auoit esté dressée & scellée sur les Articles accordez à sainct Germain entre Messieurs les Deputez du Roy & ceux des Generaux & du Parlement, laquelle Declaration auoit esté apportée par le sieur Saintot, & contenoit les Declarations qui ensuiuent.

Que les Declarations des mois de May & de Iuillet derniers, seront executées, sinon en ce que y auroit esté desrogé par celle du mois d'Octobre dernier; & ce qui regarde les emprunts qui se pourront faire dans les necessitez presentes de l'Estat, ainsi qu'il sera dit cy-apres.

Vovlons & nous plaist; Que tous les Arrests qui ont esté donnez, Ordonãces, Commissions decernées tant par nostredite Cour de Parlement, Preuost des Marchands & Escheuins de nostre bonne Ville de Paris, qu'autres generalement quelconques; Ensemble tous actes, traictez, mesmes les Lettres, escrits faits & expediez au sujet des presens mouuemens depuis le sixiesme Ianuier dernier, iusques au iour de la presente Declaration, demeurent nuls & comme non aduenus, sans que personne en puisse estre cy-apres recherché ny inquieté, ny aussi que l'on s'en puisse ayder contre qui que ce soit, ny preualoir au preiudice de nostre seruice & du repos de l'Estat. Demeureront neantmoins en leur entier les Arrests qui ont esté rendus tant en matiere ciuile que criminelle entre les particuliers presens, ou auec nostre Procureur General pour affaires particulieres; Mesmes les adjudications par decret & receptions d'Officiers, comme aussi ceux concernants nos Officiers de ladite Cour de la creation de l'an mil six cens trente-cinq.

Demeureront aussi nuls & comme non aduenus tous les Arrests donnez en nostre Conseil, & les Declarations publiées en iceluy, & les Lettres de cachet expediées sur le sujet des presens mouuemens depuis le sixiesme Ianuier dernier iusques au iour de la presente Declaration: Et en consequence ordonnons que la memoire soit esteinte & assoupie de toutes les Vnions, Ligues & Associations faites, & de tout ce qui pourroit auoir esté fait, geré & negotié pour raison de ce, tant dedans que dehors nostre Royaume à l'occasion des presens mouuemens; Soit que ceux qui ont suiuy le party de ladite vnion ayent eu communication auec les Estrangers, qui leur ayent donné conseil & facilité d'entrer en nostre Estat, qu'ils ayent joint leurs armes ou pris commandement parmy eux, & enjoint à nos Villes, Bourgs & Villages de leur ouurir les portes, les receuoir & leur donner des viures, & generalement toutes personnes de quelque qualité & condition qu'elles puissent estre, qui ont eu connoissance ou participation de telles & semblables negotiations; soit que lesdites actions ayent esté faites par les ordres de nostre tres-cher & tres-amé cousin le Prince de Conty, ou par autres Princes, Ducs, Pairs, Officiers de nostre Couronne, Prelats, Seigneurs, Gentils-hommes, Officiers, Villes & Communautez, sans que nostredit Cousin le Prince de Conty ny les autres Princes, Ducs, Pairs, Officiers de nostre Couronne, Prelats, Seigneurs & Gentils-hommes, Villes & Communautez; ny mesmes ceux qui pourroient auoir esté employez ausdites negotiations, de quelque qualité & condition qu'ils puissent estre, soient ores ny à l'aduenir recherchez ny inquietez pour raison de ce qui aura esté par eux fait dans lesdites negotiations, & pour les choses commises dans les Armées & ailleurs en toutes les actions de la presente guerre, ny pour les leuées de troupes, prises de deniers publics & particuliers, enleuement & vente de meubles & vaisselle d'argent, canons, armes, munitions de guerre & de bouche, fors ce qui se trouuera en nature non encores vendu, Assemblées dans les Villes & à la Campagne, prises & port d'armes, Arrests & emprisonnement de personnes, occupations de Villes, Chasteaux, Passages & autres lieux forts, soit par ordre ou autrement; Et ce iusqu'au iour de la publication de nostre presente Declaration en nostre Cour de Parlement de Paris, pour ceux qui sont en nostredite Ville & aux enuirons: Et pour les autres, trois iours apres la publication des presentes faites aux Bailliages & Seneschaussées dans le ressort desquels ils seront demeurans. Voulons aussi & ordonnons que nostredit cousin le Prince de Conty, Princes, Ducs, Pairs & Officiers de nostre Couronne, Prelats, Seigneurs, Gentils-hommes, Officiers, & generalement tous autres de quelque qualité & condition qu'ils soient, sans aucun excepter ny reseruer, qui se trouueront auoir agy ou contribué en quelque sorte que ce soit aux choses cy-dessus specifiées, soient restablis dans tous leurs biens, honneurs, dignitez, preéminences, prerogatiues, charges, Gouuernements, Offices & Benefices au mesme estat qu'ils se trouuoient au sixiesme de Ianuier dernier, Mesmes les sieurs Marquis de Noirmonstier, Comte de Fiesque, de Laigue, Sainct Ibar, la Sauuetat & la Boulaye: Comme aussi que tous ceux qui ont pris les armes à l'occasion des presens mouuemens, seront payez de toutes les sommes qui leur seront legitimement par nous deuës, A la charge que nostredit cousin le Prince de Conty, autres

Princes, Ducs, Pairs, Officiers de nostre Couronne, Prelats, Seigneurs, Gentils-hommes, Officiers, Villes & Communautez, & tous autres qui se trouueront auoir agy & contribué aux choses cy-dessus, en quelque façon que ce soit, poseront les armes, & se departiront de toutes Ligues, Associations, Traitez faits pour raison des presens mouuemens tant dedans que dehors nostre Royaume.

Les gens de guerre qui ont esté leuez soubs les ordres de nostredit cousin le Prince de Conty, ou en vertu d'autres Commissions, seront licentiez incontinent apres la publication de la presente Declaration, à l'exception toutefois de ceux que nous voudrons retenir sur pied, aux Chefs desquels nous ferons donner nos Commissions.

Tous les prisonniers tant de guerre qu'autres, nommément le sieur Mangot Conseiller en nos Conseils, & Maistre des Requestes ordinaire de nostre Hostel, les sieurs de Tracy & Brequigny, & generalement tous ceux qui ont esté arrestez & emprisonnez depuis le sixiesme Ianuier dernier à l'occasion des presens mouuemens, en quelque prison que se puisse estre, seront mis en liberté au iour de la publication de la presente Declaration.

Et dautant que les premiers deniers de nos Tailles & Fermes ne se reçoiuent qu'apres quatre ou cinq mois de chaque année commencée, & que la necessité pressante de nos affaires nous force à rechercher vn secours de deniers plus present, Nous ordonnons que pendant les années mil six cens quarante-neuf & mil six cens cinquante seulement, il pourra estre fait emprunt de douze millions de liures par chacune desdites années, si l'Estat de nos Finances le desire, lesquels emprunts seront volontaires, sans qu'aucun de nos Subjets puisse estre contraint à le faire, & sans que les deniers qui en prouiendront puissent estre employez au remboursement des sommes qui sont deuës par nous pour les despenses du passé, ains seulement pour celles qui seront necessaires pour la manutention de l'Estat; à l'emprunt desquels deniers seront preferées les Villes & Communautez de nostre Royaume, en donnant bonne & suffisante caution, de fournir en nostre Espargne les sommes aux termes dont l'on conuiendra; & sera payé pour ledit emprunt l'interest à raison du denier douze; duquel en tant que de besoin, sera fait par nous don à ceux qui fourniront les sommes principales, sans que pour les emprunts, dont le remboursement sera assigné sur les Receptes Generales, l'on puisse mettre les Tailles en party, ny en faire faire le recouurement par autres que par nos Officiers ordinaires.

Novs ordonnons que les Elections de Xaintes, Congnac & Sainct Iean d'Angely, distraites de nostre Cour des Aydes de Paris, & attribuées à nostre Cour des Aydes de Guyenne, seront reünies à celle de Paris, comme elles estoient auparauant l'Edict du mois de

Considerans les foules & charges que nos Subjets de l'Eslection de Paris ont soufferts par le logement & le sejour des troupes qui y sont, Nous pouruoirons au soulagement des contribuables aux Tailles de ladite Eslection, selon l'estat auquel elle se trouuera apres que lesdites troupes en seront retirées, & ce sur les informations que nous en ferons faire pour cette fin, sans rejetter le soulagement que l'on donnera sur les autres Eslections de la Generalité de Paris.

VOVLONS & entendons que nostre Declaration du concernant la suppression du Semestre du Parlement de Prouence, soit executée selon sa forme & teneur, aux conditions du Traité fait auec ladite Cour de Parlement.

Et ayant esgard aux Remonstrances qui nous ont esté faites par nostre Cour de Parlement de Roüen, sur le sujet de la suppression du Semestre estably en icelle, Nous auons par cesdites presentes esteint & supprimé, esteignons & supprimons ledit Semestre estably par nos Lettres en forme de Declaration du mois de Et en conséquence tous les Offices de Conseillers & Presidens creez par lesdites Declarations, sans qu'ores ny à l'aduenir pour quelque cause & occasion que ce puisse estre, ledit Semestre, ensemble lesdits Offices puissent estre restablis, à la reserue neantmoins d'vn Office de President, & de treize Offices de Conseillers en nostredite Cour, & deux Offices aux Requestes du Palais d'icelle, que nous voulons estre conseruez pour estre reünis & incorporez au corps de nostredite Cour de Parlement, & estre exercez par ceux qui nous seront nommez & choisis par nostredite Cour, & aux mesmes honneurs, dignitez, preéminences, droits, priuileges & prerogatiues que les autres Officiers, & aux gages attribuez par leur Edict de creation. Et sera tenuë nostredite Cour de Parlement de Roüen, de faire le choix de ceux qu'elle iugera à propos de demeurer en la fonction desdites charges, & nous les nommer dans vn mois pour toutes prefixions & delays du iour de la publication des presentes en nosdites Cours de Parlement de Paris & Roüen: Autrement & à faute de ce faire dans ledit temps, & iceluy passé, pourront selon l'ordre de leurs receptions les Officiers pourueus desdites charges de Presidens & Conseillers de la premiere creation, demeurer iusques audit nombre dans la fonction d'icelles, à la charge que ceux qui seront ainsi nommez par nostredite Cour, ou qui auront choisi, faute de faire par icelle ladite nomination, payeront en nostre Espargne; sçauoir le President soixante & dix mil liures, les treize Conseillers Lais trente mil liures chacun, & les deux Conseillers aux Requestes vingt mil liures aussi chacun, pour estre lesdits deniers baillez & payez aux anciens Officiers qui demeureront supprimez: Et pour le surplus des sommes qu'il conuiendra pour pouruoir au remboursement des Offices qui demeureront supprimez, Il y sera par nous pourueu au plustost, sans que nostredite Cour de Parlement de Roüen puisse estre chargée, ny ceux qui ont vendu lesdites Charges & Offices, recherchez ny inquietez, pour quelque cause & occasion que ce soit. VOVLONS ET ENTENDONS que les Officiers qui seront ainsi supprimez, joüyssent des priuileges, preéminences & prerogatiues, que le temps qu'ils ont exercé lesdites charges leur peut auoir acquis, & qu'en consequence ils puissent entrer en toutes autres charges, sans qu'ils soient obligez de subir nouuel examen; Ioüiront aussi iusques à leur actuel remboursement sur leurs simples quittances, des gages attribuez ausdits Offices dont sera fait fonds dans nos Estats.

Apres laquelle lecture, Messieurs les Gens du Roy ayant demandé & requis la verification & enregistrement d'icelle Declaration, pour estre executée selon sa forme & teneur; la Cour auroit deliberé, &

les aduis ..... recueillis, celuy de Monsieur Broussel à enregistrer, sans permettre les prests ; vn de Messieurs dit qu'il estoit d'aduis de la paix, mais qu'il ne croyoit pas qu'elle fust de durée, vn autre la mesme chose, puis que celuy qui estoit cause des maux restoit: & quelques-vns de Messieurs en opinant, ayant parlé de Monsieur de Longueuille, Monsieur le premier President respondit; on sçait bien qu'il est d'accord : En fin ayant passé tout d'vne voix & sans contredit à l'enregistrement; la Cour l'auroit ordonné, & l'arresté en auroit esté dressé en ceste sorte.

La Cour toutes les Chambres assemblées, apres auoir veu les Lettres Patentes en forme de Declaration données à sainct Germain en Laye, au mois de Mars dernier, signez LOVYS, & par le Roy la Reyne Regente presente, DE GVENEGAVLT, scellées en lacs de soye du grand sceau de cire verte, expediées sur les mouuemens presens, & pour les faire cesser, ainsi que plus au long est porté par lesdites Lettres addressantes à la Cour, & les Conclusions du Procureur General; A ordonné que ladite Declaration sera registrée au Greffe d'icelle pour estre executée selon sa forme & teneur, & copies d'icelle enuoyées en tous les Baillages & Seneschaussées de ce ressort, pour y estre leuë, publiée & executée à la diligence des Substituts dudit Procureur General qui seront tenus certifier; la Cour auroit ce fait au mois. Fait en Parlement le premier iour d'Auril 1649. signé, DV TILLET.

Auroit esté aussi arresté qu'il sera rendu graces à Dieu; & le Roy & la Reyne Regente remerciez de ce qu'il leur a plû donner la Paix à leur peuple; Qu'à ceste fin seront deputez des Presidens & Conseillers de ladite Cour pour faire ledit remerciement, & supplier ledit Seigneur & ladite Dame Reyne d'honorer la ville de Paris de leur presence, & d'y retourner; & feront instance pour les interests particuliers de tous les Generaux & autres joints au Parlement; & outre arresté qu'il sera donné ordre au licentiement des troupes.

En suitte dequoy ayant esté proposé, si le procez verbal de ce qui s'estoit fait à la susdite Conference tenuë à sainct Germain, & qui auoit esté leu en l'assemblée le iour precedent, seroit mis dans les registres du Parlement, plusieurs de Messieurs ayant esté d'aduis qu'il y fust inseré & d'autres au contraire; il auroit passé à la pluralité des voix, à ne le point mettre dans les registres; & la Cour l'ayant ainsi arresté se seroit leuée, ayant trouué au sortir tout le monde fort satisfait de la Paix, bien que plusieurs les iours passez eussent tesmoigné n'en point vouloir.

Ceste Declaration de Paix ainsi verifiée & publiée ledit iour premier Auril, qui estoit le Ieudy de la sepmaine Saincte, le Vendredy, Samedy & le Dimanche iour de Pasques se passerent à remercier Dieu, châcun en son particulier, de ce qu'il luy auoit plû redonner le repos à la France, & la deliurer des maux dont elle estoit menacée. Le Lundy le sieur Saintot ayant apporté ordre du Roy pour rendre graces à

Dieu en public, de chanter vn *Te Deum* en l'Eglise Nostre-Dame; le Parlement s'estoit rendu en ladite Eglise sur les quatre heures apres midy, en robbes rouges, & les autres Compagnies Souueraines, & la Ville : le *Te Deum* fut chanté, auquel assista vne grande affluence de peuple, toutes les ruës par où passoient Messieurs, bordées des deux costez de Bourgeois armez & mis en haye, afin de rendre plus celebre ceste action, apres laquelle le canon fut tiré plusieurs fois, & le soir les feux de joye allumez par toutes les ruës : pendant ces resiouyssances & actions de graces, se faisoit à Chaliot l'entreueuë de Monsieur le Prince, de Monsieur le Prince de Conty, & de Madame la Duchesse de Longueuille, où le bon acueil & les ciuilitez reciproques furent vn tesmoignage d'vne reconciliation parfaite. Et pour premiere execution du Traité & de la Declaration, les troupes qui auoient esté leuées à Paris furent licentiées, à la reserue de quelques Regimens, ausquels le Roy donna de nouuelles commissions, ayant esté auparauant payées de tout ce qui leur estoit deub. Monsieur le premier President auoit à cét effet emprunté 100000. liures, suiuant l'arresté de la Compagnie, à la charge de reprendre ladite somme sur les taxes qui restoient à payer par les Partisans : en suitte dequoy la Reyne fit desloger & retirer des enuirons de Paris l'armée qu'elle enuoya dans des quartiers esloignez se rafraischir, pour les faire marcher peu apres vers l'Espagnol qui menaçoit la frontiere. Le Mardy sixiesme Auril le Parlement alla à sainct Germain complimenter leurs Majestez, & les asseurer de son obeyssance & de sa fidelité : Le Ieudy suiuant & autres iours de la semaine, la Chambre des Comptes, & en suitte toutes les Compagnies Souueraines & autres, les Communautez, les six Corps des Marchands, tous les Corps des Artisans aussi allerent remercier le Roy & la Reyne qui les a tous fort bien receus, & fait traiter chaque Compagnie fort splendidement, aux despens & par les Officiers du Roy, tesmoignant par vn si bon accueil, qu'il ne luy restoit dans l'esprit aucune mauuaise volonté contre les Habitans de la ville de Paris.

Et le Lundy suiuant douziesme d'Auril, l'ouuerture des Audiances ayant esté faite sans Harangues, ainsi qu'il auoit esté arresté ; le Samedy precedent le Parlement auroit depuis continué à trauailler aux affaires des particuliers, & peu apres toutes choses pacifiées seroient rentrées dans leur premier estat.

FIN.

SVR la Requeste presentée à la Cour, Il est permis à Geruais Alliot & Iacques Langlois, d'imprimer le Iournal de ce qui s'est fait au Parlement, & deffences à tous autres, à peine de cinq cens liures d'amende. Signé RADIGVES.

De l'Imprimerie de IACQVES LANGLOIS, Imprimeur du Roy, vis à vis la Fontaine Saincte Geneviefve, à la Reyne de Paix.

www.ingramcontent.com/pod-product-compliance
Ingram Content Group UK Ltd.
Pitfield, Milton Keynes, MK11 3LW, UK
UKHW010231240726
13926UKWH00013B/2132

9 782013 609692